CB059834

AS GRANDES ESTRATÉGIAS

JOHN LEWIS GADDIS

AS GRANDES ESTRATÉGIAS

DE SUN TZU A FRANKLIN ROOSEVELT,
COMO OS GRANDES LÍDERES
MUDARAM O MUNDO

Tradução
Maria de Fátima Oliva do Coutto

CRÍTICA

Copyright © John Lewis Gaddis, 2018
Copyright © Editora Planeta do Brasil, 2019
Todos os direitos reservados.
Título original: *On Grand Strategy*

Coordenação editorial: Thais Rimkus
Preparação: Mariana Zanini
Revisão: Rita Palmeira e Thais Rimkus
Diagramação: Bianca Galante
Capa: André Stefanini

Dados Internacionais de Catalogação na Publicação (CIP)
Angélica Ilacqua CRB-8/7057

Gaddis, John Lewis
  As grandes estratégias: de Sun Tzu a Franklin Roosevelt, como os grandes líderes mudaram o mundo / John Lewis Gaddis. – São Paulo: Planeta do Brasil, 2019.
  384 p.

ISBN: 978-85-422-1589-2
Título original: On grand strategy

1. Estratégia 2. Estratégia - História 3. Ciência militar 4. Liderança 5. Líderes I. Título

19-0390   CDD: 355.4

2019
Todos os direitos desta edição reservados à
EDITORA PLANETA DO BRASIL LTDA.
Rua Bela Cintra, 986 – 4º andar
Consolação – São Paulo-SP
01415-002 – Brasil
www.planetadelivros.com.br
atendimento@editoraplaneta.com.br

Para Nicholas F. Brady, '52
Charles B. Johnson, '54
e
Henry "Sam" Chauncey Jr., '57
grandes estrategistas

SUMÁRIO

PREFÁCIO...9

1. ATRAVESSANDO O ESTREITO DE HELESPONTO..............15
2. AS GRANDES MURALHAS.................................39
3. PROFESSORES E ADESTRADORES..........................70
4. ALMAS E ESTADOS.....................................96
5. PRÍNCIPES COMO PIVÔS...............................121
6. NOVOS MUNDOS.......................................149
7. OS MAIORES ESTRATEGISTAS...........................179
8. O MAIOR PRESIDENTE.................................208
9. A ÚLTIMA MAIOR ESPERANÇA...........................242
10. ISAIAH..278

NOTAS...295
ÍNDICE REMISSIVO......................................367

PREFÁCIO

O título – no original, *On Grand Strategy* –, eu sei, corre o risco de arquear sobrancelhas. No entanto, fui precedido por Timothy Snyder, meu colega no departamento de história de Yale (*On Tyranny*, ou *Sobre a tirania*), assim como, há muito mais tempo, por Sêneca (*On the Shortness of Life*, ou *Sobre a brevidade da vida*). Fico mais preocupado, na verdade, com os admiradores de Carl von Clausewitz, entre os quais me incluo. Seu livro *Da guerra* (*On War*, 1832), publicado postumamente, estabeleceu um padrão para todos os estudos seguintes a respeito das grandes estratégias e de seu indispensável corolário. A justificativa para outra publicação sobre o assunto é a concisão, que *não* seria um dos pontos fortes de Clausewitz: *Da grande estratégia* cobre um intervalo maior que *Da guerra* e tem menos da metade da extensão.

Este livro nasce de duas experiências relacionadas a grandes estratégias, separadas por um quarto de século. A primeira, enquanto professor de estratégia e programa militar de ação no Colégio de Guerra Naval dos Estados Unidos, de 1975 a 1977, nas circunstâncias descritas ao fim do capítulo 2; a segunda, em parceria com outro professor, na Universidade Yale, no seminário anual Estudos em Grande Estratégia, de 2002 ao presente ano (2017). Nos dois cursos foram priorizados textos clássicos e estudos de casos históricos, não teoria. Os seminários de um semestre na Newport têm como público-alvo oficiais militares em meio de carreira. Já o programa de dois semestres na Yale reúne estudantes de graduação, pós-graduação e especialização, bem como, a cada ano, um tenente-coronel da ativa do Exército e do corpo de fuzileiros navais.[1]

Os dois cursos são ministrados em parceria: em geral, um civil e um instrutor militar para cada parte do seminário em Newport e variadas combinações na Yale. Eu e meus colegas Charles Hill e Paul Kennedy começamos como uma *troika*. Presentes em todas as aulas, discutíamos o tema diante dos alunos e, fora da classe, prestávamos tutoria individual (nem sempre de modo consistente). Por incrível que pareça, nós três ainda somos vizinhos e amigos íntimos.

A criação, em 2006, do Programa Brady-Johnson de Grande Estratégia nos permitiu contar com alguns profissionais da área: David Brooks, Walter Russell Mead, John Negroponte, Peggy Noonan, Victoria Nuland, Paul Solman, Jake Sullivan e Evan Wolfson. O curso também atraiu professores de outras áreas da Universidade Yale: Scott Boorman (sociologia), Elizabeth Bradley (inicialmente da Escola de saúde pública, diretora do Programa Brady-Johnson em 2016-2017 e hoje presidente do Vassar College), Beverly Gage (história e, a partir de 2017, diretora do Programa Brady-Johnson), Bryan Garsten (ciências políticas e humanas), Nuno Monteiro (ciências políticas), Kristina Talbert-Slagle (epidemiologia e saúde pública) e Adam Tooze (a princípio da área de história e atualmente na Universidade Columbia).

Juntos, esses colegas me ensinaram muito. E eis outra razão pela qual me sinto agora obrigado a tentar expor o que aprendi. Fiz isso de modo informal, subjetivo e completamente idiossincrático: meus professores não têm a menor responsabilidade em relação a este livro, a não ser a de me encorajar a seguir caminhos fora de seu controle. Por buscar padrões de tempo, espaço e escala,[2] senti-me livre para eliminar tais restrições para fins comparativos e até mesmo comunicativos: vez por outra, Santo Agostinho e Maquiavel conversarão, assim como Clausewitz e Tolstói – este é, por sua vez, o "imaginador" mais providencial que encontrei; a lista inclui Virgílio, Shakespeare e F. Scott Fitzgerald. Por fim, retornei com frequência às ideias de *sir* Isaiah Berlin,³ que conheci de passagem ao visitar a Universidade de Oxford em 1992-1993. Acho que ele gostaria de ser considerado um grande estrategista (sem dúvida, acharia divertido).

Quando comecei a escrever este livro, meu agente, Andrew Wylie, e meu editor, Scott Moyers, depositavam mais confiança no projeto que eu. Trabalhar de novo com eles foi um prazer, assim como, mais uma vez, contar com a eficiência de toda a equipe da Penguin: Ann Godoff, Christopher Richards, Mia Council, Matthew Boyd, Bruce Giffords, Deborah Weiss Geline e Juliana Kiyan.

Meu agradecimento especial aos alunos de graduação da Yale que participaram de meu seminário "Raposas e porcos-espinhos" no outono de 2017 e testaram com obstinação cada capítulo deste livro: Morgan Aguiar-Lucander, Patrick Binder, Robert Brinkmann, Alessandro Buratti, Diego Fernandez-Pages, Robert Henderson, Scott Hicks, Jack Hilder, Henry Iseman, India June, Declan Kunkel, Ben Mallet, Alexander Petrillo, Marshall Rankin, Nicholas Religa, Grant Richardson, Carter Scott, Sara Seymour, David Shimer e Jared Smith. Também contei com a ajuda dos competentes alunos de graduação e meus assistentes na pesquisa: Cooper d'Agostino, Matthew Lloyd-Thomas, David McCullough III, Campbell Schnebly--Swanson e Nathaniel Zelinsky.

Richard Levin e Peter Salovey, presidentes da Universidade Yale, apoiaram com veemência e desde o início nosso curso sobre grande estratégia – assim como Ted Wittenstein, assistente especial dos dois e um de nossos primeiros alunos. Diretores-adjuntos do International Security Studies e do Programa Brady-Johnson nos mantiveram na linha – Will Hitchcock, Ted Bromund, Minh Luong (já falecido), Jeffrey Mankoff, Ryan Irwin, Amanda Behm, Jeremy Friedman, Christopher Miller, Evan Wilson e Ian Johnson –, bem como a equipe da Hillhouse 31: Liz Vastakis, Kathleen Galo, Mike Skonieczny e Igor Biryukov. Minha mulher, Toni Dorfman, professora, acadêmica, mentora, atriz, dramaturga, diretora de teatro e óperas barrocas, crítica do manuscrito e editora, *chef*, terapeuta noturna e o amor da minha vida há vinte anos (!), me mantém em forma de todas as maneiras.

A dedicatória presta homenagem aos dois grandes mecenas de nosso programa e a um sábio facilitador. A visão, a generosidade e os bons conselhos deles – não se esqueçam de que "ensinamos senso comum" – foram nossa bússola, nossa âncora e a embarcação em que navegamos.

JLG
New Haven, Connecticut
Outono de 2017

AS GRANDES ESTRATÉGIAS

1
ATRAVESSANDO O ESTREITO DE HELESPONTO

A data é 480 a.C., e o local é Abidos, cidade situada no lado asiático do estreito de Helesponto (atual Dardanelos), onde ele se reduz a cerca de 1,5 quilômetro. A cena é digna da Hollywood dos áureos tempos. Xerxes, rei dos reis da Pérsia, sobe ao trono num promontório do qual avista os exércitos reunidos com mais de 1,5 milhão de homens, segundo nos conta o historiador Heródoto. Ainda que fosse apenas um décimo desse número, como é mais provável, já chegaria perto do tamanho das forças de Eisenhower no Dia D, em 1944. Hoje não há mais ponte no estreito, mas na ocasião Xerxes tinha duas: uma apoiada em 360 embarcações amarradas umas às outras e a outra apoiada em 314 – ambas curvas, para melhor se adaptarem aos ventos e às correntes. Tempos antes, durante uma tempestade, a antiga ponte havia desabado. Furioso, o rei ordenara a decapitação dos construtores e que as águas fossem açoitadas e marcadas. É possível que existam até hoje, em algum lugar no fundo das águas, as correntes de ferro atiradas pelo mandatário.

Nesse dia, contudo, as águas estão calmas, e Xerxes parece contente – até se debulhar em lágrimas. Artabano, seu tio e conselheiro, pergunta o motivo. "Eis todos estes milhares de homens", responde o rei, "e nenhum estará vivo daqui a cem anos". Artabano consola seu soberano mencionando todas as calamidades capazes de tornar a vida intolerável e a morte um alívio. Xerxes concorda, mas pede: "Conte-me a verdade". Será que Artabano teria sido favorável a uma segunda invasão persa à Grécia em pouco mais de uma década, se ambos não tivessem tido o mesmo pesadelo assustador? É a vez de Artabano estremecer: "Ainda estou morrendo de medo".

Xerxes tivera duas vezes o mesmo pesadelo após Artabano dissuadi-lo a não vingar a humilhação infringida pelos gregos a Dario, pai de Xerxes, na Batalha de Maratona, dez anos antes. Como se antecipasse *Hamlet* – dois milênios antes –, uma visão, régia na aparência e paternal na atitude, lhe dera um ultimato: "Se não começares a guerra de imediato, [...] da mesma forma que te criei para seres grande e poderoso, com igual rapidez serás humilde". A princípio Artabano zombou do sonho, e Xerxes ordenou ao tio que trocasse de roupa e dormisse na cama real. O espectro reapareceu, aterrorizando Artabano a tal ponto que ele acordou aos berros e, de imediato, aconselhou a invasão. Xerxes, então, convocou a grande força reunida em Sardes, sacrificou mil novilhos nas ruínas de Troia, chegou ao Helesponto, encontrou prontas as pontes e preparava-se para a travessia quando deu ao tio a última chance de verbalizar quaisquer possíveis restrições.

A despeito do pesadelo, Artabano não resiste. Os inimigos à frente, adverte, não serão apenas os gregos, lutadores extraordinários, mas também a terra e o mar. A marcha ao redor do Egeu atravessará territórios incapazes de alimentar tão numeroso exército. Não haverá portos suficientes para abrigar embarcações em caso de tormentas. A exaustão e até mesmo a fome podem chegar antes mesmo da primeira batalha. O líder prudente "receia e reflete sobre tudo o que pode lhe acontecer, mas é destemido quando está no centro da ação". Paciente, Xerxes escuta, mas contesta: "Se formos levar tudo em conta [...], nunca faremos nada. Melhor ter um coração valente e vencer metade dos terrores que tememos do que calcular todos os terrores e nada sofrer. Só se conquistam grandes triunfos ao se enfrentarem grandes perigos".

Assunto resolvido. Xerxes ordena que Artabano retorne e governe o império enquanto ele se dedicará a duplicar sua extensão. Ele ora ao Sol pedindo forças para conquistar não apenas a Grécia, mas toda a Europa. Ramos de murta são espalhados em frente às pontes. Manda os sacerdotes acenderem incensos. E recompensa o estreito de Helesponto jogando em suas águas uma libação, a taça de ouro que a continha, em seguida a tigela de ouro na qual foi preparada e, para finalizar, uma espada. Um ritual a fim de liberar o caminho para a travessia, que dura sete dias e sete noites. Quando Xerxes chega pessoalmente à margem europeia, eles ouvem um espectador atônito perguntar o motivo de Zeus ter se disfarçado de monarca persa e levado consigo "todas as pessoas do mundo". O deus não poderia, sozinho, ter destruído a Grécia?[1]

I.

Dois mil quatrocentos e dezenove anos depois, um diretor de Oxford de 30 anos de idade decide tirar uma folga das tutorias e ir a uma festa. Isaiah Berlin nasceu em Riga, foi criado em São Petersburgo e, aos 8 anos, após ter testemunhado a Revolução Bolchevique, emigrou com a família para a Inglaterra, onde dominou a nova língua num emaranhado de sotaques (de que nunca se desfez) e passou com êxito nas provas de Oxford, tornando-se o primeiro judeu a ganhar uma bolsa de estudos no All Souls College. Em 1939, dava aulas de filosofia no New College, fundado em 1379, desenvolvia verdadeira aversão ao positivismo lógico (nada significa nada sem verificação reproduzível) e gozava bastante a vida.

Comunicador brilhante e sedento de ideias, Berlin aproveitava todas as oportunidades para se exibir e ficar por dentro das novidades. Em uma festa – a data exata é desconhecida – conheceu Julian Edward George Asquith, o segundo duque de Oxford e Asquith, que na época concluía o bacharelado em filologia clássica no Balliol

College. Lorde Oxford havia se deparado com um intrigante verso do poeta grego antigo Arquíloco de Paros. O verso, como Berlin recorda, era o seguinte: "A raposa sabe muitas coisas; o porco-espinho sabe uma só, mas muito importante".[2]

A passagem sobrevive apenas como fragmento; o contexto há tempos se perdeu. O humanista Erasmo de Roterdã, no entanto, brincou com a ideia,[3] e Berlin acabou seguindo seu exemplo. Poderia ser transformado em método para a classificação de grandes escritores? Nesse caso, Platão, Dante, Dostoiévski, Nietzsche e Proust teriam todos sido porcos-espinhos. Aristóteles, Shakespeare, Goethe, Púchkin e Joyce, raposas, é óbvio. Assim como Berlin, que desconfiava da maioria das coisas importantes – como o positivismo lógico –, mas se sentia totalmente à vontade com as menos importantes.[4] Absorto na Segunda Guerra Mundial, Berlin não voltou aos personagens quadrúpedes até 1951, quando deles se serviu para compor um ensaio sobre a história da filosofia em Tolstói: "O porco-espinho e a raposa", publicado dois anos mais tarde em seu livro *Estudos sobre a humanidade*.

Porcos-espinhos, explicou Berlin, "relacionam tudo a um ponto de vista central", a partir do qual "tudo que dizem e fazem tem significado". As raposas, por sua vez, "perseguem muitos fins, em geral desconexos e até contraditórios, ligados, se tanto, por uma forma prática". A distinção era simples, mas não frívola: oferecia "um ponto de vista a partir do qual observar e comparar, um ponto de partida para a investigação genuína". Podia até refletir "uma das mais profundas diferenças que dividem escritores e pensadores e, quem sabe, seres humanos em geral".

Apesar de ter acendido essa chama, Berlin cometeu o erro de iluminar pouco além de Tolstói. O grande homem desejara ser um porco-espinho, declarou Berlin. *Guerra e paz* deveria revelar as leis que permitem o funcionamento da história. Tolstói, no entanto, era sincero demais para negligenciar as idiossincrasias e as casualidades que desafiam tais generalizações. Assim, incluiu em sua obra-prima alguns dos textos mais "raposa" de toda a literatura, hipnotizando seus leitores, que, de bom grado, pularam as ruminações da história "porco-espinho" espalhadas pelo texto. Dilacerado por contradições,

Tolstói encontrou a morte, concluiu Berlin, "velho e desesperado, fora do alcance do socorro humano, vagando meio cego [como Édipo] em Colono".⁵

Em termos biográficos, era simples demais. Tolstói morreu numa estação de trem sombria na Rússia em 1910, aos 82 anos de idade, depois de ter abandonado casa e família. É improvável que tenha tomado tal atitude, contudo, lamentando os fios soltos deixados décadas antes em *Guerra e paz*.⁶ Também não fica claro o fato de Berlin evocar Édipo por algum propósito mais profundo, a não ser terminar seu ensaio com floreio dramático. Talvez dramático *demais*, por sugerir diferenças irreconciliáveis entre raposas e porcos-espinhos. É preciso ser um ou outro, parecia afirmar Berlin. Impossível ser ambos ao mesmo tempo e feliz. Ou eficiente. Ou mesmo completo.

Berlin ficou, portanto, surpreso – e satisfeito – quando suas criaturas viralizaram, bem antes da existência da internet. Referências se espalharam pela imprensa. Sem mais explicações, desenhos animados surgiram.⁷ Em salas de universidades, professores passaram a indagar aos alunos: "X (qualquer figura histórica ou literária) era uma raposa ou um porco-espinho?". Alunos começaram a perguntar aos professores: "É melhor (neste ou naquele momento) ser porco-espinho ou raposa?". Em certo ponto, tanto professores quanto alunos se questionavam: "Onde, dentro dessa polaridade, devo me encaixar?". Ou: "Posso ficar nesse lugar?". E por fim: "Quem eu sou, afinal de contas?".

Graças a uma festa em Oxford, a um fragmento de texto de Arquíloco e ao romance épico de Tolstói, Berlin havia conhecido duas das melhores formas de se tornar intelectualmente indelével. A primeira: apresentar-se délfico, truque conhecido por oráculos ao longo do tempo. A segunda: mostrar-se esopiano – transforme suas ideias em animais e elas alcançarão a imortalidade.

II.

Heródoto, que viveu de 480 a 420 a.C., talvez tivesse ouvido falar das raposas e dos porcos-espinhos de Arquíloco (*c.* 680-645 a.C.).

Ele cita o poeta em outro contexto; portanto, é capaz de ter lido o poema – se é que ainda existia – em que os animais apareceram pela primeira vez.[8] Mesmo que não o conhecesse, é difícil ler a descrição de Heródoto acerca de Artabano e Xerxes no Helesponto sem perceber no conselheiro uma raposa inquieta e no monarca um porco-espinho contumaz.

Artabano enfatiza os custos – em gasto de energia, consumo de suprimentos, comunicações comprometidas, moral baixa, enfim, tudo o que pode dar errado – de transportar qualquer exército numeroso por qualquer extensão de terra ou água. O êxito exige levar em consideração todos esses pontos. Seria difícil para Xerxes entender que "o deus atinge com o raio" apenas os que se empenham em grandes feitos, enquanto os pequenos "não lhe despertam o desejo de agir"? Destrua as pontes, disperse os exércitos e mande todos de volta para casa, insiste Artabano, onde o pior a esperar são mais pesadelos.

Xerxes, que chora os mortos com cem anos de antecedência, tem visão mais ampla e de longo alcance. Se o preço da vida é a morte, por que não pagar um valor menor para tornar a vida memorável? Por que ser um rei dos reis caído no esquecimento? Domado o Helesponto, ele quase não consegue parar. As pontes devem conduzir a algum lugar. Militares de destaque levam o que for preciso para garantir que nada dê errado – e, se der, que não faça grande diferença. "É o deus quem nos guia e, portanto, quando nos debruçamos sobre nossas diversas empreitadas, prosperamos."[9]

Artabano respeita a natureza, ciente de que a geografia pode ajudar ou atrapalhar um exército, de que frotas nunca controlam por completo os mares em que navegam e de que a previsão do tempo está além da capacidade de qualquer mortal. Comandantes devem reconhecer onde podem agir e o que aceitar, confiando em sua perícia apenas quando as circunstâncias assim permitirem. Xerxes, em contrapartida, *remodela* a natureza. Ele transforma água em terra (ou quase isso), ao construir pontes no Helesponto. Converte terra firme em líquido, ao escavar um canal na península de Atos – por "pura arrogância", nos conta Heródoto – para evitar que seus navios precisem contorná-la.[10] O rei não se preocupa com o que encontrará, pois é capaz de derrotar o que quer que apareça em seu caminho. E confia apenas na mão divina, que lhe conferiu tamanho poder.

Com sua visão limitada, Artabano descortina no horizonte imediato a complexidade como inimiga, enquanto o sagaz Xerxes vê um horizonte distante, no qual ambições são oportunidades: a simplicidade é o farol a iluminar o caminho. Artabano muda de ideia com frequência. Suas idas e vindas, como as da *Odisseia*, têm por objetivo o retorno à casa. Xerxes, ao atravessar o Helesponto, torna-se Aquiles. Só terá casa nas narrativas, contadas no futuro, a respeito de suas façanhas.[11]

Essa raposa e esse porco-espinho, portanto, não têm qualquer ponto em comum. Uma vez ignoradas suas advertências, Artabano ruma para o leste afastando-se de Abidos e de Heródoto, que não mais o menciona. Xerxes ruma para o oeste, levando com ele seus exércitos, sua frota e seu historiador,[12] bem como todos os subsequentes cronistas da invasão persa. O Helesponto, divisa entre continentes, passou também a separar as duas maneiras de pensar previstas por Arquíloco, que ficariam famosas graças a Berlin e que uma obra de sociologia no fim do século XX definiria de modo ainda mais incisivo.

III.

Numa tentativa de determinar as raízes da precisão e da imprecisão dos prognósticos, entre 1988 e 2003 o psicólogo e cientista social americano Philip E. Tetlock e seus assistentes recolheram, com 284 "especialistas", 27.451 previsões sobre acontecimentos políticos mundiais, em universidades, instituições governamentais e internacionais, grupos de reflexão, fundações e mídia. Repleto de tabelas, gráficos e equações, *Expert Political Judgement* [Capacidade de juízo de especialistas políticos], livro de Tetlock publicado em 2005, apresenta os resultados do mais abrangente estudo realizado sobre o assunto, explicando a razão de algumas pessoas acertarem as previsões para o futuro e outras não.

"Não importou muito *quem* eram os especialistas – histórico profissional, posição social, cargo etc.", conclui Tetlock. "Tampouco importou *o que* pensavam os especialistas – liberais ou conservadores, monarquistas ou institucionalistas, otimistas ou pessimistas." O que fez a diferença foi "*como* pensavam, o tipo de raciocínio". A variável crítica acabou sendo a autoidentificação como "raposa" ou "porco-espinho", quando mostradas as definições de Berlin desses termos. Os resultados foram inequívocos: raposas eram bem mais eficientes nas previsões que porcos-espinhos, cujo desempenho se equiparou ao de um chimpanzé atirando dardos (possivelmente por simulação de computador).

Abismado com o resultado, Tetlock pesquisou as características diferenciadoras de raposas e porcos-espinhos. Para os prognósticos, as raposas confiavam numa intuitiva "costura de diversas fontes de informações", não em deduções resultantes de "grandes métodos". Desconfiavam de "que o nebuloso assunto da política" pudesse ser "objeto de uma ciência sistemática". As melhores raposas "compartilham de um estilo de pensamento autodepreciativo" que não "poupa qualquer pensamento de crítica". Tendiam, porém, a ser discursivas em excesso – justificando em demasia suas alegações –, a fim de prender a atenção da plateia. Raramente voltaram a ser convidadas por apresentadores de programas de entrevistas. Estrategistas políticos andavam muito ocupados para ouvi-las.

Os porcos-espinhos de Tetlock, por sua vez, evitavam a autodepreciação e deixavam de lado as críticas. Apresentavam com agressividade explicações importantes, demonstrando "impaciência aguda" com quem "demorava a compreender". Quando as lacunas intelectuais criadas por eles se aprofundavam, cavavam ainda mais. Tornaram-se "escravos de seus pressupostos", aprisionados em círculos de autoelogio. Embora as frases surtissem efeito, apresentavam pouca relação com os fatos ocorridos em seguida.

Tudo isso sugeriu a Tetlock "a teoria do juízo correto": "Pensadores autocríticos são mais hábeis em descobrir as contraditórias dinâmicas das situações em evolução, mais circunspectos quanto à habilidade de prever, mais rigorosos em reconhecer os próprios erros, menos propensos a racionalizar os erros, mais predispostos a atualizar suas convicções no momento oportuno e – como resultado dessas vantagens – mais bem preparados para apor probabilidades realistas na rodada seguinte de eventos".[13] Em resumo, as raposas se saem melhor.

IV.

Para ser considerada boa, uma teoria deve explicar o passado, pois só assim podemos confiar no que ela nos diz do futuro. O passado de Tetlock, entretanto, foi a década e meia durante a qual ele conduziu seu experimento. Heródoto ofereceu a oportunidade de aplicar as descobertas de Tetlock – sem seus cuidadosos controles, é bom reconhecer! – em uma época muito distante da nossa. Elas se sustentam, nessa instância, surpreendentemente bem.

Após cruzar o Helesponto, Xerxes avançou, confiando no tamanho de suas forças e na opulência de seu séquito para inviabilizar a resistência: "Mesmo se todos os gregos, ou se todos os habitantes dos países ocidentais, se unissem, não seriam capazes de me vencer". O plano do rei parecia funcionar enquanto atravessavam Trácia, Macedônia e Tessália, mas seus soldados eram forçados a seguir em marcha lenta.

De tão numeroso, seu exército bebeu rios e lagos, secando-os antes de todas as unidades alcançarem o outro lado. Leões (ainda abundantes na região) desenvolveram um paladar especial pelos camelos usados para carregar os suprimentos. E Xerxes exauria até a capacidade dos cooperativos gregos de atender a suas exigências culinárias: um deles agradeceu o fato de o rei comer apenas uma vez por dia, pois, caso sua cidade ficasse incumbida de fornecer o café da manhã na mesma escala do jantar exigido, seus habitantes deveriam fugir ou ser "transformados em pó, como nunca nenhum outro povo".[14]

Xerxes tampouco podia adaptar toda e qualquer topografia. Para entrarem na Ática, os persas teriam de atravessar a estreita passagem em Termópilas – e foi lá que os espartanos de Leônidas, uma força bem inferior recrutada às pressas, atrasaram os invasores dias a fio. Nem Leônidas nem sua elite "dos 300" sobreviveram, mas a resistência espartana mostrou a Xerxes a impossibilidade de confiar apenas na intimidação como meio de atingir seus objetivos. No meio-tempo, as tempestades de fim de verão no mar Egeu arrasavam sua frota, enquanto os atenienses, obedecendo às ordens do almirante Temístocles, evacuavam a cidade. Ou seja, Xerxes se deparou com o mesmo dilema de Napoleão em Moscou, em 1812: uma vez atingido seu objetivo, como agir ao encontrar o local abandonado e o mau tempo a caminho?

O rei dos reis, como era típico, impôs um grau ainda maior de intimidação. Ele queimou a Acrópole e, em seguida, montou um novo trono no alto de outro promontório, com vista para outra massa d'água, de onde testemunharia o triunfo do que restava de sua frota. Decerto a fumaça subindo do templo mais sagrado desmoralizaria os remadores atenienses. A baía, porém, era Salamina; os remadores das trirremes eram bem-treinados; e o oráculo de Delfos havia prometido segurança por trás das "paredes de madeira", decerto das que flutuavam. Então, enquanto Xerxes observava, os gregos afundaram sua frota e massacraram os sobreviventes, que nunca tinham aprendido a nadar. Ao rei não restava escolha senão aceitar, tarde demais, o conselho do tio e voltar para casa.[15]

Temístocles acelerou a partida do rei espalhando o boato de que as pontes do Helesponto seriam o próximo alvo dos atenienses. Aterrorizado, Xerxes partiu às pressas, temendo não chegar a tempo de atravessar a ponte, e abandonou seu desmoralizado exército à própria sorte. Os gregos venceram em Plateias, mas deixaram uma retribuição, o material criativo para uma peça teatral. *Os persas*, de Ésquilo, apresentada pela primeira vez oito anos depois da batalha de Salamina, retrata o denegrido Xerxes ao entrar mancando em sua própria capital sob os lamentos de todos os que antes o aclamaram – e punido pelo aviso do fantasma de Dario: "Sendo mortais, nunca devemos elevar alto demais os pensamentos".[16]

Heródoto se inspirou em Ésquilo para suas *Histórias*.[17] Poderia também ter usado em seu relato os sonhos – evocando o espírito de Dario, senão seu fantasma – que levaram Xerxes ao Helesponto? Não há como ter certeza: espíritos são coisas sombrias. No entanto, é engraçado imaginar esse espectro em particular, não importa de quem fosse, fazendo uso de seus poderes sobrenaturais para viajar adiante no tempo e depois voltar a fim de repassar ao inconsolável rei dos reis o aviso do professor Tetlock: as raposas costumam ter razão, já os porcos-espinhos são meio idiotas.

V.

A invasão da Grécia por Xerxes foi um primeiro, mas espetacular, exemplo do comportamento porco-espinho. Ser o rei dos reis era muito importante: se Xerxes podia reunir a maior força militar vista enquanto transformava água em terra no Helesponto e terra em água na península de Atos, do que não seria capaz? Por que não conquistar toda a Europa depois da Grécia? Por que não, pode ter se perguntado em algum momento, "um império persa com os mesmos limites do céu de Zeus"?[18]

Xerxes, no entanto, fracassou – como é habito entre os porcos-espinhos – em estabelecer uma relação adequada entre seus fins e seus meios. Por existirem apenas na imaginação, os fins podem ser infinitos: quem sabe um trono na Lua, com uma vista magnífica? Os meios, contudo, são ridiculamente finitos: é preciso ter botas no solo, navios no mar e os corpos para preenchê-los. Fins e meios devem estar conectados se algo está para acontecer, mas eles nunca são intercambiáveis.

As únicas restrições impostas por Xerxes quanto às capacidades foram as próprias aspirações. Ele torcia pelo melhor supondo que pudesse ser o pior. Ele vivia apenas o presente, desligando-se do passado, onde a experiência reside, e do futuro, onde o imprevisto ronda.[19] Caso Xerxes tivesse entendido essa distinção, compreenderia que seus exércitos e suas frotas jamais poderiam transportar todo o necessário para invadir a Grécia. A não ser que o rei convencesse os povos invadidos a prover sua invasão (tarefa nada fácil), seus homens (e não ele, é provável) logo começariam a sentir fome, sede ou cansaço. A resistência de poucos, como em Termópilas, abalaria a confiança de muitos. E em breve chegaria o inverno.

Também teria corrido riscos, se seguisse os conselhos da raposa Artabano. O tio alertou Xerxes sobre os rios secos, os leões famintos, as repentinas ventanias, os habitantes ressentidos, os guerreiros brutais, os oráculos enigmáticos, os remadores ávidos e os náufragos à espera do outro lado de Helesponto. Com as causas conhecidas, as consequências seriam previsíveis – mas apenas em termos individuais, pois nem mesmo o mais sagaz vidente pode especificar efeitos *cumulativos*. Coisas insignificantes somam-se a imprevisíveis e consideráveis aspectos; no entanto, líderes não podem se deixar paralisar pelas incertezas. Devem aparentar saber o que fazem, mesmo quando não sabem.

Xerxes levou esse princípio ao extremo. Quando Pítio da Lídia forneceu todas as tropas e os tesouros requisitados pelo rei para a invasão, pedindo apenas que liberasse seu filho mais velho de ir para a guerra, Xerxes, impiedoso, deu um jeito de mostrar sua decisão: mandou cortar o jovem ao meio e ordenou que seus exércitos marchassem entre as metades ensanguentadas.[20] Tal atitude deixou bem clara a determinação de Xerxes, mas ele acabou preso nessa literal linha vermelha. Não poderia mudar seus planos, ainda que assim o desejasse.

A tragédia de Xerxes e de Artabano é que a cada um faltou a proficiência do outro. O rei, como os porcos-espinhos de Tetlock, atraía a atenção de plateias, mas tendia a atolar em buracos. O conselheiro, como as raposas de Tetlock, evitava os buracos, mas não era capaz de seduzir o público. Xerxes tinha razão: ao tentarmos prever tudo, corremos o risco de não chegar a lugar nenhum. E Artabano também tinha razão: se não nos prepararmos para tudo, decerto alguma coisa dará errado.

VI.

Nem Xerxes nem Artabano, portanto, teriam passado no teste elaborado em 1936 por F. Scott Fitzgerald para avaliar inteligências de primeira grandeza: "A capacidade de manter, ao mesmo tempo, duas ideias opostas na mente e ainda assim conservar a habilidade de funcionar".²¹ Talvez a intenção de Fitzgerald fosse apenas a autorreprovação. Na ocasião, sua carreira literária estava estagnada; quatro anos depois, morreria vítima de alcoolismo, de doença cardíaca e de um esquecimento ainda mais penoso quando se leva em conta sua antiga fama. Tinha apenas 44 anos.²² A críptica grandeza de seu aforismo, entretanto, assim como o de Berlin a respeito de raposas e porcos-espinhos, o imortalizou. O oráculo de Delfos teria invejado.²³

Um possível significado para os opostos de Fitzgerald poderia ser aproveitar o melhor das abordagens contraditórias e, ao mesmo tempo, rejeitar o pior; precisamente, a solução conciliatória que Xerxes e Artabano falharam em obter 24 séculos antes. Como, no entanto, é possível fazer isso? É fácil entender como duas mentes chegam a conclusões opostas; no entanto, podem os opostos coexistir em paz? Certamente não foi o que aconteceu com Fitzgerald, cuja vida foi tão atormentada quanto a de Tolstói e durou apenas a metade desta.

A melhor resposta a essa pergunta, paradoxalmente, vem de Berlin, que devotou muito de sua vida bem mais longa e feliz à reconciliação de conflitos em mentes únicas. A experiência comum, indicou, é composta por "fins igualmente essenciais [...], e a realização de uns envolve, inevitavelmente, o sacrifício de outros". Em geral, as escolhas que nos são apresentadas não envolvem alternativas extremas – o bem contra o mal, por exemplo –, mas coisas boas que não podemos ter simultaneamente. "Pode-se salvar a alma de alguém ou pode-se encontrar ou manter ou servir um grande e glorioso Estado", escreveu Berlin, "mas nem sempre os dois ao mesmo tempo". Em palavras que qualquer criança entenderia: se comer todos os doces do Dia das Bruxas, você vai vomitar.

Resolvemos esses dilemas aplicando-os ao longo do tempo. Buscamos certas coisas agora, deixamos umas para depois e consideramos outras como inatingíveis. Selecionamos onde cada uma se encaixa e depois decidimos quais podemos conseguir e quando. O processo talvez seja difícil: Berlin enfatizou "a necessidade e a agonia da escolha". No entanto, se tais escolhas desaparecessem, acrescentou, o mesmo aconteceria com "a liberdade de escolha" e, portanto, com a liberdade em si.[24]

O que dizer, então, da alegação de Berlin, em ensaio a respeito de Tolstói, de que os "seres humanos em geral" se dividem em raposas e porcos-espinhos? Devemos nos definir como um ou outro, conforme Tetlock pediu a seus especialistas? Berlin admitiu, pouco antes de morrer, que isso era desnecessário. "Algumas pessoas não são raposas nem porcos-espinhos; outras são os dois." Tudo não passara de um "jogo intelectual". Certas pessoas levaram o assunto a sério demais.[25]

A explicação fazia sentido dentro do quadro mais amplo do pensamento de Berlin, pois que escolhas teríamos se ficássemos presos em categorias, imitando animais dentro dos limites da previsibilidade?[26] Se, como Fitzgerald argumentou, a inteligência exige opostos – se a liberdade é escolha, segundo manteve Berlin –, então prioridades não podem ser predeterminadas. As prioridades deveriam refletir quem somos, mas também o que vivenciamos: poderíamos saber antecipadamente quem somos, mas nem sempre nossas experiências. Precisaríamos justapor, numa única mente (a nossa), o senso de direção do porco-espinho e a sensibilidade da raposa àquilo que a cerca. Sem jamais perder a capacidade de funcionar.

VII.

Onde, contudo – a não ser em um livro de Jane Austen –, podemos encontrar tal razão e sensibilidade? Austen nos dá uma pista, pois apenas narrativas são capazes de ilustrar dilemas no transcorrer do tempo. Não basta exibir escolhas como amostras em uma lâmina de microscópio: precisamos assistir às mudanças, e isso só é possível se reconstituirmos o passado por meio de histórias, biografias, poemas, peças, romances e filmes. As melhores dessas expressões revelam e escondem simultaneamente: resumem os acontecimentos para deixar clara a tênue linha entre ensino e entretenimento (ainda que, às vezes, o limite entre os dois se confunda). São, em resumo, *dramatizações*. E um dos requisitos fundamentais é jamais provocar tédio.

O filme *Lincoln* (2012), de Steven Spielberg, é uma dramatização no melhor estilo. Mostra o presidente, protagonizado por Daniel Day-Lewis, tentando honrar a afirmação da Declaração da Independência segundo a qual todos os homens são iguais. Haveria causa mais louvável a ser defendida por um porco-espinho? Para abolir a escravidão, todavia, Lincoln precisa convencer a incontrolável Câmara dos Representantes a aprovar a 13ª Emenda e faz uso de manobras ao melhor estilo raposa. Recorre a negociatas, subornos, bajulações, quedas de braço e mentiras deslavadas; tanto que o filme recende – visual, senão literalmente – a uma sala enfumaçada.[27]

Quando Thaddeus Stevens (Tommy Lee Jones) pergunta ao presidente como ele pode conciliar objetivo tão nobre com métodos tão desprezíveis, Lincoln relembra os ensinamentos aprendidos como topógrafo na juventude:

> Uma bússola [...] vai lhe mostrar o norte verdadeiro a partir do local onde se encontra, mas não o avisará de pântanos, desertos e precipícios no caminho. Quando, em busca de seu destino, você mergulha de cabeça, sem levar em consideração os obstáculos, e acaba atolado num pântano [...], de que adianta conhecer o verdadeiro norte?[28]

Ao assistir ao filme, foi como se o fantasma de Berlin estivesse na poltrona ao meu lado. Ao fim da cena, ele se inclina e, triunfante, sussurra: "Está vendo? Lincoln sabe quando ser porco-espinho (ao consultar a bússola) e quando ser raposa (ao evitar o pântano)!".

Até onde sei, o verdadeiro Lincoln nunca falou nada disso, e o verdadeiro Berlin – pena! – não viu o filme de Spielberg. O roteiro de Tony Kushner, porém, mostra a combinação de inteligência, ideias opostas e capacidade funcional formulada por Fitzgerald. Lincoln tem em mente, ao mesmo tempo, aspirações de longo prazo e necessidades imediatas. Concilia raposas e porcos-espinhos de Berlin com sua insistência na inevitabilidade – e na imprevisibilidade – da escolha. Lincoln não sabe quais transações descartar até conhecer o resultado das anteriores. E o filme conecta, várias vezes, coisas grandes a pequenas: Lincoln compreende que o voto na Câmara dos Representantes – e, por conseguinte, o futuro da escravidão nos Estados Unidos – às vezes depende de quem será nomeado diretor do correio em algum vilarejo.

Lincoln mostra, portanto, as decisões tomadas ao longo do tempo (Berlin), a coexistência de opostos num mesmo espaço (Fitzgerald) e a alteração de escala que ecoa – por que não? – em Tolstói. Graças à intuição, os dois Lincoln, o retratado no filme e o de carne e osso, captaram o que Tolstói tentou passar em seu colossal *Guerra e paz*: tudo tem relação com tudo. Talvez por isso o excelente romancista, que raras vezes enxergava "excelência" em líderes, tenha concedido esse reconhecimento póstumo ao presidente mártir.[29]

VIII.

As mudanças de escala em *Guerra e paz* ainda surpreendem os leitores. Tolstói nos insere na mente de Natasha em seu primeiro grande baile, na de Pierre quando ele se envolve num duelo e sobrevive, na do príncipe Bolkonsky e na do conde Rostov, respectivamente o pai mais severo e o mais indulgente da literatura moderna. Ainda assim, Tolstói se distancia dessas intimidades para nos mostrar exércitos varrendo a Europa, em seguida dar *zoom* nos imperadores e nos oficiais que os comandaram e aumentar o *zoom* para retratar os soldados comuns que viveram, marcharam e lutaram nas guerras. Novo distanciamento, desta vez mostrando Moscou em chamas ao término da batalha de Borodino. E mais um *zoom* nos refugiados da cidade incendiada, entre eles o príncipe Andrei, gravemente ferido, que morre nos braços de Natasha, por quem se apaixonara três anos e centenas de páginas antes, no primeiro baile da jovem.

Abordemos a realidade de cima para baixo ou de baixo para cima: parece que Tolstói afirma existir um número infinito de possibilidades em variados níveis, todos simultâneos. Alguns são previsíveis, mas não a maioria, e apenas a dramatização – livre da dependência acadêmica à teoria e aos arquivos – pode representá-los.[30] Ainda assim, na maior parte do tempo essas possibilidades parecem fazer sentido para pessoas comuns. Berlin tentou explicar o porquê em seu ensaio sobre Tolstói:

> A história, apenas a história, apenas a soma de eventos concretos ao longo do tempo e do espaço – a soma da real experiência de homens e mulheres de carne e osso e suas relações mútuas em ambiente real, tridimensional, experimentado empírica e fisicamente –, constitui a verdade, material com o qual respostas genuínas – que não precisam, para sua apreensão, de nenhum sentido especial nem de faculdades que seres humanos normais não apresentem – podem ser construídas.[31]

O trecho é complexo até para Berlin, que não costumava considerar a simplicidade uma virtude. Creio, contudo, que nessa passagem ele descreve uma sensibilidade *ecológica* que respeita igualmente tempo, espaço e escala. Xerxes nunca demonstrou tê-la, a despeito dos esforços de Artabano. Tolstói chegou perto, pelo menos em um romance. Lincoln – a quem faltava um Artabano e que também não viveu para ler *Guerra e paz* – parece de algum modo ter conseguido conciliar os três elementos, graças ao senso comum, incomum em grandes líderes.

IX.

Por senso comum, refiro-me à naturalidade com que a maioria de nós age na maior parte do tempo. Em geral, sabemos aonde estamos indo, mas ajustamos a rota para evitar o inesperado, inclusive obstáculos criados por outros em nosso caminho enquanto seguem o caminho *deles* para onde quer que estejam indo. Meus alunos, por exemplo, evitam com habilidade colisões com postes de rua, professores assustados e colegas igualmente preocupados enquanto consultam compulsivamente aparelhos eletrônicos que, parece-me, estão sempre presos à mão ou ao ouvido. Nem todos somos tão ágeis, mas não há nada de extraordinário na presença simultânea, em nossa mente, de uma sensibilidade de curto prazo ao que nos cerca e um senso de direção de longo prazo. Convivemos diariamente com esses opostos.

O psicólogo Daniel Kahneman atribui essa proficiência a uma inconsciente confiança em dois tipos de pensamento. O pensamento "rápido" é intuitivo, impulsivo e, muitas vezes, emocional. Produz, quando necessário, ação instantânea: é o que se faz para evitar esbarrar nas coisas ou para evitar que esbarrem em você, por exemplo. O pensamento "lento" é deliberado, concentrado e, em geral, lógico. Não precisa, em hipótese alguma, resultar em ação: é como você aprende para depois, de fato, saber. Tetlock vê uma similaridade no genoma humano e se utiliza dos animais de Berlin para explicá-la:

> Raposas são mais bem preparadas para sobreviver em ambientes onde ocorrem mudanças rápidas, nos quais os que abandonam ideias ruins já levam vantagem. Porcos-espinhos são mais bem preparados para sobreviver em ambientes estáticos que premiam a persistência em fórmulas testadas e aprovadas. Nossa espécie – *homo sapiens* – se sai melhor por ter os dois temperamentos.[32]

Talvez, então, devamos nossa existência à destreza com que alternamos pensamentos rápidos e lentos – entre o comportamento de raposas e o de porcos-espinhos. Se sempre nos víssemos apenas como uma coisa grande, acabaríamos não apenas atolados num dos pântanos de Lincoln, mas com os mamutes, em fossas.

Por que, no entanto, as pessoas em postos de autoridade não se enquadram nessa flexibilidade? Como, em determinado ponto da história, Xerxes e Artabano não perceberam essa necessidade? E como, em outro ponto, os especialistas de Tetlock puderam se identificar com tanta presteza como raposas *ou* porcos-espinhos, mas não como ambos? E por que deveríamos considerar a liderança de Lincoln tão extraordinária, se tudo o que ele fez foi o mesmo que seres humanos comuns fazem todos os dias? Nesse sentido, o senso comum é como o oxigênio: quanto mais alto se sobe, mais rarefeito ele fica. "Com grandes poderes vêm grandes responsabilidades", lembra ao Homem-Aranha seu tio Ben, numa fala memorável[33] – vem, porém, também o perigo de cometer tolices.

X.

E cabe à *grande estratégia* evitá-las. Definirei essa expressão, para os propósitos deste livro, como o alinhamento de aspirações potencialmente ilimitadas com capacidades necessariamente limitadas. Se você busca fins superiores a seus meios, cedo ou tarde terá de reduzi-los para adequá-los a seus meios. A expansão dos meios pode levar a mais fins, mas não a todos – os fins podem ser infinitos, mas nunca os meios. Seja qual for o equilíbrio atingido, haverá uma conexão entre o real e o imaginado, entre onde se está agora e aonde se pretende chegar. Você não terá uma estratégia até unir esses dois pontos – por mais desiguais que pareçam ser – na situação em que se encontra.

Onde, então, entra o adjetivo "grande"? Tem a ver, acho, com o que está em jogo. Como estudante, caso durma vinte minutos a mais amanhã de manhã, sua vida não sofrerá mudanças radicais, além do risco de perder o café da manhã e só comer um bagel frio antes da aula. Os riscos aumentam, contudo, ao considerar o que será ensinado na aula, como a matéria se relaciona a outras do curso, qual especialização e qual diploma você tem em mente, como eles podem ser úteis a sua atuação profissional e por quem você pode se apaixonar ao longo do caminho. As estratégias aumentam mesmo sob o ponto de vista pessoal. É errado dizer, então, que apenas Estados, não pessoas, têm grandes estratégias. Alinhamentos se mostram necessários ao longo do tempo, do espaço *e* da escala.

As grandes estratégias, no entanto, têm sido tradicionalmente associadas a planejamento e batalhas. Não surpreende, considerando o fato de as primeiras relações registradas entre aspirações e capacidades terem surgido da necessidade de conduzir operações militares. "Ponham-se a pensar", Homero alerta os aqueus, por meio do sábio Nestor, num momento desesperado durante o longo cerco de Troia, "se a estratégia serve para alguma coisa".[34] Já a *necessidade* de tal alinhamento remonta, é provável, ao primeiro ancestral do homem que descobriu como obter alguma coisa aproveitando o que estava à mão.[35]

Sem a consciência de vida após a morte, a aspiração universal era, com certeza, a sobrevivência. A partir disso estratégias passaram a ser desenvolvidas para tarefas bem simples, como encontrar comida, abrigo e roupas, e também para responsabilidades complexas, como governar grandes impérios. Especificar o sucesso nunca foi fácil, mas a natureza finita de meios ajudou, pois, embora a satisfação, no fim, seja um estado de espírito, obtê-la exige recursos reais. Desse fato surge a necessidade de alinhamento e, por conseguinte, de estratégia.

XI.

Então é possível *ensinar* grande estratégia ou pelo menos explicar o senso comum que a sustenta? Se Lincoln, com tão pouca educação formal (como tantos presidentes americanos), aprendeu o necessário como autodidata e por experiência própria, por que não podemos fazer o mesmo?[36] A resposta simples é que Lincoln era um gênio, e a maioria de nós não é. Ao que parece, Shakespeare não tinha um professor de escrita. Quer dizer que ninguém mais precisa de um?

Vale lembrar que Lincoln – assim como Shakespeare – teve uma vida inteira para chegar aonde chegou. Hoje os jovens não dispõem desse tempo, pois a sociedade diferencia categoricamente a educação geral, o treinamento profissional, o plano de carreira em uma organização, a responsabilidade e, por fim, a aposentadoria. Isso só intensifica um problema identificado há tempos por Henry Kissinger: o "capital intelectual" acumulado por líderes antes de chegar ao topo é tudo o que eles terão enquanto estiverem no topo.[37] Em nossos dias sobra menos tempo para aprender algo novo que na época de Lincoln.

Assim, cabe à academia moldar a mente dos alunos enquanto tem a atenção deles – mas a mente acadêmica em si não é indivisível.

Uma lacuna se abre entre o estudo de história e a estruturação da teoria, ambos necessários, caso os fins devam se alinhar com os meios. Os historiadores, conscientes de que seu campo de atuação privilegia pesquisas específicas, tendem a evitar as generalizações de que dependem as teorias. Com isso, negam à complexidade simplicidades que nos guiam em seu entendimento. Os teóricos, ávidos por serem vistos como "cientistas" sociais, buscam "reprodutibilidade" nos resultados, substituindo, assim, a complexidade pela simplicidade, em busca de previsibilidade. Ambas as comunidades negligenciam relações entre o geral e o particular – entre o conhecimento universal e o local – que alimentam o pensamento estratégico. E as duas, como se para acrescentar falta de transparência a essa insuficiência, costumam escrever mal.[38]

Há um método mais antigo, contudo, no qual história e teoria funcionaram em conjunto. Maquiavel faz alusão a esse método na dedicatória de *O príncipe*, na qual oferece o que tem de mais valioso: "O conhecimento das ações dos grandes homens, aprendido por mim de longa experiência das coisas modernas e da contínua leitura das antigas". Reuniu tudo em "um pequeno volume", visando a "proporcionar-lhe (a seu patrono Lourenço de Médici) a faculdade de, em brevíssimo tempo, entender tudo o que eu [Maquiavel], em tantos anos, aprendi e entendi à custa de não poucas aflições e perigos".[39]

Carl von Clausewitz, em seu monumental – mas incompleto – clássico *Da guerra*, desenvolve de modo mais detalhado o método de Maquiavel.[40] A história, argumenta, não passa de uma longa série de histórias. O que não significa serem inúteis, pois a teoria, quando concebida como depuração, evita que seja preciso escutar todas as histórias de novo. Não há tempo para tanto quando se está prestes a iniciar um combate ou qualquer outro desafio. Tampouco é possível apenas perambular como o Pierre de Tolstói em Borodino. É aí que entra o *treinamento*.

Com certeza, o soldado bem treinado terá melhor desempenho que outro sem nenhum preparo, mas o que seria treinamento na concepção de Clausewitz? É ser capaz de explorar princípios testados ao longo do tempo e do espaço, de modo a perceber o que funcionou e o que não funcionou. Então você os aplica à situação com que se defronta: é esse o papel da escala. O resultado é um *plano* estruturado com base em fatos passados, ligado ao presente e com foco em algum objetivo futuro.

O engajamento, entretanto, não respeitará o plano em todos os aspectos. Não apenas seu resultado dependerá do que faz o outro lado – o "conhecido desconhecido" formulado pelo ex-secretário de Defesa Donald Rumsfeld num famoso discurso[41] –, como refletirá o "desconhecido desconhecido", ou seja, tudo o que pode dar errado antes mesmo de se ter deparado com um adversário. Juntos, constituem o que Clausewitz chamou de "fricção", o choque entre teoria e realidade sobre o qual Artabano tentou avisar Xerxes, muitos séculos antes, no Helesponto.

A única solução, então, é improvisar; não se trata, porém, apenas de inventar soluções enquanto se segue em frente. Talvez você se atenha ao plano, talvez o modifique, talvez o descarte por completo. Como Lincoln, contudo, saberá para onde aponta sua bússola, seja qual for o desconhecido a se interpor entre você e seu destino. Sempre terá em mente uma gama de opções para lidar com esses imprevistos, aprendidos – assim como Maquiavel – com as duras lições dos que o antecederam. O resto depende de você.

XII.

Embarcações que cruzam o Helesponto ainda unem campos de batalha, como as pontes de Xerxes no passado: Troia fica logo ao sul, no lado asiático; Galípoli, no lado europeu, é ainda mais perto. Agora, contudo, as embarcações são balsas e os exércitos transportados são de turistas, aproveitando-se do fato de que trinta séculos separam lugares afastados por apenas uns 50 quilômetros. Sobra tempo, num único dia, para ver o cavalo de Troia em Çanakkale – não o verdadeiro, óbvio, mas o suporte deixado pela equipe do filme de Brad Pitt em 2004.

Falta à cena a grandeza do que Xerxes viu de seu promontório em 480 a.C., mas um ponto importante é reforçado: a experiência de combate é ainda mais rara hoje que no passado recente. Por qualquer motivo – o medo de uma guerra mundial aniquilar todos os envolvidos, o retorno a guerras menores que têm adesão apenas parcial da sociedade, talvez apenas a sorte –, em nossos dias menos pessoas vêm lutando em campos de batalha. Os turistas estão assumindo o controle.

O conceito de treinamento desenvolvido por Clausewitz, entretanto, mantém sua relevância. É a melhor forma de evitar que estratégias se tornem cada vez mais absurdas à medida que crescem – problema recorrente tanto na paz quanto na guerra. É a única maneira de combinar os aparentes opostos de planejamento e improvisação: ensinar o senso comum que advém da consciência de quando ser porco-espinho e quando ser raposa. Onde, senão na vida militar ou (ainda que de modo incompleto) na universidade ou no trabalho, os jovens hoje podem aprender sobre isso?

"A Batalha de Waterloo foi vencida nos campos esportivos de Eton." Apesar de o duque de Wellington ter sido o principal fornecedor de epigramas da era vitoriana, esse *não* é de sua autoria, mas bem que poderia ser.[42] Pois, além da guerra e da preparação para ela, é nas competições esportivas que a combinação clausewitziana de um passado depurado, um presente planejado e um futuro incerto se une de modo mais explícito. Com a busca pela boa forma mais em moda hoje que na época do grande duque, há mais participação em competições e jogos que antes. O que isso tem a ver com você e com grandes estratégias?

Você aprende a jogar com um treinador (literalmente), cuja função é a mesma dos instrutores militares na época em que o serviço militar era obrigatório: ensinar o básico, criar resistência, impor disciplina, encorajar a colaboração, mostrar como perder e se recuperar da perda. Uma vez iniciado o jogo, contudo, seu treinador não pode fazer muito além de gritar ou ficar emburrado fora do campo. Você e seus colegas de time estão por conta própria. Mesmo assim, o desempenho de todos será melhor por terem sido submetidos a um treinamento. Não à toa, o salário dos treinadores, em certas universidades americanas, chega a ser mais alto que o do presidente que os contrata.

Por acaso isso significa que, enquanto jogava, você foi um porco-espinho ou uma raposa? É provável que, por ter sido os dois, ache a pergunta tola: como um porco-espinho, tinha um plano e, quando preciso, modificou-o como uma raposa; ganhou ou perdeu dependendo de o plano ter dado certo ou errado. Pode ser difícil dizer, ao pensar nas jogadas, quando agiu como um ou outro. Em vez disso, manteve ideias opostas em mente enquanto jogava.

É mais ou menos a mesma coisa na maioria dos aspectos da vida, quando fazemos escolhas por instinto (ou quase por instinto). À medida que a autoridade aumenta, entretanto, o mesmo ocorre com a inibição. Com mais gente olhando, a prática se torna performance. As reputações passam a importar, estreitando a liberdade de ser flexível. Líderes que alcançaram o topo – como Xerxes ou os especialistas de Tetlock – podem se tornar prisioneiros da própria superioridade: enclausuram-se em papéis dos quais não podem escapar.

Este não é um livro sobre os Helespontos mentais que separam a tal liderança de um lado e o senso comum do outro. Deve haver travessias livres e frequentes entre eles, pois só graças a tais diálogos grandes estratégias – alinhamentos de meios com fins – tornam-se possíveis. No entanto, as correntes são velozes, os ventos, inconstantes, e as pontes, frágeis. Não há mais necessidade de intimidar nem aplacar águas à maneira de Xerxes. Ao analisar como outros, desde esse monarca, lidaram com oposições de lógica e liderança, quem sabe consigamos nos treinar para as travessias que cedo ou tarde precisaremos fazer.

2

AS GRANDES MURALHAS

Visto de cima, o formato devia se assemelhar a um osso gigante, roído, limpo e atirado com descuido por algum deus saciado, do sul da Ática ao norte do monte Olimpo. Uma extremidade, tal uma articulação, permaneceu num penhasco rochoso; a outra apenas encostou na beira d'água. O comprimento total atingia cerca de 10 quilômetros, mas saliências em cada extremidade formavam uma circunferência de quase 30 quilômetros. Cerca de 7 quilômetros de uma implausível "canela" fina os conectavam: se colocada de pé, a estrutura não sustentaria o próprio peso. Todavia, esse não era seu propósito, pois eram muralhas, as mais longas já construídas ao redor de duas cidades.[1]

Atenas, na extremidade nordeste, tinha uns 200 mil habitantes quando a construção das muralhas foi concluída, em 457 a.C. A população de Pireu, a sudoeste, era menor, porém lá havia mais espaço. Pireu era o porto ateniense usado para o comércio em todo o Mediterrâneo, bem como a base de construção, reparos e abastecimento de sua marinha, e a vitória em Salamina, vinte e três anos antes, se dera graças a suas "paredes de madeira". Bem depois de Atenas ter perdido a primazia conquistada naquela ocasião, o historiador Plutarco descobriu "um florescer de renovação" nos prédios e nos espaços públicos da cidade, como se "um espírito perene e uma vitalidade imortal se mesclassem em sua composição". Do alto do rochedo, a reconstruída Acrópole, ainda exibindo as marcas das labaredas dos incêndios persas, reinava sobre a cidade, como até hoje, apesar de várias outras calamidades.

As muralhas ligando Atenas a Pireu tinham cerca de 150 metros de extensão: largas o bastante para acomodar um fluxo de mão dupla de pessoas, animais, carroças, mercadorias e tesouros e estreitas o bastante para viabilizar a defesa. Eram sólidas – uns 3 metros de espessura e 7,5 metros de altura –, mas em estranho desacordo com a extrema elegância do que cercavam. Na argamassa, pedras desajustadas e diferentes umas das outras. Colunas quebradas, assim como fragmentos de túmulos. A explicação oficial para essas marcas era a memória: era preciso recordar as depredações de Xerxes à medida que se passava pelos muros. Seus ancestrais ali estariam para lembrá-lo.[2]

Xerxes levara tudo com ele ao atravessar o Helesponto, exceto uma grande estratégia. Se suas aspirações eram suas capacidades, por que se importar em alinhá-las? Xerxes só conheceu a escassez depois que a terra, o mar, o clima, os gregos e seu oráculo a apresentaram a ele. Acreditando-se forte em todos os aspectos, nada guardou de reserva: quando uma falhou, outras se seguiram. E então, segundo estimativas, perdeu mais de 900 trirremes e 250 mil homens.[3]

Os gregos, em contrapartida, só conheciam a escassez. Ao contrário dos persas, cujo império se estendia do Egeu à Índia, ocupavam uma pequena península acidentada onde os recursos eram fragmentados e havia resistência à autoridade. Cidades e vilarejos precisavam se proteger; nenhum rei dos reis poderia fazer isso por eles. Formavam alianças, até mesmo colônias, mas as obrigações eram vagas e as lealdades em geral ficavam sujeitas a mudanças. Isso tornou a Grécia uma estufa de rivalidades e, portanto, de estratégias.[4] Depois da derrota de Xerxes, duas se destacaram. Diferiam em quase todos os aspectos, mas concordavam em um: a escassez exigia especialização.

I.

Os espartanos, que lutaram até o último homem em Termópilas, eram guerreiros de longa data. Ligados ao Peloponeso, mas não como lavradores – a agricultura era relegada aos escravos (*helots*) –, tinham como estratégia transformar seu exército no melhor da Grécia. Sem outro objetivo, não conseguiram produzir sequer ruínas respeitáveis. Como soldados profissionais, constantemente treinavam com o objetivo de raras vezes lutar: perderam a batalha de Maratona, em 490 a.C., por comemorarem, na ocasião, um festival lunar. Quando despertada pela invasão de Xerxes, porém, a fúria dos espartanos excedeu em muito o número de seus soldados – motivo que levou Atenas, apesar de Termópilas, a confiar aos rivais a defesa de suas terras. Diante do fracasso, nos conta Tucídides, os atenienses "destruíram suas casas, atiraram-se em seus barcos e se tornaram um povo naval".[5]

Eles já eram um povo marítimo cuja rede de comércio se espalhava do Atlântico ao mar Negro. Os atenienses também haviam progredido e prosperado, obtendo lucros e tributos de suas colônias, além de extraírem prata numa região perto de Ática. Graças a esses recursos, financiou a frota em Salamina, mas Temístocles tinha outros objetivos em mente além dos muros de madeira navegáveis. Ele queria muros no chão em grande escala. Ao cercar Atenas *e também* Pireu, as muralhas transformariam as duas cidades em uma ilha, imune ao ataque terrestre e atendida em todas suas necessidades de fornecimento pelo mar, pronta para dispor de uma frota tão formidável quanto a do exército espartano.[6]

Espartanos e atenienses, portanto, tornaram-se tigres e tubarões, cada um controlando seu próprio domínio.[7] O senso comum deveria ter apelado, a essa altura, para a cooperação, uma vez que a ameaça persa ainda era bem evidente. O que se seguiu, no entanto, não fez o menor sentido. Os gregos embelezaram, de modo inesquecível, a civilização que haviam salvado – para em seguida quase a destruir.[8]

II.

A Guerra do Peloponeso, conflito entre Atenas, Esparta e seus respectivos aliados, que durou de 431 a 404 a.C., assemelhou-se em determinado aspecto às Guerras Persas, bem menos demoradas: cada uma teve um grande cronista. Tucídides deixou claro aos leitores, entretanto, que não seria Heródoto. Refrearia os atrativos de sua história "priorizando a verdade". Sua "ausência de romance" poderia "reduzir em parte seu interesse", mas ele esperava o que, mais tarde, Plutarco encontraria nos restos de Atenas: a preservação contra os efeitos do tempo e, por conseguinte, "um bem para todo o sempre". Bastaria, escreveu Tucídides, sua história ser julgada útil pelos que buscavam "o conhecimento do passado para ajudar a entender o futuro, que deve parecer, senão refletir, o curso das coisas humanas".[9]

O passado e o futuro têm menos equivalência, em Tucídides, que as capacidades e as aspirações na estratégia, embora sejam interligados. Só nos é possível conhecer o passado por fontes imperfeitas, inclusive nossas próprias memórias. Desconhecemos o futuro, exceto que terá origem no passado, para logo dele se afastar. A distinção de Tucídides entre semelhança e reflexo – entre padrões que sobrevivem através do tempo e *repetições* degradadas pelo tempo – alinha a assimetria, pois sugere que o passado nos prepara para o futuro tão somente quando, embora imperfeito, opera a transferência. Apenas as capacidades restringem as aspirações dentro do permitido pelas circunstâncias.

Saber uma coisa grande ou várias pequenas, portanto, não basta. As semelhanças – que, insiste Tucídides, *devem* acontecer – podem ocorrer em qualquer ponto ao alcance de porcos-espinhos e raposas, e vice-versa. Então, qual deles seria Tucídides? Pergunta inútil. A "inteligência de primeira grandeza" de Tucídides acomoda ideias opostas de forma tão natural que ele nos transmite centenas delas em sua história. Faz isso dentro do tempo e do espaço, mas também através da escala. Em minha opinião, apenas Tolstói rivaliza com Tucídides na percepção de significado onde ele parece não existir.

Então, não é exagero dizer que Tucídides *treina* todos os seus leitores. Pois, como seu maior intérprete moderno (ele próprio, às vezes, treinador) teve a gentileza de nos lembrar, os gregos, a despeito de sua antiguidade, "podem ter acreditado em coisas que nós esquecemos ou nunca soubemos; e devemos manter em aberto a possibilidade de que, pelo menos em certos aspectos, eles eram mais sábios que nós".[10]

III.

Os espartanos nunca ergueram muralhas, confiando apenas em sua destreza militar para deter adversários. Ao ouvirem o plano de Temístocles de construir uma muralha, tentaram convencer os atenienses de que nenhuma cidade deveria apoiar a ideia. Tal interdição incentivaria a unidade entre os gregos e ao mesmo tempo impediria as fortificações persas em qualquer futura invasão. Mas o verdadeiro propósito dos espartanos, argumenta Tucídides, era limitar as capacidades navais dos atenienses, que haviam provado sua habilidade em Salamina. A ausência de muralhas e a consequente vulnerabilidade de Atenas e seu porto contribuiriam para esse objetivo.

Temístocles persuadiu os atenienses a fingir aceitar a proposta sem contestação, a ponto de ter sido enviado a Esparta com a incumbência de cuidar das negociações. Enquanto isso, Atenas deu início ao programa da reconstrução das muralhas. Homens, mulheres e crianças participaram, usando tudo o que encontravam. A pressa, portanto, mais que a intenção de construir um memorial, explica o uso de escombros nos muros. Quando os espartanos começaram a questionar a demora do início das conversações, Temístocles alegou estar à espera dos outros embaixadores, atrasados por algum motivo inexplicável. Estes chegaram, assim como relatos do que os atenienses tramavam. Se estavam preocupados, disse Temístocles aos desconfiados espartanos, deveriam enviar observadores a Atenas para verem com os próprios olhos. Então, em sigilo, instruiu os atenienses a deter os enviados espartanos até as muralhas estarem quase prontas.

Uma vez informado de que a muralha já estava bastante alta, Temístocles deixou de lado o fingimento. Atenas, anunciou, tinha sido murada para proteger seus habitantes. Quaisquer futuras discussões pressupunham o direito dos atenienses de determinar seus próprios interesses, *bem como* o dos outros gregos. Os espartanos não demonstraram ressentimento; mesmo assim, observa Tucídides, "a superação da derrota de seus desejos só podia lhes causar um secreto aborrecimento".[11] Eles tinham sido ludibriados – se isso é possível – por um muro.

IV.

Tudo isso ocorreu entre 479 e 478 a.C., quatro décadas e meia antes da eclosão da Guerra do Peloponeso. Tucídides o menciona em *flashback*, fato incomum em sua história. Ele quer que vejamos a conexão, mesmo distante, entre uma grande guerra e uma quase colisão cósmica, entre a impassibilidade espartana e o ardil ateniense: pequenas causas podem ter grandes consequências. Nada disso, contudo, é definitivo. Os acontecimentos seguintes envolveriam mais cautela, pois cada aspecto da relação entre atenienses e espartanos carregava então múltiplos significados.

Tome-se, por exemplo, a construção das muralhas: foi um ato *defensivo* ou *ofensivo*? Os atenienses pretendiam erguer as muralhas para proteger sua "ilha", de cuja base, graças a seu comércio e sua frota, controlariam os mares ao redor da Grécia e bem mais além. Os espartanos pensavam em segurança, não obstante a ausência de muros, tão somente porque seu exército era e continuava a ser o mais poderoso da Grécia – o que foi, para começo de conversa, o motivo de os atenienses acreditarem na necessidade de muralhas.

Todavia, tanto os espartanos quanto os atenienses agiram com base na *estratégia*, alinhando aspirações com capacidades. Cada um buscava segurança, mas por diferentes métodos; nenhum podia se dar ao luxo de ser, a um só tempo, tigre e tubarão. Em teoria, a cooperação poderia ter garantido o fim de quaisquer perigos futuros tanto no mar quanto na terra; no entanto, isso exigiria maior confiança, qualidade com raízes surpreendentemente rasas no caráter dos gregos.

Tendo enganado os espartanos, Temístocles retornou triunfal a Atenas, como após a batalha de Salamina. Com o passar do tempo, entretanto, ele perdeu prestígio. Em 470 a.C., a assembleia ateniense – que temia seus líderes na mesma proporção com que premiava o êxito deles – usou seu poder para puni-lo com o ostracismo e bani-lo da cidade. Apesar de engenhoso, o organizador da vitória sobre os persas debandou derrotado para o lado dos adversários, a quem serviu pelo resto da vida. E então o recém-assassinado Xerxes, apesar de Ésquilo, conseguiu afinal uma espécie de vingança.[12]

V.

Um dos criadores de *Os persas* foi Péricles, aristocrata ateniense a quem se deve o nome da época seguinte. Polido e modesto, mas capaz de atrair seguidores, foi patrono das artes, exímio comandante militar, diplomata experiente, astuto economista, teórico constitucional de permanente originalidade, um dos maiores oradores de todos os tempos, reconstrutor da Atenas como ainda a conhecemos e, por mais de 250 anos, líder dessa cidade e do império que a regeu.[13] E foi Péricles quem, mais que qualquer outro, desencadeou a Guerra do Peloponeso – o inesperado resultado de construir uma cultura para apoiar uma estratégia.

Os espartanos não precisavam de uma nova cultura, pois as Guerras Persas haviam deixado intacta a deles. A dos atenienses, entretanto, estava de pernas para o ar. Eles haviam demonstrado habilidade em lutar por terra ao derrotar os persas (sem os espartanos) no ano 490 a.C. em Maratona e (com os espartanos) em Plateia em 479 a.C. A ilha de Temístocles, porém, exigiu o abandono dessa proficiência: Atenas, temia Péricles, jamais poderia competir com o exército de Esparta.[14] Em meados dos anos 450 a.C., Péricles havia concluído a construção das muralhas ao redor de Atenas e de Pireu, possibilitando total segurança no mar em qualquer guerra futura.

Apesar de coerente, a nova estratégia transformou os atenienses, como Tucídides percebeu, num povo diferente.

Tradicionalmente, os agricultores haviam apoiado Atenas: seus campos e seus vinhedos abasteciam a cidade em tempos de paz, e seus corpos enchiam as fileiras das infantarias e das cavalarias em tempos de guerra. Nessa ocasião, contudo, suas propriedades tinham crescido e sua influência diminuíra. Caso os espartanos invadissem, acabariam como refugiados, amontoando-se na cidade para observar dos muros casas, plantações e oliveiras serem destruídas. Péricles, ele mesmo dono de terras, prometeu, como prova de sua determinação, incendiar as próprias terras. Um dia, presumiu ele, os espartanos, preocupados com os pouco confiáveis *helots* de suas propriedades, desistiriam e voltariam para casa – mas não por algo que os antigos estabilizadores da sociedade ateniense tivessem feito. Ao mesmo tempo, barcos ao largo do Pireu apoiariam Atenas de suas colônias além-mar, enquanto sua frota atormentaria a costa desprotegida dos espartanos, apressando, assim, sua partida.[15]

O custo de uma frota mercante e de uma marinha, entretanto, era alto. Para lutar em terra, um *hoptile* ateniense – um soldado de infantaria – só precisava de uma espada, um escudo, um capacete, armadura mínima e absoluta confiança no homem ao lado, pois as falanges gregas avançavam como uma só unidade: a improvisação seria garantia de desastre. A marinha, contudo, exigia instalações portuárias, barcos, velas e fileiras de remadores dispostos a chafurdar nos próprios excrementos (as trirremes raramente faziam paradas), impossibilitados de saber como transcorria a batalha e sob o risco de se afogar caso perdessem. Deviam receber algum incentivo além da visão de belas propriedades (que a maioria nunca chegou perto de ter) ou da promessa de treinamento bélico (impraticável nos fedorentos e escorregadios alojamentos fechados).[16]

A necessidade de motivação ultrapassava em muito o simples ato de remar. Trirremes eram embarcações de guerra usadas apenas para abalroar outras naus. Seus construtores – fossem cidadãos ou o Tesouro público – mal podiam esperar lucros: devia haver benefícios menos tangíveis. Tampouco se esperava que os atenienses obrigassem suas colônias a alimentá-los: colheitas, pesca ou a criação de gado são atividades que requerem tempo e não podem ser forçadas. Não seria possível pagar mulheres e crianças para trabalhar nas muralhas: os interesses familiares teriam de coincidir com as exigências da estratégia. Empreitadas ambiciosas exigem incentivos relevantes. Alguém precisava mostrar a todos – ou a quase todos – que os sacrifícios renderiam frutos. E os que Péricles tinha em mente não seriam dedicados aos deuses, como no passado,[17] mas a uma cidade que se tornara um Estado e se transformava em império.

E que deveria permanecer, entretanto, uma comunidade. Se Atenas precisasse contar com o ardor de seus cidadãos, deveria então inspirar classes dentro da cidade e povos império afora – mesmo que isso representasse a união com sua rival Esparta, ainda em muitos aspectos uma cidadezinha. Por isso, para Péricles, consolidar uma cultura tornou-se prioridade.

VI.

Péricles usou a "oração fúnebre", pronunciada em Atenas no fim do primeiro ano da Guerra do Peloponeso, para manifestar suas expectativas. Os mortos tinham dado a vida, disse aos que por eles choravam, pela *universalidade da singularidade ateniense:* Atenas não imitava ninguém, era um modelo para todos. Como, no entanto, reconciliar esses aparentes opostos? A solução de Péricles foi unir escala, espaço e tempo: a cultura ateniense interessava à cidade, ao império e à história. Por sorte, Tucídides, ou alguém em quem confiava, compareceu e tomou notas enquanto o líder discursava.[18]

Bem antes de Péricles, Atenas caminhava aos poucos para a democracia, definida por ele como um sistema a favor de "muitos em vez de poucos". Ao assumir o poder, instituiu que todo cidadão adulto masculino que não fosse escravo tinha o direito de falar e votar na assembleia ateniense: com cerca de 5 mil a 6 mil participantes fixos, era o maior corpo deliberativo existente no mundo – talvez até mesmo nos dias de hoje.[19] "Nossos cidadãos comuns", afirmou

Péricles em seu discurso, são "juízes íntegros dos assuntos públicos; ao contrário de qualquer outra nação, consideramos inútil o cidadão que não participa desses deveres". A discussão era "uma preliminar indispensável a qualquer ação sensata".

A assembleia funcionava separando a virtude do *status* social. Se um homem queria participar – uma virtude –, "sua condição obscura" – *status* – não o impediria. Qualquer um que pudesse reforçar uma fortificação, consertar um barco, mover um remo ou pagar alguém para essas tarefas (ou, até mesmo, educar uma criança que um dia pudesse desempenhá-las) estava servindo ao Estado. Experiências de estratificação em outras sociedades, apesar de úteis, não podiam ser aplicadas a Atenas. "Duvido que o mundo possa produzir um homem à altura de tantas urgências e agraciado com versatilidade tão ditosa como o ateniense", vangloriou-se Péricles.

Graças à confiança em muralhas, barcos e remadores, os atenienses haviam democratizado a condução da guerra. Não teriam elites de guerreiros treinados desde a infância, à maneira dos espartanos, submissos a rígida hierarquia. Teriam, porém, mais guerreiros, com quem o Estado poderia contar para proteger e determinar seus interesses. "Enquanto nossos rivais buscam, por meio de uma penosa disciplina, a coragem desde o berço, em Atenas vivemos como bem entendemos e, no entanto, estamos tão bem preparados quanto eles para enfrentar os perigos."

A democracia a vigorar na assembleia seria um modelo para a cidade; mas o que dizer, contudo, do império? Ao contrair compromissos em terra, os atenienses haviam expandido a necessidade de controle no mar. Cerca de duzentos aliados ou possessões juraram lealdade quando a Guerra do Peloponeso teve início.[20] Levando-se em conta circunstâncias, atitudes e até mesmo línguas tão distintas, podia Atenas confiar em outras culturas para manter a sua?

A cidade conquistara seus "amigos," reconheceu Péricles, concedendo favores, "graças à constante gentileza de manter o beneficiário em débito, até o devedor [saber] que a retribuição será um pagamento, não um presente". Entretanto, os atenienses haviam proporcionado esses benefícios "não por cálculos de conveniência, mas por confiarem na liberalidade". O que Péricles queria dizer é que Atenas tornaria seu império a um só tempo mais poderoso e mais seguro que qualquer outro rival.[21]

Poderia, assim, instituir a democracia em outras culturas, pois Estados inseguros, temendo o pior, se aliariam de bom grado a Atenas.[22] O interesse pessoal se traduziria em conforto e, depois, em afinidade. Por essa razão, a transparência era essencial: "Abrimos nossa cidade ao mundo e nunca excluiremos os estrangeiros, por atos discriminatórios, de qualquer oportunidade de aprendizado ou observação". Os atenienses consideravam "os frutos de outros países um luxo tão familiar quanto os da própria terra". As muralhas globalizaram sua cidadania.

Ao especular sobre o futuro, Péricles apelava à memória. Os heróis homenageados não necessitavam de lápides, pois "tinham a terra inteira como túmulo". Sua cultura, porém, construiria memoriais como "provas extraordinárias": na arquitetura e no adorno de cidades, por exemplo, aos quais Péricles dedicava tanto tempo e riqueza. Bem como em textos – trabalhos filosóficos, peças, histórias, seus próprios discursos –, mensagens dentro de garrafas de tempos distantes confirmando a singularidade de sua própria época. E ruínas: "Nós forçamos todos os mares e terras a dar passagem a nossa audácia e em toda parte deixamos monumentos perenes tanto do mal quanto do bem que fizemos".

Enquanto oratória, o discurso de Péricles só se compara ao de Lincoln em Gettysburg. No entanto, onde Lincoln conectou os custos de guerra ao sucesso militar, Péricles reconheceu o fracasso estratégico. Ele esperava, afinal, *evitar* uma guerra com Esparta equiparando sua superioridade terrestre à supremacia naval ateniense, enquanto construía uma nova espécie de império que disfarçaria quaisquer suspeitas.[23] Como, então, Péricles definiu uma cultura destinada a evitar uma guerra depois de um grande conflito já ter eclodido?

VII.

Tucídides oferece três explicações. A primeira é que, em 435 a.C., a pequena e remota cidade de Epidamno ao enfrentar a guerra civil, buscou sem sucesso ajuda junto a Córcira, mas contou com o apoio da rival Corinto. Enfurecidos, os corciranos despacharam uma frota a Epidamno o que levou Corinto, por sua vez, a enviar barcos, bem como um exército e colonos. Ambos buscaram a ajuda dos atenienses, que firmaram uma aliança defensiva com os corciranos; Atenas foi arrastada a uma batalha naval com Corinto, levando em seguida os atenienses a sitiar Potideia, colônia dos coríntios que a essa altura pedia aos espartanos a invasão da Ática. Em vez disso, estes convidaram os atenienses e os coríntios a justificar suas posições diante da assembleia espartana. Motivados menos pelos argumentos ouvidos e mais pelo medo "do crescimento do poder ateniense" – a segunda e mais sucinta explicação de Tucídides –, em 432 a.C. os espartanos votaram pela declaração da guerra.[24]

O primeiro registro traça uma cadeia causal em detalhes estonteantes. A segunda confirma haver uma cadeia, não uma série aleatória de acontecimentos. Nem uma nem outra, entretanto, revela de que forma "uma bobagem nos Bálcãs"[25] – Epidamno é hoje Durrës, na Albânia – foi capaz de provocar guerra tão devastadora para os gregos quanto, proporcionalmente, a Guerra dos Trinta Anos para os europeus no século XVII ou as duas guerras mundiais para todos os seus participantes, no século XX.[26] Para compreender isso, precisamos da terceira explicação de Tucídides, ou seja, de que o crédito nas garantias de Péricles era nulo.

Tucídides prova essa hipótese – mais implícita que explicitamente – em sua reconstituição do debate em Esparta. Com efeito, [tratou-se de] um "julgamento de Péricles" tendo os coríntios como acusadores, os atenienses como defensores e os espartanos – os únicos oradores cujos nomes foram citados por Tucídides – como juízes. Em questão, quão universal uma cultura singular podia ou devia ser.

Os coríntios começaram culpando os *espartanos* pelas longas muralhas atenienses. Sua "cegueira e sua falta de percepção" tinham permitido a trapaça de Temístocles décadas atrás, de onde Atenas concluiu que os espartanos "veem, mas não se importam".

Espartanos, de todos os helenos os senhores são os únicos inativos e se defendem não fazendo de fato alguma coisa, mas agindo como se fossem fazer algo, apenas porque esperam o poder de um inimigo se tornar o dobro de seu tamanho original, em vez de arrasá-lo ainda no início. Entretanto, o mundo costumava dizer que devíamos confiar nos senhores; mas no seu caso, tememos, a realidade sobrepuja a verdade.

Os atenienses, ao contrário, eram "ousados além de suas forças, e aventureiros muito além de sua capacidade de reflexão". A rapidez com que agiram lhes possibilitou "considerar uma coisa desejada uma coisa conseguida". Eles "não repousam [...] nem dão repouso aos outros". Por tais razões, os espartanos deveriam ajudar os potideus e invadir a Ática. Não agir assim "levaria o resto de nós, em desespero, a buscar outra aliança".[27]

Os atenienses reagiram lembrando as Guerras Persas, embora "seja cansativo trazer continuamente esse assunto à tona". A despeito do sacrifício dos espartanos em Termópilas, "deixamos para trás uma cidade [Atenas] que não era mais uma cidade e colocamos nossa vida em risco por [uma] existente apenas em nome de uma esperança desesperada e, portanto, nos cabe uma parte justa em salvarmos os senhores e a nós também". Quanto ao império, "nós [o] conquistamos não pela violência, mas porque os senhores não se mostraram dispostos a levar até o fim a guerra contra os bárbaros e porque os aliados se uniram a nós e, de modo espontâneo, pediram que assumíssemos a hegemonia". Portanto, os atenienses fizeram o que qualquer um teria feito. Dada "a vasta influência de acidentes na guerra", os espartanos deveriam "refletir" antes de tomar qualquer decisão. Era bastante comum "começar errado: agir primeiro e aguardar o desastre para então discutir o assunto".[28]

Arquídamo, o rei espartano, apoiou os atenienses. A guerra, avisou, exige não apenas armas, mas dinheiro, sobretudo se ocorre entre um poder continental e um marítimo. Pois, "a não ser que possamos derrotá-los no mar ou privá-los dos recursos que alimentam sua marinha, ao fim só nos restará o desastre". A diplomacia era a linha de ação mais sensata, deixando aberta a possibilidade, caso fracassasse, de se apossarem de partes da Ática, mas sem as desperdiçarem, pois isso não beneficiaria ninguém. As acusações dos coríntios a respeito da "lentidão" espartana ignoravam a probabilidade de que apressar a guerra retardaria sua conclusão, deixando-a "como legado para nossos filhos".[29]

Cabia, entretanto, à assembleia espartana tomar a decisão final, e Stenelaídas, um dos vários *éforos* – magistrados –, levou a melhor. Como os atenienses haviam lutado contra os persas, mas maltrataram os espartanos, argumentou, fazendo uso de uma lógica ambígua, merecem "dupla punição por terem deixado de ser bons e se tornado maus". Mais discussões só causariam mais estragos. "Votem, portanto, espartanos, pela guerra, conforme exige a dignidade de Esparta, e, [...] junto com os deuses, avancemos contra os agressores." Impossível distinguir as aclamações a favor ou contra, mas quando solicitada a se levantar e se dividir, a assembleia apoiou Stenelaídas. E foi assim, repete Tucídides, que "o crescimento do poder de Atenas e o medo que isso inspirou em Esparta tornaram a guerra inevitável".[30]

VIII.

Péricles não compareceu a seu "julgamento" em Esparta, mas teria selecionado com bastante zelo seus porta-vozes. Daí a grande surpresa por sua defesa não ter sido persuasiva, apesar das advertências do rei espartano quanto aos perigos da guerra. Péricles havia edificado sua carreira e a cultura de sua cidade com base na persuasão.[31] Algo tinha dado muito errado.

Talvez faltasse aos representantes sua eloquência, o que os impediu de contra-argumentar diante da alegação de que todos os impérios se tornam opressores. Como Péricles insistia, o dele liberaria o espírito humano. Talvez o próprio Péricles tivesse murchado sob o entusiasmo acusatório dos coríntios: eles deixaram claro que os confrontos com os atenienses não haviam liberado seus espíritos, tampouco os espartanos deviam contar com isso. Talvez também a lógica de Péricles carregasse ambiguidades que o debate em Esparta trouxe à tona.

Os gregos pensavam a cultura como caráter. Era a previsibilidade lado a lado com a escala: o comportamento de uma cidade, um Estado ou um povo em coisas pequenas, grandes e intermediárias.[32] Conscientes de quem eram e do que desejavam, os espartanos eram totalmente previsíveis. Não viam necessidade de mudar nem a si nem a ninguém mais. A estratégia dos atenienses de murar suas cidades, entretanto, havia remodelado seu caráter, obrigando-os a perambular irrequietos mundo afora. Já que eles haviam mudado, teriam também de mudar os outros – isso significava ter um império –, mas até que ponto e com que recursos? Ninguém, nem mesmo Péricles, tinha uma pronta resposta.

Péricles não era Xerxes. "Amedrontam-me mais nossos próprios erros que os artifícios do inimigo", admitiu ao se aproximar a guerra. Ciente de que o império dos atenienses não podia se expandir *ad infinitum*, Péricles "diminuiu e cortou sem piedade as constantes benfeitorias", explicou Plutarco, "supondo que isso bastaria, caso pudessem refreá-los [os espartanos]".[33] Como os agentes de Péricles admitiram diante da assembleia dos espartanos, no entanto, permitir ao império a igualdade que ele celebrava dentro da cidade poderia causar contenção, talvez mesmo a ruína.

> Nossos súditos estão tão acostumados a nos ver como iguais, que qualquer derrota [...] que se choque com suas noções de justiça, quer proceda de um julgamento legal, quer do poder que o império nos confere, faz com que deixem de ser gratos por lhes ter sido permitido conservar a maior parte de seus bens e mais envergonhados da parte tomada que se tivéssemos, desde o início, deixado a lei de lado e satisfeito abertamente nossa cobiça.

Os persas tinham sido mais rigorosos ao tratar seu império, mas isso pertencia ao passado, e "o presente sempre impõe um grande peso nos conquistados" – estranha palavra a ser usada para os atenienses "iguais". Se os espartanos fossem assumir o controle, eles também "perderiam sem demora a popularidade com que nos investiram por temor".[34]

A equidade, então, foi a ambiguidade na lógica de Péricles. Embora tenha considerado admirável tanto a equidade quanto o império, ele demorou a perceber que ao encorajar uma enfraqueceria a outra. Sua oração fúnebre reflete tal contradição: fala de alianças voluntárias em busca de um bem comum, mas também parabeniza os atenienses por terem se imposto em "todos os mares e terras [...], pelos males e pelos bens". É como se, em vez de manter ideias opostas ao mesmo tempo em sua mente, tivesse cindido sua personalidade em duas. No meio do discurso, o Médico deu lugar ao Monstro. Os últimos anos de Péricles descreveram trajetória similar.

IX.

Uma gota d'água no oceano mostra como isso se deu. Mégara era – e é – uma cidadezinha na extremidade nordeste do istmo de Corinto, a única conexão terrestre entre o Peloponeso e o resto da Grécia. Embora não representassem nenhuma ameaça militar, seus cidadãos eram rivais de longa data dos atenienses. O povo de Mégara, entretanto, podia formar uma aliança hostil: a mais provável seria com a cidade próxima, Corinto. Caso isso ocorresse, outros podiam seguir seu exemplo. Assim, em 433 a.C., Péricles persuadiu a assembleia a negar aos megarenses o direito a privilégios comerciais dentro de Atenas e lhes proibir o acesso a portos em todo o império.

Mégara tinha outras opções. Com efeito, a sanção pareceu tão sem sentido que Aristófanes a ridicularizou em sua peça *Os acarnânios*, escrita poucos anos depois da morte de Péricles. O objetivo do decreto megárico, porém, era detê-los, não os matar de fome. Era um embargo econômico destinado a desencorajar futuras deserções por meios não militares. Como era de esperar, essa inovação alarmou os espartanos, que exigiram a revogação do decreto como uma das condições para evitar a guerra. Surpreendentemente – porque os benefícios do édito pareciam bem menores que os riscos de mantê-lo em vigor –, Péricles recusou sua revogação.

Sua teimosia foi um dos travos na assembleia espartana. Porém, nem mesmo depois de votar a favor da guerra em 432 a.C. os espartanos demonstraram pressa em agir. Enviaram três emissários a Atenas no ano seguinte, todos em busca de conciliação. Péricles, entretanto, recusou todas as propostas: "Atenienses, mantenho-me fiel ao princípio de sempre: não devemos ceder aos peloponesos".

O decreto megárico podia parecer "ninharia", mas revogá-lo seria descer ladeira abaixo. "Se cedermos, no mesmo instante iremos nos deparar com outra exigência maior." Essa afirmativa eliminou de antemão a possibilidade de acordos diplomáticos, deixando a guerra como última alternativa: era importante uma recusa firme, fosse a reivindicação "grande ou pequena". Temístocles não tinha vencido os persas com menos recursos do que os que Atenas possuía na ocasião? "Devemos [...] nos defender de nossos inimigos com todos os recursos disponíveis e tentar entregar nosso império intacto à posteridade."[35]

Invertendo o conselho dos atenienses aos espartanos, foi a vez de Péricles não perder tempo. Obedecendo a ordens dele, presume-se, o último emissário espartano não foi recebido em Atenas, mas, sim, avisado de que deveria deixar a Ática até o anoitecer. Dizem que, ao atravessar a fronteira, comentou: "Este dia marcará o início de grandes infortúnios para os helenos".[36]

X.

Péricles "não era mais o mesmo homem de antes", observou Plutarco, "nem tão obediente e dócil e popular quanto antes com a plebe nem tão [disposto] a satisfazer seus prazeres e a se adequar aos desejos da multidão, como um piloto que maneja o leme ao sabor dos ventos". Tucídides percebeu similar rigidez: Péricles "era o oposto dos espartanos em tudo e [...] nunca havia conclamado os atenienses à guerra".[37] Então, por que a mudança?

Talvez pelo simples fato de ter envelhecido: é mais difícil se manter flexível quando isso acontece. Talvez, sugeriu o biógrafo de Péricles, o acúmulo de crises no fim dos anos 430 a.C. houvesse intensificado suas emoções, reduzindo sua predisposição ao consenso.[38] Quem sabe, também, haja uma explicação no que pode significar liderar ou, conforme a expressão de Plutarco, "pilotar".

Uma coisa é encontrar correntes favoráveis para prosseguir. Tendo determinado seu destino, você zarpa, motiva os remadores, ajusta o barco conforme os ventos e as correntes, evita bancos de areia e rochas, prepara-se para surpresas e despende energia finita com eficiência. Você controla algumas coisas e se alinha a outras. Usa o equilíbrio, sem jamais esquecer a razão de se equilibrar: ir de onde está para onde deseja chegar. Você é, a um só tempo, mesmo na água, uma raposa *e também* um porco-espinho. Esse era o jovem Péricles pilotando Atenas: um indivíduo culto com um objetivo.

Com o passar do tempo, entretanto, Péricles quis controlar todos os elementos: os ventos, as correntes, os remadores, o povo, os inimigos, até o destino – chegou a acreditar – obedeceriam a suas ordens. Ele poderia contar, portanto, com intrincadas cadeias causais: se A, então não apenas B, mas certamente C, D e E. Por complexos que fossem, os planos funcionariam como previsto. O Péricles mais velho ainda pilotava Atenas; nessa ocasião, no entanto, não passava de um porco-espinho tentando arrebanhar raposas, empreitada diferente e bem mais complicada.

A distinção esclarece o que Tucídides continua tentando nos ensinar: o medo inspirado pelo crescimento do poder ateniense resultou na Guerra do Peloponeso. Existem, afinal, dois tipos de crescimento. Em um ocorre o progresso gradual, que permite ajustes ao ambiente enquanto este se ajusta às novidades. Lavradores habilidosos podem exemplificar esse processo: para eles, o cultivo é como a navegação para os timoneiros de Plutarco – o manejo *simultâneo* de coisas separadas. Nenhum lavrador ou jardineiro, porém, pode se dizer capaz de prever, muito menos de controlar, tudo o que é passível de acontecer entre o plantio de sementes e a colheita da safra.

O outro tipo de crescimento desafia o ambiente. É focado em si mesmo e, por conseguinte, ignora o exterior; estabelece direção, passo e propósito próprios. Sem prever obstáculos, não assume compromissos. Tal como um predador incontrolável, uma erva daninha inextirpável ou um câncer em metástase, ele ignora a direção para onde vai até ser tarde demais. Consome, em consequência, o ambiente ao redor e, em última análise, a si mesmo.[39]

A princípio, Péricles pilotou *seguindo* as correntes (estratégia de persuasão); quando nem todos foram persuadidos, contudo, ele começou a pilotar *contra* as correntes (estratégia de confronto). De um modo ou de outro, desafiou o *status quo*. A partir de então, nunca mais a Grécia seria a mesma. Exercida com paciência, a persuasão teria mais chances de se aproximar do cultivo e, por conseguinte, da navegação, que os confrontos a que Péricles conduziu os atenienses. Essa é a diferença, fundamental em estratégia, entre respeitar os limites e negar a existência deles.

Talvez Péricles não tenha visto outra opção. Uma vez fracassada a persuasão, o confronto pode ter parecido a única maneira de se manter em curso. Por que, contudo, precisou agir assim? Por que não se desviar, como Lincoln mais tarde o faria, para evitar pântanos, desertos e abismos? Como Lincoln, Péricles vislumbrava o futuro, tanto que chegou a deixar monumentos e a enviar mensagens aos povos vindouros. Falhou, porém, em deixar como herança um Estado funcional: bem mais de dois milênios transcorreriam até a democracia voltar a se tornar um modelo com apelo popular. Para um timoneiro, isso não é enxergar adiante – é conduzir seu barco na direção dos rochedos quando ainda falta muito para a chegada do resgate.

XI.

Os espartanos invadiram Ática na primavera de 431 a.C., e os atenienses, conforme o previsto, evacuaram suas propriedades e lotaram a cidade para observar mais uma vez a fumaça subir aos céus, em busca de uma estratégia. Entretanto, seu estado de espírito era bem distinto do da ocasião em que Temístocles ordenara a evacuação de Atenas, meio século antes. A vitória em Salamina não tardara. Nesse momento, porém, não havia qualquer possibilidade de triunfo à vista. A oração fúnebre de Péricles consolou a cidade, mas pouco contribuiu para levantar o moral de seus habitantes, e os espartanos voltaram no ano seguinte – dessa vez, acompanhados de um aliado imprevisível.

A natureza da praga que atingiu Atenas naquele verão permanece um mistério. Resta pouca dúvida, contudo, de que a estratégia de "ilha" piorou seus efeitos. Os atenienses haviam aberto sua cidade ao mundo, como se vangloriava Péricles, mas também a haviam fechado para seus vizinhos. Isso transformou as longas muralhas num caldeirão no qual bactérias de todo o império encontraram hospedeiros de todas as partes da Ática – um inesperado e fatal cosmopolitismo. Até mesmo os cães e os abutres que devoravam os cadáveres insepultos sucumbiram, relembra Tucídides (embora, sabe-se lá como, ele tenha sobrevivido). Com as propriedades e agora os próprios corpos devastados, não demorou para os atenienses "culparem Péricles de ser o autor da guerra e a causa de todos os seus infortúnios".[40]

A princípio, ele se recusou a convocar a assembleia para, em seguida, enfrentá-la. Seu único erro, insistiu, tinha sido subestimar a decisão da cidade, pois "a mão do Destino deve ser usada com resignação, [e] a mão contra o inimigo, mantida com firmeza". Refugiados do outro lado das muralhas deveriam louvar a marinha que os protegia e o império que os apoiava: "Podem considerar uma grande privação perder o uso de suas terras e casas, [mas] deveriam de fato concebê-las [como] [...] acessórios que embelezam uma grande fortuna"; são, portanto, "de curta duração".

É bem verdade – "para falar com toda a franqueza" – que a fortuna exigia "tirania". Tomar o império "talvez fosse errado, mas o deixar é arriscado". Na época, os súditos odiavam seus senhores e, caso lhes fosse dada a oportunidade, receberiam outros de braços abertos. O ódio, entretanto, era "o destino de todos os que almejaram governar". Se levado a efeito "pelos mais altos propósitos", seria "de curta duração", pois são "o esplendor do presente e a glória do futuro [que] permanecem para sempre inesquecidos".[41] Então, mais uma vez, Péricles apelou à história para socorrê-lo, como se ele e sua cidade pudessem esperar tempos e tempos pelo que aconteceria.

XII.

Péricles morreu, vitimado pela peste, em 429 a.C., deixando Atenas no fio da navalha que ele afiara. De um lado, a singularidade democrática que ele esperava tornar universal. De outro, a brutalidade que até então havia guiado o mundo. Caso vivessem numa época livre de doenças, medo, falta de lógica, ambição e armadilhas, seria possível aos sucessores de Péricles equilibrar esses opostos. Para Tucídides, isso seria irrealizável "enquanto a natureza da espécie humana permanecesse a mesma".[42] O resto de sua história acompanha o declínio dos atenienses de uma cultura extraordinária a uma comum. Em nenhum outro lugar esse declínio é mais bem ilustrado que em dois episódios, num espaço de doze anos de diferença, ambos envolvendo o ato de remar.

Em 428 a.C., os habitantes de Lesbos, ilha próxima à costa da Ásia Menor, repudiaram a aliança com Atenas e buscaram o apoio de Esparta. Temendo que o exemplo fosse seguido, os atenienses bloquearam Mitilene, o porto principal, e despacharam um exército para sitiar a cidade. Os espartanos prometeram ajuda, mas, para variar, não cumpriram a promessa. No verão seguinte, os habitantes de Mitilene se renderam. Determinado a impedir quaisquer outras deserções, Cleon, na época o mais proeminente ateniense, exigiu o assassinato dos homens e a venda de mulheres e crianças como escravas: "Se eles tinham razão para se rebelar, você não tem razão para governar". A assembleia concordou, e uma trirreme zarpou rumo a Mitilene para cumprir as ordens.

A assembleia, porém, mudou de ideia. O império ateniense, assinalou Diódoto, adversário de Cleon, era supostamente uma "comunidade livre". É obvio que se revoltaria, caso oprimida. Não fazia sentido "matar, embora seja justo, aqueles que é nosso interesse manter vivos". A assembleia votou de novo, e a opinião de Diódoto prevaleceu, embora por margem pequena. Assim sendo, uma segunda trirreme foi enviada para alcançar a primeira e tornar sem efeito as instruções originais – mas isso exigiria remadas vigorosas.

Os remadores da primeira embarcação, escreve Tucídides, não demonstraram a menor pressa "em cumprir tarefa tão horrenda". Os da segunda, incumbidos de prevenir um horror, tinham motivos para se apressar. Tendo recebido porções reduzidas de vinho e bolos de cevada, comiam enquanto remavam e dormiam apenas quando substituídos. Tendo atravessado o mar Egeu em tempo recorde, chegaram a Mitilene no momento em que os ocupantes atenienses eram informados, pelos remadores da primeira e mais lenta embarcação, de sua missão. Por sorte, ainda não tinham obedecido e não houve massacre. O perigo, Tucídides atenua, "tinha sido de fato grande".[43]

Então, em 416 a.C., os atenienses expediram um exército para Melos, uma ilha fora da península do Peloponeso que fora colônia espartana, mas havia permanecido neutra na Guerra do Peloponeso. Os melianos foram informados de que deveriam se submeter a Atenas não por lhes terem sido conferidos esses direitos – apenas iguais possuíam direitos –, mas porque "os fortes exercem o poder e os fracos se submetem".

Chocados com essa declaração (leitores contemporâneos de Tucídides ainda tendem a ficar chocados), os melianos lembraram aos atenienses sua antiga fama de justos: se agora a repudiavam, isso seria um exemplo "para o mundo refletir a respeito". Correriam tal risco, responderam os atenienses, pois, se desejavam subjugar os melianos, era somente para o bem destes.

> Melianos: Mas qual vantagem teremos em ser escravos, em comparação com a sua em nos dominar?
> Atenienses: Porque teriam a vantagem de se submeter antes de sofrer os mais terríveis males, e nós ganharíamos por não os destruir.

Não havia, indagaram os melianos, uma terceira opção? Qual seria o problema em manter a neutralidade? Como "senhores do mar", responderam os atenienses, exigiam obediência, não amizade, de todas as ilhas. Os espartanos, conhecidos por serem um tanto atrasados, não teriam pressa em salvar nenhum deles.

Relutantes em abrir mão da independência, alimentando a esperança de que o mundo não funcionasse de fato daquela maneira, os melianos recusaram-se a ceder. Assim sendo, os atenienses levaram reforços e, em 415 a.C. – sem nenhum espartano à vista para prestar ajuda –, Melos capitulou. Dessa vez os atenienses não mudaram de ideia nem despacharam outras trirremes. Ao contrário, relata Tucídides, "mataram todos os homens adultos, venderam as mulheres e as crianças como escravas e, em seguida, despacharam quinhentos colonos e se estabeleceram no local".[44]

Espíritos são de fato algo nebuloso, e Tucídides os levou menos a sério que Heródoto. Ainda assim, sua história sugere que o espírito de Péricles tenha moldado o comportamento ateniense tanto em relação a Mitilene quanto a Melos. O Péricles mais jovem teria parabenizado os remadores que atravessavam em ritmo acelerado o Egeu, abastecidos com vinho e bolo de cevada. A universalidade democrática se pautava na busca de um objetivo humano. Já o Péricles mais velho, temendo concessões, poderia bem ter aplaudido a missão desumana a Melos. Como Tucídides observa, a guerra "iguala o caráter da maioria dos homens ao mesmo patamar de suas fortunas".[45] O mais célebre ateniense não era exceção.

XIII.

Por que, no entanto, Péricles temia concessões? A guerra ocorrera por opção, não por necessidade. Apesar de terem votado a favor do conflito, os espartanos ofereceram alternativas, mas ele não as aceitou. Ao contrário, Péricles se convenceu de que não podia conceder um pingo d'água – o decreto megárico – sem incorrer em gigantesca perda de credibilidade. Já para o término das longas muralhas, um quarto de século antes, ele estaria disposto a conceder a *Ática inteira*, salvo Atenas e Pireu, a fim de evitar a guerra com os espartanos. Por que Mégara valia tal risco?

Uma das explicações pode repousar numa experiência norte-americana vinte e quatro séculos depois. Em 12 de janeiro de 1950, o secretário de Estado Dean Acheson anunciou que os Estados Unidos passariam a contar com forças navais e aéreas a fim de manter um "perímetro defensivo" ao largo das ilhas do Pacífico ocidental – Japão, Okinawa e Filipinas. Com tal decisão, analisada meticulosamente pelos mais qualificados funcionários, a administração de Harry Truman parecia ter concedido o restante do Leste Asiático à União Soviética, à recém-proclamada República Popular da China e a seus territórios.[46] Essas longas muralhas eram líquidas, mas abriram mais espaço do que Péricles poderia ter imaginado.

Entretanto, quando os norte-coreanos invadiram a Coreia do Sul em 25 de junho de 1950 – tendo Kim Il-Sung e Stálin lido o discurso de Acheson –, o presidente Truman decidiu *em um só dia* enviar tropas norte-americanas, sob o comando do general Douglas MacArthur, para defender a posição continental. O êxito de MacArthur levou a China à Guerra da Coreia, que terminou em empate apenas em 1953. Mais de 36 mil americanos morreram lutando por um país que seu governo declarara insignificante, abertamente, cinco meses antes de despachá-los para lá.[47]

Estratégias "insulares" exigem nervos de aço. É preciso ser capaz de observar a fumaça subindo em horizontes antes sob seu controle sem perder a autoconfiança, abalar a dos aliados ou fortalecer a dos adversários. Construir muralhas e definir perímetros podem ser decisões racionais, pois faz pouco sentido correr atrás de causas perdidas com recursos limitados – nem sempre, contudo, estratégias são uma empreitada racional.

Retiradas tranquilas "são raridade", escreve Clausewitz em *Da guerra*. Normalmente, exércitos e nações têm dificuldade em distinguir retiradas organizadas de capitulações abjetas, ou prudência de medo.

> Haverá preocupação e ressentimento do povo quanto ao destino das áreas abandonadas. O Exército, é possível, perderá a confiança não apenas em seus líderes, mas em si próprio, e intermináveis

ações na retaguarda apenas tenderão a confirmar seus medos. *Essas consequências* da retirada não devem ser subestimadas.[48]

Foi essa a preocupação de Péricles quanto ao decreto megárico. Ninguém, em tempos normais, teria considerado o decreto um teste da determinação ateniense, mas as consequências em 432-431 a.C. transformaram-no em prova. Truman viu a Coreia do Sul de forma parecida: a princípio, não tinha muita importância; mas, quando os norte-coreanos atacaram – o que só poderia ser feito com o apoio de Stálin –, passou a significar muita coisa.

Assim, então, líderes derrubam muralhas construídas para separar os interesses vitais dos periféricos. As abstrações da estratégia e as emoções dos estrategistas jamais podem ser separadas, apenas equilibradas. O peso atribuído a cada uma, entretanto, varia segundo as circunstâncias. E basta um instante do calor das emoções para dissolver abstrações resultantes de anos de fria reflexão. Décadas de reflexão vazia podem vir em seguida.

XIV.

Poucos historiadores apontariam a decisão de Truman em relação à Coreia como um equívoco, mas os biógrafos de Péricles sempre questionaram o decreto megárico.[49] Ele teve de dizer aos atenienses que sua credibilidade estava em jogo: caso contrário, isso jamais lhes ocorreria. Truman não teve de fazer isso com os americanos e seus aliados: eles já sabiam.

É importante, aqui, distinguir uma coisa da outra. Uma coisa é o inimigo testar sua decisão para que todos vejam: então, após consulta a outras pessoas, é possível decidir o modo de agir e, em geral, determinar quando. Outra bem diferente é testar uma determinação da sua nação internamente, contra suas próprias inseguranças, pois elas podem ser intermináveis. O que evita a projeção de ansiedades em maiores dimensões? Se a segurança de Atenas exigia preservar o decreto megárico, por que não reprimir o povo de Mitilene?

Ou matar os melianos? Ou lutar uma guerra em terra, longe de casa, contra um inimigo aliado à marinha de guerra espartana?

Essa última vertente começou a falhar no fim dos anos 420 a.C., quando Segesta e Selinunte, duas cidades no sudoeste da Sicília, reavivaram uma antiga disputa. Siracusa, a maior cidade da ilha, apoiou os habitantes de Selinunte; então, em 416-415 a.C., o povo de Segesta apelou para os atenienses, que antes lhe haviam prometido proteção, embora de modo vago. Se Siracusa não fosse punida, insistiram, acabaria se apossando de toda a Sicília e, em seguida, uniria forças com os espartanos e seus aliados; juntos, destruiriam o império ateniense.[50]

A situação repercutiu em Epidamnos, na Córcira e em Corinto, mas a lógica não parecia tão plausível. Por que Siracusa, a única outra democracia no Mediterrâneo, iria se aliar aos autoritários espartanos? Mesmo que o fizesse, como Atenas poderia derrotar uma cidade no mínimo tão grande quanto ela própria, numa ilha maior que o Peloponeso e a uma distância de 1.300 quilômetros no oceano? Não era a reputação que estava em jogo: tendo acabado de massacrar os vizinhos melianos, eram poucas as chances de os atenienses parecerem fracos por abandonar os distantes habitantes de Segesta. Se Atenas salvasse esses pardais precariamente empoleirados, quantos outros exigiriam o mesmo resgate?

A assembleia ateniense havia sempre reagido mais a emoções que a abstrações e confiado nos líderes para esfriar os ânimos. Na ocasião, contudo, poucos restavam. A assembleia desconsiderou os protestos de Nícias, o mais experiente general da cidade, que se manifestou contra ser arrastado para uma guerra "que não nos diz respeito". E cedeu ao entusiasmo de Alcibíades, mais conhecido pela extraordinária beleza física e pelas proezas olímpicas que pela prudência. Seria simples subornar a turba, os defensores da Sicília, protestou o pavão. A vitória garantiria a Atenas um império mediterrâneo oriental. E ninguém deveria tentar delimitar a expansão, pois, "se desistirmos de dominar os outros povos, corremos o risco de sermos nós os dominados". Essa, entretanto, tinha sido a defesa de Péricles a favor do decreto megárico.

Aprisionado entre a aura de Alcibíades e o fantasma de Péricles, o desesperado Nícias inflou suas estimativas de custos para a expedição, o que provocou ainda mais entusiasmo. Assim, a assembleia enviou à Sicília, em 415 a.C., uma imensa armada – 164 trirremes e barcos de carga, 5.100 hoplitas, 480 arqueiros, 700 arremessadores e 30 cavaleiros. Um de seus comandantes era Alcibíades, que, com delicadeza, lembrou a todos que "nem a juventude nem a velhice podem conseguir nada [...] uma sem a outra".[51]

Uma vez lá, contudo, nem a juventude nem a idade foram de grande valia. Nícias andava letárgico e com frequência ficava doente. Alcibíades, intimado a voltar a Atenas para ser julgado por libertinagem, desertou e se uniu aos espartanos. Cientes das dificuldades de navegar com cavalos, os atenienses não haviam levado animais suficientes: seus adversários os tinham em abundância. Os sicilianos lutaram com bravura, equiparando-se aos reforços atenienses. Aproveitando a oportunidade, finalmente os espartanos fizeram uso da agilidade e da imaginação: combinaram com os coríntios e enviar uma frota que alcançou e afundou a dos atenienses no grande porto de Siracusa.

Ao contrário de Xerxes depois da batalha de Salamina, os atenienses não tinham como voltar para casa. Com o moral deteriorando de forma perceptível e a disciplina em frangalhos, perderam uma batalha decisiva por terem inadvertidamente revelado sua "senha". Ficaram sem comida e foram obrigados a beber água ensanguentada. Abandonaram seus mortos no campo de batalha, sacrilégio inadmissível. Ao fim, não lhes restou alternativa a não ser a rendição, e ficaram presos meses a fio nas pedreiras de Siracusa, privados de sombra e de alimentação, rodeados por cadáveres putrefatos. "Não lhes foi poupado um único dos sofrimentos temidos pelos homens", Tucídides lamenta.[52]

A estratégia exige um sentido geral que revele o significado das respectivas partes. Os atenienses perderam esse sentido na Sicília. Bem mais da metade do exército de seu império foi aniquilada, e poucos soldados retornaram. Enquanto isso, como assinalou um historiador moderno, "os espartanos estavam acampados a pouco mais de 20 metros das muralhas de Atenas, milhares de escravos debandavam da Ática e aliados que pagavam tributos, do Helesponto ao sul do Egeu, encontravam-se à beira da revolta".[53] As desproporções beiram o inexplicável – mas antes de abandonarmos o assunto, talvez valha a pena recordar os lembretes de Tucídides a respeito do futuro.

XV.

Dois mil trezentos e oitenta e dois anos após a rendição ateniense na Sicília, os Estados Unidos tinham 543 mil tropas destinadas à defesa de um lugar que, mais tarde, Henry Kissinger chamaria de "pequena península num grande continente".[54] Em 1969, 200 americanos eram mortos por semana na Indochina. Quando o Vietnã do Sul capitulou, em 1975, 58.213 americanos tinham morrido na tentativa de salvá-lo.[55] Com isso, o Vietnã foi a quarta guerra dos Estados Unidos que mais dizimou vidas, a primeira perdida, sem qualquer sombra de dúvida e, em termos racionais, a mais difícil de ser explicada.

Nenhum ataque-relâmpago da Coreia deu início à guerra. O Vietnã do Norte começou numa lenta escalada de insurgência, recorrendo a operações convencionais quando os americanos já se retiravam. A Guerra do Vietnã também não se tratava de um conflito por procuração para obter mais poder. Hanói determinou sua deflagração, condução e acordo com o apoio irregular e, às vezes, até relutante da União Soviética e da China.[56] Mais preocupados com a possibilidade de guerra um contra o outro no fim dos anos 1960, os dois países logo buscariam um alinhamento com Washington.[57]

Nesse meio-tempo, em outra parte do mundo, muita coisa acontecia. Em 1969, a União Soviética superou os Estados Unidos em número de mísseis estratégicos. Em 1968, debelara a Primavera de Praga, a tentativa mais promissora até então de reformar o marxismo-leninismo. Em 1967, Israel redesenhara o Oriente Médio ao derrotar seus rivais árabes e ocupar a Cisjordânia. Em 1966, a França retirara as forças militares da Otan, a Alemanha Ocidental e a Oriental deram início a contatos diplomáticos, e a China iniciara a Revolução Cultural. Em 1965, nos Estados Unidos, manifestações pelos direitos civis e protestos contra a guerra atingiram níveis jamais vistos desde a Guerra Civil. E, ao longo dos anos 1960, um suposto satélite soviético permaneceu a cerca de 150 quilômetros da costa da Flórida, apesar de conter mísseis nucleares que poderiam ter deflagrado a Terceira Guerra Mundial.

Por que, então, os americanos investiram tanto no Vietnã quando, em comparação com o conjunto de seus interesses na época, havia tão pouco em jogo? As semelhanças tucidianas, acredito, sugerem uma resposta. Mégara podia parecer uma bagatela, disse Péricles aos atenienses em 432 a.C., mas, se os atenienses recuassem diante desse assunto aparentemente insignificante, mais tarde teriam de se "deparar com outra exigência maior". "Sem os Estados Unidos", advertiu John F. Kennedy ao público no Texas, na manhã de 22 de novembro de 1963, "o Vietnã do Sul desmoronaria da noite para o dia", e as alianças americanas por toda parte ficariam igualmente vulneráveis. Não havia escolha, insistiu Péricles, senão "nos defender de nossos inimigos com todos os recursos disponíveis". Pois, conforme Kennedy acrescentou, "nós ainda somos a pedra angular do arco da liberdade".[58]

Por mais distantes no tempo e no espaço, declarações como essas não se ajustam adequadamente em termos de escala. Pois, se a credibilidade é sempre questionada, as capacidades devem se tornar infinitas; caso contrário, blefes viram rotina. Nenhuma abordagem é sustentável, motivo pelo qual existem muralhas, para começo de conversa: elas dividem o que é importante do que não é. Quando as imprecisões de alguém derrubam muralhas – como Péricles e Kennedy fizeram ao desconsiderar a possibilidade de abrir concessões –, medos viram imagens, imagens viram projeções e projeções se confundem, tornam-se vagas ao se expandir.

XVI.

Logo após a queda de Saigon, cada oficial designado para o curso no Colégio de Guerra Naval dos Estados Unidos no ano acadêmico de

1975-1976 recebeu um pacote curioso pelo correio. Dentro, uma brochura grossa, com instruções para que lessem tudo antes de chegar a Newport. A maioria tinha servido no Vietnã; alguns, várias vezes. Todos conheciam alguém que tinha morrido ou sido ferido naquele país. Nenhum queria mencionar o assunto e ainda havia algumas histórias não publicadas. Agora, porém, nós tínhamos Tucídides, e isso nos bastava.

Apesar de mais moço que todos os meus "alunos" e sem nenhuma experiência militar, eu tinha sido contratado para dar aulas de estratégia e programa militar de ação, junto com outros professores, pelo almirante Stansfield Turner, homem flexível quanto a credenciais, porém firme quanto à relevância dos clássicos para assuntos contemporâneos.[59] O almirante Stansfield estava determinado a discutir o Vietnã em classe – afinal, éramos uma escola de guerra; e ele era o presidente – mesmo se tivéssemos que chegar lá por um desvio de 2.500 anos. Então comecei a discutir, no meu seminário, um grego antigo que até então eu só conhecia como uma estátua carrancuda.

Dentro do espírito de Tucídides, logo estávamos refletindo sobre as semelhanças, a princípio em termos gerais – muralhas, exércitos, esquadras, ideologias, impérios. Depois, mudamos para um foco mais específico: estratégias. Quem adapta melhor os objetivos aos recursos: os atenienses ou os espartanos? Em seguida, mudamos o foco para as analogias: isso nos remete de alguma forma à Guerra Fria? E, então, as democracias: a existente em Atenas se autodestruiu? Indo além: o que passou pela cabeça dos atenienses quando despacharam um exército justo para a Sicília? Nessa altura, fez-se silêncio, seguido pela queda de todas as autodefesas. Por semanas, não falamos de outra coisa que não fosse o Vietnã. Discutíamos estresse pós-traumático antes que o tratamento tivesse nome. Fomos treinados por Tucídides.

Levei décadas para compreender o motivo de esse método ter funcionado. Por fim, a resposta surgiu em outro seminário voltado para alunos do primeiro ano na Universidade Yale, no outono de 2008. Os alunos tinham idade para ser netos dos oficiais que eu havia conhecido em Newport. Nenhum deles tinha qualquer experiência em guerras. Mas tinham Tolstói, pois, imbuído do espírito do almirante Turner, eu havia solicitado a leitura de *Guerra e paz*, na íntegra. Eles não apenas leram, como também levaram o assunto para as aulas em que eu não solicitara o material. Certo dia, perguntei qual era a possível ligação entre o príncipe Andrei, Natasha e o estabanado Pierre e a vida tão diferente dos alunos. Fez-se, como em Newport, um momento de silêncio. Então, três alunos disseram a mesma coisa quase ao mesmo tempo: "Eles fazem com que a gente se sinta menos solitário".

Tucídides não teria se expressado assim, mas suspeito que a isso se referia quando incentivou seus leitores a buscar "o conhecimento do passado para ajudar a entender o futuro, que deve parecer, senão refletir, o curso das coisas humanas". Sem noção alguma do passado, o futuro será apenas solidão: a amnésia é uma aflição solitária. Porém, conhecer o passado tão somente em termos estáticos – como momentos congelados no tempo e no espaço – seria quase tão incapacitante, pois somos rebentos de progressões ocorridas através do tempo e do espaço, que se movem de escalas pequenas a grandes e vice-versa. Sabemos disso por meio de narrativas, quer de fatos reais ou ficcionais, quer uma combinação de ambos. Tucídides e Tolstói estão, portanto, mais próximos do que se pode imaginar, e temos o privilégio de recorrer a seus ensinamentos quando bem entendermos.

3

PROFESSORES E ADESTRADORES

A meio mundo de distância das pontes de Helesponto e das longas muralhas atenienses, um homem da China Antiga, sem nada conhecer de Xerxes ou Péricles, preparava um manual ensinando como alinhar aspirações e capacidades. Sun Tzu pode ter sido uma ou várias pessoas, e o livro *A arte da guerra* pode ter sido compilado ao longo de vários séculos. Nesse sentido, lembra mais Homero que Heródoto ou Tucídides. Os épicos e as histórias gregas descrevem eventos e indivíduos singulares, cabendo a nós extrair as lições.

Sun Tzu, ao contrário, estabelece *princípios*, válidos independentemente do tempo e do espaço, e os conecta a *práticas*, estas, sim, limitadas por tempo e espaço. *A arte da guerra*, portanto, não é história ou biografia. É uma compilação de preceitos, procedimentos e declarações categóricas: "Se um general que segue minha estratégia for recrutado, com certeza vencerá. Mantenha-o! Quando um que se recusa a seguir minha estratégia é recrutado, com certeza será derrotado. Dispense-o!".

Bastante objetivo, mas onde entra a estratégia? "A água corrente sempre se move de cima para baixo, evita terrenos altos e flui para terrenos baixos", diz o mestre Sun. "É da natureza de troncos e pedras permanecerem estáticos em solo plano; em solo inclinado, movem-se. Se quadrados, param; se redondos, rolam." E, de modo ainda mais sucinto: "Não morda as iscas oferecidas". Sun Tzu pode também nos ter avisado, junto com o Polônio de Shakespeare, a "nem emprestar nem pedir emprestado". Ou, segundo as noções básicas de marketing, "a comprar em baixa e vender em alta".

Salvo que a história é cheia de gente que empresta e pede emprestado, que comprou em alta, mas teve de vender em baixa. Essas pessoas desconectaram suas práticas de seus princípios; não puderam resistir às iscas ofertadas. Frases que podem parecer tautologias, em *A arte da guerra*, são de fato treinamentos destinados a impossibilitar tais divisões. "Os exércitos são como a água", explica Sun Tzu. Se atacar quando o inimigo menos espera – se "evitar sua força e atacar sua fraqueza" –, então, "como a água, nenhum poderá se opor a você". Troncos e pedras ilustram a projeção de poder: "Basta pouca força para se conseguir muito". E ainda: "O peixe que cobiça a isca é fisgado; as tropas que cobiçam a isca são derrotadas".[1]

Em *Hamlet*, as explicações pomposas de Polônio dão margem às zombarias do personagem-título:

> Hamlet: Estás vendo aquela nuvem quase em forma de camelo?
> Polônio: Pela santa missa, é de fato um camelo exato.
> Hamlet: Acho que parece mais uma doninha.
> Polônio: Tem o dorso de uma doninha.
> Hamlet: Mas não seria uma baleia?
> Polônio: É uma baleia perfeita.[2]

Sun Tzu jamais aturaria isso. Como Benjamin Franklin, ele atrai relâmpagos com pipa, barbante e chave. Ele fundamenta cada preceito com aguda e crepitante realidade. Ele adestra o que é óbvio ao bem menos óbvio e ensina que é possível Estados, mesmo sem se defenderem, vencerem guerras.

"Tendo prestado atenção às vantagens de meus planos", os generais "devem agir de maneira eficaz e de acordo com o que lhes é vantajoso", avisa mestre Sun. A tautologia em si adestra, pois as "vantagens" sobre as quais Sun Tzu discorre se baseiam nas situações "vantajosas" que tornam possível a influência. Líderes buscam essas vantagens. Navegam *com* os ventos, não *contra* eles. Desviam dos pântanos em vez de neles afundarem. Evitam batalhas até estarem certos da vitória. Tentam se beneficiar da ausência, na vida real, de campos equilibrados. Compreendem a inutilidade, como meus alunos do Colégio de Guerra Naval gostavam de dizer, de "enxugar gelo".

"A guerra é uma questão de importância vital para o Estado", adverte Sun Tzu, na qual não se deve embarcar "sem a devida reflexão". Xerxes e Alcibíades não refletiram; Artabano e Nícias, sim, mas sem a devida cautela. Mestre Sun reflete, mas age em seguida, fazendo uso do máximo de influência contra o mínimo de resistência. O sucesso chega com bastante rapidez, permitindo o menor dispêndio de recursos e vidas. "Conheça o inimigo, conheça a si mesmo", exorta *A arte da guerra*. "Conheça o terreno, conheça o tempo. Sua vitória então será absoluta."[3]

Isso não exigiria, no entanto, conhecer tudo antes de tomar alguma atitude? Artabano não teve sucesso em responder à pergunta de Xerxes, mas Sun Tzu, sim: a simplicidade, demonstra, coexiste com a complexidade e pode nos guiar através dela.

> Só existem cinco notas musicais, mas as melodias produzidas são tão numerosas que é impossível ouvir todas. Só existem cinco cores básicas, mas suas combinações são tão infinitas que é impossível visualizar todas. Só existem cinco sabores, mas suas misturas são tão variadas que é impossível provar todos. Nas batalhas, só existe a força normal e a extraordinária, mas suas combinações são ilimitadas; nenhuma logra abranger todas.[4]

Ninguém é capaz de prever tudo o que pode acontecer. Observar as possibilidades, contudo, é melhor que não ter nenhuma noção do que se deve esperar. Sun Tzu busca sentido – mesmo o senso comum – atrelando princípios, que são poucos, às práticas, que são muitas. Ele acaba adequando a combinação ao momento, como se ajustasse os níveis de som num sintetizador ou cores numa tela de computador. Ele oferece opções suficientes para satisfazer qualquer raposa, enquanto conserva a objetividade de propósitos de um porco-espinho. E segue contrapondo ideias em sua mente projetando-as através do tempo, do espaço e da escala.

A liderança, em *A arte da guerra*, se pauta em enxergar simplicidades na complexidade. Algumas realidades são compreendidas tão facilmente quanto os cinco sons e sabores e as cinco cores básicas de Sun Tzu: assim conhecemos sua natureza. Quando as simplicidades se misturam, porém, as complexidades se tornam infinitas. Não importa com quanta disciplina nos preparemos, elas sempre irão nos surpreender. Se formos adestrados a princípios, no entanto, as complexidades não devem nos paralisar. E como se pode aprender a adestrar? Sendo aluno de excelentes professores, acredito, pois é isso o que eles nos ensinam a fazer.

I.

Para alguém com tantos nomes – Caio Otávio Turino; Caio Júlio César Otaviano; Imperador César, Filho do Divino; Imperador César Augusto; Filho do Divino e Pai da Pátria –, seu início foi relativamente modesto. Nascido entre 100-44 a.C. na família de um respeitável, mas inexpressivo, senador romano, aos 20 anos já era o terceiro nome do triunvirato que governava o império. Aos 32, tornou-se o homem mais poderoso do mundo "ocidental". Morreu serenamente aos 55, na cama que escolhera, um feito extraordinário para os imperadores daquela época – sobretudo por nunca ter usado esse título. Sua vida suscitou rumores de que estranhos sinais haviam precedido seu nascimento: até uma invulgar, talvez imaculada concepção (algo a respeito de uma serpente). Apesar de contar com a providencial ajuda de um professor, a criança conseguiu quase tudo por conta própria.[5]

Os gregos tiveram o centauro Quíron como instrutor de Aquiles e outros heróis épicos; já os romanos se viraram bastante bem com Júlio César. Suas conquistas haviam duplicado, em duas décadas, o tamanho de sua "república".[6] Suas histórias, 2 mil anos depois, ainda conquistam leitores e respeito. Após cruzar o rio Rubicão, em 49 a.C., ele se tornou o líder supremo de Roma, determinado a restaurar a ordem após meio século de guerras civis. Porém, a César, então na faixa dos 50 anos, restava pouco tempo, como Plutarco afirma, para "desfazer as ações passadas por meio do futuro". A pressa o transformou, em 15 de março de 44 a.C., na mais famosa vítima de assassinato de todos os tempos. A vida e a morte de César, entretanto, foram exemplares. Ele ensinou o que fazer e o que não fazer.[7]

César não tinha filhos legítimos vivos, mas tinha Otávio, um promissor sobrinho-neto a quem outorgara o equivalente romano de um estágio. A Otávio coube a tarefa de ser a "sombra" de César por toda a cidade de Roma e depois se encontrar com ele na Espanha, naquela que acabou sendo sua última campanha militar. O jovem lidou bem com a proximidade, observando sempre, jamais antecipando deduções, fortalecendo sua bagagem e seu vigor – sua saúde sempre foi delicada –, preparando-se para o que César podia ter em mente. Otávio treinava para uma ofensiva contra os partas quando soube, na Macedônia, do assassinato ocorrido em Roma duas semanas antes. Tinha apenas 18 anos. O romancista John Williams imagina Otávio dizendo, desconsolado, aos amigos: "Depois a gente conversa. Agora tenho que pensar no que vai significar a morte do meu tio-avô".[8]

Sua primeira decisão foi regressar a Roma, embora sem saber quem passara a ocupar o poder ou como seria recebido. A situação se tornou arriscada quando Otávio tomou conhecimento, após desembarcar perto de Brundísio, que por testamento Júlio César o declarara herdeiro e filho adotivo. Chegou à capital como Caio Júlio César Otaviano[9] e, por respeito ao líder e mártir, as legiões que encontrou levaram sua nova posição a sério. Otávio podia ter estragado tudo, agindo como um cretino. Porém, teve a sensibilidade de perceber a diferença entre herdar um título e dominar a arte de comandar: o primeiro pode acontecer da noite para o dia; o segundo chega a levar uma vida.

Otávio nunca explicou como aprendeu a lição, mas, como teve o privilégio de observar de perto o maior entre todos os líderes, seria uma besta quadrada se não tivesse aprendido nada. Sun Tzu, só traduzido na Europa dezoito séculos depois, sugere o que pode ter ocorrido:

> Se sábio, um comandante é capaz de reconhecer a mudança das circunstâncias e agir apropriadamente. Se sincero, seus homens não terão dúvidas quanto a recompensas e punições. Se humano, gosta da espécie humana, sente compaixão pelos outros e aprecia sua dedicação e esforço. Se corajoso, consegue a vitória agarrando sem hesitação a oportunidade. Se rígido, suas tropas são disciplinadas porque o reverenciam e temem o castigo.[10]

César, em contrapartida, parece nunca ter explicado a Otávio o motivo de ser treinado.[11] Isso poupou o garoto da ansiedade de saber que seria filho, herdeiro e comandante: por causa dessa limitação, Otávio teve acesso à instrução sem a pressão da autoridade futura.[12]

II.

Otávio precisaria de ambas se quisesse ir além de apenas receber elogios das legiões de seu tio-avô. Mesmo seu padrasto julgou perigoso demais aceitar a herança ou o título de César. Cícero, o mais famoso orador de Roma e amigo da família, considerou ambos imerecidos. Mesmo Marco Antônio, que tornara Roma inabitável para os assassinos de César, tramou a morte do "garoto" que herdara o título de imperador. Na capacidade de cônsul, Marco Antônio conservou o legado deixado por César para os cidadãos da cidade e não atendeu Otávio quando este – sem sucesso – reivindicou sua herança.

A reação de Otávio foi tirar o máximo proveito de recursos limitados. Ele ofereceu sua própria fortuna aos romanos e, quando esta se provou insuficiente, pediu emprestado para prover ainda mais. A manobra, apesar de arriscada, valeu a pena, fazendo com que Marco Antônio parecesse mesquinho. Tarefa mais fácil foi convencer Cícero: famoso por sua vaidade, não demorou em aceitar os elogios de Otávio, muito embora não tivesse se oposto ao assassinato de Júlio César. O orador, porém, também odiava Marco Antônio e logrou mais êxito ao denunciar o cônsul numa escala épica ainda maior – as *Filípicas*, catorze enfurecidos discursos no Senado romano – do que Otávio poderia conseguir. Durante o verão de 44 a.C., a maior preocupação de Otávio foi celebrar os jogos funerários em homenagem a César, que coincidiram com a aparição de um cometa. Não se tratava de mau presságio, garantiu o herdeiro num discurso acrobático aos romanos: era a alma de seu tio-avô ascendendo à imortalidade.[13]

No entanto, até a agilidade tinha seus limites. Otávio alimentava planos de longo prazo que exigiam manter a lealdade dos exércitos de César, embora ainda tivesse pouca experiência militar. Marco Antônio não era César, mas tinha bagagem de sobra; o que lhe faltava era a habilidade de Otávio de tomar iniciativa, instaurar a ordem e colher os respectivos louros.[14] Valendo-se de seus laços com a Macedônia, Otávio se apoderou dos fundos reservados por César para a ofensiva – agora cancelada – contra os partas. Em seguida, despachou agentes com bônus a fim de recepcionar as tropas que desembarcavam em Brundísio. Apanhado de surpresa, Marco Antônio avançou para lá, mas, ao constatar que sua generosidade não se equiparava à de Otávio, perdeu a cabeça e ordenou dizimações: execuções arbitrárias de cada décimo homem em várias unidades. A matança restaurou a disciplina, mas deixou tanto ressentimento que, tão logo tiveram chance, as legiões macedônicas desertaram e buscaram o homem que passavam a considerar, tanto no nome quando na prática, o novo César.[15]

Otávio tinha menos da metade da idade de Marco Antônio, mas era bem mais perspicaz em termos de julgamento de caráter. Ele se mostrou o oposto do mais velho, que acumulava em sua lista de fraquezas débitos de grande vulto, promiscuidade sexual, embriaguez em público e temperamento explosivo.[16] O herdeiro de César não era pudico e certamente tinha temperamento forte, mas entendia a necessidade do autocontrole – coisa que Marco Antônio praticamente não levava em conta. O cônsul jamais teve certeza absoluta do que queria: embora ciente, não participara do complô para assassinar César; pretendia governar Roma, mas não tinha decidido como agir, caso conseguisse; e permitiu que depravações o desviassem de ter um propósito. Otávio, ao contrário, se mostrou determinado, tão logo o testamento de César foi lido, a vingar a morte do pai adotivo, completar a reabilitação de Roma e *não* acabar numa poça de sangue no piso do Senado.[17]

III.

Tal atitude exigia autoavaliação, habilidade que nem mesmo César dominava – daí ter terminado em uma poça de sangue – e que Otávio adquiriu a duras penas. Pouco depois de seu retorno da Macedônia, confundiu a aclamação dos veteranos de César com uma instrução para marchar em Roma, como o grande general em pessoa fizera antes. Otávio, entretanto, ainda não estava preparado para atravessar seu Rubicão: suas tropas se recusaram a lutar contra as de Marco Antônio, e os romanos não se sentiam confortáveis para receber de braços abertos um ditador tão jovem. O fiasco humilhou Otávio. Daí em diante, tentaria com mais empenho equilibrar seu entusiasmo e suas competências.

Otávio sempre soube, desde a infância, que ficava doente à toa. Descobriu, porém, quando já era quase tarde demais, que ocorria o mesmo também antes de batalhas.[18] Talvez fosse um problema físico, talvez psicológico, mas parecia covardia. Otávio vivenciou o problema na primeira batalha da qual participou no norte da Itália, próximo a Mutina, em abril de 43 a.C. Ele havia unido forças com Cícero e o Senado para enfrentar Marco Antônio, personalidade ainda imponente. Os novos cônsules de Roma, Hírcio e Pansa, lideraram com bravura suas legiões e morreram dos ferimentos na campanha, bem como muitos dos soldados de Otávio. Este, entretanto, desapareceu no primeiro dia da batalha, e ninguém, até hoje, sabe explicar direito o motivo.

Otávio, contudo, não tardou a reconhecer que fugir não daria certo. Então, no segundo dia, reagrupou suas tropas, conduziu-as através das linhas inimigas, resgatou o corpo de Hírcio (bem como um estandarte perdido) e obrigou Marco Antônio a bater em retirada. Com um cônsul morto, o outro à beira da morte e a fuga de seu adversário, Otávio alcançou, graças à pura determinação, uma vitória digna do próprio César. Mesmo assim, não se apressou em regressar a Roma para reivindicar seu triunfo. Esperou até ter certeza do apoio das legiões dos cônsules falecidos – e até verificar se Marco Antônio, então na Gália, tivera tempo de se reorganizar. Só então Otávio cruzou seu Rubicão com um exército que o respeitava, reforçado por outro, mais distante, que Cícero e seus companheiros senadores tinham motivos para temer. Só então Otávio reivindicou o consulado, a mais importante posição em Roma. Ainda não havia completado 20 anos.[19]

Ocupando essa posição de força, Otávio se preocupou com as próprias fraquezas. Governar Roma não era controlar seu império. Marco Antônio, a despeito de Mutina, permaneceu na Gália sem questionamentos. Os assassinos de César, Cássio e Marco Bruto, recrutavam exércitos na Síria e na Macedônia. Sexto Pompeu, filho do antigo adversário de César, Pompeu, dominara a Sicília. O próprio Senado romano, onde a conspiração contra César fora arquitetada, seria capaz de tudo, se não observado com extremo cuidado. A autoavaliação do triunfante Otávio, então, sugeria a necessidade de apoio, ainda que de fontes duvidosas. Como um de seus biógrafos assinalou: "Afastar um rival era afastar um potencial aliado".[20]

IV.

Otávio começou com Marco Antônio, numa ilha localizada em um rio perto de Mutina, no outono de 43 a.C. Com suas legiões, Otávio marchou rumo ao norte de Roma enquanto Marco Antônio, com as suas, prosseguiu na direção da Gália, levando com ele Lépido, um antigo e complacente cônsul.[21] Suas tropas reunidas eram mais numerosas que as de Otávio, mas ele exigira tratamento igual. E, enquanto os guardas observavam com cautela os dois lados das margens, os três líderes militares – um deles mal saído da adolescência – dividiram a maior parte do mundo que conheciam.[22]

À primeira vista, pode parecer que Otávio levou a pior. Marco Antônio ficou com as partes mais importantes da Gália; Lépido ocupou a Espanha e as estradas da Itália até lá; e a Otávio restou contentar-se com a Sardenha, a Sicília e a costa africana, onde teria de lutar contra Sexto Pompeu. Otávio também abriu mão de seu consulado, permitindo ao triunvirato governar Roma. Nessa fase, entretanto, *status* significava mais que substância. Ele preferiu, de uma posição inferior, ser um dos três governantes: um governo só seu, uma vez conquistada a superioridade, poderia esperar. Enquanto isso, havia inúmeros outros assuntos a resolver.

Enquanto na ilha, Marco Antônio, Lépido e Otávio trocaram entre si nomes dos proeminentes romanos que deveriam ser eliminados e ter suas propriedades confiscadas e a família exilada. O nome de mais destaque da lista era o falastrão Cícero. Apesar de sua sensibilidade para conjunturas, o orador enfurecera Marco Antônio com as *Filípicas*. O triunvirato ordenou não apenas a execução de Cícero, mas que pregassem na tribuna do Fórum Romano sua cabeça e a mão com que escrevera os discursos.[23]

É pouco provável que Otávio tivesse ordenado tal espetáculo, como também é pouco provável que tivesse tentado evitá-lo. Cícero o havia louvado em público como um jovem promissor, mas em conversas privadas insinuava que um líder tão inexperiente podia ser descartado, se necessário. O comentário chegou aos ouvidos de Otávio, que o arquivou para futura referência.[24] Tendo Marco Antônio agora como aliado, não precisava mais das *Filípicas*, dos aplausos e das indiscrições de Cícero. Em resumo, Otávio não precisava mais de Cícero.

A prioridade seguinte do triunvirato era proscrever Bruto e Cássio, mas para tanto seria preciso uma derrota militar. Como um estranho eco de Cícero, a batalha teve lugar em Filipos, Trácia, no outono de 42 a.C.[25] Marco Antônio passou a comandar o triunvirato, enquanto Lépido permaneceu no governo de Roma. Otávio desembarcou com suas legiões na Macedônia, mas logo ficou doente e chegou ao campo de batalha numa liteira. Apesar da posição desfavorável e lutando contra linhas fortificadas, Marco Antônio surpreendeu primeiro Cássio e, em seguida, Bruto, levando-os a cometer suicídio. O único triunvirato capaz de exercer o comando tinha obtido vitória total.

Furioso consigo mesmo, Otávio descontou nos outros. Humilhou e até executou prisioneiros. Depois de Marco Antônio ter prestado tributos ao cadáver de Bruto, dizem que Otávio o profanou e despachou a cabeça de volta a Roma para ser colocada diante da estátua de seu tio-avô — por sorte, ela afundou num naufrágio pelo caminho. O próprio Otávio, ao retornar, encontrou os habitantes da cidade assustados, com medo de sua atitude. Agora, velho demais para ser um tirano imaturo, se comportava como tal.[26]

V.

Otávio, porém, recuperou o autocontrole graças, em parte, a uma improvisada demonstração de determinação, em parte ao obter ajuda, e em parte ao lançar mão de meios brutais, porém menos chocantes. Marco Antônio permaneceu no Oriente após a batalha de Filipos e retomou ostensivamente a campanha de César contra os partas, embora fosse também uma chance de se furtar à responsabilidade de distribuir terras na Itália aos soldados de cujo serviço não mais necessitasse. Tal tarefa coube a Otávio, e não havia como realizá-la sem enfurecer os proprietários de terras desalojados ou os veteranos decepcionados. Enquanto isso, de sua base siciliana, Sexto Pompeu suspendia pouco a pouco o fornecimento de grãos a Roma.

A crise surgiu certo dia em 41 a.C., quando Otávio demorou-se para um encontro com os soldados recentemente dispensados. Irritados com o atraso, eles abateram um centurião que tentara manter a ordem. Otávio chegou, viu o corpo, pediu aos homens que se comportassem melhor no futuro e deu início à distribuição de verbas. Sua calma envergonhou de tal forma os soldados que estes exigiram a punição dos assassinos. Otávio concordou, mas sob a condição de que os perpetradores reconhecessem a culpa e os veteranos aprovassem as sentenças. Ele trouxera à tona sua coragem e sua compostura numa situação perigosa – qualidades não tão evidentes após a batalha de Filipos –, iniciando, assim, a reabilitação da própria reputação.[27]

Isso motivou a mulher de Marco Antônio, Fúlvia, e seu irmão Lúcio a tentar depor Otávio antes que ele se tornasse muito popular. Lúcio tomou a cidade fortificada de Perúsia, na Itália central, enquanto Fúlvia recrutava tropas na cidade de Roma e nos arredores. Ainda no Oriente, Marco Antônio até tomou conhecimento do que acontecia, mas andava distraído. Tendo se proclamado o novo Dionísio, encarnou o papel e se apaixonou pela rainha Cleópatra do Egito, com quem César tivera um longo caso. Marco Antônio alegou recolher fundos para a ofensiva contra os partas e assegurando comida para Roma: afinal, ao Egito não faltavam ouro e grãos.[28] Com tal atitude, porém, ofereceu uma bela oportunidade a Otávio.

Consciente de sua inabilidade como comandante de campo de batalha, Otávio delegou o cerco a Perúsia a Quinto Salvidieno Rufo e Marco Vipsânio Agripa, dois amigos que estiveram a seu lado na Macedônia na época do assassinato de César. Os dois, com presteza, forçaram a capitulação de Lúcio, enquanto os exércitos de Fúlvia simplesmente se dissolveram. Otávio teve a sensatez, desta feita, de delegar autoridade em vez de tentar exercê-la numa função em que duvidava da própria competência.[29]

Quando chegou a vez de ordenar punições, Otávio foi mais enfático. Determinado a evitar quaisquer outras rebeliões, levou de volta trezentos prisioneiros das fileiras do Senado de Roma, condenando-os à morte e ao sacrifício no local da cremação de César. Havia tempos tais práticas tinham sido suprimidas, mas Otávio quebrou a regra para reforçar dois pontos: não apenas não toleraria qualquer oposição dentro da cidade, como podia, assim, finalmente vingar o assassinato de Júlio César.[30]

VI.

O império tornou-se então um duopólio – Lépido fora exilado na África por Otávio e Marco Antônio –, mas o poder não foi dividido de modo igualitário. Enquanto Otávio, em Roma, aprendia a lidar com o poder para quando fosse alçado a tal condição, Marco Antônio, ainda no Oriente – e, após a batalha de Filipos, o mais forte dos dois –, se esquecia do que já sabia. Um não gostava do outro, e crescia cada vez mais a desconfiança entre eles. Um, entretanto, tinha um propósito e agiu em conformidade com ele. O outro, quando por fim agiu, reagiu. Fim da batalha de titãs.

A campanha de Perúsia deixou claro quem era quem. Otávio primeiro reconquistou o respeito em Roma ao navegar as traiçoeiras correntes da redistribuição de terras. Em seguida, venceu uma batalha confiando sua condução a indivíduos com habilidades militares superiores. Por fim, fortaleceu sua autoridade contra possíveis insurreições ao executar, diante de todos os proeminentes rebeldes, um ato de brutalidade bastante certeiro na escolha das vítimas e claro em sua intenção: evitar a escalada da violência. Otávio pensava adiante: adotava uma decisão com vistas ao próximo passo.

Marco Antônio não agiu da mesma forma. A última divisão do império lhe concedera toda a Gália, mas ele estava na Grécia, preparando-se para avançar – na direção oposta – contra o império parta. De súbito, seu governador na Gália faleceu. Otávio, que estava bem mais perto, em Roma, foi para lá e assumiu o comando de onze legiões. Em resposta, Antônio deixou de lado os partas, ordenou a seus exércitos o retorno à Itália e começou a organizar com Sexto Pompeu uma ofensiva terrestre e marítima para tirar Otávio do mapa.

Marco Antônio, entretanto, levou mais embarcações e menos homens que o necessário, pois Otávio também ocupara Brundísio. Embora ele tivesse mais uma vez adoecido antes da batalha, graças a isso as tropas de ambos os lados tiveram tempo de confraternizar e solicitaram a seus comandantes a paz. Nesse ponto, Marco Antônio abandonou a resolução que o impulsionara a atravessar o Adriático: afastou-se de Sexto, reconheceu a autoridade de Otávio na Gália e voltou sua atenção ao império parta. Não sem antes garantir – ou assim imaginou – um novo acordo. Como Fúlvia, sua esposa, havia falecido logo após seu fracassado golpe, Marco Antônio casou-se com Otávia, a irmã querida do "garoto" de "apenas um nome".³¹

Não havia como Otávio ter planejado tudo isso.³² Não poderia ter previsto o assassinato de um centurião por veteranos enfurecidos, ou que Fúlvia e Lúcio se rebelariam sem o apoio de Marco Antônio, ou que o governador da Gália morreria, ou que Marco Antônio erraria na logística, ou que as tropas se recusariam a lutar, ou que Marco Antônio reverteria o curso da história e se casaria com sua irmã. Ao contrário de Péricles, Otávio nunca tentou forjar cadeias causais a partir de eventos acidentais.³³

Em vez disso, agarrava as oportunidades e limitava seus objetivos. Ele visualizou os próximos passos que fizeram Marco Antônio tropeçar. Otávio não tirou o olho de sua bússola e evitou pântanos; quanto a Marco Antônio, parecia procurar pântanos, afundar e depois reclamar. Plutarco conclui: Marco Antônio trilhava um caminho "cheio de floreios vazios e esforços instáveis para a glória".³⁴

VII.

Isso não poderia ser dito a respeito de Sexto Pompeu, o mais formidável inimigo enfrentado por Otávio. O maior feito de seu pai, Pompeu, tinha sido acabar com a pirataria no Mediterrâneo, mas Sexto percebeu seu uso político e podia reativar a prática, da Sicília, quando bem entendesse. Roma ficaria em perigo, pois a cidade e seus arredores dependiam da importação de víveres, em especial do Egito. Sexto dominava os romanos não pelo pescoço, mas pelo estômago.

A reconciliação entre Marco Antônio e Otávio desagradou Sexto, e no fim de 40 a.C. ele bloqueou a Itália. O cerco provocou uma revolta em Roma. Otávio, recordando seu sucesso com os enraivecidos veteranos, tentou de novo contornar a situação. Desta feita, contudo, foi apedrejado e podia ter sido assassinado, caso Marco Antônio não mandasse soldados para resgatá-lo. Ninguém mais poderia colocar em dúvida a coragem de Otávio, mas ao provar sua coragem ele arriscou a vida – salva apenas graças à falta de percepção de Marco Antônio. Pois essa foi sua última chance de se livrar (sem assassinato) de um rival exasperante.[35]

Uma vez fracassadas as negociações com Sexto, Otávio decidiu invadir a Sicília e garantir as rotas de fornecimento de modo permanente. Sexto derrotou sem dificuldade as frotas romanas, entre elas uma comandada por Otávio, que nada sabia de embarcações. Assim o governante de metade do império naufragou no lado italiano do estreito de Messina, e junto com alguns poucos sobreviventes, sem comida, suprimentos ou condições de pedir ajuda, restou-lhe como opção acender fogueiras nas colinas e torcer pelo melhor. Por sorte uma legião viu a fumaça e resgatou Otávio a tempo de, no dia seguinte, assistir à destruição total de sua armada por uma tempestade.[36]

Porém, ao que parece, Otávio não caiu doente, entrou em desespero ou reconsiderou tomar a Sicília. Em vez disso, voltou a se organizar, defendeu-se dos contra-ataques de Sexto na costa italiana e colocou Marco Vipsânio Agripa – que acabara de pacificar a Gália – no comando do ataque seguinte. Com 24 anos, Agripa não tinha experiência náutica superior à de Otávio. Enquanto este tentava demonstrar determinação nas crises, aquele preparava-se numa escala digna de Xerxes. Agripa redesenhou a topografia unindo dois lagos, ocultos por montanhas arborizadas, ao mar. As florestas supriram madeira para a construção de navios de guerra, os lagos transformaram-se em instalações de treinamento para as tripulações e as montanhas esconderam essas manobras de Sexto, a quem só restava adivinhar o que acontecia no mar.[37]

Levou dois anos, mas em 36 a.C. Agripa estava pronto. Três frotas convergiram na Sicília: a sua, outra formada por embarcações fornecidas por Marco Antônio e uma terceira, proveniente da África, comandada por Lépido. As duas primeiras sucumbiram a tempestades, e apenas as tropas de Lépido desembarcaram com sucesso – em consequência, ele passou a colaborar com Sexto, que, mais uma vez, havia surpreendido e humilhado Otávio. Desta feita, ele acabou encalhado na costa siciliana até ser encontrado por seus exércitos. Foi o terceiro resgate em três anos.

Agripa, entretanto, conservou parte substancial de sua frota para sobrepujar a de Sexto e o despachou para o exílio, enquanto deixava Lépido – que, mais uma vez, trocara de lado – encarregado da Sicília. Vítima de exaustão física, Otávio não participou dessa batalha, embora tenha se recobrado a tempo de reivindicar uma vitória simbólica. Suspeitando da instabilidade de Lépido, Otávio apareceu certo dia no campo, sozinho e desarmado. Foi ferido, perdeu sangue e se preparava para bater em retirada, mas conquistou seguidores admirados com sua audácia: desta vez, não precisou de resgate. A Lépido só restou a rendição.[38]

Otávio acabou triunfando na Sicília, mais por exposição que por estratégia: arriscou a vida repetidas vezes, confiante no pulso firme de Agripa. Tendo prevalecido, contudo, Otávio se firmou. Forçou a saída de Lépido do triunvirato, embora tivesse lhe concedido uma retirada digna – não houve execuções nem exibições de partes de seu corpo. Assim, restou apenas Marco Antônio para contestar o domínio de Otávio sobre o mundo romano. Dessa vez, contudo, Otávio teve o bom senso de deixar o adversário derrotar a si mesmo.

VIII.

Marco Antônio havia prometido tantas vezes lutar contra o império parta que se tornara impossível adiar a guerra.[39] Ele deu início à campanha em 36 a.C., enquanto Otávio e Agripa levavam a cabo a conquista da Sicília. Marco Antônio contou, para suprimentos e recursos financeiros, com a ajuda de sua ex e futura amante, Cleópatra – delicadeza imensa, caso ele não tivesse desposado a irmã de Otávio. Razões de Estado poderiam justificar ambos os relacionamentos, mas criando situação constrangedora, outro problema que Marco Antônio parece não ter antecipado. O fato de ter tido gêmeos com Cleópatra em nada simplificava a situação. Tampouco a alegação da monarca egípcia, decerto verdadeira, de ser mãe do único filho biológico de Júlio César, cujo nome por acaso era Cesário.[40]

Se Marco Antônio se atrapalhou com amantes, matrimônio e política, o mesmo se pode dizer de suas operações militares contra os partas. Começaram tarde demais para que terminassem antes do inverno; em seguida, por descuido, revelou seus planos a um espião, depois fracassou na tentativa de garantir a lealdade dos aliados e, por fim, estocou de modo tão inadequado suas provisões que os partas as destruíram. A essa altura, não lhe restava opção a não ser ordenar uma penosa retirada em meio a tempestades de neve rumo à costa síria, onde Cleópatra tratou de reequipá-lo. Marco Antônio, entretanto, reportou a Roma que tudo transcorria bem.

Otávio não acreditou, mas fingiu levar a sério suas palavras. Ordenou festas em comemoração à vitória sabendo que isso desacreditaria seu rival ainda mais que se aparentasse celebrar seus fracassos. Então cancelou o envio de reforços, justificando sua decisão com as mensagens positivas de Marco Antônio. Ao mesmo tempo, enviou Otávia com provisões da Grécia, contando com a chegada da esposa e de Cleópatra na mesma ocasião, para complicar um pouco mais a situação. Marco Antônio recebeu o abastecimento, mas exigiu o retorno de Otávia a Roma, pondo mais lenha na fogueira dos boatos de que havia reatado seu caso com a rainha egípcia. Otávio optou por não desmentir os rumores, certo de que o oponente e seu imenso ego em breve os confirmariam.[41]

Isso de fato ocorreu quando se espalhou a notícia de que Marco Antônio deixara um testamento – supostamente inviolável – com as vestais de Roma. Otávio exigiu a entrega do documento e, quando as virgens se recusaram a cumprir a ordem, o apreendeu. A ruptura da tradição foi um choque, mas Otávio argumentou que o conteúdo do testamento seria ainda mais chocante – e provou ter razão. No documento, Cesário era reconhecido como filho de Júlio César e constava o pedido de Marco Antônio para ser enterrado, mesmo se morresse na Itália, ao lado de Cleópatra, no Egito.

Aos olhos dos romanos, Marco Antônio tinha deixado de ser romano. Se um dia governasse, temiam que o império também deixasse de o ser.⁴² Essa foi a ruptura final: Otávio armou a cilada, Marco Antônio caiu e só restou a guerra como alternativa. O impasse foi resolvido com uma única e significante batalha no mar, ao longo da costa grega, perto de Ácio, em setembro de 31 a.C. Marco Antônio e Cleópatra posicionaram exércitos e navios no porto e no entorno, mas Otávio e Agripa os cercaram, impedindo o reabastecimento. Exasperado com as deserções, Marco Antônio perdeu a maior parte de sua frota na tentativa de escapar. Esgotados os meios de defesa, ele fugiu com Cleópatra para o Egito. Abriu mão de tudo "para segui-la e, uma vez iniciada sua ruína, a concluiu" registra Plutarco.⁴³

Otávio agiu sem pressa e, no verão de 30 a.C., ocupou Alexandria, onde encontrou pouca resistência. Marco Antônio e Cleópatra cometeram suicídio: ele, desajeitado, com um punhal, e ela, elegante (caso a lenda seja exata), mordida por uma serpente.⁴⁴ Restou a Otávio executar o infeliz Cesário, ainda adolescente, e passear pela grande cidade – na ocasião muito mais imponente que Roma.⁴⁵ Para concluir a história: Otávio prestou seus respeitos a Alexandre, o Grande, em sua tumba. O caixão foi aberto, mas, enquanto colocava uma coroa no corpo embalsamado, o novo governante do mundo, tal qual conhecido, arrancou sem querer o nariz do antigo governante.⁴⁶ O erro de cálculo não teve grandes consequências.

IX.

Pois Alexandre nunca servira de modelo para Otávio.⁴⁷ O macedônio aprendeu seus limites apenas com seus fracassos. Suas tropas tiveram de lhe dizer, a pouca distância do Himalaia, que não podiam prosseguir. Otávio descobriu suas limitações ao buscar êxitos e, nas poucas ocasiões em que as perdeu de vista, logo se corrigiu. A estratégia, portanto, surgiu naturalmente; raras vezes confundiu aspirações com capacidades. Alexandre as confundiu ao longo da vida e não sobreviveu muito tempo após ter constatado não serem a mesma coisa. Morreu na Babilônia – de exaustão, doença e decepção – aos

33 anos.⁴⁸ Otávio tinha essa idade, mas apenas um terço de sua carreira transcorrera naquele dia em Alexandria, quase três séculos depois, quando viu e removeu o que restara de Alexandre.

Otávio teve sorte, é claro, por sobreviver às doenças e aos inúmeros riscos, mas também foi mais cuidadoso que Alexandre ao empregar forças e compensar fraquezas. "Aquele que conhece a arte da abordagem direta e indireta sairá vitorioso", escreve Sun Tzu, parecendo, como de hábito, abranger todas as possibilidades. Então ele adestra: "Tal é a arte da manobra".⁴⁹

Abordagens diretas funcionam, sugere mestre Sun, apenas quando capacidades e aspirações se avizinham. A abundância proporciona tudo o que se deseja, deixando pouca necessidade de manobras. Em geral, contudo, as capacidades se reduzem – foi esse o problema de Otávio. A insuficiência exige abordagens indiretas, e isso, insiste Sun Tzu, implica manobras:

> Quando capaz, finja incapacidade; quando eficiente, finja ineficiência. Quando perto, deve parecer longe; quando longe, perto. Ofereça uma isca ao inimigo a fim de atraí-lo; finja desarmonia e o ataque [...]. Quando ele se concentrar, prepare-se contra ele; quando ele for forte, evite [...]. Finja inferioridade e encoraje a arrogância dele [...]. Mantenha-o sob tensão e o esgote.

Opostos mantidos ao mesmo tempo na mente "são as chaves para a vitória do estrategista". É como se Sun Tzu prenunciasse – o que é, entretanto, improvável – F. Scott Fitzgerald. E então o sábio acrescenta, como quem contradiz e adestra a si próprio: "Não é possível discuti-los de antemão".⁵⁰

Vitórias devem estar conectadas, caso contrário não levarão a lugar algum. No entanto, não é possível prevê-las, pois surgem de oportunidades imprevistas. A manobra, porém, exige planejamento, mas também improviso. Pequenos triunfos numa única arena estabelecem outros maiores, permitindo aos adversários mais fracos o fortalecimento.⁵¹ Tal afirmativa nos remete ao jovem Otávio girando em círculos em torno do limitado Marco Antônio, tirando proveito de parcos recursos até poder, em Ácio, substituí-los por uma abordagem mais direta.

X.

"Percorremos um longo e grandioso caminho", disse um poeta a Otávio, logo após seu retorno a Alexandria em 29 a.C. "É chegada a hora de desatrelar nossos raivosos cavalos."[52] O poeta era Virgílio, o poema está nas *Geórgicas*, e dizem que Otávio, dias a fio, ouviu o autor e alguns amigos lerem em voz alta todos os 2.118 hexâmetros.[53] A obra não era um épico – *Eneida* viria depois –, e o fato desconcertou a tal ponto seus recentes biógrafos que eles preferiram ignorá-lo. Por que o homem mais poderoso do mundo ficaria sentado tanto tempo ouvindo instruções acerca da alternância das safras, do cultivo de vinhas, da criação de gado e da apicultura? John Buchan, um de seus antigos biógrafos, sugeriu que Otávio estava preparado para diminuir o ritmo, olhar ao redor e refletir sobre o uso do poder quando já não tinha rivais. Ele mudava da navegação para o cultivo.[54]

Durante sua ascensão, Otávio passara uma década e meia fingindo, comprando, financiando, eliminando ou capitalizando as ameaças de Marco Antônio, Cícero, Cássio, Bruto, Fúlvia, Lúcio, Sexto, Lépido, Cleópatra e Cesário, lidando com o Senado de Roma, as revoltas, as doenças, as tempestades e os naufrágios e até mesmo um cometa. E o fez com inteligência, mas sem definir o ritmo. Continuou buscando, perdendo e tendo que recuperar o estímulo, mas não conseguia mais manter o passo. Nenhum cavalo raivoso corre para sempre.

Depois de Ácio, Otávio passou a controlar os acontecimentos, em vez de se deixar controlar por eles. Desistiu de uma nova campanha contra os partas. Nomeou governantes locais – Herodes, na Judeia, foi um exemplo – para cuidar de províncias complicadas. Apaziguou os veteranos concedendo-lhes terra e apoio de longo prazo. Satisfez Roma ao aceitar triunfos, promover jogos e dar início a um programa de construção visando a equipará-lo ao de Alexandria. Consciente dos perigos da arrogância, também afetou modéstia.

Em vez de exaltar, abrandou seus triunfos, levou uma vida sem luxos e, ao regressar da viagem, chegou à cidade sem alarde, a fim de evitar recepções acaloradas. Ele garantiu sua autoridade parecendo renunciar a ela, de modo ainda mais radical no primeiro dia do ano 27 a.C., quando inesperadamente abriu mão de todas as responsabilidades. Ao surpreso Senado não restou alternativa senão rejeitar a proposta e agraciá-lo com o título de *princeps* ("o mais eminente"), bem como um novo nome: Augusto.[55]

O que de fato fazia era abrir mão da República, mas de maneira tão gradual e com tamanho tato – enquanto exibia a cada fase benefícios tão evidentes – que os romanos se adaptariam e até mesmo adotariam o novo regime, mal notando o quanto ele tinha mudado. Eles próprios se transformariam em safras, vinhas, gado e abelhas. Pois, ao contrário de Xerxes, Péricles, Alexandre e Júlio César – não à toa, uma de suas dádivas foi ter iniciado Otávio cedo –, César Augusto via o tempo como aliado. Como a historiadora Mary Beard assinalou, ele não precisou abolir nada. Ele dedicou seu tempo ao aperfeiçoamento.[56]

Entre eles, um acordo constitucional renovando o respeito pelo Senado e pelo Estado de direito, embora Augusto mantivesse punhos de aço em luvas de pelica. Outro, a estabilidade imperial: o império, anunciou, era grande o suficiente. Com exceção de poucos ajustes de fronteiras, não mais precisava se expandir. Outro, ainda, era a criação de um épico nacional. Roma não tinha Homero, então o *princeps* providenciou um: *Eneida*, ao contrário de *Ilíada* e *Odisseia*, foi um trabalho comissionado. Augusto incentivou sua composição, subsidiou o autor e salvou o manuscrito das chamas quando o insatisfeito Virgílio, no leito de morte, pediu que a obra fosse queimada.

Eneias é um príncipe de Troia que, depois de ter escapado das chamas e sobrevivido a incontáveis provas, fundou Roma, cidade transformada em império e protegida por deuses. Eneias podia ser Otávio em seu caminho rumo ao poder, "seus pensamentos arremetendo, aqui, ali, avaliando suas opções, mudando de um plano a outro – tão veloz quanto um raio flamejante".[57] Mas além da famosa profecia – "Filho de um deus, ele trará de volta a era de ouro"[58] –, Virgílio pouco explica como Augusto poderia usar o poder. *Eneida* privilegia o passado, não o futuro de Roma. Celebra a navegação, não o cultivo.

Por que, então, o *princeps* julgou tão valioso plantar – e preservar – esse longuíssimo poema? "A grandeza da percepção poética e, portanto, a sua grandeza, Virgílio, reside na capacidade de compreender a vida por completo [...] numa única análise, numa única obra, num simples olhar", o romancista Hermann Broch o faz dizer ao poeta moribundo. Então, estratégia e política são a habilidade de compreender interconexões? Saber onde esteve para decidir aonde vai? É difícil compreender, de outro modo, como uma abordagem indireta – quer as reviravoltas de Eneias, quer as tentativas e as mudanças de Otávio – pode levá-los a alcançar Ítaca ou outro lugar qualquer. "Ainda fará parte da minha futura fama o fato de eu ter sido amigo de Virgílio", conclui com razão Augusto de Broch.[59]

XI.

Havia coisas, no entanto, que nem mesmo Augusto podia controlar: uma, infelizmente, era a própria família. Ele compreendeu, assim como seu tio-avô, que abandonar a República sujeitaria o império às incertezas da herança. Parecia uma barganha razoável na época, pois Roma era mais tolerante em relação ao divórcio e à adoção que a maioria das monarquias seguintes. Isso permitiria o cultivo de herdeiros – e oportunidades para treinar o mais promissor – sem depender de quem gerou quem.[60]

O infortúnio, porém, acometeu Augusto quanto à continuidade da própria família. Embora tenha se casado quatro vezes, apenas a terceira esposa deu à luz uma criança, Júlia, que, apesar de seu brilhantismo e sua autoconfiança, não podia sucedê-lo por ser mulher.[61] Isso deixou como alternativa a adoção, e a prioridade de Augusto como *princeps* foi criar um novo Otávio. Sua primeira opção foi Marcelo, o admiradíssimo filho do primeiro casamento de sua irmã

Otávia.⁶² Augusto providenciou as núpcias dele com Júlia quando ela contava apenas 14 anos, mas Marcelo morreu de uma doença súbita aos 21 – muito cedo, porém a tempo de Virgílio retratá-lo, de modo pungente, como um espírito perdido em *Eneida*.⁶³ As outras possibilidades eram Tibério e Druso, frutos de um casamento anterior da última esposa de Augusto, Lívia. Druso, no entanto, morreu aos 29 anos, em consequência de ferimentos num acidente a cavalo. Tibério se manteve saudável, mas ele e o *princeps* nutriam desconfianças mútuas – devido, em grande parte, às manobras de Augusto para garantir um sucessor.

Na esperança de aumentar suas opções, Augusto obrigou Júlia, após a morte de Marcelo, a desposar Agripa, bem mais velho, contemporâneo do pai e o gênio por trás de tantas de suas vitórias militares. Tiveram cinco filhos, dos quais três eram homens; Gaio e Lúcio, contudo, morreram cedo, e o terceiro, Agripa Póstumo – nascido após a morte do pai –, se tornou um adolescente cruel. Então Augusto, já desesperado, exigiu que Tibério se divorciasse da esposa, a quem amava, e se casasse com a viúva de Agripa, a quem odiava. Júlia o odiava na mesma medida, e da infeliz união nasceu apenas uma criança, morta na primeira infância, quando então Tibério – desafiando Augusto – exilou-se na ilha de Rodes. As escapadas sexuais de Júlia após o divórcio chocavam cada vez mais a sociedade romana, levando Augusto a exilá-la na menor e mais desolada ilha do arquipélago de Pandateria, longe da costa italiana. Torcendo pelo melhor, em 4 d.C., aos 67 anos, Augusto decidiu adotar Tibério e Agripa Póstumo, embora não confiasse em nenhum dos dois.⁶⁴

Cinco anos depois – para os padrões da época, velho demais para governar qualquer coisa –, o *princeps* sofreu sua pior derrota militar. Embora ele se opusesse à expansão do império, não excluía corrigir seus perímetros. Assim sendo, aprovou uma extensão do domínio romano a partir do Reno até o Elba, que, com o Danúbio, diminuiria a fronteira ribeirinha correndo do norte ao mar Negro.⁶⁵ A missão, que parecia ótima nos mapas, exigia a pacificação da Germânia, região de muitas florestas e pouco conhecida dos romanos. A tarefa coube a Públio Quintílio Varo, que de imediato liderou três legiões, em Teutoburgo, a uma emboscada catastrófica. Cerca de 15 mil homens foram escravizados ou massacrados – por métodos aterrorizantes, conforme sugerem os restos mortais –, e Augusto perdeu um décimo de todo o seu exército quase da noite para o dia.[66]

Dizem que ele passou meses enfurecido, batendo com a cabeça nas paredes, falando sozinho, recusando-se a se barbear e ver outras pessoas: ao estilo do rei Lear, mas sem charneca, tempestade nem consolo de um bobo da corte. Acabou por se recobrar – ciente, contudo, de que apesar da vida longeva não garantira nem o império nem sua sucessão. O que lhe restou fazer, ao saber que estava morrendo, foi surpreender Agripa Póstumo na ilha onde se exilara e – após constatar que o jovem não tinha mudado – ordenar sua morte, sem experimentar maior remorso que o de Otávio em relação a Cesário quase meio século antes. O amargurado Tibério, ficou entendido, seria (embora não treinado) o novo César.

Augusto faleceu pouco antes de seu aniversário de 77 anos, na mesma casa em que seu verdadeiro pai morrera, perto de Nápoles, em 19 de agosto de 14 d.C. Como era hábito, ele preparou as últimas palavras: "Encontrei Roma em barro e a deixo para vocês em mármore". Então indagou, com a leveza que jamais o abandonara, apesar de todos os problemas: "Tenho representado, de modo suficientemente louvável, meu papel na farsa da vida?". E acrescentou, como se Shakespeare tivesse criado seu ato final:

Se lhes agradei, por favor demonstrem
apreço com um afetuoso adeus.[67]

Em seu grande romance sobre a vida de Augusto, John Williams apresenta Júlia recordando-se de ter perguntado ao pai, quando ainda conversavam: "Valeu a pena? […] Esta Roma que salvou, esta Roma que construiu? Valeu a pena tudo o que precisou fazer?". O *princeps* a fita por um longo tempo e depois desvia o olhar. "Preciso acreditar que sim", responde. "Nós dois precisamos acreditar que sim."[68]

XII.

Talvez tenha valido a pena. O que se seguiu na história de Roma estabeleceu padrões insuperáveis quanto a famílias governantes disfuncionais e perímetros imperiais desprotegidos. Ainda assim, pelo mais rigoroso cálculo, o império sobreviveu mais quatro séculos e meio após a morte de Augusto. Roma só "caiu" em 476 d.C. O império bizantino, fundado por Constantino, duraria outros mil anos, e seu papel de cristianização do império romano seria, no mínimo, tão importante quanto o de Augusto ao estabelecê-lo. O Sacro Império Romano, remanescente europeu do domínio romano, constituído em 800 por Carlos Magno – que portava como um dos títulos o de "mais sereno Augusto" –, durou outros mil anos, quando Napoleão o varreu do mapa. Até Napoleão achou melhor não atentar contra a Igreja Católica Romana, fundada na época de Augusto e que, ao que tudo indica, continuará existindo no futuro sob o comando de um *pontifex maximus* – cargo que remonta aos antigos reis de Roma, cerca de seis séculos antes de Otávio ter nascido.

A longevidade, para um império, não vem de modo automático. A maioria deles teve a ascensão, a queda, então o esquecimento. Outros impérios podem ser lembrados pelas lendas que inspiraram, pelas artes que produziram ou pelas ruínas que deixaram, mas não muito além disso. Quem hoje em dia tomaria como modelo de Estado a Pérsia de Xerxes, a Atenas de Péricles ou a Macedônia de Alexandre? Roma, entretanto, é diferente, bem como a China. Seus legados – em termos de língua, crença religiosa, instituições políticas, princípios legais, inovação tecnológica e administração imperial – sobreviveram a repetidos "colapsos" dos regimes que os originaram. Se a era pós-Guerra Fria foi de fato o testemunho de uma disputa entre o "Oriente" e o "Ocidente", isso reflete a durabilidade das culturas romana e chinesa – impérios de mentes[69] cultivadas ao longo de diversas crises, durante muito tempo.

Augusto foi o mais habilidoso cultivador de Roma. Obstinado na busca por autoridade, usou-a para transformar uma república decadente – como uma vinha de Virgílio – em império florescente, mesmo para os dias atuais. Plantas não têm consciência do tratamento a que são submetidas para amadurecer de determinada maneira, mas cooperam se forem enraizadas com firmeza e cuidadas com zelo. O *princeps* teve o privilégio de dispor do tempo exigido por tal horticultura: ele cultivou, dentro de si, o propósito de plantar e colher autocontrole.

Augusto temia o erro e, em certo sentido, acabou por errar: nunca conseguiu treinar um sucessor como Júlio César o havia treinado. Fosse o moribundo Augusto capaz de antever os abusos de seus herdeiros, teria ficado horrorizado: Nero estava a apenas 44 anos de distância.[70] Roma, no entanto, era robusta o bastante, como a China também o fora, para sobreviver a péssimos governantes.[71] Ambas haviam feito isso por meio da diversificação: independentes de uma variedade única de poder, cresceram em ecossistemas, como acontece em jardins e florestas resistentes.

É ainda mais interessante, portanto, que Augusto tenha compreendido tanto de Sun Tzu, apesar de nada saber a seu respeito. A explicação pode repousar numa lógica de estratégia que reforça culturas – assim como a gramática faz com as línguas – ao longo de vastas extensões de tempo, espaço e escala. Se assim for, o senso comum, quando confrontado com circunstâncias extraordinárias, pode ser outra das contradições que convivem nas inteligências de primeira grandeza. Pois a prática de princípios deve anteceder sua derivação, sua articulação e sua institucionalização. Você pode olhar as nuvens, como Polônio, mas precisa ter os pés no chão.

4

ALMAS E ESTADOS

Pouco depois do fim da Guerra Civil dos Estados Unidos, um jovem norte-americano passou dois árduos anos entre os povos do nordeste da Sibéria. Esse jovem era George Kennan, parente distante de um homônimo mais conhecido no século XX, George F. Kennan, que idealizaria a estratégia de "contenção" da Guerra Fria. O primeiro Kennan, na época com 20 anos, inspecionava estradas para um telégrafo que ligaria os Estados Unidos à Europa. Cabos submarinos ainda não eram confiáveis, então a possibilidade de uma linha terrestre passando pela Colúmbia Britânica, o Alasca russo, a Sibéria e a Rússia europeia, exigindo apenas a travessia do estreito de Bering, parecia interessante e digna de ser explorada. O projeto malogrou quando, em 1866, o cabo atlântico por fim passou a funcionar, mas Kennan só tomou conhecimento meses depois. O rapaz acabou sem futuro na telegrafia a longa distância e se viu em meio a uma crise religiosa.

Em seu livro de 1870 *Tent-Life in Siberia* [A vida em barracas na Sibéria], Kennan admitiu quão fácil seria escapar do presbiterianismo de Ohio, no qual tinha sido criado, para:

a adoração de espíritos diabólicos que supostamente se personificam em todos os poderes misteriosos e manifestações da natureza, tais como doenças epidêmicas e contagiosas, tempestades violentas, falta de víveres, eclipses e auroras boreais.

O cristianismo, ao contrário, parecia surpreendentemente superficial:

> Ninguém que tenha vivido com os nativos siberianos e estudado sua personalidade, sujeitando-se às mesmas influências que os cercavam, e se colocado, na medida do possível, em seus lugares, jamais duvidará da sinceridade de seus sacerdotes ou seus seguidores, senão se assombrará com o fato de o culto de espíritos diabólicos ser sua única religião. É a única religião possível para tais homens em tais circunstâncias.

Mesmo os russos, impregnados de ortodoxia e com grande experiência na região, podiam considerar seu Deus distante e as forças malévolas próximas: "Eles sacrificaram um cachorro, como pagãos, para aplacar a diabólica fúria da tempestade". As ações do ser humano, concluiu Kennan, "são governadas não tanto pelas crenças intelectuais ou racionais, mas também por suas percepções".[1]

Esse medo do que está além da compreensão enraíza a religião em todas as grandes culturas conhecidas. O ateísmo tem pouca continuidade histórica. Enquanto o padrão eram religiões politeístas – isto é, quando cada calamidade era capricho de um deus em particular –, as crenças eram consideradas inofensivas para a administração dos Estados. Os deuses passavam tanto tempo discutindo entre si que os mortais mantinham uma espécie de equilíbrio aqui na Terra. Os homens podiam respeitar ou negligenciar deuses, em certas ocasiões até inventá-los ou desinventá-los, arte na qual os romanos se destacavam.[2] Nenhum conjunto de crenças, no entanto, desafiava a autoridade oficial.

Salvo entre os judeus, para quem animosidades entre deuses eram ambivalências de um deus único, o que complicou ainda mais a situação ao escolhê-los para formar um Estado.[3] A história de Israel se tornou uma disputa irregular entre essa divindade, que agia por meio de anjos e profetas, e seus representantes, no papel de reis, sacerdotes e até mesmo, em um exemplo, um ancião raspando crostas de feridas sobre um monte de cinzas.[4] Como observou Edward Gibbon, primeiro grande historiador moderno de Roma, entretanto, o judaísmo era uma religião de exclusão. Tendo sido "escolhidos", os judeus não se empenhavam em conversões; por conseguinte, seu Estado nunca teve as aspirações do Império Romano.[5] Augusto podia governar, como o fez na Gália, na Espanha ou na Panônia, sem o medo de fortalecer um rival.

O *princeps* não podia saber que outro monoteísmo, este inclusivo, havia surgido durante seu reinado. "Uma religião pura e humilde", escreveu Gibbon, que "aos poucos se insinuou na mente dos homens, cresceu em silêncio e no anonimato, propiciou novo vigor à oposição e, por fim, ergueu o triunfante estandarte da Cruz nas ruínas do Capitólio". Bastante precavido, Gibbon apontou alguns motivos para a ascensão do cristianismo: o empenho na tarefa de catequização, a flexibilidade dos rituais, as reivindicações de milagres, a promessa de vida após a morte e, é claro, "a convincente evidência da doutrina em si, além da [...] providência dominante de seu grande Autor."[6] Levaria séculos, mas esse império seria o primeiro a florescer – como o de Roma jamais fez – em escala global.

Não, entretanto, sem um recorrente dilema: o que seus súditos deviam a César e a Deus?[7] Poderia o cristianismo sobreviver na ausência da proteção do Estado? Poderia o Estado reivindicar legitimidade sem a aprovação do cristianismo? Resolver esses problemas consumiria a atenção tanto das mentes medievais como das do início dos tempos modernos. Também não é possível confirmar, mesmo em nossos dias, se o cristianismo causou a "queda" de Roma, como acreditava Gibbon, ou se, como sugerem os legados de Augusto, assegurou a imortalidade institucional de Roma. Essas oposições moldaram a civilização "ocidental" desde então. E, não menos importante, deram origem a duas grandes estratégias, paralelas em seus propósitos, embora separadas por uma distância de mil anos: uma, do maior dos santos, e a outra, do mais grave dos pecadores.

I.

Santo Agostinho nunca se considerou santo. Nascido em 354 na pequenina cidade norte-africana de Tagaste, ficou célebre por sua autobiografia – gênero em grande parte inventado por ele –, ao se retratar, mesmo no seio da mãe, como um parasita voraz. "Se os bebês são inocentes, não é por lhes faltar o desejo de fazerem o mal, mas por lhes faltarem forças." Agostinho cresceu sem aprender grego por ter sido forçado a tentar; se encantava com a *Eneida*, mas não com a aritmética; chorava por Dido, mas não por Deus. Passava tempo trapaceando em jogos e pouco se importava com a preocupação imposta aos pais. Buscou o prazer, a beleza e a verdade apenas em coisas mundanas: "Ainda muito pequeno, eu já era um grande pecador".[8]

E isso antes de, adolescente, descobrir o sexo. "Fui inflamado pelo desejo [...], rendi-me ao frenesi da luxúria [...]. Embora fosse tolo na essência, era satisfeito com minha índole." "Então conte-nos mais", sussurram furtivamente os leitores ao longo de gerações. E ele conta:

> O sexo adolescente transbordando dentro de mim fez brotarem névoas que nublaram e turvaram meu coração [...]. Juntos, o amor e a luxúria fervilharam dentro de mim [...]. Fui sacudido e atirado, debatendo-me no mar ardente de minha fornicação [...]. Certa feita, nos banhos públicos, [meu pai] viu os sinais de virilidade ativa ganhando vida em mim e [...] ficou feliz em contar à minha mãe, pois [...].

Ok, agora chega! Agostinho, despudorado, avança: devota páginas de suas *Confissões* a uma única pereira, cujos frutos – verdes, por sinal – ele e sua turma derrubaram e com eles alimentaram os porcos. "O prazer de fazer o mal por passatempo, por um pouco de diversão [...], por sentirmos vergonha de não participar quando os outros dizem: 'Venham! Vamos fazer isso!'."[9]

É a segunda mais famosa árvore frutífera na tradição judaico--cristã, e Agostinho a utiliza, nessa estranha obra – por que publicar uma confissão feita a Deus em particular?[10] –, para perguntar como uma divindade onipotente, num mundo por ela criado, permite imperfeições de qualquer espécie. Júpiter "pune o perverso com seus raios, mas ele próprio comete adultério", aponta o impertinente Agostinho. "Os dois papéis são totalmente incompatíveis."[11] Onde, porém, se encaixa o Deus do cristianismo nessa história?

A pergunta era urgente para a época de Agostinho, pois o imperador Constantino havia legalizado todas as religiões em 313 – improvável milagre, parecia, quando os cristãos haviam sofrido perseguições de Diocleciano tão pouco tempo antes. A sorte de Roma, apesar de agora terem o cristianismo como religião oficial, pouco tinha mudado: a sucessão imperial continuava um assunto imprevisível; fronteiras eram expandidas demais e defendidas de menos; "bárbaros", tão incompreendidos quanto os siberianos de Kennan, provenientes dos insondáveis domínios da Ásia, assolavam os postos avançados; e em 410 os visigodos saquearam a cidade de Roma, quando Agostinho tinha 56 anos. Duas décadas depois ele morreria cercado por vândalos (o povo germânico) no porto norte-africano de Hipona Regius, onde tinha sido bispo.[12]

Agostinho escreveu as *Confissões* logo após ser nomeado para o cargo, para o qual se considerava despreparado. Ele passara grande parte de sua juventude como maniqueísta, buscando explicar o mal no limite do poder de Deus. Tal raciocínio parecia simples demais, e sob a influência de uma mãe formidável, Mônica, e de um mentor imponente, Ambrósio, bispo de Milão, Agostinho submeteu-se a uma lenta e dolorosa conversão ao cristianismo, que descreve em estilo brilhante. A partir daí, sua única pretensão era estabelecer um mosteiro em Hipona; mas os cristãos da cidade impuseram sua ordenação como padre e posterior ascensão ao *status* episcopal.[13]

Parece uma atitude estranha – recrutar bispos para ocupar posições, como se fossem atletas profissionais –, mas refletia a desesperada busca por autoridade à medida que o poder do governo romano diminuía. Bispos não só ofereciam orientação espiritual, mas também atuavam como magistrados, agentes da lei e líderes comunitários. O treinamento teológico era menos importante que a força de vontade, a persuasão na retórica e o pragmatismo necessário para fazer as coisas funcionarem. O Agostinho maduro não só apresentava essas qualidades, como também outra, que surpreendeu seu rebanho: a capacidade de aproveitar ao máximo as oportunidades. Desse púlpito que não escolhera, na periferia do mundo romano decadente, Agostinho decidiu reconciliar fé e razão. As *Confissões* iniciaram a jornada com uma humilhação pública autoimposta, abrindo ainda mais espaço para seu trabalho subsequente.[14]

II.

A cidade de Deus, obra-prima de Agostinho, escrita ao longo de muitos anos e concluída pouco antes de sua morte, não discute as diferenças entre Terra e Paraíso, como costumam supor, mas, sim, a sobreposição de jurisdições terrestres. Numa simplificação extrema,[15] só há um Deus e só pode haver um César. Os homens devem obediência a ambos enquanto na Terra. O modo como equilibram essas lealdades determina perspectivas para a vida eterna, mas as exigências de César e os julgamentos de Deus refletem tanto circunstâncias quanto certezas. O inesperado pode não causar surpresa a Deus, e sim ao homem, e Agostinho tem a humildade de assumir sua incerteza.

O homem, portanto, deve controlar o desconhecido, pois Deus o abençoou – ou amaldiçoou – com o livre-arbítrio. Esse é o preço a pagar pelo pecado original, mas é também uma fonte de esperança: a existência humana não precisa ser privada de sentido; o homem não está à mercê de deuses caprichosos. Determinar obrigações tanto a César quanto a Deus torna-se, então, a maior das tarefas estratégicas, pois exige alinhar capacidades humanas limitadas com uma aspiração – a vida após a morte – sem limites.

Infelizmente, falta a *Cidade* a clareza de *Confissões*. É um leviatã literário indefinido, frouxo – um *Moby Dick* da teologia –, no qual ciclos e epiciclos, anjos e demônios, mitos e histórias se acotovelam sem nenhuma ordem específica. Torná-lo um manual de estratégia, sobretudo um guia para a salvação, representa uma dificuldade infernal. Parece estranho, mas em *Cidade* Agostinho melhora quando é tirado de contexto: é possível extrair tópicos de onde ele os colocou, libertá-los de classificações e digressões com as quais o autor os cercou, e aí então, em termos gerais, eles farão sentido. Seu estilo obscurece a lógica interior, sobretudo no que diz respeito à guerra e à paz.[16]

Quando foi que um cristão justificou *não* dar a outra face, mas lutar e, se necessário, matar? Quais obrigações um governante cristão pode impor, em defesa de suas normas, àqueles que governa? Como, se é que é possível, pode um Estado ser salvo sem colocar almas em perigo? Por que se preocupar, como sustenta Agostinho, se o mundo de César é corrupto e o de Deus é perfeito? E o que fez com que as respostas de Agostinho – elas próprias imperfeitas, como ele reconhece – ganhassem vulto e influenciassem o pensamento de uma "guerra justa" desde então?

III.

A genialidade de Agostinho reside no fato de se deter mais nas tensões que em suas fontes: ordem *versus* justiça, guerra *versus* paz, César *versus* Deus; ele trata as polaridades como forças gravitacionais sem tentar definir a gravidade. As escolhas do homem repousam entre as polaridades, mas nenhuma fórmula revela quais deveriam ser as escolhas. Para cada "não matarás", Agostinho aponta recomendações, em textos sagrados, de comportamentos opostos.[17] Ele questiona a intenção autoral séculos antes do pós-estruturalismo. E se sente confortável, até certo ponto, com contradições.

Isso torna seus ensinamentos procedurais, não absolutos. Embora respeite o neoplatonismo que influenciou o início do cristianismo, Agostinho mostra que a realidade nunca alcança o ideal: por mais que se aspire a ele, nunca se espera atingi-lo. Buscar, portanto, é o máximo que um homem pode fazer num mundo decadente, e o que busca depende da própria escolha. Todavia, nem todos os fins são legítimos; nem todos os meios são apropriados. Agostinho busca, portanto, guiar as escolhas respeitando-as por meio do apelo à razão – até ao senso comum, pode-se dizer.

Tome, por exemplo, a questão em que explica a necessidade de Estados. Se Deus é todo-poderoso, quem precisa de Césares? Sem Césares, responde Agostinho, não haveria cristãos, e essa não pode ser a vontade de Deus. Pois ser cristão é escolher, por livre e espontânea vontade, seguir Cristo; mas poucos saberiam dessa escolha, caso todos os cristãos tivessem sido jogados aos leões. Césares raras vezes agiram assim, no entanto: durante três séculos – da morte de Jesus à de Constantino – o Império Romano foi, a despeito de intervalos repressivos, um espaço surpreendentemente hospitaleiro para a nova religião.[18] Uma das razões pelas quais Agostinho e seus companheiros cristãos de certo modo temeram o "declínio" de Roma nos séculos IV e V.

Estabeleceu-se, então, que a ordem deve preceder a justiça, pois direitos podem existir mesmo sob terror constante.[19] Uma fé pacífica – a única fonte de justiça para os cristãos – não pode florescer sem proteção, seja por meio da tolerância, como na Roma pré-Constantino, seja por édito formal, como depois.[20] A Cidade de Deus é uma estrutura frágil dentro da pecaminosa Cidade dos Homens.

É isso que leva os cristãos a conferir autoridade a pecadores selecionados – chamamos a isso "política" –, e Agostinho, não obstante toda a devoção, é um filósofo *político*. Assim como se tornou, quando do declínio da autoridade de Roma, um bispo autoritário, disposto a abraçar demônios menores (ou, como ele define, "crueldade benevolente")[21] de modo a se precaver dos maiores.[22] Os alvos de Agostinho eram aberrações da ortodoxia que ele atacava, com fervor quase leninista, como se a única maneira de promover a fé fosse purgá-la de todas as suas nuances. Sua mente era maior que suas perseguições, entretanto: as implicações de seu raciocínio eram mais arrebatadoras, mais duradouras e, em última análise, mais humanas.

Agostinho concluiu que a guerra, se necessária para salvar o Estado, seria um mal menor que a paz – *e que os pré-requisitos de conduta levando em conta a necessidade dela podiam ser estabelecidos.*

Teria por acaso ocorrido uma provocação? Teria a autoridade competente esgotado as alternativas pacíficas? Seria o recurso à violência um meio escolhido, não um fim em si mesmo? Seria o uso da força proporcional a seus propósitos, de forma a não destruir o que deveria defender? Seriam essas decisões humanas – pois Agostinho nunca duvidou de que o fossem – capazes de antecipar algum propósito divino, de modo a possibilitar a coexistência das cidades de Deus e dos Homens sem romper um mundo imperfeito?

IV.

Existiam, é claro, precedentes para questionar a sabedoria da guerra: Artabano da Pérsia, Arquídamo e Nícias assim o fizeram, embora sem sucesso, e os amaldiçoados diálogos melianos de Tucídides haviam salientado as eternas apreensões a respeito da condução de guerras uma vez iniciadas. Ninguém antes de Agostinho, no entanto, havia estabelecido padrões a ser seguidos por Estados ao escolher a guerra. Isso podia ser feito apenas dentro de um monoteísmo inclusivo, pois somente um Deus que reivindicasse autoridade universal podia julgar as almas dos governantes terrenos. E apenas Agostinho, em sua era, falou com tanta autoconfiança pela voz divina: o servil autor das *Confissões* tinha percorrido um longo caminho.

Agostinho estabeleceu seus padrões como um *checklist*, não como uma lista de mandamentos. Ele sabia quantas vezes profetas haviam vociferado proibições para depois revogá-las de acordo com suas necessidades ou com novas instruções do Altíssimo.[23] Em vez do discurso rígido usado para erradicar heréticos, Agostinho preferiu a persuasão em assuntos de guerra e paz: "Já pensou nisso?" ou "Não faria mais sentido agir assim?". Nesse domínio, ele não viu a necessidade de ameaças, o que angariou seguidores para ele ao longo do tempo.[24]

Checklists são mais adaptáveis a mudanças que uma lista de mandamentos. Marinheiros confiam nelas antes de se lançar ao mar. Soldados as utilizam ao planejar missões. Cirurgiões sempre as usam para ver se têm à mão todos os instrumentos necessários. Pilotos as verificam para garantir decolagem segura e aterrisagem tranquila – de preferência, no aeroporto desejado. Pais precavidos de crianças pequenas sempre conferem *checklists* antes de sair de casa com os filhos. A ideia de uma lista como essa é reduzir, o máximo possível, a probabilidade de imprevistos.

A grande incerteza de Agostinho era a situação das almas na Cidade dos Homens, pois apenas os merecedores podiam almejar entrar na Cidade de Deus. As divindades pré-cristãs raramente faziam tal distinção: a vida após a morte do pagão era igualmente implacável para heróis, canalhas e todos os demais.[25] O mesmo, contudo, não ocorria com o Deus cristão: o comportamento ao longo da vida representaria uma enorme diferença na morte. Era essencial, então, enfrentar guerras obedecendo a algumas regras: o risco pós-morte era muito alto.

V.

Havia problemas, entretanto, com as *checklists* de Agostinho. Se a necessidade de enfrentar conflitos obedecendo a certas regras era tão grande, qual seria o motivo de guardar a sete chaves o que tinha escrito a respeito? Por que se passaram séculos até outros – Tomás de Aquino, Flávio Graciano, Hugo Grócio, Lutero, Calvino, Locke, Kant – localizarem, escavarem, codificarem as observações de Agostinho e as aplicarem ao campo da política?[26] Como ele esperava salvar Estados ou almas escondendo as instruções para tal? A clareza de Agostinho havia ficado evidente nas *Confissões*, bem como em milhares de sermões pronunciados na qualidade de bispo, dos quais ainda guardamos vários exemplos.[27] Talvez aí, porém, estivesse a dificuldade.

Durante a última metade de sua carreira, Agostinho vivia sobrecarregado de responsabilidades episcopais. Assim, recorria a escribas, que usavam a estenografia para registrar suas ideias.[28] Isso acabou por dar o tom pesado de *A cidade de Deus*; afinal, quem dispunha de tempo para revisar, organizar e tornar legíveis todas as anotações? Os pronunciamentos de Agostinho, como as fitas de Nixon, soterraram seu autor. Então, embora as *checklists* de Agostinho fossem capazes de influenciar o pensamento a respeito da guerra por centenas de anos – alguns pensadores têm tempo de sobra para escarafunchar textos obscuros –, é pouco provável que suas teorias tivessem utilidade prática na condução de guerras vindouras.[29]

Talvez haja, contudo, outra questão que mesmo a clareza mais proficiente poderia não resolver. É que Agostinho nunca foi monoteísta de coração.[30] Ele adorava a Razão tanto quanto adorava a Deus, mas nunca mostrou Deus mais imbuído de Razão que Júpiter: "Os dois papéis são totalmente incompatíveis". E é aí que Agostinho se incomodava com as contradições.

Para começo de conversa, qual era o motivo das guerras? Elas refletem, é claro, a pecaminosidade do homem, resultante do pecado original. Porém, como Deus é todo-poderoso, as guerras também devem estar em concordância com o desejo Dele – embora Agostinho defenda que as ações de Deus manifestam, de forma consistente, Seu amor pelo homem. Então os homens devem, de alguma forma, se beneficiar da guerra: talvez sendo punidos para o seu próprio bem ou, se mortos, transportados para um mundo melhor. Como, no entanto, podem algumas guerras ser justas e outras não? Por que obedecer a certos padrões? Eles iluminam o caminho, sugere Agostinho, pelo qual o indivíduo virtuoso da Cidade dos Homens pode chegar à Cidade de Deus, deixando para trás o pecador.

O que diferencia, entretanto, essas qualidades? Não o pacifismo, pois Agostinho considera o serviço militar necessário para manter o Estado, sem o qual o cristianismo não sobreviveria. O serviço militar também não é opcional: os soldados cristãos devem obedecer às ordens, insiste, e só lhes cabe esperar que estas satisfaçam os padrões da justiça. E só Deus pode determinar se elas refletem ou não as circunstâncias. Assim, mesmo guerras injustas, caso enfrentadas em nome de Cristo, podem se tornar justas.[31] Agostinho podia estar ao lado dos atenienses em Melos. Ele é a versão teológica do dr. Pangloss,[32] vendo o melhor possível na pior das situações.

Ou, pelo menos, é o que parece. Porém, talvez se chegue a um acordo: é possível adotar as listas de Agostinho e, ao mesmo tempo, encontrar espaço para manobra. Você pode mudar sua posição ao escolher a ordem ou a justiça, a paz ou a guerra, César ou Deus. E assim alinha aspirações e capacidades, pois, segundo o pensamento de Agostinho, justiça, paz e Deus se encaixam na primeira categoria, enquanto ordem, guerra e César pertencem à segunda.

O alinhamento, por sua vez, implica interdependência entre os elementos. A justiça é inatingível na ausência de ordem; a paz pode exigir o acontecimento de batalhas; César pode ser aplacado – talvez até, como Constantino, convertido – se o homem houver de alcançar a graça de Deus. Cada capacidade corresponde a uma aspiração, assim como as práticas de Sun Tzu adestram seus princípios; mas qual é a natureza do treinamento? Eu acredito ser a *proporcionalidade:* os meios devem ser adequados (ou, pelo menos, não prejudiciais) ao fim almejado. Esta, então, é a inclinação de Agostinho: uma lógica estratégica que transcenda tempo, lugar, cultura, circunstância e as diferenças entre santos e pecadores.

VI.

Faz tempo se supõe que Maquiavel esteja no inferno – e, pior, satisfeito.[33] Essa possibilidade não teria ocorrido a Agostinho ou a muitos – diria até a nenhum – de seus contemporâneos. Hipona, terra de Santo Agostinho, e Florença, onde Nicolau Maquiavel nasceu, em 1469, e passou a maior parte da vida, não ficavam tão distantes em termos geográficos: ambas tinham sido periferias de um vasto Império Romano. No fim do século XV, entretanto, a situação de Roma tinha passado por grandes transformações. Seus imperadores haviam se tornado papas que governavam impérios muitíssimo diferentes: uma Cidade dos Homens bastante mundana, confinada aos Estados papais da Itália central, e a Igreja Católica Romana, supostamente uma Cidade de Deus universal, em difícil coexistência com soberanias seculares espalhadas pela Europa central e ocidental – algumas das quais começavam a estender seus domínios ao sul e ao sudeste da Ásia e a terras recém-descobertas que logo seriam conhecidas como América.

De seu escritório no alto da *piazza della* Signoria em Florença, o jovem Maquiavel, funcionário em ascensão no governo da cidade-Estado, podia ter assistido às comemorações em homenagem a Américo Vespúcio: os Vespúcio eram florentinos, e ele conhecia a família. A primeira frase da obra *Discursos sobre a primeira década de Tito Lívio*, iniciada por Maquiavel em 1515, depois de cair em desgraça, revela ter achado "tão perigoso encontrar novos meios e métodos quanto partir em busca de novos mares e terras desconhecidas". Não em consequência da ira de Deus, mas da inveja dos homens. Agostinho preocupava-se com ambas. Maquiavel, havia pouco aprisionado e torturado, amedrontava-se mais com os homens que com Deus.[34]

Não que não acreditasse em Deus ou Lhe desrespeitasse. Seus escritos com frequência se referem a Ele, como era comum em sua cultura de origem. Porém, os deuses dos antigos e o Deus cristão, sugere com malícia, podiam ser o mesmo. Raras vezes assiste à missa, o que desperta comentários – e até mesmo brincadeiras – dos amigos. E Maquiavel nunca se aventura a tentar explicar Deus ou ser seu porta-voz, como fez Agostinho. Salvo por uma simples e significativa frase em *O príncipe*, o livro que supostamente mandou Maquiavel para o inferno: "Deus não quer decidir tudo".[35]

Difícil entender o motivo de essa afirmativa ter gerado tantas controvérsias, pois Maquiavel tomou o cuidado de acrescentar: "Para que nosso livre-arbítrio não se anule e parte de nossa glória dependa de nós". O livre-arbítrio, contudo, não foi ideia de Deus? Não devia conduzir à redenção, gloriosa para quem a alcançasse? Perguntas como essas, no pensamento de Agostinho, se chocaram contra sua crença na onipotência de Deus: como poderia existir liberdade num mundo predeterminado? Incomodado com esses opostos, ele tentou, sem sucesso, em escala épica, reconciliá-los.[36] Maquiavel, ao contrário, é mais descontraído. Se Deus falou em livre-arbítrio, então devia ser sério. Não seria arrogância tentar restringi-Lo aos limites da razão? Não seria libertador, para um homem, não se colocar à prova?

Daí você pode chegar à conclusão, acompanhando o raciocínio de Isaiah Berlin de que Agostinho era um porco-espinho e Maquiavel, uma raposa. Pode reconhecer, incentivado por F. Scott Fitzgerald, que Maquiavel tinha uma inteligência de primeira grandeza – mantinha ideias opostas funcionando na mente –, ao passo que Agostinho, apesar de toda a dedicação, ficou aquém disso. Nenhuma das visões parece implausível. Uma distinção mais reveladora, porém, pode residir nos temperamentos: ao contrário de Milan Kundera,[37] Maquiavel achava "a leveza do ser" sustentável. Para Agostinho – talvez por ter ficado traumatizado com o episódio da pereira, na juventude –, ela era insustentável.

VII.

O que é, afinal, a "leveza do ser"? Meus alunos diriam que é aprender a não "suar" de nervosismo, e Maquiavel usa esse exato verbo em seu texto:

> Muitos foram e são de opinião de que as coisas do mundo são governadas pela fortuna e por Deus, de tal modo que os homens não podem corrigi-las com sua sensatez, ou melhor, que elas não têm remédio; e por isso poderiam julgar que não vale a pena suar tanto sobre as coisas e melhor seria se deixar levar pela sorte [...]. Às vezes, pensando nisso, eu mesmo, em parte, me inclinei a essa opinião.

No fim, contudo, ele muda um pouco de rumo: "Julgo que pode ser verdade que a fortuna decide sobre metade de nossas ações, mas também deixa a outra metade, ou quase, a nosso governo". Seria como 50% sorte, 50% homem – mas 0% Deus. O homem sozinho vive precariamente.[38]

A partir da experiência da cidade de Florença com o Arno, Maquiavel sabe que, quando transbordam, os rios podem causar grande devastação. Se os homens forem prevenidos, podem reduzir o perigo construindo diques e barragens,[39] afinal, não é Deus que cuida da hidráulica por aqui. Os Estados, sugere Maquiavel, operam de forma parecida. Se governados erroneamente, a cobiça dos homens logo irá sobrepujá-los, quer por uma rebelião interna, quer por uma guerra externa. Se governados com *virtù* – seu termo intraduzível para ação sem oração[40] –, entretanto, Estados podem delimitar, embora não controlar por completo, as obras do destino ou da sorte.

Os dons necessários são a imitação, a adaptação e a avaliação. Maquiavel glorifica o estudo da história,

> pois, avançando os homens sempre por caminhos conhecidos e procedendo em suas ações por imitação [...], um homem prudente deve sempre seguir os caminhos trilhados por homens ilustres e imitar os que foram exemplos excelentíssimos, e, caso sua própria virtude não seja bastante para igualá-los, ao menos possua o seu odor.

Nisso reside a adaptação: o "odor" de Maquiavel é a distinção de Tucídides entre reflexo e semelhança aguçada pela passagem do tempo. E a avaliação? "Arqueiros prudentes", assinala Maquiavel, "cientes da potência de seus arcos, miram bem mais alto que o local almejado não para alcançar tal altura com suas flechas, mas para serem capazes de, com o auxílio de tão alta mira, atingir seus alvos".[41] Pois sempre haverá desvio – decerto da gravidade, talvez do vento, sabe-se lá do que mais. E o alvo em si, é provável, estará em movimento.

Verdades eternas pouco têm a ver com qualquer uma dessas coisas, além da garantia de que as circunstâncias mudarão. Maquiavel sabe, assim como Agostinho, que o que faz sentido em determinada situação pode não fazer em outra. No entanto, discordam, pois Maquiavel, achando que iria para o inferno, não tenta solucionar tais disparidades. Agostinho, na esperança de ir para o Paraíso, sente-se pessoalmente responsável por elas. A despeito de suas aflições, Maquiavel recorre ao senso de humor.[42] A despeito de seus privilégios, Agostinho carrega o trágico fardo da culpa. Maquiavel "sua", mas não o tempo todo. Já Agostinho nunca para de suar.

Então, "leveza do ser" seria a habilidade, senão de encontrar coisas positivas nas ruins, ao menos de permanecer flutuando entre elas, talvez para atravessá-las a nado ou navegando, possivelmente até tomando cuidado para se manter seco. Não é procurar lógica nos infortúnios nem mostrar que foi melhor assim por eles refletirem a vontade de Deus. Esse assunto é para o porco-espinho Agostinho, o tedioso Pangloss de sua época.

VIII.

A despeito dessas diferenças, Agostinho e Maquiavel concordam que guerras devem ser enfrentadas – e, sem dúvida, Estados devem ser governados – por meio de condutas pré-especificadas. Ambos reconhecem que aspirações não são capacidades; eles preferem conectá-las por meio de *checklists*, não por mandamentos.[43] Porém, enquanto Agostinho, empregado, podia passar anos explicando a racionalidade divina, Maquiavel, desempregado, procurava um trabalho. Ou seja: precisava ser claro, conciso e humilde.

Ele escreveu *O príncipe* logo após ter saído da prisão, em 1513, os ombros ainda doloridos de ter ficado pendurado – pelo menos seis vezes – em uma corda amarrada a seus pulsos nas costas, um dos "perigos e aflições" aos quais Maquiavel se referiu em sua carta a Lourenço de Médici, ainda que em cartas a amigos ironizasse sua tortura.[44] Assobiar no escuro era uma especialidade de Maquiavel.

Lourenço provavelmente jamais leu *O príncipe*[45] – sua mente não era uma das mais brilhantes da época –, tampouco lhe serviria de alguma coisa a leitura, pois morreu em 1519. O próprio Maquiavel faleceu em 1527, cinco anos antes da publicação de *O príncipe*, em 1532. Desde então, o volume se tornou ecumenicamente notório: dizem ter justificado tanto a Reforma Protestante quanto a Contrarreforma Católica. Fez parte da primeira lista de obras proibidas pela Igreja católica, em 1559. O livro provocou o desprezo de Shakespeare, mas a simpatia de John Locke e dos Pais Fundadores dos Estados Unidos. *O príncipe* criou, para o bem e para o mal, a disciplina contemporânea da ciência política. E obriga meus alunos a varar madrugadas: "É *isso* que eu vou fazer depois da formatura?".[46] Se Agostinho já era um grande pecador mesmo quando era um menino tão pequeno, *O príncipe* é um grande choque, ainda hoje, para um livro tão pequeno.

IX.

Sua cena mais memorável acontece certa manhã, em 1502, na *piazza* de Cesena. Ali o corpo do governador local, Remirro de Orco, é encontrado cortado em dois pedaços, com um cutelo ensanguentado e um bloco de madeira entre eles. "A ferocidade do espetáculo deixou o povo a um só tempo satisfeito e estupefato", lembra Maquiavel. César Bórgia havia nomeado Remirro governador da Romanha, com instruções para pacificar a província rebelde. Ele cumpriu as ordens, mas por meios tão brutais que jamais pôde contar com a lealdade do povo. Bórgia, em resposta, não apenas demitiu seu subordinado, como o desmembrou e exibiu os pedaços do corpo. O choque e o assombro atingiram seu propósito: à custa de apenas uma vida foram salvas várias outras, que seriam perdidas se uma nova revolta eclodisse. "Eu não encontraria motivos para censurá-lo", conclui Maquiavel a respeito de Bórgia.[47]

É fácil imaginar que Agostinho teria criado objeções: se nenhum pai tivesse punido um filho, ele pergunta, "quem de nós não teria se tornado um adulto insuportável?".[48] Tamanha "crueldade benevolente" busca um bem maior. O ato pode ser violento – como foi para Remirro e poderia ser para uma criança que apanha do pai –, mas não é, ou não deveria ser, indiscriminado. O princípio, tanto para Agostinho como para Maquiavel, reflete o senso comum: se for preciso usar a força, não destrua o que está tentando preservar.[49]

Havia, assim, uma horripilante proporcionalidade no fato de Bórgia expor partes desmembradas – já que elas pertenciam a um só corpo –, e a ideia reaparece em outro trecho de *O príncipe*. Maquiavel elogia os governantes que usaram a violência como meio para atingir um fim – os exemplos incluem Moisés, Ciro, Rômulo e Teseu –, mas despreza Agátocles da Sicília, cujo amor pela violência era tamanho que a tornou um fim em si mesmo. "Não se pode chamar de virtude o extermínio dos concidadãos, a traição dos amigos, não ter fé, piedade nem religião; esses meios podem permitir conquistar o império, mas não a glória."[50]

A "glória maior", nos lembra Agostinho, é "impedir a guerra em si com palavras, não com espadas". Maquiavel, entretanto, assinala que isso é quase impossível, pois "o homem que quiser professar a bondade em todos os aspectos terminará arruinado entre tantos que não são bons". De fato é assim, Agostinho admite; motivo pelo qual homens bons devem buscar a paz derramando sangue. O maior privilégio, contudo, é prevenir "essa calamidade que outros têm a necessidade de produzir". Maquiavel concorda, mas observa que um príncipe tem tão poucas vezes esse privilégio que, caso queira permanecer no poder, deve "aprender a não ser bom" e a se valer ou não dessa proficiência "de acordo com a necessidade".[51] Como condiz com a queda do homem, Agostinho suspira. Como convém ao homem, Maquiavel simplifica. "Não sue. Siga em frente."

Ambos, tanto o santo quanto o pecador, consideram a proporcionalidade um caminho. Para Agostinho, mostra governantes, embora mergulhados na iniquidade a que podem ter descido na Cidade dos Homens, entrando na Cidade de Deus. Maquiavel não imagina comunidades "que nunca tenham sido vistas ou conhecidas",[52] mas busca a *virtù*, dela se utilizando para fazer o que é exigido de acordo com a necessidade, mas não à sua mercê em todos os aspectos. E é nesse ponto que se mostra mais original e mais corajoso.

Como o melhor tradutor de Maquiavel disse: "A justiça não é mais sensata que a prudência de uma pessoa que lhe diz o que obter para si próprio ou ao que se submeter, porque *o homem não pode permitir, em nenhum sentido, justiça que transcenda sua própria preservação*".[53] O astuto florentino poderia ter apreciado, por suas qualidades literárias, *Um conto de duas cidades*, de Charles Dickens. Mas teria achado Sydney Carton, o herói do romance, negligente ao extremo em se submeter tão galante, no fim, ao som do tricotar, à própria execução na guilhotina.[54]

X.

Estados não podem arcar com tamanha irresponsabilidade, motivo pelo qual exigem estratégias – estas não podem depender, insiste Maquiavel, de discernir a vontade de Deus: seria "presunçoso e temerário".[55] O homem deve governar a si próprio, mas para isso precisa de príncipes, e príncipes precisam de conselheiros. O conselheiro não pode dizer ao príncipe como agir, mas pode sugerir o que o príncipe deveria saber. Para Maquiavel, isso significa buscar padrões – ao longo do tempo, espaço e *status* – enquanto mudam as perspectivas.

> Assim como os que desenham paisagens se põem num nível mais baixo a fim de discernir a natureza das montanhas [...] e para considerar a natureza dos locais baixos se põem no topo das montanhas, do mesmo modo, para bem conhecer a natureza dos povos, é preciso ser príncipe e, para bem conhecer a natureza dos príncipes, é preciso pertencer ao povo.[56]

Segundo a ótica de Maquiavel, esboços costumam implicar complexidades. Eles não são a realidade nem mesmo representações completas da realidade, mas podem transmitir informações essenciais (apesar de incompletas) em curto espaço de tempo. Portanto, realçam – embora nunca substituam – o bom julgamento. Como as *checklists* de Agostinho, apontam as direções para as quais um príncipe deve se inclinar, se curvar ou se voltar, enquanto equilibra opostos. Esboços podem mostrar como práticas e princípios se conectaram no passado, já conhecido, para que sirvam de modelo ao futuro desconhecido.

Você pode conquistar um país, argumenta Maquiavel, "arruinando" seu regime e "eliminando" a "linhagem" da família governante. Pode se mudar para lá e governá-lo. Ou pode deixar o povo "viver segundo as próprias leis, auferindo tributos e criando um governo oligárquico que lhe garanta a fidelidade". Isso faz mais sentido, pois "uma cidade acostumada a ser livre pode ser mais facilmente dominada por meio de seus cidadãos que por qualquer outro meio, caso se queira preservá-la".[57]

Maquiavel não privilegia a democracia em sentido moderno, mas se afasta da brutalidade e se aproxima do consenso. Os "grandes", assinala – referindo-se à nobreza –, sempre desejarão oprimir o povo, e o povo não vai querer ser oprimido. Então, onde, dentro dessas polaridades, deve ficar o príncipe? A resposta de Maquiavel é simples, até quantificável: "Um príncipe jamais pode se manter no poder se tiver contra ele um povo hostil, pois são muitos; mas o mesmo não ocorre se tiver os grandes contra ele, pois são poucos".[58]

Isso não significa cortejar a popularidade; no geral, é "mais seguro ser temido que amado", pois o amor "é mantido graças a vínculos de comprometimentos, mas, como os homens são maus, à primeira oportunidade tratam de rompê-los [...]; o medo, no entanto, é mantido pelo temor à punição, que nunca esmorece". Crueldades, entretanto, devem ser cometidas de uma só vez – daí a lógica do impacto e do assombro –, enquanto benefícios devem ser distribuídos aos poucos "para ser melhor saboreados". Por isso um príncipe deve aprender quando não ser bom: *timing* é tudo.[59]

Maquiavel adota uma moralidade utilitária: você adapta ações a objetivos não para avançar de uma cidade nebulosa a outra, mas por já ter sido comprovado o que funciona e o que não funciona.[60] Se Agostinho é, em segredo, politeísta, executando malabarismos a duras penas com as incompatibilidades entre Deus e a Razão, Maquiavel expõe o próprio monoteísmo buscando, acima de tudo, minimizar a desordem. Se louva a duplicidade, é por sua eficiência: de que outra maneira é possível conciliar contradições em sua mente ou em sua conduta? Maquiavel é sempre honesto, mas nem sempre diplomático. Ele é, escreveu um de seus biógrafos, "o menos maquiavélico dos homens".[61]

XI.

O que é, contudo, o objetivo? Acredito ser a visão de justiça de Agostinho, da qual deve proceder a ordem. Apenas um Estado pode proporcionar estabilidade, mas Agostinho só se reporta a seu Deus. Maquiavel não é ateu, mas seu Deus não governa Estados. Que a Igreja Católica Romana ainda tenha um Estado – embora bem mais reduzido que o dos imperadores romanos cristãos – é motivo de interesse e até divertimento para o escritor. Decerto ele culpa a Igreja por manter a Itália dividida, ao passo que, em outros lugares, Estados são organizados não por cidades ou regiões, mas por culturas, línguas e civilizações emergentes.[62]

Quem, então, irá supervisioná-los? Eles mesmos equilibrarão o poder, responde Maquiavel. Em primeiro lugar, haverá um equilíbrio *entre* Estados, à diferença das antigas tradições romano-católicas de universalidade. Maquiavel antecipa a habilidade política de Richelieu, Metternich, Bismarck, do segundo Kennan e de Henry Kissinger. Formalmente sacralizada no Tratado de Vestfália de 1648, tal habilidade atribuiu pouco significado à configuração interna dos Estados: o que importava era sua conduta internacional.[63]

Contudo, Maquiavel compreende o equilíbrio em sentido mais sutil, revelado mais explicitamente em *Discursos sobre a primeira década de Tito Lívio* que em *O príncipe*:

> Apenas nas repúblicas o bem comum é considerado adequadamente, na medida em que tudo o que promove é cumprido; e por mais que essa ou aquela pessoa possam ser prejudicadas, há tantos que se beneficiam que o bem comum pode ser realizado a despeito dos poucos que sofrem em consequência disso.[64]

Essa ideia de um equilíbrio interno no qual a competição fortalece a comunidade não voltaria a aparecer até Adam Smith desvelar a "mão invisível" em *A riqueza das nações* (1776); até os Pais Fundadores dos Estados Unidos traçarem e, em *O federalista*, justificarem o sistema de freios e contrapesos constitucional (1787-1788); e até Immanuel Kant unir repúblicas mesmo distantes em *À paz perpétua* (1795). Disso tudo emergiria a concepção, no século XXI, de um sistema internacional consistindo em ordem *bem como* em justiça,[65] ainda que Agostinho tivesse previsto isso muito antes.

Não pretendo alegar que Agostinho influenciou Maquiavel, que influenciou Vestfália, que, por sua vez, influenciou Woodrow Wilson. A história não exige heranças diretas. No entanto, esses 1.600 anos de busca pela justiça (uma aspiração) por meio da ordem (uma capacidade) sugerem a existência de um padrão – Tucídides provavelmente o consideraria um *déjà-vu*.

Os aperfeiçoamentos disso, caso estudados com profundidade e apresentados de forma sucinta, poderiam preparar Estados para o futuro. Maquiavel foi quem mais se aproximou desse modelo. Parafraseando Pangloss, *O príncipe* é a melhor de todas as sínteses políticas.

XII.

Os primeiros siberianos de Kennan, o virtuoso Agostinho e o pecaminoso Maquiavel inventaram estratégias de sobrevivência: os siberianos para escapar de nevascas, terremotos, enfermidades e auroras boreais no céu noturno; o santo para se proteger do caos na Terra e das labaredas no inferno; o pecador para se esquivar de governantes incompetentes e de Estados agonizantes sob o controle deles. Os siberianos sacrificavam animais para satisfazer seus deuses. O santo buscou a razão num único deus. O pecador se virou sem deuses – e sem Deus. Os siberianos sacrificavam animais para agradar aos deuses. Agostinho mapeou cidades imaginárias num portentoso livro. Maquiavel preparou um resumo para um príncipe que prestou pouca atenção a seus ensinamentos – ao contrário do público posterior do escritor florentino.

Todos recomendavam uma série de procedimentos: "Faça isto, agora faça aquilo". Todos relacionaram o passado ao futuro: "Isto funcionou antes, vale a pena tentar de novo". Todos fizeram uso de *checklists*: "Antes de agir, certifique-se do que tem em mente e veja se tem tudo de que precisa". Você não pode e não deve fazer tudo o que é recomendado, por isso é preciso filtrar: "Isso é o que podemos bancar" ou "isso é o certo". Você adapta aspirações a capacidades. Ainda que opostas – as primeiras, isentas de limites, as segundas, limitadas –, ambas precisam estar conectadas. E isso só ocorre quando você mantém aspirações e capacidades em mente ao mesmo tempo.

Essa não é uma tarefa fácil. Agostinho não teve sucesso em demonstrar como a onipotência de Deus podia coexistir com a liberdade do homem. Maquiavel solucionou esse problema – Deus não queria cuidar de tudo –, mas criou outro ao deixar Deus com pouco a fazer. Tais fios continuaram constrangedoramente soltos até 1953, quando Isaiah Berlin deu uma palestra.[66] Ele a intitulou "A originalidade de Maquiavel," mas o ensaio tratou de reconstruir as cidades de Agostinho, sem sequer as mencionar.

Como – indagou Berlin – Maquiavel havia aborrecido tantas pessoas ao longo de tantos anos? Apenas os elisabetanos condenaram sua publicação umas quatrocentas vezes[67] (uma longa tradição seguida por meus alunos insones). Realmente faltava tato a Maquiavel, que, em *O príncipe*, disparara à queima-roupa que não iria "ornamentar" sua prosa.[68] Ele alimentava poucas ilusões; no entanto, foi Hobbes quem classificou a vida de "solitária, miserável, sórdida, brutal e curta".[69] Maquiavel tampouco disfarçou realidades desagradáveis. E foi Agostinho quem afirmou que bebês só não eram maus por "falta de força".[70]

A grande transgressão de Maquiavel, concluiu Berlin, foi confirmar o que todos sabiam, mas ninguém admitiria: ideais "não podem ser alcançados". A habilidade política, portanto, jamais pode equilibrar realismo e idealismo; só existem realismos conflitantes. Ao governar, não há disputa entre política e moralidade; só há política. E nenhum Estado respeita o ensinamento cristão de salvar almas. As incompatibilidades são irreconciliáveis. Negar isso é, segundo as palavras de Berlin, mas na mente de Maquiavel, "vacilar, fracassar por indecisão e acabar em fraqueza e malogro".[71]

Como agir, então? Ajudou o fato de Maquiavel e Berlin disporem da leveza do ser, pois deram a mesma resposta: não sue, não se preocupe. Aprenda a viver com as contradições. Maquiavel não demonstra "qualquer sinal de agonia", assinala Berlin; ele tampouco:

"eremitas" sempre podem "praticar suas virtudes no deserto", enquanto "mártires só receberão recompensa após a morte". Maquiavel "está interessado em assuntos públicos: segurança, independência, sucesso, glória, força, vigor, felicidade terrena, não no paraíso; no presente e no futuro, bem como no passado; no mundo real, não no imaginário".[72]

Assim sendo, a Cidade de Deus de Agostinho deixou de existir sobre a Terra – com exceção de mosteiros isolados onde vivem alguns monges. A Cidade dos Homens, a sobrevivente, não apresenta um único caminho para a salvação. "A crença de que a solução correta, objetivamente válida, para a questão de como os homens devem viver pode, em princípio, ser descoberta é ela própria em princípio falsa", sustenta Berlin. Assim Maquiavel arrebenta a rocha "sobre as quais as crenças e as existências do Ocidente foram fundadas". Foi ele "quem acendeu o estopim fatal".[73]

XIII.

No entanto, fatal a quê? A fé em soluções únicas, demonstra Berlin, levou "tanto católicos como protestantes, tanto conservadores como comunistas, a defender absurdos capazes de congelar o sangue de homens comuns".[74] O sangue de Maquiavel corria mais frio que o normal: ele glorificou César Bórgia, por exemplo; e, não bastasse ter sido vítima de tortura, recusou-se a condená-la (Agostinho, nunca torturado, declarou opinião similar).[75] Maquiavel, entretanto, foi cuidadoso ao ponderar tais absurdos apenas quando eles serviram para evitar horrores ainda maiores: revolução violenta, derrota na guerra, mergulho na anarquia, assassinato em massa ou o que hoje chamaríamos de "genocídio".

Berlin enxerga nisso uma "economia da violência", expressão que para ele significa conservar o "recurso da força sempre em segundo plano para manter as coisas funcionando de tal forma que as *virtudes* admiradas por Maquiavel e pelos pensadores clássicos a quem ele recorre possam ser protegidas e lhes seja permitido florescer".[76]

Não por acaso, Berlin usa o plural. Afinal, aproxima-se mais que o singular, em inglês, à *virtù* de Maquiavel, não implicando um único padrão pelo qual os homens devam viver.

"Os homens podem buscar muitos fins diferentes e, ainda assim, todos absolutamente racionais, capazes de compreender [...] e proporcionar luz uns aos outros", insiste Berlin. Caso contrário, as civilizações existiriam dentro de "bolhas impenetráveis", incompreensíveis para todos os de fora. "A intercomunicação entre culturas no tempo e no espaço só é possível porque o que torna humanos os homens é comum a eles e funciona como ponte entre eles. Nossos valores, porém, são nossos, e os deles, deles."

Aí se assentam, então, as raízes da tolerância, "historicamente o produto da compreensão da irreconciliabilidade entre fés igualmente dogmáticas e a improbabilidade prática da total vitória de uma sobre a outra". Como num instrumento de tortura, isso significa um doloroso estiramento entre o que a vida pública exige e o que a vida privada permite: apenas monges em seus retiros estão acima da política.

Talvez existam outros mundos nos quais todos os princípios sejam harmonizados, mas "vivemos na Terra e aqui devemos acreditar e agir".[77] Ao abalar certezas, Maquiavel demonstrou como isso pode se dar. "O dilema jamais concedeu paz desde seu surgimento", conclui com sutileza Berlin, "mas aprendemos a viver com ele".[78]

5

PRÍNCIPES COMO PIVÔS

No dicionário, a definição de "pivô" é "eixo fixado numa peça e encaixado no oco de outra, tornando-as articuladas e permitindo que se fechem, se abram, se sobreponham, girem, baixem ou levantem".*[1] Há muito tempo Agostinho e Maquiavel são considerados pivôs da história do pensamento "ocidental", pois cada um, com efeitos duradouros, alterou relações de longa data entre almas e Estados. O que ambos achariam surpreendente é o fato de terem eclipsado, com sua proeminência póstuma, os príncipes a quem serviram.

O anonimato, durante a vida de Maquiavel e Agostinho, era impensável. Os mais humildes súditos ouviam falar deles. Os imponentes lordes tremiam em suas presenças. A saúde, a estabilidade mental e as proezas reprodutivas dos príncipes podiam motivar a ascensão de crenças e o declínio de nações: eles eram as celebridades internacionais da época. Por séculos, as sociedades giravam como pivôs ao redor deles,[2] ainda que não da mesma maneira.

Em algum lugar da Inglaterra, em algum ponto no fim do século XVI, um jovem nobre chega atrasado a um banquete. Ainda

---
* Definição retirada do Dicionário Houaiss da Língua Portuguesa. (N. E.)

ofegante da corrida, ajoelha-se diante da convidada de honra, inclina a cabeça, envergonhado, e lhe oferece uma tigela com água de rosas.

> Tal era sua timidez que ele não viu nada além de sua mão com anéis, mas foi o bastante. Era uma extraordinária mão: fina com dedos compridos sempre curvos, como se ao redor de um orbe ou cetro; mão nervosa, retorcida, doentia; mão autoritária; mão que bastava se erguer para uma cabeça tombar; mão, pensou, unida a um corpo velho cheirando a armário de cânfora onde peles são guardadas; corpo ainda enfeitado com toda a espécie de brocados e joias e mantido empertigado, apesar da dor ciática; e que nunca sucumbia, embora atado por mil temores; e os olhos da rainha eram amarelo-claros.

Pois ela é Elizabeth R., como se autointitulava, e, embora a ocasião seja fictícia – o jovem permanecerá juvenil, devido talvez a uma inesperada transformação de gênero, até o século XX –, essa passagem de *Orlando*, romance biográfico de Virginia Woolf, nos aproxima o máximo possível da grande rainha idosa.[3]

Enquanto isso, na Espanha, um rei morto é lembrado como tecelão, em seu funeral. Essa profissão pode parecer fácil, insiste o orador, "mas é, na realidade, muito difícil". As pontas precisam ser coordenadas enquanto os olhos continuam focados e o cérebro segue ativo, pois qualquer um dos incontáveis fios pode a qualquer momento desatar, emaranhar ou se romper.

> Tal é a vida de um rei: escrever com as próprias mãos, viajando com os pés, o coração preso a fios – um a Flandres, outro à Itália, outro à África, outro ao Peru, outro ao México, outro aos católicos ingleses, outro a preservar a paz entre os príncipes cristãos, outro aos problemas do Sacro Império Romano [...]. O fio das Índias foi rompido? Apresse-se e ate-o! O fio de Flandres rompeu? Apresse-se e o conserte! Vida tão atarefada, dividida entre tantos fios [...]. Ah, quantas excelentes e reais qualidades não encontradas em ninguém mais.

O rei era Felipe II, a data, 1598, e o sermão do dr. Aguilar de Terrones, ao contrário da reverência de Orlando, não é ficcional.[4] A metáfora, entretanto, é compatível com a de Woolf na evocação da personagem – e, por consequência, nos diferentes giros no governo principesco.

Felipe avança de crise em crise, raras vezes descansa, nunca tem controle absoluto. Como em um jogo de criança, tenta acertar com seu martelo as toupeiras que saem de diversas tocas. Elizabeth, ao contrário, rejeita a pressa. Ela usará o martelo quando preciso – a mão erguida pode, de fato, arrancar uma cabeça –, mas estabelece quando e onde. Resiste ao desperdício de recursos, energia, reputação e (excepcionalmente, para uma monarca) à perda de sua virgindade. Como Penélope na *Odisseia*, ela é assediada por pretendentes. Entretanto, ao contrário de Penélope, tece estratégias, não mortalhas.[5]

O rei, um agostiniano, vê seu império como uma mortalha conectando a Cidade dos Homens à Cidade de Deus, da qual nenhuma parte é dispensável. "Antes perder todos os meus domínios e cem vidas se as tivesse", garante em certa ocasião, que "lesar mesmo de leve a Fé ou o serviço de Deus".[6] A rainha, mais maquiavélica, considera seu Estado (ainda não um império) um palco de teatro, não uma relíquia sagrada.[7] "Garanto," diz aos londrinos na coroação, "que serei tão boa para vós como toda rainha foi para o seu povo [...][e] para a segurança e a calma de todos, não pouparei, se preciso for, o meu sangue".[8] Felipe jura obediência a Deus, não a seus súditos. Elizabeth serve aos súditos, ajustando Deus aos interesses do povo. O rei, com o olhar fixo no Paraíso, venera. A rainha, os pés plantados no chão, calcula. Essas diferenças testam as ideias de Agostinho e Maquiavel frente às exigências da política no alvorecer da idade moderna.

I.

Os dois monarcas provavelmente entraram em contato com a doutrina católica de Agostinho – Felipe com avidez, Elizabeth de má vontade (era, sem sombra de dúvida, filha de Henrique VIII) –, e é possível que ambos tivessem lido Maquiavel. O pai de Felipe, Carlos V, soberano do Sacro Império Romano, estudou com afinco *O príncipe* – as obras do florentino faziam parte da biblioteca de Felipe, embora constassem da lista de livros proibidos pelo papa. As traduções tornaram Maquiavel um homem infame na Inglaterra, no período de formação de Elizabeth, mas como ela dominava vários idiomas pode ter lido o autor no original, em italiano.[9] Nem ela nem Felipe deixaram comentários a respeito, mas é fácil adivinhar em que lugar ambos se encontravam nas duas tradições.

A princesa Elizabeth ainda não havia completado 20 anos quando demonstrou abertamente sua contrariedade ao ser obrigada a comparecer à missa após a coroação de Maria Tudor, sua meia-irmã católica, em 1553.[10] Cinco anos mais tarde, depois de subir ao trono, Elizabeth saía das cerimônias religiosas das quais não gostava e corrigia em voz alta os sermões a que assistia. Um de seus primeiros atos foi revogar a proibição do *Livro de oração comum* de seu padrinho, Thomas Cranmer, pelo qual ele fora condenado à fogueira por Maria. Como seu pai, Elizabeth não tentou abolir o catolicismo inglês, mas o nacionalizou, rejeitando a autoridade papal no país onde era soberana. Era esse, afinal – com exceção da já incontrolável colônia irlandesa –, o único Estado que possuía.[11]

Quando Carlos V abdicou, em 1555-1556, governava mais países do que era capaz de lembrar: a Espanha e seus territórios do Novo Mundo, México e Peru, os Países Baixos, a Borgonha, grandes áreas da Itália, a Áustria, a Hungria e a Boêmia, bem como colônias espalhadas ao longo da costa do Norte da África e o que mais tarde seriam as Filipinas. O rei Felipe II herdou a maior parte,[12] bem como um pedido de desculpas do pai pelo abismo entre receitas e despesas. O novo monarca não devia abrir mão de nada, entretanto, pois "a honra e a reputação" eram tudo. Nesse quadro, Felipe deveria colocar sua fé no "que era mais seguro, ou seja, Deus".[13] Ele era o responsável por encontrar um caminho.

Non sufficit orbis, estampava a medalha cunhada em 1583 para a proclamação de Felipe, após ele ter anexado Portugal e territórios ultramarinos. "O mundo não é o bastante."[14] Apesar de a frase remontar a Alexandre, o Grande, isso não poderia ser dito de seu império, mas, sim, do Império Espanhol, onde o sol nunca se punha. Mas como poderia um rei governá-lo? Sendo o domínio de Felipe muito mais vasto que o de Elizabeth, ele deveria delegar poderes com facilidade. Na prática, porém, os dois agiam de modo diametralmente oposto.

De imediato, Elizabeth delegou autoridade[15] a favoritos da corte, clérigos complacentes, nobres abastados, capitães de barcos empreendedores e a seus súditos, em termos de fé, desde que em suas próprias mentes. Ela nem sequer mandou construir um palácio: apenas se apossou dos que já existiam ou pediu emprestados aqueles de que havia gostado. Nesse ponto, acompanhou Maquiavel, pois se nem Deus queria cuidar de tudo, por que ela deveria? Bastava inspirar temor, estabelecer limites e, como Augusto, cultivar, enquanto conservava – com diplomacia, se possível, com brutalidade, se necessário – a própria autonomia.[16]

Felipe, como Agostinho, enxergava a mão de Deus em todos os acontecimentos. Em resumo, os interesses de Deus e os do rei, agente Dele, eram inseparáveis. A autoridade não devia ser compartilhada, ainda que levasse um longo tempo para que as ordens, num império global, produzissem ações. E palácios? Felipe idealizou o Escorial, o maior mosteiro já habitado por um monarca. Em seguida, encheu-o de relíquias e se isolou, incapaz de enxergar um palmo além das responsabilidades que o sufocavam e da papelada na qual atolava.[17]

A governante de um microestado macrogerido viveu na mesma época que o governante de um macroestado microgerido. Nada disso fazia sentido em termos geográficos, logísticos ou de comunicação. Como reflexo das filosofias contrastantes presentes na mente da realeza, contudo, fez todo o sentido – tanto que o futuro do mundo europeu em breve giraria em torno do eixo estabelecido nessas diferenças.

II.

Felipe tinha sido, e queria ser de novo, rei da Inglaterra. A rainha Maria Tudor o desposara em 1554, na esperança de ter um herdeiro e unir seu Estado às grandes potências católicas da Europa. Carlos V, ainda imperador do Sacro Império Romano, abençoou a união, e Felipe, ainda não coroado rei da Espanha, obedeceu ao pai. A única gravidez de Maria, entretanto, foi psicológica, e Felipe, cuja autoridade na Inglaterra era apenas como consorte, passou pouco tempo na ilha. O casamento com um príncipe estrangeiro tornou a rainha impopular, e a situação piorou quando ela mandou centenas de "hereticos" para as fogueiras que consumiram Cranmer e perdeu para a França, em 1558, Calais, o último entreposto colonial continental da Inglaterra. Sua morte, nesse mesmo ano, foi pouco lamentada. Foi assim que Felipe, então o mais poderoso soberano de um império que englobava várias regiões da Terra, perdeu seu poder numa ilha pequena e desprovida de sol.[18]

A situação de Elizabeth durante o reinado de Maria Tudor foi precária. Filha de Ana Bolena, com quem Henrique VIII se casara, depois renegou e mandou decapitar, tinha quase nenhum direito a reivindicar o trono. Demonstrava pouco respeito ao catolicismo romano restabelecido por Maria e tinha pleno conhecimento das conspirações para derrubar a rainha, embora não participasse delas. O principal perigo quanto a Elizabeth, porém, era a popularidade: atriz por excelência, a princesa tentava deixar claro o contraste entre as duas sempre que possível.[19] Embora mantivesse a meia-irmã no limbo, às vezes Maria a recebia com afeto, outras vezes ordenava sua prisão domiciliar (na verdade, num castelo) e, em determinada ocasião, condenou-a à prisão na Torre de Londres, despertando em Elizabeth o medo de ter o mesmo destino da mãe.

Felipe foi seu mais influente protetor. Caso Maria morresse sem deixar herdeiros – ou no parto, como era tão comum na época[20] –, ele preferia Elizabeth, não sua prima Maria Stuart, suposta herdeira da coroa da Escócia, no trono. Maria Stuart crescera na França, principal rival da Espanha, e fora prometida em casamento a Francisco, filho do rei Henrique II. Havia também a possibilidade, caso Elizabeth governasse, de o viúvo Felipe desposá-la. À medida que a saúde de Maria Tudor piorava, a Inglaterra balançava entre as esferas de influência da França e da Espanha – e Felipe já tinha feito sua escolha.[21]

E quanto a Elizabeth? Enquanto era princesa, poucos se preocupavam com seu estado civil,[22] mas após a coroação, em novembro de 1558, todos esperavam que seguisse o exemplo da meia-irmã, se casasse e, se fosse mais afortunada, desse à luz um herdeiro. Afinal, o pai de ambas instituíra a sucessão por linhagem como sua brutal prioridade. A alternativa romana de adoção, que poderia tê-lo poupado de muitos problemas, já caíra em desuso: com poucas exceções,[23] a legitimidade exigia, na época, nascimentos reais.

No entanto, ainda eram raras as rainhas no poder. O casamento, embora arriscado para as consortes de Henrique VIII, nunca tinha colocado a vida *dele* em perigo, mas a de Elizabeth correria risco a cada gravidez. Mesmo se tudo corresse bem, a independência, tão valorizada por ela como por seu pai, entraria em choque com a quase universal suposição de que esposas deviam ser submissas aos maridos. Maria Tudor havia permitido a Felipe arrastá-la a uma guerra com a França e, em consequência, perdera Calais. A aparência física também podia representar um problema. Elizabeth preferia homens bonitos, mas não podia desposar um favorito inglês sem enfurecer os demais. Uma solução seria se casar com um estrangeiro, mas a distância dificultava aos casais reais se verem antes de concluídas as negociações – além disso, as imagens na era anterior à fotografia podiam gerar desastrosos enganos. Lembrando-se da repulsa de Henrique VIII ao conhecer, dias antes do casamento, a quarta esposa, Ana de Cleves, a sensata Elizabeth insistia em não "confiar em retratistas".[24]

Entretanto, tinha visto Felipe quando de sua estada na Inglaterra e sabia – embora relutasse em reconhecer isso – que ele tentara mantê-la a salvo.[25] Após a morte de Maria Tudor, Felipe não perdeu tempo e propôs casamento a Elizabeth, mas a nova rainha recusou o pedido, observando educadamente que seus reinos podiam perpetuar as relações amigáveis por ele pretendidas mesmo sem o enlace. O verdadeiro propósito do rei, como revelou aos íntimos, era "servir a Deus e evitar que Elizabeth realizasse as mudanças na religião que tinha em mente". O objetivo dela era, de fato, modificar a religião e, assim, conseguir a independência de seu reino em relação a Roma. As discordâncias tornaram-se evidentes poucos meses após a ascensão de Elizabeth ao trono, e então Felipe pediu a mão de Isabel, filha de Henrique II da França, que se tornou sua nova esposa.[26]

Elizabeth conviveu, ao longo de um quarto de século, com bem mais de uma dúzia de pretendentes,[27] os quais depois de variados graus de galanteios eram rejeitados. Seus motivos permanecem uma incógnita. Talvez temesse o sexo ou o parto. Talvez os casamentos do pai a assombrassem. Talvez não quisesse dividir o trono com nenhum rival. Talvez tenha adiado a decisão até ser tarde demais: ainda recebia propostas de casamento com mais de 40 anos.[28] A mais provável explicação, no entanto, é que talvez Elizabeth valorizasse a posição de pivô. Sua estratégia, conforme explicou o historiador Garrett Mattingly,

> era organizar cortesãos e conselheiros à volta, diplomatas e enviados, reis e potentados do continente num plano entrelaçado e equilibrado com tanta astúcia e delicadeza que um anularia o outro e ela sempre ficaria livre.[29]

O preço, com certeza, foi a solidão: o corpo empertigado descrito por Woolf "era atado por mil temores". Enquanto os interesses de Felipe correspondiam aos de Deus, os de Elizabeth equiparavam-se aos de seu modesto, mas importante, Estado insular.

III.

Felipe ocupou com mais frequência o lugar de alfineteira, fincado em múltiplos pontos ao mesmo tempo, que o de pivô. Defendia os Países Baixos de um ataque francês quando soube do falecimento da esposa, Maria Tudor, e do pai, Carlos V, que recém-abdicara do trono da Espanha. A mudança na Inglaterra determinaria o futuro do catolicismo no reino, mas Felipe negligenciara por tempo demais sua terra natal. Hesitava em partir sem ter logrado a paz; os holandeses ficariam desolados, "embora minha presença aqui em nada contribua para a conquista [...]. Acho que ficariam felizes com qualquer soberano, desde que não fosse eu". Os holandeses confirmaram sua suspeita reduzindo-lhe a renda. Recorreu à irmã Joana, regente da Espanha, solicitando fundos adicionais; o pedido foi rejeitado sem rodeios. Felipe chegou a desconfiar de que debochavam dele. Mesmo assim, insistiu: como monarca absoluto, não precisava reconhecer "nenhum superior profano nesta terra".[30]

Como era possível que Felipe se sentisse paralisado por limitações, mesmo não tendo nenhum superior para pressioná-lo? Uma das razões é que sua família, os onipresentes Habsburgo, sempre privilegiou laços dinásticos, não afinidades geográficas, econômicas ou culturais. Conquistavam, diziam, pelos vínculos do matrimônio. Resultado: Felipe governou e dependeu das rendas de uma miscelânea de povos que não lhe eram leais.[31] Para complicar a situação, os domínios de Felipe estavam espalhados pelo mapa, sem fronteiras contíguas, e era notória sua dificuldade em delegar autoridade. A mente do rei podia estar em vários lugares ao mesmo tempo, daí seus inúmeros dilemas, mas não se podia cobrar a mesma onipresença de seu corpo físico.

Os romanos foram muito mais bem-sucedidos que Felipe em controlar um grande número de regiões com populações tão diversas. Porém, seus domínios eram vizinhos, seus governantes não consideravam incúria religiosa a delegação de tarefas e seus únicos rivais eram bárbaros, que levaram séculos para abater suas vítimas. Felipe tinha de lutar contra franceses, ingleses, holandeses, portugueses, otomanos, contra o Sacro Império Romano, o papado e – o mais irritante – contra a Reforma Protestante, que espalhava suas heresias por boa parte do continente. Com tantas toupeiras para abater, não surpreende que o rei tenha passado apenas seis meses sem enfrentar algum conflito durante seus quarenta e três anos de reinado.[32]

Do ponto de vista secular, Felipe não se saiu tão mal: não perdeu nenhum dos territórios herdados de Carlos V. A Espanha só abriria mão dos Países Baixos quase meio século após a morte de Felipe, e Portugal, com suas possessões ultramarinas, permaneceria sob a tutela da Espanha por seis décadas. Os domínios espanhóis no Novo Mundo, abrangendo do centro da América do Norte até a Terra do

Fogo, se mantiveram dependentes até o início do século XIX e, em certas partes, até 1898, longevidade que rivalizava com a do Império Britânico.[33] Mesmo os débitos de Felipe, sobre os quais ele reclamava constantemente e negligenciara repetidas vezes, podem ser considerados sustentáveis para os padrões modernos.[34]

Felipe se julgava, entretanto, superior. Buscou servir a Deus; ao império tão somente na medida em que favorecia os interesses divinos. Todos os outros objetivos exigiam "tapar os ouvidos e até fechar os olhos", pois eram, por definição, indignos. "Acredite em mim: esse é o caminho mais simples, menos estressante e mais seguro para qualquer coisa." Sem dúvida, mas desde que Deus providenciasse os meios para atingir os fins. Para assombro de Felipe, Deus mostrou ser tão parcimonioso quanto os difíceis holandeses. Visto que tudo dependia da vontade divina, Felipe escreveu em 1559:

> Só posso esperar por aquilo que Ele se digne a conceder [...]. Espero que [Ele] me forneça os meios para manter meus domínios, sem os perder por me faltarem os meios para mantê-los, o que seria para mim a coisa mais triste e mais lamentável que qualquer outra que se possa imaginar – muito mais que se os perdesse em batalha.

"Meu único objetivo é fazer tudo certo", lamentou o rei. "Mas sou tão desafortunado que quando quero algo [...] em geral dá errado. Assim funciona o mundo."[35]

O que Felipe queria era a lealdade dos súditos, a prosperidade das províncias, a credibilidade dos rivais, o retorno à ortodoxia nos locais onde era ameaçada – e, de modo mais vago, um mundo que não "bastasse". Falhou em enxergar incompatibilidades e, por conseguinte, a necessidade de perseguir certos objetivos em detrimento de outros. O rei era resistente a priorizar fins, embora o próprio Deus tenha sido seletivo em proporcionar meios.

Em vez disso, Felipe se martirizou com ansiedades agostinianas. Como poderia um mundo agir contra o representante de Deus – como acreditava ser – e, ao mesmo tempo, refletir as intenções de Deus – como acreditava que o mundo deveria ser? Deus não podia ser inconstante como Júpiter nem diabólico como Satã. Ele podia, porém, como sugerira Agostinho, ser instrutivo: podia provocar o fracasso do homem para que este melhorasse, neste mundo ou no próximo. Essa se tornou a base da grande estratégia de Felipe: não planejar para servir de pivô, mas, à maneira dos santos mártires, sofrer. "Oremos a Deus para que no Paraíso", escreveu em tom lúgubre em 1569, "sejamos mais bem tratados".[36]

IV.

Elizabeth, como Maquiavel, não esperava nem precisava de alguém que reafirmasse sua confiança. Agradeceu a Deus – não a Felipe – por sua sobrevivência enquanto princesa, mas uma vez coroada rainha raramente procurou conselhos, terrestres ou divinos. "Ela é uma espécie estranha de mulher", relatou o conde de Feria, embaixador da Espanha, ao conhecer a nova monarca, que até ria, descontraída, como se lesse sua mente. "Ela deve ter sido educada com afinco sobre a forma como o pai conduzia os negócios. Está determinada a não ser governada por ninguém."[37]

Feria foi um dos primeiros (mas, em hipótese alguma, o último) perplexos interlocutores de Elizabeth. Ela podia ser ingênua ou esperta, direta ou evasiva, corajosa ou cautelosa, clemente ou vingativa, serena ou explosiva, até feminina ou masculina: "Tenho o corpo fraco e débil de uma mulher", disse às suas tropas quando a Armada Espanhola içou velas e voltou para casa em 1588, "mas o coração e o estômago de um rei, sobretudo de um rei da Inglaterra". Apreciadora de opostos, a rainha só era constante no patriotismo, na persistência em equilibrar fins e meios e na determinação – uma das exigências para atuar como pivô – de nunca ser imobilizada.[38]

Suas manobras a respeito da religião refletiram isso. Ciente das rebeliões ocorridas em seu país – a expulsão do papa, por Henrique VIII, do catolicismo inglês; a transformação da Igreja anglicana em protestantismo radical durante o breve reinado de Eduardo VI; a brutal guinada ao catolicismo romano sob o reinado de Maria Tudor –,

Elizabeth idealizava uma igreja simples que permitisse múltiplas formas de adoração. Declarou que havia "apenas um Jesus Cristo". Por que não trilhar caminhos diferentes para chegar a Ele? Rixas teológicas eram "ninharias", ou, mais sarcástica, "cordas de areia ou limo conduzindo à Lua".³⁹

Até que essas rixas passaram a afetar a soberania nacional. A Igreja de Deus, sob o reinado de Elizabeth, seria ferrenhamente inglesa: pouco importava ser "católica" ou "protestante", desde que fosse leal. Isso, em certo sentido, demonstrava tolerância: à nova rainha pouco interessavam as crenças de seus súditos, mas suas atitudes seriam examinadas com olhos de falcão. "Sua Majestade me parece incomparavelmente mais temível que sua irmã", avisou Feria a Felipe – o que não era pouco, considerando que a meia-irmã era conhecida como Maria, a Sanguinária. "Perdemos um reino, corpo e alma."⁴⁰

Diplomacia e defesa também seriam autossuficientes. Abençoada com uma ilha, não com as províncias espalhadas de Felipe, Elizabeth podia economizar o custo de um exército permanente, adaptar sua frota para proteção ou provocação e, quando necessário, alinhar seu Estado – nunca de forma definitiva, é claro – aos inimigos continentais de seus inimigos. A bênção de Deus para a Inglaterra era a geografia, que pouco tinha a ver com religiosidade.

A Irlanda e a Escócia (esta ainda um país independente) continuavam sendo feridas abertas: franceses e espanhóis tentaram tirar partido da agitação em ambos os territórios. Os rebeldes de Elizabeth, porém, nunca lhe causaram os problemas de Felipe na tentativa de conter os holandeses, em revolta desde 1572 – com a ajuda da Inglaterra, quando a rainha decidiu oferecê-la. Ao resistir aos compromissos militares enquanto reforçava a economia doméstica, Elizabeth equilibrou receitas e despesas durante a maior parte de seu reinado, obtendo inclusive um superávit na segunda e na terceira décadas. Ao contrário de Felipe, nunca declarou falência.⁴¹

Não costumamos conectar responsabilidade fiscal com leveza do ser, mas essas duas coisas se alinharam em Elizabeth. Essa leveza permitia o flerte, bem menos dispendioso que a obrigação, tanto em relação aos pretendentes quanto aos reinos. Facilitava a delegação de poderes:

a rainha adorava performances, tanto suas quanto dos outros,[42] e assim facilitava maldades estratégicas. Sem recursos financeiros, Elizabeth autorizou sua frota a assaltar os navios de Felipe, que regressavam da América carregados de tesouros. Quem sabe, sugeriu ela em resposta a protestos dele, não teriam sido vítimas de piratas?[43]

A leveza da rainha também derrotou cortesãos e a manteve no controle. Uma vítima memorável foi o conde de Oxford,[44] que, certo dia, ao fazer uma respeitosa reverência, soltou um pum barulhento. Elizabeth nada disse e fingiu não ter notado, mas Oxford, humilhado, exilou-se por sete anos. Quando por fim reapareceu, fez outra mesura, dessa vez em silêncio, e esperou ansioso. "Meu lorde", comentou a rainha (gosto de imaginar ter feito uma breve pausa), "eu tinha me esquecido do pum".[45]

Pivôs precisam de giroscópios, e os de Elizabeth superavam todos os de sua era. Ela equilibrou determinação com imaginação, malícia, humor, *timing* e uma economia de movimentos que, embora extravagante, a manteve firme na corda bamba em que andava. Os giroscópios de Felipe, se é que ele tinha algum, quase sempre apresentavam defeito. Ela, sem esforço, sempre manteve a iniciativa em todas as ações. Ele se exauria tomando a iniciativa em um lugar para logo a perder em outro. Ela, primorosa, jogava seus adversários uns contra os outros. Ele, atrapalhado, os unia contra si próprio. Ela, governante de um Estado pobre, o manteve solvente. Ele, soberano de um rico, esmolou e tomou emprestado. Ela nunca considerou não estar à altura de seu papel. Ele, repetidas vezes, preocupava-se achando não estar à altura do seu.

Pensando em termos giroscópicos, Maquiavel recomendou a seu príncipe encarnar o leão e a raposa: aquele para assustar lobos, esta para detectar armadilhas. Elizabeth o superou ao ser a um só tempo leão, raposa e mulher, combinação que o esperto italiano provavelmente teria apreciado. Felipe era um leão grande, mas era *apenas* um leão. Tais príncipes podem, por questão de consciência, alertou Maquiavel, cair em armadilhas. Portanto, um soberano prudente "não pode nem deve observar a fé quando tal observância se volta contra ele e os motivos que o levaram a promessas já tenham sido eliminados [...]. Nem nunca faltam a um príncipe razões legítimas para matizar seus fracassos em nome da observância da fé".[46] Felipe, reportando-se a um onisciente Deus, julgou matizar além de suas capacidades: talvez por isso sempre vestisse preto.[47] Elizabeth, reportando-se apenas a si mesma, ofuscou: "Nem o tempo toldaria sua força nem o hábito/ sua infinita versatilidade".[48]

V.

Quando Maquiavel escreveu a respeito da fé, nesse contexto, não se referia necessariamente à convicção religiosa. Apenas argumentava que circunstâncias mudam, e príncipes não deveriam manter promessas antigas em situações novas. Ele não previu a Reforma Protestante; mal tivera tempo, antes de falecer em 1527, de saber quem era Lutero.[49] Meio século depois, no entanto, a condução do governo não poderia desconsiderar as diferenças religiosas. Elizabeth e Felipe tinham de decidir até que ponto a observância da fé coincidia – ou não – com as obrigações de um príncipe.

Conseguiram uma previdente demarcação durante grande parte dos anos 1560. Felipe consolidava sua posição na Espanha e defendia o Mediterrâneo dos turcos otomanos. Elizabeth expandia a influência da Inglaterra na Escócia, onde uma guerra civil francesa havia privado Maria Stuart, então rainha dos escoceses, de ajuda externa. Uma trégua anglo-hispânica exigiria, porém, isolamento da religião, e a crescente efervescência protestante nos Países Baixos – ponto estratégico sensível para ambos os monarcas – tornava o hiato cada vez mais improvável.

Felipe foi forçado a empreender campanhas militares caras que ameaçaram, mas também influenciaram, Elizabeth. O sucesso da Espanha aproximaria perigosamente o imenso poder católico do canal da Mancha. À custa, entretanto, de imensos gastos, que só o ouro e a prata das Américas poderiam cobrir. A armada de Elizabeth podia interceptar as naus espanholas em algum ponto ao longo da extensa rota, e assim a rainha ficaria livre – dado que a distância retardava as comunicações – para aprovar ou condenar as ações da frota. Mais perto de casa e agindo de forma igualmente ardilosa, podia esconder piratas holandeses nos portos ingleses. Assim, Elizabeth estrangulou de modo impertinente, senão fatal, a base de operações de Felipe no norte da Europa.[50]

A religião também minava a diplomacia. O embaixador de Elizabeth foi banido da corte espanhola por desrespeitar o papa e realizar cerimônias religiosas protestantes. Evocando a imunidade diplomática, ela se recusou a substituí-lo. Nesse ínterim, o emissário de Felipe em Londres mantinha comunicações secretas com Maria Stuart, que, deposta do trono na Escócia, fugira para a Inglaterra em busca da proteção de Elizabeth. O próprio Felipe, em 1569, assegurou a Maria sua solidariedade e seu apoio, desde que ela, cuja fama era de indecisa, permanecesse católica convicta.

Uma vez que os franceses abandonaram Maria, Felipe deixara de temer a cooperação entre eles. Assim, retornou ao projeto suspenso uma década antes: restaurar o catolicismo romano na Inglaterra. Na ocasião, esperava contar com a ajuda de Elizabeth, talvez até por meio do casamento. Agora já a descartara: "Deus deve permitir [...] seus pecados e suas infidelidades para que se perca". Ficou claro, portanto, "que, além de minha particular obrigação de conservar meus próprios Estados em nossa sagrada fé, estou disposto a envidar todos os esforços para restaurá-la e preservá-la na Inglaterra como nos tempos antigos".[51]

Felipe planejou um recrudescimento da cruzada católica, visando desta vez à liberação de Canterbury, não de Jerusalém. A obrigação agostiniana de servir ao Estado transformara-se na obrigação papal de servir à Igreja, não mais livrando a Terra Sagrada de infiéis – causa perdida –, mas matando os cristãos europeus que houvessem renegado a autoridade de Roma. Henrique VIII tinha transformado a Inglaterra no principal alvo e, em 1570, o papa Pio V cumpriu sua parte excomungando Elizabeth; na verdade, autorizando os fiéis não apenas a depô-la, mas a assassiná-la.[52]

O duque de Alba, comandante dos exércitos de Felipe nos Países Baixos, considerava tais ideias impraticáveis: "Mesmo que os principais meios devam vir de Deus, como Sua Majestade sugere com extrema virtuosidade e devoção, parece essencial examinar quais recursos humanos seriam necessários para realizar seus desejos". Não confiava em sua capacidade de iniciar um ataque no canal da Mancha; e caso o iniciasse, se lograria êxito; e nesse caso, se os católicos trairiam Elizabeth; caso a traíssem, se os ingleses – independentemente da fé – aceitariam Maria Stuart como a nova rainha. O acúmulo de contingências alarmou Alba, para quem pacificar o povo holandês, num país bem menor, se provara tarefa bastante difícil. Apesar disso, Felipe ordenou que prosseguisse: "A invasão é tão cara a meu coração, e estou tão convencido de que Deus, nosso Salvador, abraçará a causa como Sua, que não posso ser dissuadido. Tampouco posso aceitar ou acreditar no contrário".[53]

Tendo dito a Deus o que fazer, entretanto, Felipe acabou perdendo o rumo, sem saber o que *ele* devia fazer. Microgerir um império no qual o sol nunca se punha tendia a ofuscar sua visão. Para alívio de Alba e exasperação de Pio V (e ainda mais de seu sucessor, Gregório XIII), o rei permitiu que seu grande plano fosse por água abaixo. No fim, tudo o que conseguiu foi alertar Elizabeth, que constatou não ser mais capaz de praticar a tolerância. Ela podia não ser tão temida quanto Maria, a Sanguinária, quando subiu ao trono, mas a essa altura já tinha aprendido que deveria mudar.

VI.

O édito papal tornou impossível, escreveu Anne Somerset, biógrafa de Elizabeth, "ser ao mesmo tempo bom católico e bom inglês".[54] Com Felipe ao sul em conspiração com Maria Stuart ao norte, a Inglaterra estava sob cerco – senão ainda em termos militares, certamente em termos teológicos. Vigilância de falcão e até mesmo vingança se tornaram imprescindíveis.

Elizabeth já havia desencadeado a vingança em 1569 após uma – malconduzida e logo debelada – rebelião antiprotestante no norte da Inglaterra. Receando que seus líderes pudessem libertar a antiga rainha dos escoceses, confinada num castelo nas proximidades, ela agiu com crueldade: para punir os revoltosos, ordenou mais execuções em uma única rebelião do que Henrique VIII ou Maria Tudor jamais haviam feito. Ela insistiu em matar "os mais ínfimos dos rebeldes", para inculcar "o terror nos outros", supostamente seus superiores. Os miseráveis deviam "merecidamente [ser punidos com] a morte", explicou a rainha.[55]

A vigilância foi recompensada com a descoberta, em 1571, de um complô ainda mais elaborado visando à invasão da Inglaterra, à deposição de Elizabeth e à ascensão ao trono de Maria Stuart. Um banqueiro florentino, Roberto Ridolfi, entrou em contato com Pio V, Maria, Felipe e o duque de Alba, o único conspirador a questionar a viabilidade da proposta. Ridolfi provou que o duque estava certo ao falar demais, permitindo à rede de espionagem de Elizabeth rastrear o que estava acontecendo e, no momento certo, expor a conspiração. Maria Stuart teve sorte, depois disso, de manter sua cabeça intacta, ao contrário do que aconteceria no futuro.[56]

Como muitos líderes que gostam de se julgar amados, Elizabeth se mostrava indiferente quanto à própria segurança.[57] Sua atitude preocupava seus conselheiros, alarmados pelo fato de que ela não havia gerado nem designado um herdeiro. Mais uma vez delegar poderes provou ser uma boa tática. Em 1573, Elizabeth nomeou *sir* Francis Walsingham seu secretário de Estado, autorizando-o a tomar todas as medidas necessárias – sem que ela precisasse saber quais – para agir em defesa da rainha e do país. Isso Elizabeth podia aceitar, pois os dois eram um só.

Convencido de que era melhor "temer mais que menos", Walsingham levou a contraespionagem a extremos sem precedentes. Lançando mão de suborno, roubo, cilada, chantagem e tortura, formou uma rede de informantes espalhada por toda a Europa. Difícil contestar tal necessidade: o papa passara a encorajar rotineiramente (com o apoio de Felipe) o assassínio de Elizabeth, caso a morte resultasse na coroação de Maria Stuart.[58]

O que gostamos de recordar como a "era dourada" elisabetana sobreviveu tão somente em decorrência da vigilância e do terror, outra de suas contradições, mantida com resignação.⁵⁹ Os instintos da rainha eram mais humanos que os de seus predecessores, mas ela se tornou alvo do ódio de muitos de seus contemporâneos. "Ao contrário da irmã, Elizabeth nunca queimou homens por sua fé", escreveu sua mais recente biógrafa, Lisa Hilton. "Ela ordenou torturas e enforcamentos por traição."⁶⁰ A tolerância, podia ter dito Maquiavel, se voltara contra Elizabeth. Ela queria ser amada – e quem não queria? Ser temido, contudo, era definitivamente mais seguro para os príncipes.

VII.

Felipe deu mais motivos de temor a Elizabeth ao conquistar Portugal, em 1580. O país fora o pioneiro na navegação de longa distância um século antes, e agora suas embarcações e técnicas serviam à Espanha.⁶¹ Elizabeth aproveitou ao máximo sua frota bem menor despachando *sir* Francis Drake para uma viagem de circum-navegação do globo durante três anos – a primeira desde a de Fernão de Magalhães –, demonstrando que nenhum mar era seguro para o tesouro espanhol. Embora rentável ao extremo para Drake, sua rainha e seus investidores, a expedição não alterou o fato de que, se um dia Felipe unificasse sua armada e seu exército nos Países Baixos – então reconhecido como o melhor do mundo e sob o comando do sucessor de Alba, o duque de Parma –, poderia ser uma tarefa realmente árdua salvar a Inglaterra.⁶²

Elizabeth reagiu com mais alfinetadas, nenhuma dolorosa o bastante para reverter a desfavorável alteração de equilíbrio do poder. A soberana aumentou os subsídios destinados aos rebeldes holandeses e, pela primeira vez, despachou tropas inglesas para lutar ao lado deles. Tais medidas pouco contribuíram, no entanto, para atrapalhar Parma. Ela enviou Drake e a infantaria para as Índias Ocidentais, onde ele assaltou portos e capturou mais butim, mas fracassou em estabelecer uma base permanente.⁶³ Nesse meio-tempo, conspirações contra a rainha continuaram; caso qualquer uma delas fosse bem-sucedida, não deixaria alternativa a Maria Stuart. Os agentes de Walsingham descobriram três maquinações entre 1583 e 1585.[64]

Após o Parlamento declarar desleal a conversão ao catolicismo, a execução de padres passou a ser rotina na Inglaterra. Maria permaneceu, entretanto, o centro de gravidade da Contrarreforma, "o instrumento a partir do qual crescem os perigos", como mencionou lorde Burghley, conselheiro de Elizabeth. Apesar de prisioneira da rainha no norte da Inglaterra, Maria Stuart não abandonara sua fé, suas ambições nem seu apetite para a conspiração,[65] deixando Elizabeth em situação embaraçosa.

Matar um padre era uma coisa; matar uma antiga e possível futura rainha era outra bem diferente. Elizabeth abominava o regicídio, ciente do papel violento desempenhado na história da Inglaterra. Fazer uso desse recurso equivaleria a se tornar mais sanguinária que Maria Tudor – que, apesar da fama, tinha poupado a jovem Elizabeth. E, em termos morais, equipararia sua decisão à tarefa papal de impor a ortodoxia pelo assassinato. Sem contar o risco de uma sucessão duvidosa, pois o que impediria o filho de Maria Stuart, Jaime VI, rei dos escoceses e educado no protestantismo, de se converter ao catolicismo, caso acreditasse que a mãe havia sido injustamente assassinada?

No fim, Elizabeth manobrou a situação com maestria. Convenceu Jaime, por meio de suborno, a repudiar a mãe, enquanto aprovava uma interdição parlamentar a qualquer futuro monarca católico. Permitiu a Walsingham envolver Maria em um conluio, através de documentos falsos; ela, inadvertidamente, mordeu a isca. Depois da prisão dos conspiradores, Elizabeth insistiu em prolongadas execuções públicas. Maria Stuart foi condenada por traição; a rainha expressou consternação com o veredicto e quis verificar com o Parlamento se a morte da rival era, de fato, necessária. Convencida, Elizabeth retardou sua aprovação até os membros do conselho, desesperados, colocarem a ordem de execução no meio de uma pilha de documentos à espera de sua assinatura. A rainha assinou a condenação distraidamente, porém, mais tarde deixou claro ter perfeita consciência do que eles haviam tramado.

Temendo que Elizabeth mudasse de ideia, despacharam às pressas a petição de cumprimento da sentença de morte para Fotheringhay, onde Maria estava detida. Sua execução foi logo decretada – para 8 de fevereiro de 1587 –, e Elizabeth, informada de imediato. A princípio, a rainha pareceu tranquila, mas depois protagonizou uma das maiores atuações públicas de sua vida: histérica, chorou, alegou ter sido enganada, ameaçou mandar os responsáveis para a forca e durante semanas guardou luto pela rainha morta. Uma encenação, como quando aprovou e, em seguida, condenou a atitude de Drake. Agora, contudo, com mais estratagemas e consequências mais graves, tinha aprovado e condenado a si mesma.[66]

VIII.

A execução de Maria Stuart não dissuadiu Felipe, entretanto, de se preparar para a invasão da Inglaterra. Uma das razões foi a conquista de Portugal: "Se os romanos foram capazes de dominar o mundo conquistando apenas o Mediterrâneo, o que dizer do homem que domina os oceanos Atlântico e Pacífico, uma vez que eles circundam o mundo?", lembrou o capelão ao rei. Outra razão foi a facilidade com que o almirante da esquadra de Felipe, o marquês de Santa Cruz, expulsara franceses, ingleses e as forças rebeldes portuguesas dos Açores em 1582-1583, parecendo demonstrar a viabilidade de operações anfíbias. Outra ainda veio do novo papa, Sisto V, que insistiu, com tanta determinação quanto seus predecessores, que cabia a Felipe o dever, por inspiração divina, de restaurar o catolicismo na Inglaterra.[67]

Felipe considerou a pressão papal exasperadora. Não se dava conta de que reprimir os rebeldes holandeses também era uma causa sagrada? Deus deveria primeiro fazer a Sua parte e garantir essa vitória; então a Espanha poderia conquistar a Inglaterra. Não era possível fazer tudo ao mesmo tempo. Então, Elizabeth foi além das alfinetadas: após saber de boatos acerca de uma iminente invasão, ela autorizou Drake a atacar a Espanha. Seu desembarque quase imediato na Galícia, no outono de 1585, chocou Felipe, ciente de que esse poderia ser o primeiro de muitos. Diante da perspectiva de precisar defender toda a costa ibérica, ficou convencido de que a única maneira de derrotar Drake seria atacar sua base. Com essa ideia em mente, Felipe se concentrou, sem outras distrações, na "empreitada da Inglaterra". A morte de Maria Stuart não fizera diferença para Felipe, além de convencê-lo de que, agora, Deus queria que *ele* fosse o sucessor de Elizabeth.[68]

O Todo-poderoso, contudo, mais uma vez falhou em providenciar os recursos, circunstâncias e organização necessários para a missão. A microgerência de Felipe retardou os preparativos, assim como os sucessivos ataques de Drake. O sigilo falhara havia muito tempo, eliminando qualquer esperança de surpresas. A estratégia não era clara: agora comandada não pelo experiente Santa Cruz, já falecido, mas pelo duque de Medina Sidonia, a quem faltava habilidade na prática da arte náutica, como a "Armada" iria se unir ao exército de Parma nos Países Baixos para cruzar o canal? A maior força naval já reunida até então zarpou de Lisboa em maio de 1588 e se deparou com uma tempestade que a dispersou, obrigando-a a reparos e reabastecimento no porto espanhol de La Coruña. Felipe não se deixou intimidar e advertiu o desmoralizado duque: "Se esta fosse uma guerra injusta, seria possível considerar a tormenta um sinal de Nosso Senhor para cessar de ofendê-Lo". Porém, "eu dediquei essa empreitada a Deus. [...] Então, controle-se e faça a sua parte".[69]

"O mundo nunca foi tão perigoso nem tão cheio de traições e deslealdades quanto em nossos dias", havia escrito a Elizabeth o conde de Leicester, um de seus favoritos, poucos meses antes, dos Países Baixos.[70] Seus portos estavam mais bem preparados para o comércio que para a defesa. Era impossível saber quantos de seus súditos tinham permanecido, em segredo, católicos. Parma estava prestes a debelar a rebelião holandesa. E a frota de Elizabeth, embora bem treinada, não era páreo, em termos numéricos, para a colossal armada de Medina Sidonia, avistada ao largo da Cornualha em 29 de julho.[71] A rainha, entretanto, maquinara uma estratégia.

Primeiro, levou Drake de volta, ciente de que seus almirantes tinham melhores condições de enfrentar a Armada no canal da Mancha, onde deveria se desenrolar o embate. Não anteviu nenhuma grande batalha, como em Salamina ou em Ácio: em vez disso, sua frota perseguiria as embarcações espanholas, destruindo-as uma a uma, enquanto aguardava oportunidades mais promissoras – gentilmente oferecidas por Felipe. Os navios de guerra de Medina Sidonia deviam proteger as barcaças de Parma, nas quais seu exército seria conduzido à Inglaterra. As ordens do rei, no entanto, nada informavam sobre o *timing* ou os meios pelos quais o almirante e o general se comunicariam ou sobre como os ventos e correntes uniriam as duas frotas vindas de direções opostas e então, no momento certo, as propeliriam na mesma direção com destino à Inglaterra. Era muita coisa para deixar nas mãos de Deus.

Medina Sidonia ancorou ao largo de Calais no dia 6 de agosto, sem ter recebido notícias de Parma; este, acima da costa, em Flandres, ficou surpreso ao tomar conhecimento, no dia seguinte, da chegada da Armada. Apressou a entrada de suas tropas nas barcaças e descobriu que *sir* Charles Howard, almirante de Elizabeth, naquela noite, tinha se aproveitado de um vento favorável para enviar navios em chamas sobre a Armada. Em pânico, a tripulação espanhola cortou as amarras das âncoras e dispersou as embarcações. No dia seguinte, em Gravelines, a frota de Howard venceu os desorganizados espanhóis. Ao duque de Parma só restou observar a fuga, da praia, tomado de frustração. Da noite para o dia, a Inglaterra se encontrava de novo a salvo. Howard improvisara, sabendo que contaria com a aprovação de sua rainha.

Os ingleses não derrotaram a Armada, mas a venceram pela persistência, o que dava na mesma. Confiantes, durante toda a viagem, nas provisões recolhidas semanas antes em La Coruña, e sem possibilidade de abastecimento em nenhum porto amistoso, os espanhóis não tinham outra opção a não ser navegar de volta para casa pelo caminho mais longo: cruzar o mar do Norte, contornar as ilhas Shetland e descer as inóspitas costas ocidentais da Escócia e da Irlanda. Os primeiros navios só aportaram na Espanha na terceira semana de setembro: dos 129 que zarparam no fim de julho, pelo menos 50 se perderam, e muitos dos que regressaram tiveram de ser inutilizados. Metade dos homens que embarcaram para a Inglaterra morreu, a maioria em consequência de naufrágio, inanição ou doenças: o número de mortos pode ter chegado a 15 mil. Os ingleses, em contrapartida, perderam apenas 8 embarcações sacrificadas às chamas em Calais e cerca de 150 homens.[72]

IX.

"Espero que Deus não tenha permitido tanto mal, pois tudo foi feito a Seu serviço", escreveu Felipe após ter recebido os primeiros relatórios. Em breve, contudo, planejava nova invasão,[73] convencido de que Deus, ao provocar a adversidade, apenas o testava. "Comprometo-me a lidar com o que for necessário para alcançar tudo isso [...]. Nunca deixarei de lutar pela causa de Deus."[74] Agostinho, é claro, apresentara argumento semelhante, mas o que Deus testaria, insistira, era a proporcionalidade em alinhar fins e meios. Nunca houve, em Agostinho, necessidade indiscriminada de consumir vidas e tesouros terrestres com propósitos divinos.

"Invadir por mar uma costa perigosa sem estar de posse de nenhum porto nem contar com qualquer ajuda de um partido adequa-se melhor a um príncipe que acredita em sua fortuna que a outro enriquecido pelo conhecimento", observou *sir* Walter Raleigh após o fracasso da Armada.[75] Maquiavel podia ter dito essa frase. Agostinho também, substituindo "fortuna" por "Deus". O que, então, pode ter levado Felipe a agir persistentemente com tamanha desproporção?

Geoffrey Parker, seu melhor biógrafo, encontra uma resposta na teoria da "perspectiva" do fim do século XX: líderes, sugere, arriscam mais para evitar perdas que para obter ganhos.[76] Dado o império herdado e depois expandido, Felipe tinha muito a perder. O estranho, contudo, foram os riscos corridos para reconquistar territórios que não havia perdido. Não foi culpa sua o rompimento de Henrique VIII com Roma nem o fato de Maria Tudor não ter tido sucesso em banir a heresia. Essas fatalidades, às quais se acrescentou a Reforma Protestante, podiam até ter sido a punição de Deus por séculos de excessos papais. Felipe, contudo, não enxergou a situação dessa maneira. Ele estava convencido de que Deus lhe confiara não apenas a tarefa de não perder mais nada, mas também a de recobrar para a Igreja sua antiga e medieval universalidade.

"Se Deus designou Sua Majestade para remediar todos os problemas do mundo", sugeriu o secretário particular de Felipe em 1591, "deveria ter lhe dado o dinheiro e a força para tal". "Sei que o move o grande zelo dedicado a meu serviço", respondeu o rei, "mas deve também entender que esses assuntos não podem ser abandonados por uma pessoa tão consciente de suas responsabilidades quanto sabe que sou [...]. A causa da religião deve preceder todo o resto".[77]

Essa foi uma das várias ocasiões nas quais Felipe lançou mão do que Parker denomina "chantagem espiritual".[78] Sempre que era alertado de que seus objetivos superavam suas capacidades, o rei alegava faltar fé a quem o aconselhava. Deus preencheria a lacuna. Quando Deus não o fez, Felipe insistiu que *ele* permaneceria fiel, mesmo se a atenção divina tivesse se desviado. Deus de fato testou Felipe; por sua vez, Felipe não deixou de testar Deus.

X.

Elizabeth também testou Deus, mas por patriotismo inglês, não em nome da universalidade católica. "A reluzente glória da autoridade principesca não ofuscou [nossos] olhos", garantiu ao Parlamento pouco antes de falecer, "mas sabemos bem e devemos nos lembrar de que também prestaremos contas de nossas ações diante do grande juiz". Ela, todavia, não deu nenhum sinal de temer o veredicto: "Regozijo-me por Deus ter-me feito Seu instrumento para manter Sua verdade e glória e defender este reino".[79] Se, para a rainha, ela e o país eram uma só coisa, também o eram para Deus, pois era "a verdade e a glória" e defendia "este reino".

A inefabilidade, entretanto, jamais exigia pressa. A partir do momento em que Elizabeth foi coroada rainha, enfatizou o historiador

A. N. Wilson, "foi pressionada a tomar decisões por seus conselheiros e seus cortesãos: ser católica ou protestante; casar-se; lutar uma guerra decisiva e cara na Irlanda ou nos Países Baixos. Em quase todas as ocasiões, Elizabeth hesitou, ao estilo Hamlet; e se hesitar não foi a política acertada, pelo menos não foi a errada", pois "Elizabeth, qual Hamlet, podia enxergar os calamitosos efeitos da precisão exagerada e da determinação exagerada na vida política".

A princípio, os dois não guardam semelhança. Ao príncipe de Shakespeare, como Felipe sempre trajando negro, falta a leveza de Elizabeth – salvo em suas cenas de loucura, quando simula irresponsabilidade e até demência para desmascarar seus inimigos. Elizabeth lançou mão da hesitação, o que parece irresponsabilidade: para lembrar seus conselheiros a serviço de quem eles estavam; para rejeitar seus pretendentes, equilibrando dessa forma seus Estados; e, quando o equilíbrio acabou se voltando contra ela, para atrair a Armada Espanhola ao canal da Mancha – onde, confiando em seus almirantes, armou uma gigantesca ratoeira. Precisão e determinação, em cada uma dessas situações, poderiam ter enredado a rainha. "A afilhada de Cranmer, mestre litúrgico das hendíadis, tinha compreendido a sabedoria do duplipensar", conclui Wilson.[80]

Meu dicionário define "hendíadis" como "figura que consiste em exprimir por dois substantivos, ligados por coordenação, uma ideia que normalmente se representaria subordinando um deles ao outro". Ou, de forma mais simples, como duas coisas podem ser ou se tornar uma. Como, por exemplo, podia uma nova religião, concebida pelo desejo sexual de um rei inglês, substituir a fé seguida por tantas almas por mil anos? Talvez falando com elas, sem condescendência, na própria língua. Wilson mostra que o *Livro de oração comum* de Cranmer exibe hendíadis majestosas, trazendo clareza inesquecível a uma língua jovem e ainda em desenvolvimento:

> Todo-poderoso e Pai extremamente misericordioso, nós erramos e vagamos como ovelhas perdidas. Nós seguimos em demasia dispositivos e desejos de nosso próprio coração. [...] Protegei nossa graciosíssima senhora e soberana, a rainha Elizabeth [...].

Concedei-lhe vida longa e muita saúde e prosperidade; fortalecei-a para que possa vencer e superar todos os inimigos; e por fim, após esta vida, possa ela alcançar o eterno regozijo e felicidade.

Hendíadis parecem expressar a mesma coisa: "errar e vagar", "dispositivos e desejos", "saúde e prosperidade", "vencer e superar", "regozijo e felicidade". Suas combinações, porém, podem também introduzir contradições, de modo quase imperceptível: "Todo-poderoso e Pai extremamente misericordioso" ou "nossa graciosíssima senhora e soberana".

Tornaram-se, assim, reais as possibilidades de um pai misericordioso, uma senhora soberana e uma rainha virgem capaz de salvar um Estado e deixar um legado – como aconteceu, triunfalmente, com Elizabeth. Como se a distância ela estimulasse Shakespeare, que apimentou suas peças e seus poemas não apenas com palavras novas, mas com ricas redundâncias: "Quão enfadonhas, insossas, insípidas e inúteis/ me parecem todas as práticas deste mundo!" – que, como Wilson afirma, "espalhou e expandiu a língua inglesa", dando a todos os seus falantes "um vocabulário mais vasto e, portanto, uma capacidade mais ampla de descrever experiências".[81]

E, portanto, [uma capacidade] de controlar tais experiências. Pois se, como advertira Tucídides 2 mil anos antes, palavras podem perder seu significado durante uma crise, deixando à "habilidade de ver todos os lados de uma questão a incapacidade de agir em qualquer um deles",[82] então Shakespeare e sua grande rainha encontraram a segurança em múltiplos significados, alguns repetitivos, outros opostos, mas todos bem aplicados. Hendíadis posicionaram a cultura contra a paralisia em um mundo vindouro.

XI.

"Numa tarde quente de julho no ano 1588, no palácio real de Greenwich, [...] jaz uma mulher, as balas de um assassino alojadas no abdome e no peito. Com o rosto enrugado, os dentes escuros, a morte não lhe emprestava qualquer dignidade; mas seu último suspiro deu início a ecos que se espalharam e sacudiram um hemisfério." A notícia alcançou os imensos navios, e Medina Sidonia passou um dia todo de um lado a outro do convés. "Então tomou sua decisão; e um a um os galeões e carracas, as galés e as pesadas urcas manobraram para o norte em direção à terra firme. Rumo a Hastings [...], onde a história tivera início séculos antes."

Felipe II volta a ser rei da Inglaterra, a Reforma Protestante entra em colapso em toda a Europa, a Espanha governa toda a América do Sul e do Norte, o capitão Cook finca a bandeira papal na Austrália. "Para alguns, os anos que se passaram foram anos de satisfação, do desabrochar final do desígnio de Deus; para outros, foram uma nova Idade das Trevas, assombrada por coisas mortas e outras já esquecidas [...]. E acima de tudo, o comprido braço dos papas estendido para punir e recompensar. A Igreja militante permaneceu suprema."[83]

No romance *Pavane*, de 1968, Keith Roberts imagina o que poderia ter acontecido se a história tivesse pivotado, 380 anos antes, de modo ligeiramente diferente. Nos anos 1960 – época em que se desenrola a história –, a Inglaterra usa tratores a vapor para o transporte, velas para a iluminação e semáforos para a comunicação, uma vez que Roma havia banido o petróleo, a eletricidade e a telegrafia. O rádio, permitido apenas a uma corporação secreta, é quase um artigo de feitiçaria. O governo é autoritário; a educação, restrita; e a memória, turva. "Um desses elisabetanos obscuros", explica um personagem, lembrando-se inesperadamente de umas frases de *Ricardo III*. "Ele era da nossa escola. Esqueci seu nome; mas acho que ele era um bocado bom."[84]

Pavane poderia tranquilamente ser incluído na lista de livros proibidos pelo papa, se esta não tivesse sido abolida em 1966 – até outro personagem avisar, também de modo inesperado: "Não despreze sua Igreja, pois a sabedoria dela está além de sua compreensão". Acontece que Roma, descobre-se, tivera o tempo todo tecnologia moderna, até conhecimentos nucleares, mas os encobrira até a civilização progredir e poder usar esses recursos com sensatez. "Ela foi enforcada e queimou? Mais ou menos. Nada, porém, como Belsen. nem Buchenwald. Tampouco Passchendaele." Apenas um antigo – mas real – Armagedom.[85]

Essa última reviravolta torna o romance de Roberts uma hendíadis: a Igreja, mais que qualquer um possa suspeitar, é perita em contradições e, portanto, liga a cidade de Deus à dos Homens. É *só* um romance, claro. Porém, eventos contrafactuais, assim como fantasmas, deveriam assombrar historiadores. Tudo bem dizer que Agostinho está no Paraíso e Maquiavel se encontra no inferno. Onde está, no entanto, Felipe? Se existe um Deus e Ele é de fato católico, então o rei, sempre fiel, deveria ocupar um lugar entre os maiores estrategistas de todos os tempos.[86] E Elizabeth? Maquiavel lhe faria, por toda a eternidade, boa companhia.

6

NOVOS MUNDOS

Não é contrafactual afirmar que o que *realmente* aconteceu no canal da Mancha em 1588 ecoou em alto e bom som e por tempo suficiente "para sacudir um hemisfério".¹ O século anterior tinha acompanhado a empreitada de portugueses e espanhóis (nenhum deles, até então, capaz de "sacudir" coisa alguma) em dominar barcos, velas, ventos e correntes para explorar e conquistar imensidões de coisas novas e estranhas.² "*Non sufficit orbis*", o lema de Felipe II para seus reinos ibéricos e o império que eles haviam conquistado, era extremamente conveniente: a Eurásia, o Velho Mundo do qual faziam parte os antigos impérios, não fora de fato o bastante. Poucos dos que viram a Armada zarpar de Lisboa naquele verão poderiam prever as monarquias católicas duradouras no continente que mais tarde viria a ser conhecido como América.

Pois como Deus *não* estaria do lado dos reinos cristãos de Castela e Aragão, que em 1492 expulsaram os vizinhos muçulmanos, baniram os judeus e, além disso, ampliaram o tamanho já conhecido da Terra? E, no ano seguinte, ganharam os títulos dos novos territórios, junto com Portugal, por édito papal? Como Deus não abençoaria os espanhóis, que em apenas três anos conquistaram o México e levaram não muitos outros a controlar o Peru, garantindo o abastecimento inesgotável de ouro e prata? E que, graças a essas riquezas, impuseram uniformidade administrativa e arquitetônica em dois continentes desconhecidos? E que ainda mapearam, para seus diversos habitantes, um único caminho para a salvação? Façanhas nessa escala supõem mais que autoconfiança; exigem que se conheça a vontade de Deus e que se corresponda a ela.

Duzentos e trinta e cinco anos depois de a Armada zarpar, entretanto, um firme estadista *protestante*, na nova capital pantanosa de um Estado *secular*, rascunhava uma presunçosa proclamação para sua soberania *republicana*: "Os continentes americanos, pela condição livre e independente que assumiram e mantêm, doravante não devem ser considerados sujeitos à futura colonização por quaisquer poderes europeus". Quando, em 1823, o secretário de Estado John Quincy Adams transformou a Doutrina Monroe em lema para os "Estados Unidos da América", faltavam ao país os meios de proteger o "Novo Mundo" de seus "velhos" senhores. A autoconfiança da Espanha em seus primórdios, porém, se mantinha, e isso – compreendeu Adams – bastaria.[3]

"A derrota da Armada Espanhola", argumentou Geoffrey Parker, "deixou o continente americano aberto à invasão e à colonização dos europeus do norte, possibilitando, assim, a criação dos Estados Unidos". Se a afirmação estiver correta, então o futuro pivotou em uma única tarde – 7 de agosto de 1588 – graças a ventos favoráveis, a um almirante sagaz e a uns poucos navios em chamas. Se tivesse logrado êxito, Felipe teria exigido de Elizabeth o fim de todas as viagens inglesas à América.[4] A partir do momento em que seus capitães cortaram as amarras das âncoras, contudo, a Espanha começou seu lento declínio, e gradualmente surgiu uma nova ordem mundial.

I.

Os ingleses, na época da Armada, mal haviam iniciado sua expansão ultramarina. Para eles, a palavra "colônia" significava Irlanda.

A "Terra Nova",* cujas costas haviam visitado, significava peixe. "Exploração" remetia a sociedades anônimas, e a primeira, apesar de ostentar um título pomposo – The Mistery, Company, and Fellowship of Merchant Adventures for the Discovery of Unkown Lands &c [O Mistério, Empresa e Sociedade de Aventuras Mercantes para a Descoberta de Terras Desconhecidas & cia.]⁵ –, embarcou numa missão pobre em estratégia: dirigiu suas energias, numa era de esfriamento global, a encontrar novas rotas de comércio para a China através da baía Hudson e ao longo do norte da Rússia. A circum-navegação de Drake em 1577-1580 despertou a curiosidade de Elizabeth por terras distantes; na época, contudo, a Espanha já controlava havia meio século o Caribe, o México e grandes áreas da América do Sul. O primeiro núcleo de colonização inglesa na América do Norte, Roanoke, só foi fundado em 1584-1585 por *sir* Walter Raleighs, mas seu desaparecimento foi rápido e humilhante.⁶

Apesar da liderança da Espanha, Elizabeth não quis se apressar. Deixou que seus comerciantes arriscassem navios e colonos *deles*, mas não sua marinha nem seu tesouro. Encorajou Drake a assustar os espanhóis, embora não acalentasse ilusões de que seus ataques-surpresa pudessem assegurar seu Estado. Buscou a autossuficiência em iniciativas ultramarinas, percebendo as deficiências da microgestão de Felipe, e só passou a demonstrar interesse de fato quando convencida do interesse de outros (ainda que não exclusivamente comerciais). Assim, definiu o modelo para a América inglesa: uma miscelânea de colônias às quais faltava um objetivo comum, mais ligadas ao mar e à Inglaterra que umas às outras, unidas por uma tênue linha ao longo de mil milhas de litoral de Massachusetts à Geórgia, e em grande parte mal administradas.⁷

Nos anos 1750, a América espanhola contava com uma população seis vezes maior que a da metrópole, e seu tamanho e sua riqueza suplantavam em número ainda mais impressionante o de sua correspondente do norte. Suas grandes cidades, estradinhas vicinais

---

* Ilha na costa canadense que, junto com Labrador, forma a província hoje conhecida como Terra Nova e Labrador. (N. E.)

e seus procedimentos rivalizavam com os do Império Romano, revelando uma administração cuidadosa. O historiador John Elliott assinalou que um cavalheiro da Cidade do México, ao visitar Lima, mais de 4 mil quilômetros ao sul, se sentiria totalmente em casa: "As instituições civis eram idênticas; as formas de adoração, as mesmas". Isso não teria acontecido nas colônias britânicas, "onde diferentes antecedentes locais, diferentes motivos para a emigração e diferentes crenças e práticas religiosas criaram um mosaico de comunidades estabelecidas numa diversidade de tempos e maneiras".[8] Imagine o jovem John Adams – pai de John Quincy – entre os plantadores da Virgínia ou os proprietários de escravos da Carolina do Sul: o choque cultural teria sido quase tão grande quanto se estivesse em Lima.

A Espanha, como Roma, impunha uniformidades nos detalhes, o que produzia resultados impressionantes. Por outro lado, é pouco provável que os dois impérios tivessem se expandido a tamanha distância e com tanta rapidez. O preço eram raízes superficiais, capazes de abalar a autoridade ao menor sinal de adversidade.[9] Os ingleses espalharam sua influência com mais vagar, mas se adaptaram com mais facilidade, em especial na América do Norte. Quando surgiram as adversidades, em vez de um colapso – o que ajudaria a minar impérios mundo afora, nos dois séculos seguintes –, elas geraram uma transferência de autoridade republicana revolucionária.

II.

Todavia, como poderia a leveza – até mesmo a displicência – levar a tal resultado? A resposta, acredito, repousa em fincar fundações no solo onde se encontram. A mão pesada e a mente focada aparentemente alcançam a monumentalidade, mas apenas pela desobstrução, senão pelo aplainamento da topografia, à maneira de Xerxes e das autoestradas modernas. Não se pode fazer isso, contudo, ao longo de todo o percurso, pois as irregularidades do terreno refletem sua natureza: continentes se movem, deslizam, colidem e se sobrepõem. Pressupor estabilidade pode levar à ruína; a resiliência abarca o imprevisto.

Pode haver motivos, portanto, para resistir à uniformidade, respeitar a topografia, até mesmo para a hesitação. Elizabeth governou dessa maneira, sendo a pioneira em inovações como reinar sem ter se casado, tolerar (dentro de limites) diferenças religiosas e permitir o glorioso crescimento de um idioma. Todas essas novidades surgiram como reação às circunstâncias, não foram fruto de um planejamento minucioso; sociedades anônimas podiam ser, da mesma forma, flexíveis. "A ausência de controle rígido pela coroa britânica nos estágios iniciais da colonização", assinala Elliott,

> deixou considerável espaço para as evoluções das formas de governo que pareceram mais apropriadas ao povo ativamente envolvido no processo de empreendimentos e assentamentos ultramarinos – os patrocinadores financeiros das empreitadas e os próprios colonizadores – desde que operassem no âmbito da carta régia.

Em contraste com as colônias do "Novo Mundo" da Espanha – e com os territórios que a França, em épocas mais recentes, havia reivindicado (mas não colonizado) ao longo das margens do rios St. Lawrence, Ohio e Mississippi e dos Grandes Lagos –, a América inglesa "era uma sociedade cujas instituições políticas e administrativas foram mais suscetíveis a evoluir de baixo para cima que impostas de cima para baixo".[10] Isso fez dela uma miscelânea, mas também um complexo sistema adaptável.

Tais sistemas prosperam, nos contam os teóricos, a partir da necessidade de reagir com frequência ao imprevisto. Ambientes controlados encorajam a complacência e tornam difícil lidar com a ruptura dos controles, como mais cedo ou mais tarde pode acontecer. Quando as rupturas são constantes, por outro lado, impedem o restabelecimento e a afirmação de um ambiente saudável. Há um equilíbrio, então, entre processos de integração e desintegração no mundo natural – um limiar do caos, por assim dizer –, no qual a adaptação, sobretudo a auto-organização, tende a ocorrer.[11] Novos mundos políticos funcionam de forma similar.

III.

Os ingleses norte-americanos viveram simultaneamente em vários limiares: no de um vasto, mas navegável, oceano; no de um continente reivindicado pela Espanha, ao sul, e pela França, ao norte e a oeste; no de rupturas desencadeadas em seu país de origem pelos sucessores giroscópicos de Elizabeth. A rainha havia com tanta habilidade seduzido, intimidado, bajulado, deferido e ignorado o Parlamento que nunca houvera um confronto direto entre eles.[12] Os primeiros membros da família Stuart, por outro lado, mudaram seu curso para entrar em lutas que não podiam vencer. Confundiram as crenças dos homens com suas atitudes (distinção que a falecida rainha havia estabelecido), brincando com fogo enquanto a Europa travava, abastecida por motivos religiosos, a Guerra dos Trinta Anos. Em 1642, a guerra civil eclodira na Inglaterra, tão confusa que historiadores ainda hoje discutem quem lutou contra quem e por quê.[13] Sete anos depois, entretanto, esse conflito custou a cabeça de Carlos I.

Não faltavam motivos para a emigração: a violência na Inglaterra, bem como, na América, a promessa de oportunidades comerciais, a tolerância a múltiplas fés e a perspectiva de um governo conduzido com mão menos pesada. Os distúrbios domésticos causados pela "mão de ferro" – mesmo sob Oliver Cromwell, um fracassado experimento republicano – não deixaram escolha, a partir da perspectiva de Londres, a não ser permitir um "mosaico de comunidades" colonial. Na ocasião em que Carlos II transformou em leveza seu caminho para a "restauração", em 1660, a heterogeneidade já havia se estabelecido do outro lado do Atlântico.[14]

O reinado "indolente, longo e lascivo"[15] de Carlos terminou em 1685, com a ascensão de seu obstinado irmão Jaime II, cujo governo foi marcado apenas pela lascívia. Fervoroso católico, decidiu devolver a Inglaterra a Roma e "modernizá-la", tomando como modelo a administração centralizada da França de Luís XIV; em breve devolveria as colônias.[16] Três anos depois, porém, o nascimento de um filho viabilizou uma sucessão católica, e Guilherme de Orange, o marido holandês protestante de Maria, a filha protestante de Jaime, deslanchou a mais bem-sucedida invasão do canal da Mancha desde a de um Guilherme anterior, em 1066. Jaime foi deposto, Guilherme e Maria ocuparam seu lugar, e os americanos, mais uma vez, foram deixados por sua própria conta e risco. A "revolução" de 1688 assegurou, para eles, uma evolução contínua – mesmo tendo justificado, pelo precedente que estabeleceram, a resistência a futuros esforços de reverter as evoluções anteriores.

As lições de 1688, argumentou John Locke, seu principal ideólogo, ensinavam que "só pode haver um poder supremo, o legislativo, ao qual todo o resto é e deve ser subordinado"; entretanto, "cabe ainda ao povo o poder supremo de destituir ou alterar o legislativo".[17] Os princípios parecem discrepantes: como é possível que duas supremacias coexistam? Nesse quebra-cabeça repousam as bases da cultura política pós-Stuart da Inglaterra, sugeriu o historiador moderno Robert Tombs:

> Suspeita de utopias e fanáticos; confiança no senso comum e na experiência; respeito à tradição; preferência por mudança gradual; e o enfoque de que "acordo" é vitória, não traição. Do fracasso tanto do absolutismo real quanto do republicanismo piedoso resultam fracassos dispendiosos e fecundos.[18]

Seu "odor" (palavra cara a Maquiavel) era elisabetano, embora Sua Majestade não agradasse uma monarquia "constitucional". Elizabeth teria visto benefícios em *equilibrar* opostos: estava acostumada a tal arte; no entanto, teria julgado perigosamente tolos os esforços de seus sucessores em *reconciliar* opostos. Ela compreendeu a horticultura política: tudo cresce melhor quando se estimula a variedade e as raízes não são examinadas tão de perto. Então, provavelmente teria aprovado Edmund Burke.

IV.

Burke, aliás, subiu à tribuna no Parlamento, no dia 22 de março de 1775, para explicar no que haviam se transformado os americanos da

Grã-Bretanha. Eram, observou, um "povo jovem, [...] cujo osso da maturidade ainda não enrijeceu". Haviam demonstrado a "sólida dedicação" criada a partir da herança da liberdade inglesa, do republicanismo nacional, de diversas crenças, de uma lucrativa (embora constrangedora) dependência da escravidão, de um espírito litigioso gerado pela alta taxa de alfabetização e da autossuficiência exigida pelas "3 mil milhas de oceano [...] entre os senhores e eles". À parte "uma negligência sensata e salutar", os americanos "precisam pouco ou quase nada de nosso cuidado". Em suas realizações, "sinto todo o orgulho do poder afundar e toda a presunção da engenhosidade humana se desmanchar [...]. Concedo algum perdão ao espírito de Liberdade".[19]

"Engenhosidades" tinham sido de fato poucas na política britânica em relação à colônia norte-americana durante a primeira metade do século XVII. Guerras europeias prolongadas e inacabadas aliadas ao surgimento, sob uma monarquia enfraquecida, de "partidos" políticos distintos, deixaram pouco tempo ou energia para ambiciosos projetos coloniais. Dada a desatenção dos americanos às instruções recebidas, optaram por nem iniciar novas empreitadas. "Imaginei, como a maioria dos jovens principiantes, que [...] devia ser capaz de promover uma imensa mudança em relação aos negócios", escreveu em 1737 um governador colonial repreendido, "mas um pouco de experiência com o povo e a reflexão sobre a situação das coisas no meu país me curaram em definitivo desse erro".[20]

Tal negligência, contudo, não duraria muito tempo. As populações nas colônias dobravam a cada 25 anos, ressaltou Benjamin Franklin em 1751: em um século, "o maior número de ingleses estará deste lado do oceano".[21] Tornou-se, então, imperativa a expansão ocidental, mas os franceses e os indígenas norte-americanos aliados bloquearam o caminho. Quando George Washington, na ocasião um jovem coronel, fracassou em reconquistar um forte na fronteira inglesa em 1754,[22] uma nova guerra estourou. Conhecido e batizado pelos sete anos de duração, o conflito logo se estendeu à Europa, às Índias e ao alto-mar. Seu evento mais dramático foi a perda francesa de Quebec para os ingleses, em 1759, provocando a total retirada da França da América do Norte.

O Tratado de Paris de 1763 pareceu um triunfo anglo-americano, mas na verdade afastou os vencedores. A guerra tinha exigido o foco dos oficiais: então por que, perguntaram os ministros do rei George III, a administração colonial do pós-guerra deveria mais uma vez perder seu foco? Não deveriam os americanos – segundo alguns cálculos, os que menos pagavam tributos, de todos os povos – retribuir a mais pela segurança conquistada? Seria justo que os ingleses, embora na ocasião financiados pelo Banco da Inglaterra, acumulassem débitos *ad infinitum*? Não estava na hora de alguém regular o acordo Transapalache, que proibia conflitos entre anglo-americanos e americanos nativos? De que adiantava ter um império se não fosse para governá-lo?[23]

Para os americanos acostumados à leveza, entretanto, tais questões sugeriam a mão pesada que, uma vez imposta, talvez se estabelecesse.[24] A princípio veio a perplexidade, depois o ressentimento, e então, com a Lei do Selo de 1765, a resistência ativa. Incapaz de impor a observância das leis a tão grande distância, o Parlamento inglês recuou, satisfazendo-se com a Lei Declaratória de 1766, que se reservou o direito de restabelecer o que acabara de revogar. Burke debochou da petulância: "Depois de terem promulgado essa lei, devem aprovar outra para cumpri-la – e assim por diante, numa alternância infinita de esforços vãos e inoperantes. Toda lei importante deve ser acompanhada de outra desimportante, tal um escudeiro carregando sua armadura".[25]

O problema repousava nas supremacias opostas de Locke: o povo deve obedecer ao governo, mas o governo deve refletir o desejo do povo. A questão é que ele pensara nessa corda bamba aplicada a uma ilhota; quando estendida através de um imenso oceano – onde a distância impedia a reflexão e encorajava a desobediência –, a corda se revelava fina demais. Burke enxergou a dificuldade já em 1769:

> Os americanos descobriram, ou pensam ter descoberto, que nossa intenção é oprimi-los. Nós descobrimos, ou pensamos ter descoberto, que eles têm a intenção de se rebelar. Nossa severidade

agravou sua desobediência. Nós não sabemos como avançar; eles não sabem como recuar.²⁶

A única maneira de resolver a questão era compartilhar insatisfações: "Todo governo – na verdade todo benefício e divertimento humano, toda virtude e todo ato prudente – é fundado em compromisso e troca. Equilibramos inconveniências; damos e recebemos; concedemos alguns direitos para usufruirmos de outros [...]. Mas em todas as negociações justas o objeto comprado deve ser proporcional ao valor pago". Burke concluiu seu discurso de 1775 com este epílogo: "Neguem [aos americanos] essa participação na liberdade, e romperão o único elo que originalmente criou, e ainda deve preservar, a unidade do império".²⁷

V.

David Bromwich, biógrafo de Burke, observara, em relação a um discurso de George Grenville, primeiro-ministro de George III na época da Lei do Selo, que a conclusão de seus argumentos não "correspondia ao começo".²⁸ Grenville buscou mostrar que o centro do império podia recompensar as liberdades de suas periferias restringindo-as. Péricles, em sua oração fúnebre, havia tentado algo semelhante: começou elogiando o respeito dos atenienses por suas colônias, mas terminou exaltando o uso da força para mantê-las na linha.²⁹ Ambos se esqueceram, antes de terminar, de como haviam começado: perderam de vista a proporção entre o objeto comprado e o preço pago.

Os revolucionários americanos, contudo, não tinham memória tão curta. Influenciados pelos textos clássicos nas escolas (embora em geral traduzidos), enxergaram nos fracassos da democracia grega e da república romana lições irrefutáveis. Acataram o que acreditavam ser um direito comum saxônico, usurpado pelos normandos, recuperado na Carta Magna, ameaçado pela família Stuart e resgatado em 1688, mas novamente em perigo pela corrupção de reis, parlamentos e administradores das colônias. A Declaração da Independência reforçou e refletiu as liberdades intelectuais de 1776: *A riqueza das nações*, de Adam Smith; o primeiro volume de *Declínio e queda do Império Romano*, de Edward Gibbon; e com mais contundência *O senso comum*, de Thomas Paine, que considerou "repugnante à razão, à ordem universal das coisas, a todos os exemplos de eras passadas, supor que este continente possa continuar sujeito a qualquer poder externo".[30]

Monarquias tinham surgido, insistiu Paine, não por mérito, mas por terem sobrevivido à memória. Provavelmente, o primeiro rei tinha sido apenas o "chefe de uma gangue turbulenta". Com certeza o exemplo de Guilherme, o Conquistador, "bastardo francês que desembarca com *banditti* armados e se declara rei da Inglaterra sem a aprovação dos habitantes, [...] não traz em si nenhuma divindade". Se a natureza respeitasse a monarquia, não "a ridicularizaria com tanta frequência dando à humanidade UM BURRO POR UM LEÃO". Qual é o sentido de "um jovem de 21 anos" – George III tinha 22 quando subiu ao trono, em 1760 – "dizer a vários milhões de pessoas, mais velhas e sábias, que proíbe esse ou aquele decreto de se tornar lei"?[31]

A despeito do número reduzido e da relativa raridade, as repúblicas, desde a de Roma, se saíram melhor. Estimulando a igualdade, diminuíram a arrogância e, portanto, a amnésia causada pelo orgulho. A Holanda e a Suíça prosperaram em paz numa época de rivalidades monárquicas desastrosas. Os próprios norte-americanos, à medida que suas cartas de direito coloniais evoluíram para assembleias representativas, tinham se tornado republicanos por terem sido deixados tanto tempo por própria conta. O comércio vigoroso e a ausência de ouro e de prata "nos garantiram a paz e a amizade de toda a Europa". Assim, "o que temos a ver com a configuração de um mundo em competição?".[32]

A independência foi assustadora apenas porque sua arquitetura era falha: como treze repúblicas com ambições continentais podiam permanecer unidas? Paine hesita nesta questão, mas sabia que "um governo nosso é nosso direito natural" e que tal necessidade era urgente.

A liberdade vem sendo perseguida em todo o globo. A Ásia e a África há tempos a expulsaram. A Europa a contempla como uma estranha, e a Inglaterra já lhe deu ordem para partir. Oh! Receba a fugitiva e construa a tempo um hospício para a espécie humana.[33]

Eis uma conclusão de argumento que lembra, como poucas e de forma tão enfática, seu início.

VI.

O panfleto de Paine foi o equivalente literário aos navios em chamas de Elizabeth: um recurso incendiário destinado a irritar o inimigo, reagrupar a defesa e fazer a história pivotar. Não tudo a um só tempo, é claro. Quando *O senso comum* foi publicado, em janeiro de 1776, não estava totalmente claro como *assegurar* a independência norte-americana – ao contrário de proclamá-la. O que Paine fez, contudo, foi deslocar psicologias. Os ingleses, assim como os espanhóis em 1588, deteriam, por ora, a superioridade militar. Porém, seria mais difícil confiar que Deus ou a história, a justiça ou a razão, ou apenas a inclinação das arenas nas quais competiam, estavam a seu lado.[34]

A Declaração de Independência dos Estados Unidos, seis meses depois, bateu na mesma tecla:

> *Quando*, no curso dos acontecimentos humanos, torna-se *necessário* para um povo [...] assegurar entre os poderes da Terra a posição *separada e igualitária* com que as *Leis da Natureza* e a *Natureza Divina* o capacitam, o *respeito* pelas opiniões dos homens *exige* que declarem as causas que os *impelem* à separação.[35]

Embora escritas às pressas, as palavras de Thomas Jefferson deixaram os ingleses de mãos atadas, capazes tão somente de dar continuidade ao que haviam começado em Lexington, Concord e Bunker

Hill no ano anterior: a supressão de liberdades que o rei e o Parlamento haviam prometido respeitar.

Jefferson era um gênio em ocultar contradições em abstrações, observou o historiador Joseph Ellis. O homem da Virgínia que insistia "que todos os homens nascem iguais" chegou à Filadélfia acompanhado por escravos em trajes suntuosos.[36] Sua declaração acoplou princípios universais a uma implausível e extensa lista de ofensas – 27 no total – cometidas *pessoalmente* por George III, motivo pelo qual o documento integral não pode ser citado hoje sem soar um tanto tolo. Jefferson, assim como Paine, nada disse quanto ao *tipo* de governo que deveria substituir o do tirano inglês. Detalhes não eram o ponto forte dos dois patriotas.

Caso fossem, a independência podia jamais ter sido obtida, pois detalhes enfraquecem as chamas dos navios e desconectam a conclusão do início dos argumentos. Por isso, Paine e Jefferson julgaram necessário balançar a história, e só a essa altura começar a escrevê-la. A retórica, seu bastão, devia ser mais clara que a verdade, mesmo se exigisse inversões.[37] George III não era Nero nem sequer Jaime II. Jefferson, não obstante, partiu para o ataque acusando o rei de ter apoiado o comércio escravo, pois assim difamaria a reputação *da escravidão* – e permitiria uma votação não unânime a favor da liberdade.[38]

Graças a tais ajustes, no entanto, a decisão acabou sendo unânime. Uma declaração consistente, em termos ideológicos, não teria causado comoção em treze estados *desunidos* da América. Tampouco um tom de voz monocórdio teria despertado as emoções inflamadas dos signatários: a raiva patriótica, a reflexão filosófica, o lúgubre receio de uma possível carnificina, a convicção de que olhos espreitavam por toda parte e um prazer quase adolescente em estar "em nosso poder", como Paine define, "o recomeço do mundo".[39] John Adams, que em geral não via com bons olhos explosões – exceto as causadas pelo próprio mau humor –, estava imbuído do espírito da independência ao conclamar que seus aniversários fossem "solenizados" – após agradecer a Deus – "com desfiles, shows, jogos, esportes, armas, sinos, fogueiras e iluminações de uma ponta a outra deste continente, a partir de hoje e para todo o sempre".[40]

VII.

Adams não cometeu um lapso quando escreveu "continente" e não "país", pois os autores da independência costumavam usar a geografia para se fortalecer. Paine considerou "um extremo absurdo supor um continente governado perpetuamente por uma ilha". Franklin salientou que os ingleses gastaram 3 milhões de libras em 1775 para matar apenas "150 ianques". Nesse mesmo ano, 60 mil americanos tinham nascido. Quanto tempo eles levariam e quanto custaria para "matarem todos nós"?[41] George Washington, na época no comando do exército continental, não dispunha de espaço ilimitado para recuar, mas ainda assim tinha muito espaço: seu adversário só podia ser abastecido por mar. Então, Franklin confiou no "tempo, na cautela e em preocupar o inimigo", explicou mais tarde, "até contarmos com melhor equipamento em armas e outros recursos e tropas mais bem disciplinadas" para garantir a vitória.[42]

Isso só podia ser feito, contudo, por um governo; em 1776, os norte-americanos ainda não haviam decidido qual formato de administração desejavam. Optaram, então, por *governos* isolados, pautados pelos interesses de cada estado e unidos por alto pelos Artigos da Confederação. Os estados formaram uma liga, não uma nação: não havia presidente, controle judicial da legislação e, o mais importante, nenhuma autoridade responsável por cobrar impostos.[43] Foi como se os americanos tivessem redigido sua primeira Constituição com "negligência salutar". Se a leveza apreciada no antigo Império Britânico poderia retirá-los dessa nova "negligência", no entanto, ainda permanecia um mistério.

Afinal, mesmo em continentes, exércitos podiam cair em armadilhas e ser forçados à rendição. Foi o que aconteceu com os ingleses em Saratoga, em 1777, e em Yorktown, em 1781. Depois da primeira derrota ainda insistiram, mas desistiram após a segunda: teriam os americanos, em tais circunstâncias, prosseguido na luta? O Congresso da Confederação foi tão parcimonioso com Washington que ele já havia perdido toda a fé quando por fim a paz foi declarada, em 1783. "Apenas graças à nossa reputação de estados unidos como império", alertou, "nossa independência será reconhecida, nosso poder respeitado e nosso mérito apoiado".⁴⁴

O que venceu a guerra, para os norte-americanos, foi um *insight* maquiavélico: a humilhação constitucional de uma monarquia absoluta podia causar a esta, anos depois, o resgate de um arrivista republicano revolucionário. Ainda inconformado com a perda da América do Norte para os ingleses em 1763, Luís XVI recebeu com simpatia os emissários rebeldes em Paris, em 1776. Os americanos propuseram comércio em termos vagos, mas uma vingança certa. Os franceses responderam com reconhecimento, financiamento e uma aliança militar "perpétua": a chegada providencial de uma esquadra da França a Yorktown forçou a capitulação final dos ingleses. Os norte-americanos, sem grande crise de consciência, abandonaram seu aliado para negociar um acordo com agentes do inimigo, estendendo suas fronteiras ao oeste do rio Mississippi.⁴⁵

O resultado desafiou categorias:⁴⁶ foi uma vitória por princípios ou por conveniência? Pelos direitos do homem ou pelas regras da política? Pela leveza do ser ou pela mão de ferro? Por uma república ou, como o próprio Washington definiu, um "império"? Dizer "todas as respostas citadas", embora conveniente, é esquivar-se à pergunta. Se Burke tinha razão ao afirmar que governos deveriam equilibrar insatisfações, se Elizabeth tinha razão em estabelecer precedentes em vez de ser restringida por eles, se Maquiavel tinha razão em preferir a proporcionalidade à consistência, então os americanos não estavam improvisando.⁴⁷ Até Augusto ficaria impressionado com a atitude dos líderes ianques: encenaram uma segunda revolução para corrigir as falhas da primeira com tamanha habilidade, um misto de discrição e persuasão, que só tempos depois o país entendeu o que acabara de acontecer.⁴⁸

VIII.

A despeito de suas contradições, os americanos foram consistentes, antes e depois da primeira revolução, em sua profunda desconfiança em relação ao governo. Tendo sido deixados à própria sorte por tanto tempo, os colonos achavam sinistra qualquer ação britânica que os afetasse: "O mais ínfimo incidente", demonstrara o historiador Gordon, "irrompeu em importantes questões constitucionais envolvendo as liberdades básicas do povo".[49] Feridas abertas não se fecham tão facilmente, e esta durou bastante tempo depois de a Grã-Bretanha reconhecer, em 1783, a independência dos Estados Unidos. Os norte-americanos simplesmente a usaram contra si mesmos.

Talvez a vitória tivesse tornado a leniência menos necessária. Talvez tivesse exposto uma questão até então evitada: a revolução assegurara oportunidades iguais – o direito de lutar contra a desigualdade ou contra sua condição –, mas e quanto a deveres? Talvez a corrupção na sociedade britânica tivesse, assim como a varíola, infectado seus congêneres americanos. Talvez a legislação, se fora de controle, gerasse tirania quer em parlamentos, quer em confederações. Talvez o próprio povo não fosse digno de confiança. Talvez os britânicos tenham tido razão, pensaram alguns americanos, ao tentar substituir a negligência por um pulso mais firme.

Aos olhos do mundo, o país florescia. Apesar da guerra, a população crescia tanto quanto Franklin havia previsto. A paz mais que duplicou o espaço disponível para assentamentos. A prosperidade se espalhou. "Se estamos destruídos", escreveu na ocasião um jovem da Carolina do Sul, "somos a mais esplêndida nação arruinada de todo o Universo".[50]

Por serem altas as expectativas e o mundo ainda não ter recomeçado, todavia, os medos corroíam a autoconfiança. Nada preocupava mais os norte-americanos que a perspectiva de, apesar de terem humilhado a Grã-Bretanha, não serem levados a sério como uma grande potência. Se a revolução apenas estabelecera uma liga de nações – se a autoridade era dividida a ponto de não ter um poder central –, como seria possível ao novo país impressionar outro mais antigo que possuísse esse poder? "Nenhum tratado com os estados americanos pode englobá-los", reclamou lorde Sheffield, editor de Gibbon em *Declínio e queda do Império Romano*, em 1784. "É razoável temer os efeitos de combinações tanto entre os alemães como entre os estados americanos e desaprovar as resoluções da Dieta,* assim como as do Congresso."[51]

Uma ilha havia demonstrado sua incapacidade de governar um continente. Seria uma república capaz? Jamais existira uma em tal escala desde Roma, exemplo nada promissor. O rompimento com a Grã-Bretanha fora resultado da cobrança de impostos sem representação, o que era quase impossível do outro lado de um imenso oceano. O que dizer, no entanto, de um oceano de terras?[52] "Atravessamos o Rubicão", afirmou um panfletista,

> a questão agora é se vamos nos dividir em separados e desproporcionais clãs e hordas, cada um sob o comando de capitães e governantes insignificantes, tão tiranos quanto ousarem ser, mantendo o continente inteiro em constante estado de turbulência [...], ou se todos nós, ou a grande maioria, nos uniremos para estabelecer um governo geral e eficiente, que deverá incluir todo o território cedido aos Estados Unidos pelo Tratado de Paris em 1783.[53]

Parecia até que, ao garantir tais fronteiras, os britânicos tinham instalado uma bomba-relógio: seria possível uma república se tornar um império sem substituir suas liberdades por tiranias, como Gibbon pareceu demonstrar que Roma havia conseguido?

IX.

A segunda revolução norte-americana começou, ao estilo de Augusto, com uma série de reuniões cheias de propósito, porém inconclusivas.

---

* Dieta: em política, assembleia deliberativa formal, a *Bunderstag* alemã, a Dieta Federal. (N. T.)

A primeira teve lugar no monte Vernon, em Washington, em 1785, com o intuito de pôr fim à disputa entre Maryland e Virgínia pelos direitos de navegação do rio Potomac. A verdadeira questão em jogo, concluíram os participantes, eram as tarifas internas, e isso exigiu outra conferência mais expressiva, em Annapolis, em 1786. Mas os presentes entenderam a necessidade de "ajustes" ainda maiores nos Artigos, então organizaram uma "convenção constitucional" na Filadélfia, em 1787. A dita convenção, em sessões fechadas, varreu os Artigos para o esquecimento.[54] Não foi um golpe de Estado: ocorreu de modo muito lento e civilizado para tanto – em termos de resultados, contudo, chegou perto.

O Augusto era Washington, cuja "moderação reflexiva na busca pelo poder", conforme sugere seu mais recente biógrafo, "permitiu-lhe exercer tanto poder". Embora houvesse organizado a reunião de 1785, não assumiu qualquer compromisso. Autorizou dois jovens Agripas – James Madison e Alexander Hamilton – a tomar a liderança em público, enquanto deixava claro, em conversas privadas, sua posição. "Qual é a evidência mais forte da necessidade de rigor em nossos governos que essas desordens?", esbravejou o grande homem (soando um pouco como George III) quando fazendeiros de Massachusetts protestaram, no fim de 1786, contra a famigerada cobrança de impostos pelo governo.[55] Em 1787 Washington foi convencido – embora não facilmente – a presidir a convenção da Filadélfia. Uma vez lá, ele mal falou palavra. Não foi preciso. Figuras augustas atingem seus propósitos, sabia, apenas com a presença.[56]

Ao longo do verão seguinte, os delegados produziram a Constituição mais duradora e com menos emendas do mundo[57], com a qual poucos de seus signatários estavam plenamente satisfeitos. O que levou os Agripas, com certa ajuda de John Jay, a enviar às pressas para impressão *O federalista*, uma justificativa para a ratificação da Constituição 34 vezes maior que o documento defendido.[58] Dirigidos ao "povo do estado de Nova York", nenhum de seus 85 ensaios, todos assinados com o pseudônimo Publius, foi diretamente responsável pela validação da Constituição. Tiveram pouca circulação fora de Nova York quando o Estado finalmente aceitou a nova Carta, em julho de 1788, e dez outros estados – mais que o suficiente – já o tinham feito.[59] A fama de *O federalista* reside em outro ponto: é a obra mais duradora de grande estratégia política desde *O príncipe* de Maquiavel.

A Constituição e *O federalista* têm dois pontos em comum: ambos foram pressionados pelo tempo na composição, mas resistiram ao tempo em termos de importância. O paradoxo toca o cerne da capacidade de manter, ao mesmo tempo, duas ideias opostas na mente e ainda conservar – aqui, de modo brilhante – a habilidade de funcionar. No que, então, residiu o brilhantismo?

X.

Não basta atribuí-lo ao dr. Samuel Johnson. "Depende, senhor; quando um homem sabe que será enforcado em uma quinzena, concentra a mente de modo brilhante."[60] Muitos homens foram para a forca com a mente dispersa, e os Pais Fundadores, a despeito da predileção de Benjamin Franklin por piadinhas com enforcamento,[61] já tinham superado os temores literais de tal destino. O que eles enfrentaram – como uma nova e fraca potência numa arena de potências mais antigas e fortes; como sociedade ainda incapaz de determinar onde residiria sua soberania; como idealistas desiludidos com a natureza humana; como realistas que se julgavam no dever de reformar a natureza humana; como aprendizes de história agora obrigados a escrever a sua própria – foi a necessidade de alinhar aspirações incompatíveis com capacidades limitadas. *O federalista* foi concebido com esse objetivo.

"O assunto, por si só, expressa sua importância", anunciou Hamilton no primeiro parágrafo de seu primeiro ensaio, "compreendendo em suas consequências nada menos que a existência da UNIÃO, a segurança e o bem-estar das partes que a compõem e o destino de um império, sob vários aspectos, o mais interessante do mundo", pois parece ter sido reservado ao povo deste país, por sua conduta e exemplo, decidir a importante questão de se as sociedades dos homens são de fato capazes, ou não, de estabelecer um bom governo a partir da *reflexão* e da *escolha* ou se estão destinadas para sempre a depender do *acaso e da força* para suas constituições políticas.

Resolver questão tão importante exigiria "uma avaliação judiciosa de nossos reais interesses, sem sacrificar o bem público por considerações temporárias ou parciais". No entanto, estremeçam, "isso é algo a ser mais ardentemente desejado que seriamente esperado".

O projeto oferecido para nossas deliberações afeta demasiados interesses particulares, traz inovações a demasiadas instituições locais, para não envolver em sua discussão uma variedade de temas estranhos a seus méritos, e visões, paixões e preconceitos pouco favoráveis à descoberta da verdade.[62]

O mundo, assistindo a isso, jamais esqueceria. Já os americanos, atores do espetáculo, agiam com desatenção. Os meios reunidos estavam muito aquém dos fins pretendidos: havia uma crise em curso.

O federalista era um toque de clarim ambíguo. Afinal, como seria concebível às "partes" submergir na "UNIÃO" (as maiúsculas são de Hamilton) sem se afogar? Por acaso existira algum "império" em que os assuntos ligados à herança e à legitimação não tivessem sido resolvidos pelo uso da força? Seria plausível que questões provincianas se tornassem objeto de ação coletiva? Ou de que adiantava "uma avaliação judiciosa" se "mais ardentemente desejada que seriamente esperada"? Homens sábios cometeram tantos erros, reconheceu Hamilton, que poderiam ensinar moderação "àqueles sempre tão convencidos de estarem certos". Tolice, então, insistir na consistência; seria preciso refazer a lógica em si. Por isso Hamilton começou, como o fizera Augusto, desarmando com humildade a resistência.

XI.

Isso, de certo modo, fez com que James Madison, o mais subestimado dos Pais Fundadores dos Estados Unidos, fosse um nome extremamente apropriado para assumir a mais árdua tarefa de *O federalista* – mostrar como uma república poderia ser um império sem se tornar uma tirania.[63] Triunfante, ele teve sucesso na missão ao conectar tempo, espaço e escala.

A história mostrou que "instabilidade, injustiça e confusão" sempre aniquilaram "governos populares", escreveu Madison no décimo ensaio Publius. A independência ainda deveria libertar os americanos de tais perigos.

> Por toda parte são ouvidas queixas [...] de que o bem público é ignorado nos conflitos entre partidos rivais e de que as medidas são muitas vezes tomadas não de acordo com as normas da justiça e do partido minoritário, mas pela força superior de uma maioria interesseira e opressora.

Abolir a liberdade seria um remédio "pior que a doença". A cura pela igualdade, porém, não salvaria ninguém:

> Democracias têm sido sempre espetáculos de turbulência e controvérsia; sempre foram consideradas incompatíveis com a segurança pessoal ou os direitos de propriedade; e, em geral, têm tido vida tão curta quanto morte violenta.

"As *causas* das facções" eram demasiado humanas para ser eliminadas. Entretanto, talvez o alívio pudesse advir do "controle de seus *efeitos*".[64]

A distância, até então, havia mantido pequenas as repúblicas, pois a representação da qual dependiam exigia o esfriamento de paixões que apenas assembleias deliberativas, em reuniões regulares, poderiam causar. Essa função não podia ser realizada quando os territórios se espalhavam por grandes extensões de terras. A república norte-americana agora englobava um terço de um continente, e era pouco provável que parasse ali. Como, então, poderia uma bomba--relógio britânica de generosidade – o oceano de terra cedido em 1783 – fracassar em restaurar protestos familiares de "não taxação sem representação"? Onde, caso isso acontecesse, iria parar a "UNIÃO" de Hamilton?

Madison solucionou essas questões de tempo e espaço modificando a *escala*. Agindo assim, ele bebeu, ciente ou não,[65] da fonte de Maquiavel, pois apenas em repúblicas, observara o florentino, o bem comum podia receber a atenção apropriada. Ao expandir o número dos beneficiados, a influência dos poucos a não receber benefícios poderia ser reduzida: nem todas as partes submersas num todo precisam afundar.[66] A escala podia preservar a vida. Havia, reconheceu Madison, perigos nessa situação:

> Aumentando em demasia o número de eleitores [votantes], o representante fica muito pouco familiarizado com todas as circunstâncias locais e com os interesses de menos importância; assim como, reduzindo-se em demasia o número de eleitores, tais circunstâncias e interesses passarão a exercer excessiva influência sobre o representante, impedindo-o de avaliar e defender grandes objetivos nacionais.

Com certeza, porém, existia "um ponto central, um meio-termo em que os inconvenientes se encontrem tanto de um lado quanto do outro". Desse modo, equilibrar facções – uma empreitada burkeana – poderia se beneficiar das "inconveniências":

> Estenda a região e terá maior variedade de partidos e interesses; será menos provável que a maioria do todo tenha um motivo comum para usurpar os direitos de outros cidadãos; ou, se tal motivo comum existir, será mais difícil para todos que o sentem descobrir a própria força e agir em uníssono.

A Constituição proposta "apresenta uma feliz combinação a esse respeito: os interesses maiores e coletivos serão tratados pelo legislativo nacional; os locais e particulares, pelas legislaturas estaduais".[67]

Madison, portanto, posicionou a *escala* através do *espaço* para reverter o *tempo*. Doravante, a história fortaleceria sua república permitindo a facções competir em todos os níveis, para que, à medida que o país crescesse, seu caminho não fosse o de Roma.[68] O arco de *O federalista* pendeu na direção de Lincoln, não na de Nero.

XII.

Se esse foi o caso, contudo, por que a União no governo de Lincoln se mostrou um fracasso tão catastrófico? A resposta mais fácil diz que nenhuma estratégia prevê todas as adversidades e toda solução gera novos problemas, os quais por vezes superam as soluções. A resposta mais difícil – embora eu acredite ser a mais exata – reside na possibilidade de que os Fundadores submeteram a União a um teste: cientes da necessidade de proporcionar aspirações com capacidades, reconhecendo incompatibilidades em coisas positivas, optaram por salvar o novo Estado e deixar às gerações posteriores o encargo de salvar sua alma.

Tanto Agostinho como Maquiavel viram na proporcionalidade um modo de equilibrar as respectivas reivindicações de almas e Estados: discordavam, é claro, quanto ao fato de o equilíbrio alcançado exigir ou não a prestação de contas a Deus. Agostinho afirmou que sim e trabalhou firmemente nesse propósito; já o Deus de Maquiavel deixou a habilidade política a cargo do homem. Os americanos, em variedades quase tão infinitas quanto as de Elizabeth I, ficaram em cima do muro: podiam ser frios e pragmáticos como seus primeiros líderes, fanáticos religiosos como seus pregadores e, como seus empreendedores, ocupar algum ponto entre esses extremos. Poucos na jovem república questionaram, contudo – pelo menos não abertamente –, o que tantos na república madura dariam a vida para mudar: a aberração de uma Constituição que, ao mesmo tempo, prometia a "União mais perfeita" e aceitava a escravatura.[69]

Ao agir assim, reconheceu o que a Declaração da Independência não podia dizer: *nem todos* os homens são iguais. Os homens de 1776 temiam – Jefferson, inclusive – que não teriam um Estado, caso libertassem os escravos e o país. A Constituição colocou a questão em juridiquês, repartindo lugares na Câmara dos Representantes para o "número total de pessoas livres" e "três quintos da população restante", proibindo por vinte anos quaisquer restrições à "migração ou à importação de tais pessoas que qualquer dos estados ora existentes julgar conveniente permitir" e exigindo que "nenhuma pessoa sujeita a regime servil ou trabalho sob as leis de um estado, [...] que escape para outro, deve [...] ser liberada de tal serviço ou trabalho". A palavra "escravidão" não era mencionada em nenhum trecho.[70]

Essa evasiva deixou Madison, em *O federalista*, na busca desesperada por uma tábua de salvação. "Teria sido sem dúvida desejável", escreveu com franqueza, "que o poder de proibir a importação de escravos não tivesse sido adiado até 1808 e que víssemos desde já sua imediata operação". Esse tempo estipulado, porém,

> pode acabar para sempre, dentro desses estados, com um tráfico que por tanto tempo e em altos brados tem acusado o barbarismo da política moderna [...]. Felizes seriam os infortunados africanos, se a igual perspectiva de ficarem livres da opressão de seus irmãos europeus lhes fosse apresentada!

Infeliz hipocrisia, contudo, partindo do Madison que, em outra passagem, defendia a cláusula dos três quintos num longo e elaborado texto que pretendia representar as opiniões dos "irmãos" americanos que viam os escravos tanto como pessoas quanto como propriedades.

> Tal é a argumentação que um advogado na defesa dos interesses sulistas pode empregar acerca desse assunto; e embora possa parecer um pouco extenuante em alguns pontos, no conjunto, no entanto, devo confessar que para mim se concilia por completo com a escala de representação que a Convenção [Constitucional] estabeleceu.[71]

Como a ponderação de Madison exigiu uma dose de barbaridade, não surpreende que ele tenha se extenuado. As opções apresentadas, entretanto, eram irreconciliáveis: os Fundadores poderiam ter a União ou a Emancipação, mas não ambas, pelo menos não em sua geração. Então escolheram a União e adiaram a Emancipação, pressupondo – embora raras vezes tenham admitido – que os *prospectos* para tal ficariam melhor num único Estado forte que em vários mais fracos.[72] Fizeram, por fim, uma aposta: se com Deus ou com o Diabo, depende do ponto de vista do leitor.

XIII.

A tarefa de buscar um império continental republicano fez com que os Pais Fundadores estendessem sua missão para as gerações posteriores. Hamilton, o mais rígido na oposição à escravatura, viu numa União expandida a oportunidade "de se tornar o árbitro da Europa na América e ser capaz de inclinar a balança das competições europeias nessa parte do mundo conforme possam ditar nossos interesses". Madison mostrou como a expansão externa poderia ocorrer equilibrando-se interesses internos.[73] Jefferson, depois de eleito presidente, equilibrou seu quase patológico ódio por Hamilton[74] com a inesperada sorte de adquirir a Luisiana dos franceses por uma pechincha, dobrando de novo o tamanho da União. "Perder nosso país por uma escrupulosa aderência às leis escritas", raciocinou mais tarde (Hamilton, no Paraíso ou no inferno, deve ter sorrido, ainda que relutante), "seria perder a própria lei, [...] sacrificando assim, de modo absurdo, o fim aos meios".[75]

Em 1811, John Quincy Adams, então com 44 anos, tomou para si o dever de informar a sua mãe que a escolha residia em ter, por um lado, "uma quantidade infinita de pequenos clãs e tribos em permanente guerra entre si por uma pedra, um tanque de peixes, esporte e a fábula de senhores e opressores europeus" e, por outro, "uma nação de igual extensão com o continente norte-americano, destinada por Deus e pela natureza a ser o povo mais populoso e mais poderoso já unido sob um pacto social".⁷⁶ Retomando a previsão do pai em 1776: fogos de artifício de oceano a oceano.

O Adams mais jovem conquistou mais que seu quinhão, basicamente à custa da Espanha, depois de se tornar secretário de Estado de James Monroe em 1817. No mapa, o império de Felipe II ainda se estendia do centro da América do Norte ao estreito de Magalhães, mas a Revolução Francesa e a ascensão de Napoleão haviam contagiado o mundo com a febre por independência, assim como os Estados Unidos.⁷⁷ Adams, tal um tubarão, tratou de explorar as fraquezas. Começou com a Flórida, onde transformou um ataque militar preventivo, iniciado sob a questionável autoridade de Andrew Jackson, num ultimato: a Espanha deveria assegurar as fronteiras do território ou "ceder aos Estados Unidos uma província [...] de fato abandonada, exposta à ocupação de qualquer inimigo dos Estados Unidos, civilizado ou selvagem, cujo único propósito concebível é ser um posto de aborrecimento para eles".⁷⁸

Em 1821, os espanhóis haviam aberto mão da Flórida em troca de uma suposta reivindicação norte-americana, da exclusão do Texas (que, de qualquer maneira, em breve seria território mexicano) dos Estados Unidos e de um acordo pelo qual o império permaneceria soberano no paralelo 42 N, ao norte do plano equatorial – uma reta até o Pacífico, apesar de os norte-americanos não terem nenhum título de posse em qualquer desses lugares. Foi uma exibição de audácia e arrogância sem igual em termos de habilidade política,⁷⁹ até ser superada, dois anos depois, pelo próprio Adams.

A oportunidade surgiu por ocasião da mensagem anual de James Monroe ao Congresso, agendada para dezembro de 1823.⁸⁰ O secretário de Relações Exteriores da Grã-Bretanha, George Canning, propôs aos Estados Unidos atuar em conjunto com a Inglaterra a fim de evitar qualquer tentativa da Rússia, da Prússia, da Áustria e da França pós-napoleônica de restaurar o domínio espanhol – ora praticamente perdido – no Novo Mundo. Canning tinha em mente interesses comerciais britânicos que sua Marinha não precisava de ajuda para assegurar. Associar os americanos, entretanto, poderia aplacar o travo de amargura ainda deixado pela guerra de 1812 e a "queima de Washington" pelos ingleses, dois anos antes.[81] Adams, porém, viu a chance, graças a uma sagaz provocação, de um pronunciamento revolucionário.

Foi essa a origem da grande "doutrina" pela qual Monroe costuma ser lembrado: "Os continentes americanos, pela livre e independente condição que assumem e mantêm, doravante não devem ser considerados objetos de futura colonização por nenhuma potência europeia". Um gesto vazio? Dadas as capacidades na ocasião, com certeza, mas não à luz das aspirações evocadas por Hamilton em *O federalista*: empregar "a força e os recursos naturais do país" no "interesse comum" de refrear "todas as formas e combinações da inveja europeia visando a impedir nosso crescimento". Em resumo, "tornar-se o árbitro da Europa na América".[82]

Não haveria tal interesse, entretanto, caso Madison não tivesse mostrado, em *O federalista*, como refrear primeiro as invejas internas. Foi esse o objetivo do perturbador Compromisso de Missouri de 1820, que partilhou novos territórios como futuros estados livres ou escravagistas. Adams prosseguiu, convencido de que a "barganha entre liberdade e escravidão" da Constituição era "moral e politicamente perversa, [...] inconsistente com os princípios com que nossa revolução pode ser justificada" – sem, no entanto, deixar de reconhecer que a barganha mantinha a União longe de uma guerra civil. E o resultado de uma guerra com certeza seria

> a extirpação da escravidão em todo este continente; e por mais calamitoso e desolador que possa ser seu desenrolar no curso dos acontecimentos, tão gloriosa seria sua conclusão que, assim como Deus me julgará, não ouso dizer que não deva ser desejado.

Como o jovem Agostinho poderia ter dito: mas não agora. A conversão, a emancipação e o próprio Deus teriam de esperar.[83]

XIV.

Como, então, uma república jovem, no que ainda se constituía a era dos impérios, conseguiu proclamar a hegemonia em um hemisfério?

Talvez os britânicos, como pais exaustos, tivessem aprendido a tolerar as travessuras dos filhos: "O princípio (se é possível chamá-lo de princípio)" era "novo para esse governo", ponderou Canning no início de 1824. Em três anos, porém, esse pai em particular vangloriava-se na Câmara dos Comuns: "Eu dei vida ao Novo Mundo para reparar o equilíbrio do Velho". O comentário provocou a fúria de um historiador americano, que comparou o secretário britânico ao personagem infantil Little Jack Horner: não só ele tinha enfiado o dedo na torta de ameixa e tirado a fruta de lá, como alegava também *ter feito* a torta, dizendo, ao fim: "Veja como sou um menino grande!".*[84]

Canning, entretanto, tinha muito mais em mente. Convencido de que a América do Norte não estava prestes a se dividir em clãs e tribos disputando tanques de peixes, pensou nas futuras implicações. Uma ainda não tão visível era Winston Churchill, filho de mãe americana, nascido em 1874 no Palácio Blenheim. O mais importante inglês desde a rainha Elizabeth não era de negligenciar disputas de poder nem de economizar boas frases. Ele reciclou as de Canning várias vezes, a mais memorável delas em seu discurso na Casa dos Comuns a respeito da evacuação britânica em Dunquerque, em 4 de junho de 1940. Ele jamais se renderia, jurou Churchill. Mesmo se

> esta ilha ou grande parte dela for ocupada e ficar sem alimentos, então nosso Império de além-mar, armado e protegido pela frota britânica, prosseguirá lutando, até que, no tempo aprazado por Deus, o Novo Mundo, com todo seu poderio e sua riqueza, decida se lançar na guerra para resgatar e liberar o Velho Mundo.

Tanto Canning quanto Churchill perceberam uma alteração nas placas tectônicas da história – o secretário de Relações Exteriores, de longe, o primeiro-ministro, logo abaixo dos pés –, comparável, em

---

* Referência a uma canção de ninar cuja primeira versão data do século XVIII, na Inglaterra. Nela, um garoto chamado Little Jack Horner senta-se em um canto da sala para comer uma torta de ameixas, enfia o dedo na torta, pega uma ameixa e diz: "Veja como sou um bom menino!". A mensagem da canção foi, depois, associada ao egoísmo e ao oportunismo. (N. T.)

termos de importância, à alteração desencadeada pela mudança de ventos perto da costa de Dunquerque, certa tarde de agosto de 1588.[85]

Isso provoca um debate: por que, nos séculos XVIII e XIX, apenas um país do Novo Mundo conquistou poder suficiente para reparar os equilíbrios do Velho – não uma, mas três vezes – no século XX? Como podia tal potência ter emergido de colônias britânicas desorganizadas e divididas, não de suas correspondentes ao sul, mais ricas e mais bem administradas pela Espanha? Simón Bolívar, libertador da América hispânica, sugeriu uma resposta já em 1815: jamais haveria os Estados Unidos da América Latina.[86]

Uma das razões era a geografia. Era mais fácil governar um império de seus portos que de seu interior, mas isso não preparava uma nação para se autogovernar. As barreiras internas de clima, topografia, habitantes, culturas e comunicações eram enormes.[87] "Quem é [sequer] capaz de compilar estatísticas completas de uma terra como essa?", queixou-se Bolívar. O istmo do Panamá estava longe de ser, "para nós, o que o istmo de Corinto foi para os gregos!".[88]

Todavia, por que a diversidade da América Latina não poderia se transformar em força, como fez James Madison no artigo 10 de *O federalista*? O problema, argumentou Bolívar, era a imaturidade política. A Espanha havia controlado seus territórios com mão de ferro para mantê-los numa "infância permanente", incapazes de impor respeito. "Fomos privados até de uma tirania ativa, já que não nos foi permitido exercer suas funções."[89] No passado maior império do mundo, a Espanha estava fraca demais para manter seu domínio, mas não havia treinado herdeiros para ocupar seu lugar.

Governos representativos, por conseguinte, encontrariam dificuldade em criar raízes. Alguma forma de absolutismo – provavelmente disfarçada de republicanismo – seria mais provável. Mas não, pensou Bolívar, em escala continental, pois forças autoritárias por natureza resistem à cooperação. Apenas sob a orientação e a proteção de uma grande nação "liberal" os latino-americanos cultivariam "as virtudes e os talentos que conduzem à glória".[90]

Isso inspirou um contemporâneo de Adams, Henry Clay, apaixonado defensor do apoio dos Estados Unidos não apenas aos movimentos de independência na América Latina, mas também às rebeliões dos gregos contra o domínio otomano.[91] O próprio Adams, contudo, percebeu que tal ajuda poderia rapidamente comprometer recursos materiais e morais. Os Estados Unidos "não vão para o exterior em busca de monstros para destruir", admoestou à Câmara dos Representantes em um discurso escrito de próprio punho em 4 de julho de 1821:

> Ela é simpatizante da liberdade e independência de todos. É a vencedora e defensora apenas dos seus [...]. Sabe muito bem que, uma vez se alistando sob outras bandeiras, [...] acabará se envolvendo, sem poder se desembaraçar, em todas as guerras de interesses e intrigas, de avareza, inveja e ambição individuais, que assumem as cores e usurpam o padrão da liberdade. As máximas fundamentais de sua política insensivelmente mudariam da liberdade para a força [...]. Ela poderia se tornar a ditadora do mundo. Não mais governaria o próprio espírito.[92]

Nisso consistia, de forma indelével, o compromisso característico da época: o princípio de liberdade talvez aplicado de modo parcial na prática. Porém, a União – e sua natureza de obter fins grandiosos levando em conta os meios disponíveis – surgiu primeiro. Apenas um Estado em paz consigo mesmo poderia salvar sua alma. Até então.

7

OS MAIORES ESTRATEGISTAS

Há um momento curioso, pouco antes do registro de Liev Tolstói acerca da batalha de Borodino – em *Guerra e paz* –, em que dois de seus personagens centrais, Pierre Bezukhov e o príncipe Andrei Bolkonsky, saem de um abrigo e veem Carl von Clausewitz passando a cavalo acompanhado de outro oficial. Um deles diz: "É preciso que a guerra se espalhe. Impossível para mim não exprimir a elevada apreciação deste ponto de vista". O outro concorda: "Como o objetivo é enfraquecer o inimigo, não se pode levar em consideração a perda de homens". O comentário enfurece Andrei, cuja propriedade já tinha sido afetada pela extensão da guerra. "Só existem nas cabeças alemãs", reclama, amargo, para Pierre, "os raciocínios lógicos, que não valem um centavo furado... Eles *lhe* [Napoleão] deram a Europa inteira e vieram nos ensinar. Belos professores!".[1]

Na curta distância que separa a visão de quem está montado a cavalo de quem está no solo, Tolstói evoca a lacuna existente, em todos os níveis, entre a *teoria* e a *prática*. É um dos muitos exemplos nos quais seus *microinsights* têm macroimplicações, mas os textos de Clausewitz também estão repletos deles. Poucos pensaram mais a fundo ou escreveram com maior agudeza a respeito de tempo, espaço e escala que o cavaleiro que passa e o romancista que o retratou.

Pierre e Andrei estavam em Borodino, é claro, apenas na imaginação de Tolstói, mas Clausewitz encontrava-se de fato no local. Quando da invasão da França em 1812, ele se demitiu de seu posto no Exército prussiano, uniu-se aos russos e lutou na grande batalha.[2] O meticuloso Tolstói devia saber disso e talvez tivesse lido *Da guerra*, publicado postumamente, em 1832, antes de escrever *Guerra e paz*, nos anos 1860.[3] Seu Clausewitz prefere a abstração à observação, acusação repetida por muitos críticos até o século XX.[4] É possível, contudo, que a intenção de Tolstói não fosse censurar Clausewitz, mas, sim, revelar a opinião dos russos na época quanto a seus novos aliados prussianos. Pois não apenas Tolstói e Clausewitz veem a prática da guerra de modo similar, como constroem teorias, extraídas de suas próprias experiências militares, a respeito das limitações da teoria em si.

I.

"Acompanhemos um principiante ao campo de batalha", escreve Clausewitz em *Da guerra*, não deixando a menor dúvida de que entende do assunto:

> À medida que nos aproximamos, o estrondo de armas aumenta e se alterna com o zumbido das balas de canhão que começam a atrair sua atenção. Tiros começam a espocar à volta. Subimos às pressas a ladeira onde o comandante geral encontra-se estacionado com sua numerosa tropa. Aqui as balas de canhão e as bombas são frequentes, e a vida começa a parecer mais séria do que imaginou o jovem. De repente, um conhecido seu é ferido; depois uma bomba explode em meio à tropa. Você percebe que alguns dos oficiais agem de modo um tanto estranho; você mesmo

não está tão calmo e controlado quanto antes. Mesmo os mais corajosos podem ficar um tanto perturbados. Agora entramos na tempestuosa batalha diante de nós, ainda quase um espetáculo, e nos juntamos ao comandante da divisão mais próxima. Os estampidos caem como granizo, e o ribombar de nossas próprias armas aumenta o barulho. À frente, o comandante do pelotão, soldado de reconhecida bravura, toma o cuidado de se abrigar atrás de uma elevação, uma casa ou de um arvoredo. Ouve-se um ruído, indicação concreta de perigo crescente – o matraquear de balas nos telhados e no chão. As balas de canhão passam zunindo em todas as direções, e os tiros de fuzil começam a sibilar à nossa volta. Pouco adiante chegamos à linha de fogo, onde a infantaria resiste há horas ao ataque com incrível obstinação. O ar está cheio de projéteis sibilantes que soam como estampidos agudos ao passar perto das cabeças. E para que sofra o choque definitivo, a visão de homens sendo mortos e mutilados comove nosso coração acelerado de assombro e piedade.

O novato não pode atravessar essas etapas de perigo de intensidade crescente sem sentir que ali as ideias são regidas por outros fatores, que *a luz da razão é refratada de um modo bem diferente do que ocorre em geral na especulação acadêmica*.[5]

E aqui um trecho de Tolstói – que serviu com o Exército russo no Cáucaso, nos Bálcãs e na Guerra da Crimeia, nos anos 1850 – sobre a batalha de Borodino:

Do campo de batalha, os ajudantes de ordens que ele enviara e os ordenanças de seus marechais galopavam sem descanso ao encontro de Napoleão levando informações sobre o curso dos acontecimentos. Mas todos esses relatos eram falsos. Não só porque no calor da batalha é impossível dizer o que está acontecendo em determinado momento, mas porque muitos dos ajudantes de ordens não chegavam ao local exato da batalha, e sim repetiam o que tinham ouvido de outros. Além disso, enquanto um ajudante de ordens percorria a cavalo os 2 ou 3 quilômetros que o separavam de Napoleão, as circunstâncias mudavam, e as novidades trazidas passavam a ser incorretas [...]. Sob o peso de tantas informações inevitavelmente falsas, Napoleão passava as ordens, que ora já tinham sido cumpridas antes que as desse, ora não eram nem podiam ser cumpridas.

Os marechais e os generais localizados mais perto dos campos de batalha, que, como Napoleão, não participavam da batalha em si, mas apenas ocasionalmente chegavam à linha de fogo, davam suas próprias instruções e ordens de onde atirar, de qual lugar e para onde a cavalaria deveria cavalgar e a infantaria correr, sem consultar Napoleão. Mas mesmo suas instruções eram executadas raramente e em tão pequena escala quanto as de Napoleão. Na maior parte das vezes, a ação era contrária às ordens dadas. Soldados que recebiam ordem para avançar fugiam ao ser surpreendidos pelas balas de canhão; soldados que tinham recebido ordem de permanecer em seus lugares, ao ver os russos aparecerem de repente à frente, às vezes debandavam e em outras os atacavam, e a cavalaria, sem ter recebido ordens, lançava-se em perseguição aos russos em debandada... Tão logo esses homens abandonavam o espaço no qual zumbiam balas de canhões e projéteis, seus comandantes, na retaguarda, os formavam, restabeleciam a disciplina e, sob o efeito de tal disciplina, novamente eram conduzidos à linha de fogo, na qual (sob o efeito do medo e da morte) mais uma vez esqueciam a disciplina e corriam sem rumo, dependendo do estado de ânimo do grupo.[6]

Esses trechos passam muito longe da abstração: ao lê-los, podemos nos perguntar o que se logra no caos da batalha. Em Borodino, entretanto – a despeito de não haver um vencedor definido –, muito foi conquistado.

A batalha enfraqueceu os dois lados, mas os russos tinham até mais territórios que os americanos para onde recuar e abandonaram Moscou. Os franceses, longe de casa, avançaram quando Napoleão não resistiu ao impulso de tomar a cidade, esperando com essa atitude convencer o tsar Alexandre I a assinar a paz. Quando sua intenção foi frustrada, o maior gênio militar desde Júlio César comportou-se como um cachorro que, depois de correr atrás de um carro e alcançá-lo, não sabe o que fazer em seguida. Nesse meio-tempo, como o mais humilde dos soldados de Napoleão poderia lembrá-lo, o inverno chegava.

Clausewitz denominou esse o "ponto culminante" da ofensiva de Napoleão: com isso, quis dizer que os franceses haviam derrotado a si mesmos pela exaustão.[7] "Brandindo [a] espada da vingança",[8] os russos podiam expulsá-los do país. O velho, gordo e lerdo comandante de Tolstói, Mikhail Kutuzov, exemplifica isso melhor que Clausewitz: poucas figuras na história fizeram mais *aparentando* fazer menos. Em consequência, Napoleão perdeu seu exército e, em um ano e meio, o trono. O tsar russo desfilou triunfante por Paris, foi recebido em Londres com deferência e chegou a jantar em Oxford, na Câmara Radcliffe, enquanto os dignitários o observavam das galerias, fascinados.[9]

A "gramática" da guerra, escreve Clausewitz em *Da guerra*, "pode ser própria, mas sua lógica, não".[10] Com treino, disciplina e liderança superior, exércitos podem perder temporariamente o instinto humano de fugir do perigo. O combate, como descobre o novato de Clausewitz, desafia o senso comum. Com o tempo, entretanto, a lógica bloqueia, confunde e suplanta tal gramática; o sentimento heroico se esvai, assim como as ofensivas diminuem quando as filas para suprimentos se alongam. Recuos convidam a contra-ataques. A Rússia é grande, e seu inverno é inclemente. Cães que alcançam carros nunca sabem o que fazer com eles. Por que, então, Napoleão esqueceu o que a maioria dos tolos sabe?

Talvez porque o senso comum seja tal e qual o oxigênio: quanto mais alto se sobe, mais escasso se torna. À medida que cada triunfo superava o anterior, a gramática de Napoleão transformou-se em sua lógica. Como César, ascendeu tão acima do básico que perdeu a noção do conjunto. Tais ascensões podem ser assombrosas, como antigamente eram os balões de ar quente, mas a gravidade sempre está presente.

II.

Clausewitz morreu em 1831, antes de concluir *Da guerra*, deixando-nos um livro volumoso, contraditório e difícil de manejar, cuja leitura atenta, aviso a meus alunos, pode provocar desorientação mental. Eles podem não entender o que o autor disse e podem até duvidar de quem são. Tolstói concluiu *Guerra e paz* em 1868, mas não tinha muita noção do que acabara de escrever: "Não é um romance, tampouco um poema épico, e menos ainda uma crônica histórica. *Guerra e paz* é o que o autor quis e foi capaz de expressar, na forma pela qual expressou".[11] Isaiah Berlin detecta nas evasivas de Tolstói "um atormentado conflito interno" – como os causados pela leitura demasiado atenta de Clausewitz? – entre a "ilusória experiência do livre-arbítrio" e "a realidade do inexorável determinismo histórico".[12]

Contudo, e se Clausewitz e Tolstói estivessem brigando com as contradições – talvez até saboreando a disputa – e não sofrendo por causa delas?[13] Para ambos, no determinismo, tal como nas leis, não pode haver exceções: "Se um único homem em milhões num período de milhares de anos teve a possibilidade de agir com liberdade", escreve Tolstói, "então é óbvio que um ato livre e contrário às leis deste homem destrói a possibilidade da existência de quaisquer leis para o total da humanidade".[14] Clausewitz concorda, mas salienta que se leis não podem conter "a diversidade do mundo real", então "a aplicação do *princípio* permite um sentido mais amplo". O provérbio diz que "toda regra tem exceção", não que "toda lei tem exceção", sugerindo que, conforme as abstrações se aproximam da realidade, permitem "interpretações mais liberais".[15] Tal afirmação seria compatível com Tolstói, que busca com afinco subverter *todas* as leis.

Muitas teorias, reclama Clausewitz, se esforçam demais para ser leis. Como exemplo, cita esta regra prussiana para apagar incêndios:

> Se uma casa estiver pegando fogo, deve-se, em primeiro lugar, procurar salvar a parede direita da casa à sua esquerda, bem como

a parede esquerda da casa à sua direita. Pois se, por exemplo, tentarmos proteger a parede esquerda da casa à esquerda, devemos nos lembrar de que a parede direita da casa está à direita de sua parede esquerda, e assim, uma vez que o fogo está também à direita dessa parede e da parede direita (pois presumimos que a casa esteja à esquerda do fogo), a parede direita está mais próxima do fogo que a esquerda, e a parede direita da casa poderia pegar fogo, caso não fosse protegida antes de o incêndio atingir a parede esquerda protegida. Em consequência, algo que não esteja protegido poderá pegar fogo, e antes de qualquer outra coisa, mesmo se essa outra coisa também não estiver protegida. Portanto, esta última deve ser deixada de lado e a anterior deve ser protegida. Para fixar este ponto com firmeza na mente, é preciso apenas lembrar: se a casa estiver à direita do incêndio, o que importa é a parede esquerda; e se a casa estiver à esquerda do incêndio, o importante é a parede direita.

Da guerra, promete Clausewitz, evitará tal "contrassenso", apresentando "ideias e convicções" obtidas graças a "anos de pensamento acerca da guerra, bastante contato com homens capazes e conhecedores da guerra e uma boa dose de experiência pessoal com ela". Tudo isso ele irá expor "de forma compacta, como pequeninas pepitas de metal puro".[16]

O trecho citado lembra Maquiavel, cuja obra Clausewitz conhecia e admirava.[17] O cólera que o vitimou aos 51 anos, porém, lhe negou o tempo necessário para encurtar e tornar *Da guerra* mais claro. Então, não se trata exatamente de pepitas de ouro, mas de uma imensa rede repleta de polvos emaranhados. O livro favorece, assim como *A cidade de Deus*, de Agostinho, uma leitura em diagonal: é preciso cuidado para não ficar preso no que *sir* Michael Howard denominou de "irritante incoerência" de Clausewitz.[18]

Guerra e paz, por outro lado, é uma leitura difícil de ser feita na diagonal, pois Tolstói é um escritor muito cativante. Ele mesmo, contudo, perto do fim do livro, impõe a seus leitores longas digressões sobre a ineficácia de grandes homens e a falta de sentido da história. É melhor, para o leitor, deixar o rio de palavras passar por essas explicações pomposas e, só mais tarde, revisitá-las. Você encontrará nele um Clausewitz ponderado e, de certa maneira, aprimorado. Eis, a seguir, a "teoria" de Tolstói acerca da recente história europeia:

> Luís XIV era um homem muito orgulhoso e presunçoso; teve tais e tais amantes e tais e tais ministros e governou mal a França. Os herdeiros de Luís também foram homens fracos e governaram mal a França. Eles também tiveram tais e tais favoritas e tais e tais amantes. Ademais, nessa época, alguns homens andavam escrevendo livros. No fim do século XVIII, umas duas dúzias de homens foram juntos para Paris e começaram a dizer que todos os homens eram iguais e livres. Isso levou pessoas de toda a França a se matar e a afogar uns aos outros. Essas pessoas mataram o rei e muito mais gente. Ao mesmo tempo, havia na França um homem de gênio: Napoleão. Ele derrotou todos em todos os lugares – quer dizer, ele matou um monte de gente – por ser um grande gênio. E, por algum motivo desconhecido, decidiu matar africanos, e os matou tão bem, e foi tão esperto e inteligente, que ao retornar à França ordenou que todos lhe obedecessem. E todos lhe obedeceram. Proclamado imperador, foi de novo matar gente na Itália, na Áustria e na Prússia. E matou mesmo um monte. Na Rússia, havia o imperador Alexandre, que decidiu restaurar a ordem na Europa e, portanto, entrou em guerra com Napoleão. Porém, no sétimo ano de 1800, de repente ficaram amigos; mas no décimo primeiro ano brigaram de novo, e mais uma vez começaram a matar muita gente. E Napoleão levou 600 mil homens para a Rússia e conquistou Moscou; então, de repente, ele fugiu de Moscou, e depois o imperador Alexandre [...] uniu a Europa incitando-a a pegar em armas contra o perturbador da paz. De súbito, todos os aliados de Napoleão se transformaram em inimigos; e essa força armada marchou contra Napoleão, que havia reunido novas tropas. Os aliados derrotaram Napoleão, entraram em Paris, obrigaram

Napoleão a renunciar e o exilaram na ilha de Elba, mas sem o privar da dignidade de imperador e dando-lhe provas de consideração, embora cinco anos antes e um ano depois todos o considerassem um bandido, um fora da lei. E assim começou o reinado de Luís XVIII, que os franceses e os aliados até então sempre haviam ridicularizado [...]. Então, estadistas e diplomatas de grande habilidade política [...] conversaram em Viena e, em consequência dessas conversas, deixaram os povos felizes ou infelizes. De um momento para o outro, os diplomatas e os monarcas quase brigaram; já se preparavam para ordenar às suas tropas nova matança; mas nesse momento Napoleão chegou à França com um batalhão de soldados, e os franceses, que o odiavam, submeteram-se a ele de imediato. Mas os monarcas aliados ficaram zangados com a situação e de novo travaram guerra contra os franceses. E o genial Napoleão foi derrotado e levado para a ilha de Santa Helena, de repente proclamado bandido. E no exílio, longe daqueles que lhe eram caros e da sua amada França, padeceu de uma morte lenta causada por uma pedra e legou seus grandes feitos à posteridade. Porém, na Europa, houve reação e todos os soberanos começaram a maltratar de novo o próprio povo.[19]

Em geral, não pensamos em Tolstói ou em Clausewitz como piadistas. O fato, porém, de ambos serem capazes de ridicularizar teorias sugere respeito pelas incoerências, não compulsão por encobri-las.

O que de fato os obcecava, acho, era a *ironia*, definida como "figura por meio da qual se passa uma mensagem diferente, muitas vezes contrária à mensagem literal, geralmente com o objetivo de criticar ou promover humor".[20] Nenhum europeu seria capaz de evitar a perplexidade durante ou após a época de Napoleão. Perplexidades perseguiam Clausewitz e Tolstói, assim como a convicção de que elas surgiam de embates entre uma lei universal – os fins podem ser ilimitados, mas nunca os meios – e uma peculiaridade humana recorrente: para personalidades como Napoleão, Helespontos existem para ser atravessados.

III.

Em 24 de junho de 1812, Napoleão havia cruzado tantos Helespontos que a travessia do rio Niemen, então fronteira entre o Império Russo e o ducado de Varsóvia, controlado pela França, não lhe causou grandes preocupações. Sua *Grande Armée* contava com mais de 600 mil homens, que levaram, ao todo, cinco dias para atravessar as três pontes (mais que Xerxes) da armada. Na volta, em dezembro, restavam apenas 90 mil homens.[21] Essa matemática reavivou uma pergunta que podia ter sido feita aos persas na Grécia, aos atenienses na Sicília, aos romanos na floresta Teutoburgo, aos espanhóis no canal da Mancha e aos britânicos nos Estados Unidos: o que eles tinham na cabeça? Ou, em outras palavras, o que Napoleão tinha esquecido?

Clausewitz responde a essa pergunta com *insights* certeiros, que, como os comentários de Agostinho sobre a guerra justa, exigem certo resgate. A página inicial de *Da guerra*, por exemplo, cairia bem como o discurso pomposo de Patton a suas tropas na cena de abertura do filme *Patton: rebelde ou herói?*

> *A guerra é [...] um ato de força para obrigar nosso inimigo a atender à nossa vontade [...].*
>
> Vinculadas à força existem certas limitações autoimpostas e imperceptíveis que nem vale a pena mencionar, conhecidas como legislação e direito internacional, mas raras vezes a enfraquecem. A força – ou seja, a força física, pois a força moral não tem existência salvo como expresso no Estado e na legislação – constituiu, assim, os meios da guerra. Impor nossa vontade ao inimigo é seu propósito.

No entanto, então você se depara com essa explicação: "A *teoria* é o verdadeiro objetivo da guerra". Então qual deve ser sua *prática*? "O uso máximo da força não é, de modo algum, incompatível com o uso simultâneo do intelecto", garante-nos Clausewitz. Se "as nações civilizadas não mandam executar seus prisioneiros nem devastam cidades e países, é porque a inteligência desempenha um papel mais importante em seus métodos de guerra e lhes ensinou métodos mais eficazes de usar a força que a crua expressão do instinto".[22] A essa altura, estamos tontos e só lemos duas páginas do gigantesco livro. Independente do que se diga sobre Patton, ele ao menos era claro.

Ao dizer a suas tropas *o que* pensar, Clausewitz tenta nos ensinar *como* pensar. Você não pode saber nada, disso ele tem certeza, sem primeiro compreender sua mais pura forma. A ideia é de Platão, mas seu mais recente e influente advogado de defesa foi Immanuel Kant, quase contemporâneo de Clausewitz. Ele buscou reconciliar opostos colocando-os primeiro de modo incisivo; em seguida poderiam surgir gradações, qualificações e mitigações.[23] Ou, como o próprio Clausewitz explicou,

> quando duas ideias formam uma verdadeira antítese lógica, [...] então fundamentalmente uma está implícita na outra. Se as limitações da nossa mente não nos permitem compreender ambas ao mesmo tempo, e descobrir por antítese a totalidade de uma na totalidade da outra, mesmo assim cada uma lançará luz suficiente na outra para esclarecer muitos de seus detalhes.[24]

O método não é para os que pensam de modo literal, pois ficarão confusos, nem para os de coração fraco, pois vão considerá-lo chocante. Se o propósito de Clausewitz for, assim como o de Virgílio no livro de Dante, nos guiar pelo inferno, então cumpre com sucesso sua assustadora função.

IV.

Pois a guerra, no tempo de Clausewitz, havia de fato se tornado um inferno, algo no qual nações "civilizadas" não deveriam mais se meter. As campanhas da Revolução Francesa e de Napoleão mataram milhões de pessoas, arruinaram vastos territórios e extinguiram soberanias Europa afora. Apenas a tecnologia não dá conta de explicar essas revoltas, pois, como Michael Howard assinalou, os armamentos demoraram cem anos para ser aprimorados, e o transporte, mais de mil. Mas a política tinha virado de cabeça para baixo, e isso, sim, provocou guerras.

Os norte-americanos, sem a menor intenção, começaram o movimento. Embora tivessem aceitado a ajuda de Luís XVI em sua guerra pela independência – cálculo maquiavélico de ambas as partes –, o recompensaram com reivindicações nada maquiavélicas quanto aos direitos universais do homem, levados menos a sério pelos americanos que pelos inflamados súditos do rei. Em consequência, Luís perdeu a cabeça e os franceses perderam todo o comedimento, mas graças à revolução na política tomaram posse de multidões de exércitos, "o terrível instrumento", escreve Howard,[25] com o qual Napoleão – o imperador que tomou posse da França – conquistou a Europa.

Isso levou Clausewitz a sua primeira e mais urgente descoberta: se a guerra, nesse sentido, reflete a política, deve estar subordinada *à* política e, portanto, à diplomacia, produto da política.[26] Caso contrário, seria violência gratuita, uma abstração kantiana que não deveria existir, mas que, temia Clausewitz, aproximava-se cada vez mais.[27] A guerra foi redefinida, portanto, como "um verdadeiro instrumento político, uma continuação das relações políticas realizadas por outros meios. [...] O objeto político é o objetivo, a guerra é o meio de alcançá-lo, e os meios nunca podem ser considerados isolados de seu propósito".[28]

Napoleão tinha um objetivo político ao cruzar o rio Niemen: assegurar a aquiescência de Alexandre I ao Bloqueio Continental, o embargo ao comércio com a Grã-Bretanha que os franceses tentavam impor à Europa depois que a Marinha britânica bloqueara seus portos. Para tanto, derrotaria os russos sem demora, aceitaria a capitulação com benevolência e depois cruzaria o Niemen na direção oposta, antes que as folhas começassem a cair. Manteria seus fins dentro de seus objetivos, alcançando a proporcionalidade. E por que seu plano acabou não funcionando? Afinal, Napoleão não era um gênio?[29]

Em vez de ficar na cidade, lutar e perder, como quase todos os oponentes anteriores de Napoleão,[30] os russos recuaram e incendiaram os territórios por onde passaram – ao contrário da maioria dos europeus, não sofriam com escassez de terras. A isso o Clausewitz de Tolstói se referia ao mencionar que a guerra precisava se espalhar para enfraquecer o inimigo: nenhum exército se fortalece sem provisões. O recuo, por sua vez, estendeu a guerra em termos temporais: quanto mais os franceses avançavam, mais tempo levariam para voltar. Napoleão devia ter parado nesse ponto, admitido seu erro de cálculo e ordenado a retirada. Porém, ao estilo de Xerxes, recusou-se a tomar tal atitude: ela seria como "nunca terminar nada". E então Napoleão esqueceu a estratégia inicial: "Meu plano de campanha é uma batalha, e minha política é na direção do sucesso".[31]

No início de setembro, em Borodino, Napoleão conseguiu a batalha, mas não alcançou o sucesso. A despeito de suas graves perdas, Alexandre recusou-se a negociar. E quando Kutuzov decidiu que não poderia defender Moscou, Napoleão acabou mordendo o que se revelou uma isca, encontrando apenas uma cidade abandonada e destruída pelo fogo.[32] Só então o gênio começou a duvidar de si mesmo, bem depois de seu próprio exército começar a desconfiar dele. Isso alterou o equilíbrio psicológico que, em tais momentos, nos lembra Clausewitz, passa a ser o equilíbrio militar.[33] A guerra de fato ocorreu, envolvendo espaço, tempo e escala, esta última os medos e as esperanças de cada soldado russo e francês, bem como os do único imperador francês: "A mesma confiança que conduziu [Napoleão] a Moscou em 1812", conclui Clausewitz, "lá o abandonou".[34]

V.

Tolstói captura o momento em *Guerra e paz* ao descrever um cossaco faminto matar uma lebre e ferir outra, perseguindo-a floresta adentro – e deparando-se com um grande e desprotegido acampamento do Exército francês. Kutuzov, sem grandes expectativas, ordena um ataque, mas suas tropas o surpreendem obtendo vitória total, a primeira desde a invasão de Napoleão. "Com menos tensão, em meio à maior das confusões, e com as mais insignificantes perdas", escreve Tolstói, "os melhores resultados de toda a campanha foram obtidos". A batalha de Tarutino, em 18 de outubro, foi "o empurrão do qual o exército de Napoleão estava à espera [...] para decolar".³⁵

Seria, nesse caso, a lebre o pivô da história? É pouco provável, assim como Clausewitz não entrou num romance por estar montando a cavalo. Reviravoltas não costumam se originar sob o radar dos historiadores. Que elas sejam apenas fruto da imaginação não diminui sua importância, pois que documentos mostrariam um grande exército perdendo sua confiança da noite para o dia? A batalha de Tarutino foi bem menos sangrenta que a de Borodino, mas ocorreu justo quando Napoleão já não sabia o que fazer. Quando decidiu bater em retirada, havia perdido a capacidade de evitar confusão e pânico e sofreu uma derrota épica.³⁶

"O sistema Fabiano de combate, bem-sucedido em nossa Guerra Revolucionária", escreveu John Quincy Adams ao pai, de São Petersburgo, onde servia como primeiro-ministro americano, "provavelmente nunca foi submetido a um teste severo; mas o Alexandre moderno pode [...] ter sido destinado, como seu antecessor, a ser detido em sua carreira de dominador pelos citas". A correspondência familiar de Adams esconde, com frequência, interessantes jogos de palavras: Quinto Fábio Máximo (o do "sistema Fabiano de combate") havia exaurido Aníbal ao lhe permitir a invasão da Itália na Segunda Guerra Púnica; o "Alexandre moderno" era Napoleão; e os "citas" eram os russos, não os nômades que o antigo Alexandre vencera no passado. Logo, John Quincy não poupava nada à mãe:

> Do imenso batalhão com o qual [Napoleão] invadiu a Rússia há seis meses, no mínimo nove décimos são prisioneiros ou comida para vermes [...]. De Moscou à Prússia, mais de 1.200 quilômetros de estrada ocupados por sua artilharia, carroças com bagagens, caixas de munições, mortos e moribundos, os quais foi forçado a abandonar à própria sorte – perseguidos sem cessar

por três grandes exércitos permanentes de um inimigo ressentido e exasperado e por uma quase incontável milícia de camponeses atiçados pela destruição de suas colheitas e casas [...] e empenhados em vingar seu país e sua religião.

Dois generais russos – "Fome" e "Geada" – haviam completado a destruição, de modo que "com toda a probabilidade, a carreira de conquistas de Napoleão está chegando ao fim. A França não mais consegue determinar as leis no continente. [...] Uma nova era surge na Europa".[37]

VI.

"O gênio", escreve Clausewitz, "não consiste em um único e relevante dom – a coragem, por exemplo – enquanto outras qualidades da mente ou do temperamento [...] não se adequarem à guerra". Ao contrário, exige "uma combinação harmoniosa de elementos na qual uma ou outra habilidade pode predominar, mas sem entrar em conflito com as demais". Exige, em resumo, sensibilidade *ecológica*. "O homem responsável pela avaliação do conjunto deve ser dotado, para realizar a tarefa, da qualidade da intuição, que lhe possibilita perceber a verdade em todos os pontos. Caso contrário, o resultado seria um caos de opiniões [...] que fatalmente dificultaria o parecer."[38]

Como, no entanto, é possível alguém perceber "a verdade em cada ponto"? Clausewitz responde ao combinar estratégia e imaginação.[39] Artistas se aproximam da verdade, observa, graças a "um rápido reconhecimento" do que "em geral a mente perde ou perceberia apenas depois de longo estudo e reflexão". O termo utilizado para isso é *coup d'oeil*, ou "olho interior".[40] Maquiavel usava o termo "esboço" – transmitir a ideia de complexidade de maneira útil.[41] A complexidade como um todo seria demorada e abrangeria elementos demais, atrapalhando o julgamento. A complexidade entendida como o que alguém deseja ou espera apenas confirmaria o que essa pessoa pensa saber. Faz-se necessário um meio-termo.

Assim, quando suas tropas ficam doentes, ou os cavalos começam a morrer de fome, ou tsares não seguem o roteiro que você escreveu para eles, você esboça o que sabe e imagina – graças ao esboço – o que não sabe: isso permite recuperar-se de surpresas e seguir adiante. Estrategistas e artistas estão, portanto, na mesma página de Clausewitz – ou, melhor dizendo, páginas, considerando as centenas deixadas pelo general prussiano.

Porém, como é possível que o *planejamento* antecipe *surpresas*? Só vivendo com contradições, sustenta Clausewitz: "Tudo na guerra é muito simples, mas a coisa mais simples é difícil". E elabora essa afirmação numa passagem que poderia ter sido escrita por Tolstói:

> Imagine um viajante que à tarde decida percorrer mais duas etapas antes do anoitecer. Apenas quatro ou cinco horas a mais numa estrada pavimentada e com mudas de cavalos. Deveria ser uma viagem tranquila. No entanto, na etapa seguinte, ele só encontra cavalos cansados e fracos; o terreno fica montanhoso e a estrada fica ruim, a noite cai, e por fim, depois de tantas dificuldades, ele se satisfaz apenas em encontrar um lugar para descansar, ainda que com acomodações precárias. O mesmo ocorre na guerra.

A gramática militar da disciplina pode, na teoria, superar tais problemas, e na prática funciona – por um tempo. Ao fim, contudo, uma lógica de *fricção* entra em cena, desgastando o funcionamento das múltiplas partes das quais dependem os exércitos. "Quando as condições se tornam difíceis, como ocorre quando há muito em jogo, as coisas deixam de funcionar como máquinas bem azeitadas."

> A máquina em si começa a resistir, e o comandante precisa de uma força de vontade extraordinária para superar essa resistência. Ela não precisa consistir em desobediência e em discussão, embora isso ocorra com frequência com soldados isolados. É ao impacto da queda do moral e da força física, ao espetáculo desgastante de mortos e feridos, que o comandante tem que resistir – primeiro ele próprio, e em seguida em relação a todos os que [...]

lhe confiaram pensamentos e sentimentos, esperanças e medos. À medida que a força de cada homem [...] não mais obedece a sua vontade, a inércia do conjunto acaba gradualmente por recair apenas na vontade do comandante. O ardor de seu espírito deve reacender a chama da determinação em todos os demais; sua chama interior deve reavivar suas esperanças. Somente na medida em que consiga isso poderá manter a autoridade sobre seus homens e o controle da situação.

Cedo ou tarde algo ou alguém vai enguiçar – é impossível saber como, onde ou quando. O que se pode saber é que, em consequência da fricção, "sempre ficamos aquém do objetivo pretendido".[42]

VII.

Clausewitz, até certo ponto, não diz nada de novo. Assimetrias em aspirações e capacidades sempre limitaram estratégias, um dos motivos que as fazem ser tão fundamentais. O autor, contudo, é muitíssimo original ao especificar a fricção como causa, enquanto mostra que ela pode ocorrer em qualquer nível: com a passagem do tempo e a extensão ao longo do espaço, torna-se mais provável.[43] Talvez ele soubesse que a carruagem de Napoleão, ao avançar rumo a Moscou, exigiria água nas rodas para evitar o superaquecimento.[44]

Da mesma forma que o *coup d'oeil* conecta a estratégia à imaginação, o conceito de fricção de Clausewitz une a teoria à experiência. Estas "jamais devem desprezar ou excluir uma à outra", escreve: "Pelo contrário, devem se apoiar mutuamente".[45] Isso coloca a incerteza dentro de uma estrutura universal. Ou, em outras palavras, com mais de um século de antecedência, Clausewitz prenuncia a lei de Murphy: o que pode dar errado dará. Ou, de modo ainda mais sucinto, às vezes dá merda.[46]

Napoleão, em teoria, sabia disso. Por esse motivo, a despeito de seus limitados objetivos, atravessou o Niemen com uma armada gigantesca. Xerxes, no Helesponto, fez o mesmo. Ambos buscaram superar a fricção intimidando os inimigos. Nem um nem outro compreendeu, entretanto, que o recuo de um adversário pode se transformar em resistência, em virtude do ônus crescente de prolongadas perseguições. Ambos, por esse motivo, destruíram suas máquinas militares a ponto de seus novos avanços encorajarem os adversários, não os próprios exércitos. Termópilas e Borodino demonstraram que nem gregos nem russos sentiam medo. Salamina e Tarutino revelaram que, ao contrário, persas e franceses sentiam.

Onde, então, Xerxes e Napoleão erraram? Falharam, provavelmente responderia Clausewitz, ao não perceberem "a verdade em cada ponto", o que nesses casos significava levar em conta terreno, logística, clima, moral das tropas e estratégias dos inimigos. Eles não perceberam o que os próprios soldados já tinham compreendido: que a Grécia e a Rússia eram armadilhas, assim como o canal da Mancha para a Armada Espanhola. "O bom general", conclui Clausewitz, "deve conhecer a fricção para superá-la sempre que possível, de modo a não esperar um padrão de proezas em suas operações, o que a própria fricção torna impossível."[47]

No entanto, por que Xerxes e Napoleão limitaram tanto a visão periférica? Há muitos exemplos, nos diz Clausewitz,

> de homens que demonstram grande determinação quando oficiais em começo de carreira, mas a perdem ao galgar postos de comando. Cientes da necessidade de serem resolutos, também reconhecem os riscos decorrentes de decisões erradas. Por não estarem familiarizados com os problemas com os quais se defrontam, a mente deles perde a incisividade anterior. Quanto mais acostumados com a ação imediata, mais aumenta a timidez ao se darem conta dos perigos da indecisão que os ameaça.[48]

Então seguem em frente sem dar ouvidos a ninguém, temendo distrações, agarrando-se ao comando mesmo quando ele os leva rumo ao desastre. E, com isso, confirmam o ar rarefeito nas altitudes do senso comum. Onde, num mundo de Alice no País das

Maravilhas de "gênios" esgotados, um cavalo pode se transformar em porco-espinho e depois em cachorro desnorteado, fugindo para casa com o rabo entre as pernas.

VIII.

Clausewitz escreve:

> Se então perguntamos qual tipo de mente é mais propensa a exibir [...] gênio militar, tanto a experiência como a observação nos dirão que é na mente curiosa mais que na criativa, no método abrangente mais que no individualizado, na mente calma mais que na exaltada que a guerra escolheria confiar o destino de nossos filhos e irmãos.[49]

Ele não aprofunda o assunto em *Da guerra*, mas Tolstói o faz em *Guerra e paz*, ao formular o contraste entre Napoleão e Kutuzov.

Napoleão parece mais notável ao ser retratado em um romance que narra um fato verídico: seu encontro com o general Alexander Balashov, o ajudante de campo do tsar, no dia 1º de julho, em Vilna, uma semana depois de os franceses terem cruzado o rio Niemen. O imperador espera uma proposta de negociação, porém, quando Balashov insiste que o tsar não aceitará nenhum acordo caso um único soldado francês permaneça em solo russo, o rosto de Napoleão começa a se contorcer e a panturrilha esquerda passa a tremer: "Ele começou a falar em voz mais alta e apressada que antes". Quanto mais falava, mais perdia o autocontrole, chegando sem demora "àquele estado de irritação em que um homem tem de falar e falar e falar para provar a si mesmo que está certo".

> Saiba que, se incitarem a Prússia contra mim, [...] eu a varrerei do mapa da Europa [...]. Eu os obrigarei a retroceder para lá do Duína, para lá do Dniepre, e reconstruirei aquela barreira contra os senhores que a Europa, criminosa [...] permitiu ser destruída.

Sim, é isso o que acontecerá, foi o que ganharam ao se afastarem de mim.

Zangado, o imperador andava de um lado para o outro na sala, sorvendo uma pitada de sua caixa de rapé. De repente, se detém, olha nos olhos de Balashov e diz, ameaçador, mas também melancólico: "Que belo reino *poderia ter sido* o do seu senhor!".

No mesmo dia, Napoleão convida Balashov para um jantar entre amigos, sem fazer a menor menção a tudo o que ocorrera. Não é mais possível, observa Tolstói, se enganar: "A seus olhos, tudo o que fizesse estava certo, não por seus atos estarem de acordo com a ideia que fazia do bem e do mal, mas simplesmente por ser o autor dos atos". E então Napoleão termina "exalt[ando] a si próprio e insult[ando] Alexandre, [...] o que não pretendia, em hipótese alguma, no início do encontro".[50]

Tolstói mostra Kutuzov, numa cena ficcional, chegando à casa, apeando-se com dificuldade e subindo ofegante as escadas. Abraça o príncipe Andrei, cujo pai acabara de morrer. O velho comandante pede, então, o relatório, embora demonstre mais interesse nos sons da amante no aposento ao lado. "Nada que aquele general dissesse poderia surpreendê-lo", explica Tolstói, pois "já sabia de antemão tudo quanto lhe dizia e ouvia apenas por ter que ouvir, como alguém tem que ouvir os cantos das orações num serviço religioso".

Quando Kutuzov toma conhecimento de que os franceses – talvez até mesmo os russos que batiam em retirada – tinham saqueado a propriedade da família de Andrei, contudo, explode indignado: "Veja só [...] a que situação nos levaram!". Acrescenta, porém: "É difícil vencer uma campanha". Para tanto é preciso "paciência e tempo". E isso, promete a Andrei, forçará os franceses a "comer carne de cavalo por minha causa!". E então seu único olho – o outro fora perdido havia tempos em combate – brilha marejado de lágrimas.

Andrei volta para seu regimento "aliviado em relação à marcha dos acontecimentos imposta pelo general e [...] ao homem a quem havia sido confiado o comando na guerra". Kutuzov, reconhece Andrei, jamais inventará nada, mas ouvirá tudo e de tudo se lembrará, colocará cada coisa em seu devido lugar, não impedirá nada útil nem permitirá nada prejudicial. Ele compreende que há algo mais forte e mais significativo que sua vontade pessoal – o inevitável curso dos acontecimentos – e será capaz de vê-los, será capaz de compreender seu valor, e diante desse valor é capaz de renunciar [...] à sua vontade pessoal e dirigi-la para outro objetivo. E a principal razão pela qual acredito nele ... [é] que sua voz tremeu quando disse "veja só a que situação nos levaram!" e o tom ficou embargado ao declarar que "os faria comer carne de cavalo".

Kutuzov comanda de uma altitude inferior àquela em que se encontra Napoleão: isso afasta sua cabeça das nuvens. Pode até cochilar, mas jamais se esquece de sua missão. E assim, escreve Tolstói, apesar das dúvidas do tsar, "a aprovação unânime [...] acompanhada por um movimento de entusiasmo nacional, escolheu Kutuzov para comandante em chefe dos exércitos russos".[51]

IX.

Bem antes de Virgílio levar Dante a um passeio pelo inferno, ele ensinava a Otávio os fundamentos básicos da apicultura, da criação de gado, da alternância das safras e do cultivo das vinhas.[52] Líderes, parecia dizer, devem manter os pés no chão. O pensamento de Clausewitz é parecido. Ele não evitara conclusões lógicas em seus textos, explica, "mas sempre que um fio afinou demais, preferi rompê-lo. [...] Assim como algumas plantas só dão frutos se não crescerem demais, nas ciências práticas as folhas e as flores da teoria devem ser podadas e a planta deve ser mantida perto do solo para ela apropriado, demonstra a experiência".[53]

Como, contudo, "podar" a teoria? Não exigindo demais dela, responde Clausewitz. "Seria de fato imprudente" deduzir, a partir de uma realidade particular, "leis universais que governassem cada caso específico, sem considerar todas as influências fortuitas". Para aqueles que não são "nada além de uma anedota" – os incansáveis repetidores de histórias sem sentido –, são igualmente inúteis, pois "escreveriam toda a história com base em casos isolados, [...] cavando apenas até a profundidade que lhes convém, nunca [chegando] aos fatores gerais que regem a questão".

A teoria existe para evitar que se precise começar do zero a cada vez, selecionando e esmiuçando o material, mas para tê-lo à mão e bem organizado. Significa educar a mente do futuro comandante ou, de modo mais preciso, guiá-lo em sua autoeducação, não para acompanhá-lo ao campo de batalha, mas tão somente como um sábio professor guia e estimula o desenvolvimento intelectual de um jovem, embora evite guiá-lo pela mão vida afora.

Clausewitz vê a teoria, então, como *treinamento*. É o que "enrijece o corpo para realizar grandes esforços, fortalece o coração para enfrentar grandes perigos e reforça a capacidade e o julgamento contra as primeiras impressões". É o "lubrificante" que reduz fricções. Ela "desenvolve a inestimável qualidade, a calma, que passando de um hussardo e de um carabineiro até o próprio general, tornará mais leve a tarefa do comandante".[54]

Os problemas não surgem ao abraçar a teoria qual um novato, mas ao se agarrar a ela com demasiada força enquanto se galgam postos, prática que "desafia o senso comum". Então a teoria se torna uma desculpa por meio da qual "mentes limitadas e ignorantes [...] justificam sua incompetência congênita".[55] Clausewitz despreza sobretudo "*jargões, tecnicalidades e metáforas*" que "pululam" em altas altitudes, uma "turba desordenada de vivandeiros" arrancados do contexto e listados como princípios. "A luz do dia costuma revelar que não passam de mero lixo", transformando a teoria "no exato oposto da prática e, não raro, em matéria-prima para o riso de homens cuja competência militar é inquestionável".[56]

Um exemplo foi o instrutor de Clausewitz na Academia de Guerra Prussiana, general Karl Ludwig von Pfuel, que em 1812 havia se tornado um dos mais conceituados conselheiros militares do tsar Alexandre. Pfuel, escreveu confidencialmente Clausewitz na ocasião, era um homem "sem conhecimento das situações atuais" – entre elas a melhor maneira de empregar o Exército russo nas lutas contra Napoleão.[57] É pouco provável que Tolstói tenha lido esse comentário, mas em *Guerra e paz* ele ilustra com clareza o pensamento de Clausewitz:

> Pfuel era um daqueles teóricos que apreciam tanto a própria teoria que se esquecem do propósito da teoria em si – sua aplicação na prática. Imbuídos do amor pela teoria, odeiam tudo o que seja prático e nada querem saber a respeito. Ele ficou até feliz com a derrota, pois a derrota, resultado de afastamentos da teoria na prática, apenas provara a si mesmo a perfeição de sua teoria.

Tolstói finaliza a cena com Pfuel sendo apresentado ao respeitoso e cético Andrei – um assombroso substituto para Clausewitz – com o desdém "de um homem que sabe de antemão que tudo dará errado sem ao menos se aborrecer com isso".[58]

Esse é um dos muitos pontos nos quais Tolstói parece concluir o livro de Clausewitz, como casais que, de tão próximos, terminam as frases um do outro.[59] Em nenhuma outra situação isso fica mais claro que no que dizem sobre o papel do acaso na guerra – e na vida.

X.

"Nenhuma outra atividade humana é tão contínua e universalmente ligada ao acaso", escreve Clausewitz em seu livro a respeito da guerra. É uma "trindade paradoxal" composta de paixões que fazem com que combatentes arrisquem a vida, a habilidade de seus comandantes e a coerência dos objetivos políticos em nome dos quais a guerra foi travada. Apenas a última é governada por completo pela razão; as outras habitam o nebuloso reino da emoção, "onde todos os habituais pontos de referência parecem ter desaparecido".⁶⁰ Assim, é necessária "uma teoria que mantenha o equilíbrio entre essas três tendências como um objeto suspenso entre três ímãs".⁶¹

No entanto, qualquer um que tenha feito experiências com ímãs saberá – Clausewitz com certeza já experimentara – que a diferença ao usar dois ou três ímãs, quando um pêndulo balança livre entre eles, parece especificar a diferença entre ordem e caos: o terceiro ímã altera a oscilação de um resultado regular para uma aparente aleatoriedade, ou, em termos matemáticos, da linearidade à não linearidade.⁶² Os ímãs de Clausewitz nos obrigam a perguntar, portanto, como a teoria pode equilibrar comportamentos que parecem, em relação uns aos outros, desequilibrados.

Não com a promessa de certeza, responde Clausewitz. Ele inclui a teoria na categoria de regras às quais cabem exceções, não na de leis que não permitem qualquer exceção. Ele considera a teoria um antídoto contra anedotas: seria a condensação do passado e, por seu intermédio, transmitiria a experiência e mínimas previsões em relação ao futuro. Ele confia na teoria para o treinamento e não a utiliza como uma carta náutica para o imprevisível. Confere ao *coup d'oeil* mais importância que à quantificação: qualquer redução da guerra à superioridade numérica "não [sustentaria] por um só momento as realidades da vida". E desconfia de novatos que, sem a teoria, perdem a capacidade de julgamento, que deve funcionar "como a bússola de um navio" registrando "as mais ínfimas variações" dos cursos traçados "por mais agitado esteja o mar".⁶³

Agitações têm origem, nos diz Clausewitz, em fontes conhecidas, talvez apenas "para aqueles que estavam no local".⁶⁴ Assim como os movimentos de um pêndulo acima dos três ímãs, pode ser tão difícil prevê-las quanto as auroras boreais, as nevascas e os terremotos para os distantes siberianos do primeiro Kennan.⁶⁵ A guerra, para Clausewitz, é assim: três quartos "envolta em nevoeiro". A compreensão exige "uma capacidade de julgamento sensível e aguçada [...], uma inteligência dotada da habilidade de farejar a verdade". O que não surgirá de teorias construídas apenas no que os teóricos, com suas visões limitadas, se acreditam capazes de avaliar.

Tais simplificações, acrescenta Tolstói – completando o argumento –, são como os operários contratados para rebocar uma das paredes de uma igreja, que, "se aproveitando da ausência do contramestre, num acesso de zelo, rebocam todas as janelas, as imagens e o andaime", encantados por, "do ponto de vista de sua profissão de pintores, terem tornado todas as superfícies lisas e planas".[66] Tolstói é um dos romancistas que menos se assemelha a tais operários, assim como Clausewitz, se comparado aos teóricos da guerra: não há nada liso ou plano nem em um nem em outro. Eles buscam irregularidades no limiar do caos,[67] o que é, ou aparenta ser, o reino do acaso.

XI.

É onde Clausewitz se contenta em deixá-lo. Não é o caso do agressivo Tolstói, que, de tão determinado a não baixar o ataque, abandona seus personagens pouco antes da conclusão de *Guerra e paz* e devota as páginas finais à busca incansável e tediosa do acaso na polaridade "determinismo *versus* liberdade". Eis aqui sua conclusão:

> Os novos métodos de pensamento que a história deveria adotar para si vêm sendo elaborados simultaneamente com a autodestruição para a qual, mesmo subdividindo e subdividindo as causas do fenômeno, a antiga história se encaminha.
> Todas as ciências humanas trilharam esse caminho. Ao alcançar o infinitamente pequeno, a matemática, a mais exata das ciências, abandona o processo de subdivisão e começa um novo processo de somar os desconhecidos infinitesimais. Ao renunciar ao conceito de causa, a matemática busca leis, ou seja, propriedades comuns a todos os elementos desconhecidos infinitamente pequenos.
> Outras ciências, embora de forma diferente, trilharam o mesmo caminho de pensamento. Quando Newton formulou a lei da gravidade, não disse que o Sol ou a Terra tinham a propriedade de atração; disse que todos os corpos, do maior ao menor, têm

esta propriedade de se atrair mutuamente [...]. A história trilha o mesmo caminho. E se a história tem como objeto de estudo os movimentos dos povos e da humanidade, não a descrição de episódios da vida das pessoas, deveria abandonar a noção de causas e buscar as leis comuns a todos os iguais e aos inseparavelmente ligados e infinitamente pequenos elementos da liberdade.[68]

O que Tolstói quis dizer, acho eu, foi: a) como tudo se conecta com todas as coisas, há uma inevitável interdependência ao longo do tempo, do espaço e da escala – esqueçam a busca da distinção entre variáveis independentes e dependentes; b) por consequência, sempre haverá coisas que não podem ser conhecidas – dividi-las em componentes não ajuda muito, pois sempre haverá componentes menores; c) considerando o que não podemos saber, sempre manteremos a ilusão da interferência, embora infinitesimal; d) embora as leis possam governá-los, esses infinitesimais não fazem a menor diferença para nós, pois não podemos sentir seus efeitos; portanto, e) nossa percepção da liberdade é, na prática, a liberdade em si.

Se entendi esse raciocínio direito, Tolstói usou a escala para solucionar um problema antigo: se Deus é onipotente, como pode o homem ter livre-arbítrio? Sendo Tolstói quem era, porém, sua resposta não o satisfez, e logo ele voltou à crença no Deus que antes havia ridicularizado como fruto do hábito de povos primitivos. Chegou até mesmo a tentar, sem grande sucesso, tornar-se ele próprio primitivo.[69] No entanto, se considerado, junto com Clausewitz, um comentário precursor acerca da teoria de F. Scott Fitzgerald – de como manter ideias opostas em mente enquanto se conserva sua habilidade de funcionar –, o raciocínio de Tolstói tem implicações decisivas para a estratégia no sentido mais amplo.

XII.

Comecem, então, com a teoria e a prática, ambas respeitadas por Clausewitz e Tolstói, sem se deixar escravizar por nenhuma das duas.

É como se, no pensamento de ambos, a abstração e a especificidade se reforçassem mutuamente, mas nunca em proporções predeterminadas. Cada situação exige um equilíbrio resultante da capacidade de julgamento e proveniente da experiência, habilidades adquiridas com o aprendizado do passado e o treinamento para o futuro.

A teoria reduz a complexidade da história a momentos passíveis de ser ensinados. Não é o reducionismo dos operários de Tolstói, que aplainam irregularidades em busca da previsibilidade. Com relação ao passado, ao contrário, a teoria funciona como os *coups d'oeil* de Clausewitz se aplicam ao presente: extrai lições de variedades infinitas. Traça um esboço tomando como base o que você precisa saber, sem tentar ensinar nada muito além disso – afinal, seja em salas de aula, seja em campos de batalha, você não tem tempo de sobra para ouvir. A teoria, então, *serve* à prática. E quando a prática corrige a teoria – quando remove as limitações de visão dos teóricos –, o cavalo retribui o favor, evitando que o cavaleiro caia de penhascos, chafurde em pântanos ou rume para Moscou.

Um artista, quando faz um esboço, olha a paisagem e depois o papel, repetindo o processo até a imagem aparecer, representando, mas não duplicando o que vê. A paisagem e o papel guiam a mão do artista, mas não há dois artistas que esbocem a cena da mesma maneira. É uma reciprocidade dependente, mas distinta, e sem a qual é impossível ocorrer o equilíbrio entre realidade e representação.[70]

O termo moderno do Departamento de Defesa dos Estados Unidos para "esboçar" em estratégia é *net assessments*,[71] uma evocação – nunca apenas uma lista – dos elementos mais propensos a determinar resultados. Se bem-feita, incluirá elementos "conhecidos" – geografia, topografia, clima, suas próprias habilidades, os objetivos em mente; "probabilidades" – os objetivos dos adversários, a confiabilidade dos aliados, as restrições impostas por culturas, a capacidade de seu país de enfrentar adversidades; e, por fim, um aceno aos elementos "desconhecidos", à espreita no cruzamento entre "conhecidos" e "probabilidades".

Como os ímãs de Clausewitz, a configuração é triangular, embora em apenas dois sentidos. Pois ao equilibrar elementos conhecidos, probabilidades e desconhecidos, você também o faz através de tempo, espaço e escala. "Na guerra, como na vida em geral", explica Clausewitz, "todas as partes de um todo estão interconectadas, e, portanto, os efeitos produzidos, embora oriundos de causas pequenas, podem influenciar todas as [...] operações e modificar em algum grau, mesmo ínfimo, o resultado".[72] Ele antecipa, assim, Tolstói e os infinitesimais.

Não por Clausewitz ser capaz de prever o futuro, mas porque ele e Tolstói se defrontaram, no passado, com a face da batalha.[73] E então aprenderam que os fins, embora potencialmente ilimitados, jamais podem ser meios, dolorosamente limitados. Por isso a guerra – de forma explícita em Clausewitz e implícita em Tolstói – deve refletir o princípio. Pois se o princípio reflete a guerra é porque algum porco-espinho de alto escalão – um Xerxes ou um Napoleão – apaixonou-se por ela, tornando-a um fim em si mesmo. Eles só vão parar quando estiverem completamente cobertos de sangue, e então o ponto culminante de suas ofensivas será a autossabotagem.

A distensão – o enfraquecimento resultante de confundir fins e meios – possibilita aos inimigos aplicar pequenas manobras com grandes consequências. Temístocles não teria vencido em Salamina sem consultar o oráculo de Delfos. Elizabeth acreditou no conhecimento de seus almirantes acerca dos ventos. E Kutuzov poderia repousar em segurança após Borodino, certo de que a geografia, a topografia e o clima – os elementos "conhecidos" ignorados por Napoleão – poderiam expulsar os franceses, mesmo se os russos não fizessem nada. A fronteira seria uma "ponte de escape" que o inimigo desejaria cruzar a fim de voltar para casa.[74]

A ponte de Kutuzov poderia servir como padrão áureo da grande estratégia, pois, se os fins devem se adequar aos meios disponíveis, a solvência e a moralidade – a praticidade e o princípio – exigem que assim se proceda com a mínima perda de recursos e vidas. "Os meios a ser empregados devem ser proporcionais à extensão do dano", escreve Hamilton em *O federalista*[75] – entretanto, muitas das perplexidades de sua época podem ter assombrado Clausewitz e Tolstói, pois ambos viram suas obras como caminhos de retorno à proporcionalidade. *Da guerra* e *Guerra e paz*, continuamente e com extensão épica, equilibram opostos. Daí surge a proporcionalidade: a compreensão simultânea de contradições.[76]

Teoria *versus* prática. Treino *versus* improvisação. Planejamento *versus* fricção. Força *versus* tática. Situações *versus* esboços. Especialização *versus* generalização. Ação *versus* inação. Vitória *versus* derrota. Amor *versus* ódio. Vida *versus* morte. Governar com a cabeça nas nuvens *versus* manter os olhos fixos no objetivo. Não há nenhuma oposição, no entanto, entre arte e ciência. Não seria absurdo sugerir, portanto, que Clausewitz e Tolstói são, juntos, em termos de amplitude, criatividade e honestidade com que abordaram essas grandes questões, os maiores de todos os estrategistas.

8

O MAIOR PRESIDENTE

John Quincy Adams não aparece em *Guerra e paz*, apesar de ter passado mais tempo na Rússia de Alexandre I que Clausewitz e Napoleão juntos.[1] Porém, à medida que a eleição presidencial americana de 1824 se aproximava, três fantasmas de Shakespeare apareceram para Adams. Um foi Macbeth, cuja "ambição desmedida" não lhe valeu a coroa de rei, mas o fez perder a alma. Outro foi Hamlet, para quem a morte nos momentos sombrios era "a consumação a ser desejada com devoção". O terceiro foi Bolingbroke, em *Ricardo II*: "Ó, quem pode nas mãos sustentar o fogo/ imaginando ser o frio Cáucaso?". Adams tentou com afinco, mas tinha começado a temer as próprias esperanças. "Sabemos tão pouco […] o que é melhor para nós", escreveu em seu diário, "que nem sei se devo *desejar*, pois o sucesso é uma das maiores incertezas da eleição". E, no entanto, "corro mais riscos […] que qualquer outra pessoa na União".[2]

Ele pensava no que devia a seus pais. Sua mãe fizera questão que John Quincy, um menino de oito anos incompletos, testemunhasse a carnificina da Batalha de Bunker Hill (1775). Seu pai o fez ler os clássicos em grego e em latim – além de aprender francês – ainda pré-adolescente. Mais tarde, Adams seria fluente em espanhol, alemão e holandês (mas nunca russo). O jovem Adams foi nomeado ministro para os Países Baixos aos 26 anos, para a Prússia aos 30, e eleito senador dos Estados Unidos aos 36. Ainda membro do Senado, trabalhou como professor de retórica e oratória na Universidade Harvard. Após os anos na Rússia, ajudou a negociar o Tratado de Gent (que pôs fim à Guerra Anglo-americana de 1812), continuou como ministro para a Grã-Bretanha e em 1817 se tornou secretário de Estado, talvez o mais influente ocupante do cargo.[3] Madison e Monroe tinham trilhado caminho para a Presidência, mas, como a família Adams não se contentava com pouco, John Quincy preparava sua própria trajetória desde a infância.

Em 1824, contudo, a deferência às dinastias americanas – quer naturais da Virgínia,[4] quer da família Adams – cedia lugar a um turbulento desprezo. Fronteiras em expansão, jornais implacáveis e competitivos ou eleitores recém-libertos não eram elementos favoráveis às elites. Cavalheiros não deveriam lutar por coisa alguma, acreditava Adams, mas não se tornar presidente seria uma "censura da nação aos meus serviços prestados".[5] Bem como, por extensão, aos do pai, até então o único presidente que cumprira um só mandato, ainda vivo e assistindo a tudo de Massachusetts. O método de perseguir, mas não sugerir – equilibrar a paixão e a razão –, tinha funcionado para Washington no fim dos anos 1780. Era pouco provável que Adams conseguisse fazer o mesmo no início dos anos 1820.

Assim, quando Andrew Jackson, um dos maiores heróis militares dos Estados Unidos,[6] venceu em 1824 por voto popular – mas não por maioria no colégio eleitoral –, Adams abriu mão de vez da razão. De acordo com a Constituição, cabia à Câmara dos Representantes decidir as eleições, e os partidários de Adams uniram-se aos de Henry Clay, que havia ficado em segundo lugar, para elegê-lo presidente. Em troca, Adams nomeou Clay secretário de Estado. Se houve algum acordo entre os dois, pouco importava: a nomeação tinha cara, gosto e cheiro suficientes de tramoia para Jackson e seus seguidores denunciarem, furiosos, a "barganha corrupta". Adams e Clay, portanto, assumiram os mandatos, conforme observou o historiador

Sean Wilentz, acompanhados de "um completo fracasso de inteligência e imaginação política".[7]

Fracasso que o presidente Adams tentou reparar marchando para Moscou. Não literalmente, é claro, mas sua primeira mensagem anual ao Congresso, em dezembro de 1825, pronunciada apesar dos protestos de seu gabinete, uniu de forma desastrosa aspirações e capacidades em escala napoleônica. De um mandato tão minúsculo que só ele o detectava, Adams pedia de tudo: uma universidade nacional, estradas e canais financiados pelo governo federal, padronização de pesos e medidas, Marinha mais forte, uma academia naval, a promoção do comércio global e uma diplomacia vigorosa para reforçar a Doutrina Monroe. Cedendo à fascinação pela astronomia, chegou a determinar a criação de um observatório nacional – uma versão americana dos "faróis dos céus" europeus –, dando margem a comentários de que sua cabeça não andava nas nuvens, mas nas estrelas.

Ignorar tais prioridades, insistiu, seria "desperdiçar o talento comprometido com a nossa tarefa". Pois "liberdade é poder", e "a nação abençoada com o maior quinhão de liberdade deve, em proporção ao número de seus habitantes, ser a mais poderosa nação na face da Terra". A apatia, consequência da "paralisia da vontade de nossos constituintes", só poderia "condenar" o país à "inferioridade eterna".[8] A mensagem de Adams rendeu-lhe a perda do pouco apoio que ainda restava e a certeza, depois de menos de um ano no cargo, de que só cumpriria um mandato.

Após abandonar seus princípios para chegar à presidência, Adams talvez esperasse reconquistá-los abrindo mão de seu cargo. Talvez sempre tivesse sido inseguro: seus pais haviam transformado a ambição em dever, mas negligenciaram a autoconfiança. Talvez ele tivesse nascido na época errada. O futuro próximo da política norte-americana apostava na delegação jacksoniana, não na consolidação hamiltoniana. Talvez estivesse à frente de seu tempo: um futuro mais distante ressuscitaria o federalismo para vencer uma guerra civil. Talvez tivesse percebido que a escravidão iniciaria o conflito e esperava adiar a calamidade: ciente da fragilidade do Compromisso de Missouri, assim como a maioria de seus contemporâneos, Adams evitava até mesmo pronunciar a palavra "escravidão".⁹ Seja qual for a explicação, ele renunciou ao cargo em 1829 em condições bastante semelhantes às de Napoleão ao deixar a Rússia em 1812: exausto, privado de aliados e assombrado pelos próprios erros de cálculo.

Porém, Adams deu a volta por cima de um jeito que jamais teria ocorrido a Napoleão: baixou de posto. Como representante de seu distrito, Massachusetts, foi o único ex-presidente a concorrer a uma vaga na Câmara dos Representantes. Ganhou com facilidade e assumiu o posto em dezembro de 1831. Ao longo da década e meia seguinte, insistiu em uma única exigência: a análise das milhares de petições contra a escravatura que havia apresentado aos colegas. A despeito de ser, em geral, o único a desafiar a "lei do silêncio" imposta pela Câmara a respeito do assunto, Adams prevaleceu no fim. Pois assim como a Constituição protegia a escravidão, argumentou, a Primeira Emenda da mesma Constituição garantia liberdade de expressão e o direito de petição. Com persistência, lógica e propósito íntegro, encurralou seus oponentes.

Então, em março de 1841, aos 74 anos, Adams fez o mesmo na Suprema Corte. Discursou por oito horas a fio em defesa dos prisioneiros do navio negreiro *Amistad*. Os africanos vendidos como escravos para a Cuba espanhola tinham se amotinado a bordo, mas foram capturados pela Marinha norte-americana e agora eram representados por advogados simpáticos à causa, que apelavam da sentença de extradição forçada. Adams questionou os magistrados presentes: como era possível que, sentados em uma sala decorada com cópias emolduradas da Declaração da Independência, votassem *contra* a libertação dos prisioneiros? Comovidos com o discurso que misturava moralidade, propósito constitucional e *design* de interiores, os membros da Corte acataram os argumentos de Adams, para surpresa geral. Mais tarde, mesmo a um custo trágico, o país também concordaria com ele.

Mais que qualquer outro americano antes de Lincoln, portanto, foi Adams quem fez a Constituição caber na "moldura" da Declaração – *todos* os homens nascem iguais –, pois, da forma como o Estatuto vinha sendo tratado, não cumpria esse papel.

I.

No dia 21 de fevereiro de 1848, a Câmara dos Representantes debatia uma resolução de agradecimento aos oficiais militares que haviam servido na recente Guerra Mexicano-Americana. O Tratado de Guadalupe Hidalgo, que encerrava o conflito, fora enviado ao Senado na manhã daquele dia. De acordo com o tratado, as fronteiras dos Estados Unidos seriam expandidas do Texas – anexado em 1845, antes da guerra – até o Pacífico, mas a despeito de suas iniciais ambições transcontinentais, Adams se *oporia* ao acordo, se tivesse tido a oportunidade. O presidente James K. Polk, acreditava Adams, havia provocado o conflito com o objetivo de anexar novos territórios escravocratas à União. A Câmara, contudo, não votou os tratados, e naquela tarde, na plenária, Adams sofreu o derrame que o mataria dois dias depois. Abraham Lincoln, congressista em seu primeiro mandato por Illinois e também crítico à guerra, provavelmente testemunhou o dramático acontecimento.[10]

Era, conseguiu pronunciar Adams, seu "fim na Terra", mas também foi o fim da última geração que tinha conhecido os Fundadores. Lincoln nasceu numa cabana humilde na fronteira do Kentucky, em 1809, ano em que Madison enviou Adams à Rússia. A morte da mãe e a negligência do pai de Abe deixaram o menino e a irmã, aos 9 e 12 anos, respectivamente, à beira da inanição, com as roupas em frangalhos e os cabelos infestados de piolhos. Adams, secretário de Estado de Monroe, na ocasião adquiria a Flórida espanhola. O adolescente Abe, salvo por uma madrasta, ainda sentiu a necessidade de escapar do pai (para quem apenas um ano na escola era suficiente) e desceu a remo o Mississippi, com um amigo, num barquinho que haviam construído sem sequer terem ouvido falar de Huckleberry Finn; o ano era 1828, e Adams ainda era presidente. Anos mais tarde, quando foi pedido que Lincoln descrevesse sua educação, ele escreveu uma única palavra: "falha".[11]

Se na época isso era normal para a maioria dos norte-americanos, então o que diferenciava Lincoln? Primeiro, sua aparência – ou, como ele mesmo diria, sua má aparência. Na idade adulta, com 1,95 metro de altura, pairava acima de quase todo mundo. Suas mãos eram enormes, os braços compridos demais e, em geral, as calças muito curtas. Ele achava seu rosto feio, não conseguia domar o cabelo rebelde e seu andar era tão desengonçado que parecia sempre prestes a esbarrar nas coisas. Parece, no entanto, que raras vezes Lincoln reclamou de sua aparência; ele preferia fazer graça de si mesmo enquanto reservava sua intimidante força física (que, na verdade, foi poucas vezes usada). Admitindo que seria impossível não ser notado, logo decidiu que poderia ser estimado.[12]

Lincoln, então, resolveu apostar na performance: era dono de um humor ágil, desenvolto, sempre renovado. Suas anedotas, muitas vezes escatológicas, fluíam tão fáceis quanto o dinheiro que os duvidosos bancos da época emitiam, mas às histórias nunca faltava humor ou propósito. Diziam que Lincoln podia "fazer até um gato rir".[13] Por trás da máscara, contudo, havia um permanente fatalismo, como se alguma coisa ou outro ser – provavelmente não Deus[14] – o guiasse. Talvez a sombra de uma infância de privações, a morte de Ann Rutledge, com quem sonhara se casar, o casamento turbulento com Mary Todd ou a perda de dois de seus quatro filhos. Quem sabe? Talvez o assombrassem também complexidades shakespearianas, pois Lincoln viveu os papéis não apenas dos fantasmas de Macbeth, Hamlet e Bolingbroke, mas também os de Falstaff *e* Henrique V *e* Bottom *e* Lear *e* Próspero – *e* mais tarde, é claro, aos olhos de seus inimigos, o de Júlio César.[15]

O jovem Lincoln adorava se refestelar à margem do rio recitando Shakespeare. O córrego era o Sangamon, perto de New Salem, a primeira cidade no estado de Illinois onde ele se instalou. A oeste, o vazio repleto de possibilidades. A leste, propriedades, estradas e pontes, o império da lei, o espírito empreendedor, o direito de prosperar apesar das origens. Lincoln percorreu essas geografias sem se comprometer com nenhuma: trabalhou com construção de barcos, navegação de rios e topografia, ingressou no serviço militar, cortou lenha, ajudou no gerenciamento de um armazém e chegou a ser (embora por um curto período) diretor do correio de um povoado. Só não trabalhou com agricultura. Por fim, começou a estudar Direito e, como consequência, envolveu-se na política.[16]

Em ambas foi autodidata. Lia vorazmente, tinha uma memória impressionante e empregava as lições aprendidas de modo engenhoso. A eloquência e a habilidade oratória aplainaram seu caminho do direito à política (o fato de não ser um orador tedioso também ajudou, e muito). Derrotado na disputa para a legislatura estadual em 1832, voltou a concorrer dois anos depois e ganhou. A partir daí, nunca perdeu uma eleição.[17] Com Jackson em seu segundo mandato presidencial, os partidos políticos tinham começado a se organizar país afora.[18] Lincoln escolheu o Whigs em vez do Democrata por respeito a Clay, que diplomaticamente remodelou as propostas de Adams para "providenciar umas melhorias". A mais urgente prioridade do jovem legislador, contudo, foi cuidar do desenvolvimento de Springfield, para onde se mudara, com o intuito de transformá-la na capital do estado de Illinois. Cumprido seu projeto em 1839 e tendo o Whigs eleito o presidente em 1840,[19] Lincoln podia buscar oportunidades que lhe dessem maior projeção.

Sábio, agiu sem pressa. Vencer eleições exigia formar alianças, e em Illinois isso significava esperar a vez, motivo pelo qual Lincoln não buscou a nomeação para a Câmara dos Representantes nacional pelo Whigs até 1846. Por esse motivo também, tendo garantido sua vaga, prometeu cumprir apenas um mandato. Chegou a Washington em dezembro de 1847, ávido por deixar sua marca. Então pediu a Polk que mostrasse o *spot*, local exato onde, um ano e meio antes, os mexicanos tinham derramado sangue estadunidense. Se, como o presidente alegara, o motivo do início da guerra tinha sido a autodefesa, então quem, exatamente, se defendia? Polk, contudo, ignorou as resoluções de Lincoln destinadas esclarecer o episódio (conhecidas como Spot Resolutions) – além de sair derrotado da disputa, o deputado ganhou o apelido de Spotty. De forma atípica, agira com afobação, erro que evitara no passado e evitaria no futuro.[20]

Sem o emprego almejado no General Land Office,* que garantiria sua permanência em Washington, Lincoln voltou a Springfield

---

* General Land Office (GLO), departamento encarregado da administração de terras de domínio público, ainda não privatizadas, localizadas basicamente no Oeste americano. Criado em 1812, passou a exercer as funções antes atribuídas ao Departamento do Tesouro. (N. T.)

em 1849. Sua atuação no Congresso, além da resolução a respeito da Guerra Mexicano-Americana, tinha sido inexpressiva. Encontrou o escritório de advocacia – a cargo do sócio, William Herndon – tão sujo que, durante sua ausência, parte das sementes distribuídas a seus clientes fazendeiros tinha vazado e brotado. Lincoln tinha 40 anos e achou que também não estava muito longe de criar raízes ali.[21]

II.

Em cinco anos, no entanto, Lincoln tinha abraçado uma causa, arranjado uma bússola e definido um curso. Era o curso da velha guarda, a cujos últimos dias assistira na Câmara dos Representantes: lembrar aos americanos a desconfortável posição que, a fim de formar a União, tinham sido obrigados a aceitar pelos Fundadores. A "necessidade" era a única desculpa deles para tolerar a escravidão, insistiu Lincoln em 1854, e "até então eles só iriam até onde ela os levasse". Eles haviam herdado a escravidão dos britânicos, sabiam que não teriam nação alguma sem ela, mas esperavam que desaparecesse por conta própria. Então a incluíram na Constituição sem a mencionar, "assim como um homem atormentado esconde um cisto ou um câncer que não ousa arrancar de vez, a não ser que sangre até a morte [...]. Menos que isso nossos pais não PODERIAM fazer; e MAIS não FARIAM".[22]

A escravidão, entretanto, não dava sinais de acabar; pelo contrário, nos lugares onde era legalizada, gerava lucros ainda maiores. A regra dos três quintos garantia cadeiras no Congresso e os votos eleitorais privilegiavam sua posição na política nacional. Poderia muito bem se espalhar, por convite ou imposição, aos novos territórios – em breve estados – conquistados do México. O "Compromisso de 1850", que regularizava o *status* da escravidão nessas regiões, mostrava menos estabilidade que o de 1820, que já não era robusto.[23] E mesmo nos estados em que a escravidão era ilegal, leis federais permitiam aos proprietários capturar os escravos fugitivos. "O 4 de julho não acabou", escreveu Lincoln de forma destruidora em 1855: "Continua um grande dia – *para soltar rojões!!!*".[24]

Nenhum outro atiçou tanto as chamas da escravidão quanto o homem que tentou, com extrema engenhosidade, extingui-las. Stephen A. Douglas, o senador sênior de Illinois, era também um advogado de Springfield e frequente parceiro de debates de Lincoln. Embora democrata, compartilhava do entusiasmo do Whigs pelo desenvolvimento econômico. Ambos buscavam acomodar sua região entre a inovação do leste e a oportunidade do oeste. Ambos apoiavam, como primeiro passo, a criação de uma estrada ferroviária transcontinental a partir de Illinois. Ambos sabiam que precisariam de subsídios federais, concessões de terras e proteção militar. Ambos esperavam que os sulistas, interessados na própria ferrovia, exigissem compensações. Porém, apenas o "Juiz Douglas", como Lincoln o chamava, pensava saber como isso iria se desenrolar.

Por que não revogar todas as restrições congressionais referentes à escravidão e deixar os próprios colonos decidirem seu futuro no vasto território Kansas-Nebraska – a oeste até as montanhas Rochosas e ao norte até a fronteira canadense? Afinal de contas, a autodeterminação era garantida na Declaração da Independência, mas a topografia e o clima certamente prejudicariam o desenvolvimento do regime escravocrata nos novos territórios. Douglas teria êxito nos dois sentidos: o Ato Kansas-Nebraska, por ele proposto e aprovado pelo Congresso em maio de 1854, seria a um só tempo nobre em princípios e oportuno.[25]

Apesar dessas intenções, o ato acabou gerando "violentos confrontos", escreveu Harriet Beecher Stowe, "tanto de um lado como de outro".[26] Os Compromissos de 1820 e 1850 haviam equilibrado *interesses conhecidos*. Douglas, entretanto, fazia malabarismos com *processos desconhecidos* – estilos de assentamentos, resultados de eleições, as incertezas da transferência para terreno não familiar – numa era de extrema tensão política. E isso nem era o pior, assinalou Lincoln, pois a doutrina de "soberania popular" de Douglas opunha-se ao legado dos próprios Fundadores.

Eles tinham considerado a escravidão um mal necessário a ser tolerado dentro dos limites existentes até que desaparecesse. Douglas, entretanto, professava a neutralidade: se os habitantes dos novos territórios queriam a escravidão, então teriam o direito de optar por ela, talvez até indefinidamente. Lincoln, normalmente pacato, mal conseguiu conter a fúria quando os dois dividiram um palanque em Springfield, no mês de outubro:

> Essa *declarada* indiferença, a meus olhos, dissimula o *verdadeiro* zelo pela disseminação da escravatura, que só me desperta ódio. E meu ódio não é causado pela monstruosa injustiça da escravidão em si. Meu ódio advém do fato de privar de sua justa influência nosso exemplo no mundo – o de permitir aos inimigos das livres instituições, com toda plausibilidade, insultar-nos de hipócritas –, de propagar entre os verdadeiros amigos da liberdade a dúvida de nossa sinceridade, sobretudo por forçar tantos homens de bem entre nós a uma guerra aberta contra os princípios fundamentais da liberdade civil – criticando a Declaração da Independência, e insistindo não haver princípio correto de ação salvo o *egoísmo*.[27]

Por que, contudo, Douglas ou qualquer outro político deveriam se importar com o que Lincoln odiava? Após o único mandato no Congresso, a carreira política de Abe não ia a lugar algum. Em público, era conhecido como um varapau de voz esganiçada. Declarava-se contra um poderoso senador. O "pequeno gigante", como Douglas gostava de ser chamado, era baixo, elegante, pomposo e dono de voz vibrante. Lincoln, embora não chegasse a não ser ninguém, pouco tinha feito até então para se tornar alguém.

III.

Os políticos de Illinois, contudo, tendiam a aplainar assimetrias. Não lhes bastava a publicação de discursos em jornais: a oratória era extensa, a impressão era microscópica e nem todos sabiam ler. Qualquer um, entretanto, podia comparecer a performances; afinal, não havia muito para se fazer em cidadezinhas. O circuito das cortes – advogados e juízes percorriam os estados julgando casos –, então, transformou-se num espetáculo itinerante que exibia acrobacias retóricas.[28] Dali para os comícios políticos ao ar livre, assistidos de pé por audiências hipnotizadas horas a fio, foi um pulo. O próximo passo foram os debates, graças aos quais o juiz Douglas, sempre sagaz, tornou Lincoln famoso.

Lincoln começava seus discursos devagar, parecendo a princípio buscar pensamentos, palavras, até mesmo acessar as partes mais distantes da própria anatomia. À medida que esquentava, porém, seus gestos se tornavam resolutos, a voz empolgava e seus argumentos preparavam armadilhas letais – tão efetivas que, fascinados, os repórteres chegavam a se esquecer de tomar notas.[29] Como John Quincy Adams, Lincoln estudara Euclides – Adams em Harvard, Lincoln por conta própria[30] –, e ambos se impregnaram de sua implacável lógica geométrica. A seguir, por exemplo, uma anotação de Lincoln, na certa preparada para seu discurso em Springfield:

> Se A pode provar, mesmo de maneira conclusiva, ter o direito de escravizar B, por que não pode B empregar o mesmo argumento e igualmente concluir que pode escravizar A? – O senhor diz que A é branco e B é negro. Então trata-se da *cor*. O mais claro tem o direito de escravizar o mais escuro? Cuidado! Por essa regra, pode ser escravo do primeiro homem com pele mais clara que a sua que encontrar. Ah, não quer dizer exatamente *cor*? – Quer dizer que os brancos são *intelectualmente* superiores aos brancos e, portanto, têm o direito de escravizá-los? Mais uma vez, cuidado! Por essa regra, pode se tornar escravo do primeiro homem que encontrar com intelecto superior ao seu. No entanto, diz o senhor, é uma questão de *interesse*; e, se pode ser do seu *interesse*, tem o direito de escravizar outrem. Pois muito bem. Porém, se for do interesse dele, ele tem o direito de escravizar o senhor.[31]

Então, nesse discurso, Lincoln citou a Declaração de Independência: "*Todos* os homens nascem iguais". O juiz Douglas considerava os escravos homens? Caso contrário, o que eles eram? Na certa, não porcos de engorda, pois estes não possuíam três quintos de representação no Congresso Nacional. Contudo, se os escravos fossem homens, a "soberania popular" não lhes asseguraria o direito à autodeterminação? E como algum homem poderia *escolher* ser escravo? Homens fugiam *da* escravidão *para* a liberdade, não o inverso. Os pontos de vista de Douglas, concluiu Lincoln calmamente, "parecem não repousar em base muito firme nem mesmo em sua própria mente".[32]

A lógica, porém, também exigia escolher algumas batalhas e adiar outras. Lincoln se absteve de questionar as salvaguardas constitucionais para a escravidão onde elas já existiam, a própria regra dos três quintos e mesmo as leis aplicadas aos escravos fugitivos. Contudo, recuperou Jefferson,[33] proprietário de escravos, autor da Declaração e fundador do Partido Democrata de Douglas, também redator do Estatuto de 1787, pelo qual era *proibida* a escravidão nos futuros territórios de Ohio, Indiana, Illinois e Wisconsin: por que suspender tais restrições na área Kansas-Nebraska? Essa pergunta não transformou Lincoln em abolicionista: afirmar isso era "muito tolo".

> Fique ao lado de qualquer um que esteja CERTO [...] e SE AFASTE dele quando estiver errado. Fique A FAVOR do abolicionista a fim de restabelecer o Compromisso de Missouri; e CONTRA ele quando tentar anular a lei do escravo fugitivo. [...] Que tal? Você continua certo [...]. Em ambos os casos, você se contrapõe a extremos perigosos.

O objetivo era negar a neutralidade moral da escravidão, devolvê-la à legalidade concedida com relutância pelos Fundadores e, assim como eles, preservar a União. Graças a isso, "milhões de pessoas livres e felizes, por todo o mundo, se erguerão e nos chamarão de abençoados".[34]

IV.

Douglas retorceu-se de desconforto com as conexões que Lincoln estabelecera – pragmatismo com princípio, razão com paixão e respeito pelo passado da nação com a visão de futuro do mundo. O senador preferiu separar as diferenças em vez de explorar as polaridades. Lincoln, ao contrário, extraiu força das contradições, talvez por ter tantas ele próprio. Elas lhe deram uma amplitude[35] – física, intelectual, moral – inexistente em seu rival. Douglas não podia fugir dos debates com Lincoln sem perder credibilidade política, mas a cada encontro a reputação do varapau crescia e a do pequeno gigante encolhia. Em 1858, Lincoln tentou o lugar de Douglas no Senado como candidato do novo Partido Republicano antiescravagista – para o qual Douglas, em outro erro de cálculo, havia pavimentado o caminho do seu rival.

O "*propósito* confesso" e a "promessa *segura*" do Ato de Kansas-Nebraska, lembrou Lincoln à convenção estadual que o nomeara em junho, eram pôr fim à "agitação escravagista". Ao longo dos quatro anos anteriores, entretanto, o contrário tinha ocorrido.[36] Um grande fluxo de colonizadores pró-escravatura chegava ao Kansas, estabelecendo soberanias altamente *impopulares* não só lá, como em todos os estados livres. Isso dividiu os nacional-democratas e os partidários do Whigs em facções nortistas e sulistas, abrindo oportunidade para os republicanos. Então, em 1857, a Suprema Corte acentuou as divisões ao declarar, no caso *Dred Scott contra Sandford*, que ao Congresso faltava autoridade para regular a escravidão em qualquer um dos novos territórios: a Declaração da Independência, acrescentaram, não poderia ter previsto a inclusão de "africanos", escravos ou livres, quando proclamou que "todos os homens" nascem iguais.[37] Douglas, agora com seus planos destruídos, não conseguira prever nada disso.

"Se primeiro pudéssemos saber *onde* estamos e *para onde* nos inclinamos a ir", disse Lincoln aos republicanos de Illinois em 1858, "poderíamos decidir melhor *o que* fazer e *como* fazer".[38] Tais passos exigiriam uma bússola, mas a de Douglas estava alinhada apenas com suas próprias manobras.[39] Olhando sempre para trás a fim de cobrir suas pegadas, caiu muitas vezes nos matagais, pântanos e esgotos à frente. Lincoln também se valeu de manobras – afinal, era um político –, mas sua bússola estava alinhada a princípios atemporais. Tais como: "Se uma família se divide em grupos que brigam entre si, essa família não poderá durar".[40]

E em sequência, "este governo não pode continuar dividido entre uma metade *escrava* e outra metade *livre*". Os Pais Fundadores tinham permitido uma contradição *temporária* – cuja duração foi maior do que gostariam –, mas sua trajetória pela escravidão fora sempre descendente; Douglas, por outro lado, validava a ascendência escravagista. Como Burke poderia ter afirmado, o fim de sua argumentação não lembrava o início do país. Entre esses dois caminhos não podia haver acordo. "Não espero a *dissolução* da União", enfatizou Lincoln. "Não espero que a família se *separe*, mas *espero* que deixe de ser dividida."

> A União se tornará *uma* coisa ou *outra*. Ou os *opositores* da escravidão deterão seu avanço e a deixarão [...] no curso da extinção definitiva, ou seus *defensores* a levarão em frente até que se torne igualmente legal em *todos* os estados, tanto nos *antigos* como nos *novos* – tanto nos do *norte* como nos do *sul*.[41]

Lincoln e Douglas, entretanto, em seus debates de 1858 – memoráveis em termos de extensão, conteúdo e pirotecnia oratória[42] –, pisaram com cautela em torno dessa polaridade. A possibilidade de dissolução da União, como alternativa de se tornar uma coisa ou outra, ainda era explosiva demais para vir à tona.

Em vez disso, Lincoln se concentrou em mostrar o pouco que sobrava de "soberania popular" à Suprema Corte: nas palavras dele, não passava de uma sopa feita com "a sombra de um pombo morto de fome". Haveria algum jeito, questionou Douglas, de os colonizadores de um território poderem, em termos legais, acabar com a escravidão? Encurralado, o juiz teve de admitir que só podiam agir assim negando proteção aos senhores de escravos e suas propriedades, direito até então sacrossanto nas leis referentes aos escravos fugitivos. Simulando espanto, o varapau atacou: teria seu adversário se tornado abolicionista?[43]

A resposta de Douglas não satisfez ninguém, nem a si mesmo. Ainda assim, a maioria democrática do Legislativo de Illinois votou por sua permanência no Senado.[44] Lincoln, no entanto, foi considerado vitorioso nos debates, o que lhe rendeu notoriedade nacional. Emergira como candidato republicano potencial para a nomeação presidencial de 1860.

O que Lincoln havia demonstrado era a praticidade de um padrão moral na política: um referencial externo que *molda* interesses e ações, diferentemente do de Douglas, interno, que apenas os *reflete*. O de Lincoln não advinha da fé, da ética formal ou mesmo da lei, profissão basicamente pragmática em sua busca pela justiça. Advinha, na verdade, de seu aprendizado pela experiência, do autodidatismo e da lógica na qual Lincoln fundamentara sua brilhante oratória. A amoralidade do juiz Douglas, portanto, não era apenas um erro, mas violava as mais básicas exigências do senso comum.

V.

A despeito do apelido "lenhador", consagrado por seus partidários, Lincoln precisava ser um "agrupador" político. Deixou para Douglas a divisão do partido.[45] Os republicanos haviam disputado a Presidência pela primeira vez em 1856. Apesar da derrota, ao contrário dos problemáticos democratas e dos quase extintos Whigs, concordaram em se opor à expansão da escravidão.[46] Em 1860, o problema do partido era ter aspirantes demais ao cargo. A *Harper's Weekly* identificou onze: na liderança, o senador de longa data William H. Seward, de Nova York.[47] Lincoln precisava conquistar a lealdade dos rivais sem enfraquecer a resolução do partido. "Meu nome é novo nessa área", escreveu ele em março daquele ano, "e suponho não ser a primeira opção da grande maioria. Nosso programa de ação, portanto, é não ofender os outros e deixá-los dispostos a virem até nós, caso se sintam compelidos a abandonar seu primeiro amor".[48]

Então ele se tornou o centro de gravidade do partido. Começou falando, com inesperado sucesso, em lugares tão distantes quanto Wisconsin, Ohio, Nova York e Nova Inglaterra.[49] Depois levou a convenção republicana para Chicago, a fim de ter os rivais à sua volta – e não o inverso. De Springfield, observou com calma o ambiente, evitando aparentar qualquer negociação.⁵⁰ Após garantir a nomeação na terceira votação, fez campanha apenas de seu escritório e de seu maltratado jardim de casa – embora autorizasse biografias elogiosas, posasse para fotografias e se mantivesse em contato, pelo correio e pelo telégrafo, com organizadores do partido nos estados em que havia chance de vitória. Foi, para seu tempo, um especialista em tecnologia.⁵¹ Graças à divisão entre os outros partidos, ele levou a grande maioria no colégio eleitoral, em novembro, mas não na votação popular.⁵²

Uma vez eleito presidente, Lincoln recrutou um gabinete de homens frustrados que haviam abandonado seu "primeiro amor" – ou, como chamou a historiadora Doris Kearns Goodwin, um "time de rivais". A equipe incluía seus maiores oponentes em Chicago: o indignado e ressentido Seward como secretário de Estado; o claramente ambicioso Salmon P. Chase, de Ohio, como secretário do Tesouro; o corrupto (mas politicamente necessário) Simon Cameron, da Pensilvânia, como secretário da Defesa; o estável Edward Bates, do Missouri, advogado-geral; e o único que não era seu rival, seu partidário Gideon Welles, de Connecticut, secretário da Marinha. Talvez se devorassem uns aos outros, disse Lincoln a seu jovem ajudante John Nicolay, mas ele precisava dos melhores homens ao alcance. Então "correria os riscos da fração para superar os perigos da rebelião".⁵³

O presidente em exercício, James Buchanan, havia se recusado a correr qualquer risco, daí sua aterrorizante passividade quando, após a eleição de Lincoln, sete estados escravocratas se desligaram e buscaram recursos federais. Senadores ansiosos – entre os quais Seward, Douglas e John Crittenden, do Kentucky – tentaram alinhavar acordos, mas, depois de considerar alguns por alto, Lincoln voltou ao princípio fundamental:

> Não tenho compromisso com nenhum acordo que *ajude* ou *permita* sua [a da escravidão] ampliação em solo de propriedade da nação. E qualquer artifício pelo qual a nação adquira território, para depois permitir a alguma autoridade local nele disseminar a escravidão, é tão odioso quanto qualquer outro.⁵⁴

Lincoln parecia ter subestimado a determinação sulista: "Acho que bastarão uns dois ou três regimentos para garantir a execução das leis dos Estados Unidos nos estados insatisfeitos", assegurou a um cético visitante em janeiro de 1861. "E isso, contudo, eu farei, custe a força que custar."[55]

Por um momento, entretanto, Lincoln resolveu dar à lógica uma última chance. Seu discurso de posse, em 4 de março, confiou na palavra dos líderes secessionistas quando estes alegavam defender a Constituição: quais direitos específicos, afinal, tinham sido negados? Não a propriedade de escravos nos estados onde tal prática era legal ou seu resgate quando fugiam. Nem o respeito à Suprema Corte, cujos pareceres oficiais jamais poderiam exigir submissão geral a "esse eminente tribunal". Certamente não a responsabilidade de cada presidente eleito impor leis federais de maneira firme em cada estado. O único ponto em questão era que "uma parte de nosso país acredita que a escravidão é *correta* e deve ser expandida, enquanto a outra acredita que é *errada* e não deve ser expandida".

Porém, fazia sentido a secessão, dada sua improbabilidade geográfica, dada a falta de lógica de uma União que legislava sobre a própria extinção, dados todos os elementos desconhecidos capazes de surgir em uma iniciativa inédita?

> Antes de dar início a assunto tão grave quanto a destruição de nossa estrutura nacional, [...] não seria mais sensato averiguar com exatidão o motivo de agirmos assim? Os senhores se arriscarão a dar um passo tão desesperado, embora não haja qualquer possibilidade de que qualquer parcela dos males de que fogem possua existência real? E agirão assim, apesar de certos males para os quais fogem serem ainda maiores que todos os males reais de que já fogem?

Nada de valioso poderia ser perdido, insistiu Lincoln, "dando tempo ao tempo".[56] Nenhum separatista, no entanto, deveria duvidar de sua posição: "Os senhores podem não enfrentar qualquer conflito, a não ser que sejam os agressores. Não têm nenhum juramento registrado no céu para destruir o governo, enquanto *eu* devo ter o mais solene: o de 'preservá-lo, protegê-lo e defendê-lo'". E então, esperaria "o coro da União" – alguns frustrados com o "primeiro amor"? – mais uma vez ser entoado, "como de certo o será, pelos melhores anjos de nossa natureza".[57]

VI.

Anjos, entretanto, nem sempre seguem a lógica – tampouco o fazem os separatistas. Em 12 de abril de 1861 os estados confederados da América atacaram o forte Sumter, no porto de Charleston – que Lincoln anunciara estar reabastecendo, não reforçando –, e a partir desse instante a guerra se pôs a caminho. O sul carregava o estigma de tê-la começado.[58] O invariável objetivo de Lincoln nos quatro anos seguintes foi restaurar a União, salvando seu estado para o que previa ser o futuro da grandiosidade global. Também não acreditava que isso fosse possível sem expurgar o necessário pecado da escravidão.[59] Ao que me consta, Lincoln nunca leu sobre as exigências conflitantes de almas e Estados nas obras de Agostinho e Maquiavel – poucos que vieram depois deles transitaram com tanta habilidade por essa polaridade.

Os onze estados abrangidos pela Confederação – quatro mais se retiraram após o ataque ao forte Sumter – contavam com as vantagens das linhas de operações interiores, mas sofriam com as desvantagens de uma economia agrícola escravagista pouco apropriada à guerra moderna. A geografia então permitiu (e a escassez assim exigia) uma estratégia de mobilidade, criatividade e surpresa, marcas da engenhosidade militar de Robert E. Lee.[60] A União contava com mão de obra, indústria e logística superiores, mas suas linhas de operação exteriores confundiam os generais, deixando-os preguiçosos e receosos. Ofensivas executadas com tal postura fracassariam, avisou o general Henry Halleck a Lincoln em janeiro de 1862, "em 99 casos de 100". Eram "condenadas por todas as autoridades militares que já li na minha vida".[61]

Todavia, Lincoln sabia que às vezes é preciso lutar guerras desconhecidas. Então propôs uma "ideia geral" – não estava ainda preparado para transformá-la em ordem – de como empregar a força da União contra as habilidades da Confederação. A ideia era:

> Temos maior número de soldados, e o inimigo tem maior facilidade de concentrar suas forças em pontos de colisão; então fracassaremos, a não ser que possamos encontrar um modo de tornar nossa vantagem superior à dele; e isso só pode ser obtido ameaçando-o com forças superiores em diferentes pontos e ao mesmo tempo para que possamos atacar com segurança um ou dois pontos, caso ele não efetue mudanças; e caso ele enfraqueça um para fortalecer o outro, nos abstermos de atacar o fortalecido, mas dominarmos e ocuparmos o enfraquecido, e assim ganharmos.[62]

Poderia a União não enfrentar concentrações de forças dos Confederados em momentos únicos e pontos com múltiplas concentrações simultâneas? Poderia talvez não equilibrar o "maior número de soldados" contra a "maior facilidade" do inimigo? Seria capaz de pensar e agir em termos de tempo, espaço e escala?[63]

Por sorte, Lincoln nunca estudou na Academia Militar de West Point, pois com tais dúvidas na certa acabaria expulso. Elas violavam a ortodoxia profissional de um exército ainda concentrado em ocupação, fortificação e defesa de posições fixas. As Forças Armadas americanas na fase pré-Guerra Civil – embora intrigadas com as manobras militares de Napoleão – estavam mais bem preparadas para o planejamento que para o combate: não contavam com a experiência de uma *nação* em guerra. Sua autoridade predominante era o estrategista suíço Antoine-Henri Jomini, mais conhecido por tratar a guerra como se fosse uma geometria. A obra de Clausewitz não esteve disponível em inglês até 1873.[64]

Lincoln, contudo, *intuiu* Clausewitz – ainda que levasse três anos para encontrar no repulsivamente letal Ulysses S. Grant um general que também havia intuído o alemão.[65] A estratégia do presidente era destruir as forças inimigas onde quer que se encontrassem e sempre que houvesse oportunidades para tal: em resumo, e acima de tudo, lutar.[66] Com o tempo, as reservas humanas, territoriais e tecnológicas da União excederiam as da Confederação: matanças obrigariam os exércitos à rendição, e isso aniquilaria o estado rebelde. A guerra, para Lincoln, era então – a despeito de nunca ter lido esta frase – "um ato de força para compelir o nosso inimigo a agir segundo nossa vontade".[67]

VII.

Isso aparece na primeira página do livro *Da guerra*, antes de tudo ficar um pouco mais complicado. O comando militar também complicou as coisas para Lincoln, que sabia, sem ter lido Clausewitz, que guerras, mesmo cruéis, devem servir aos Estados e não deles dar cabo. A guerra jamais poderia ser um fim em si, mas o meio pelo qual um Estado ameaçado se salvaria. E Lincoln viu que uma guerra civil – a qual ele permitira que lhe fosse imposta – também poderia redimir o Estado *americano*, manchado pela escravidão.

Salvar o Estado, entretanto, vinha em primeiro lugar: salvar almas era para profetas, não para políticos. Lincoln precisava manter unida sua mutilada União face aos sacrifícios impostos. Isso significava manter a fidelidade de quatro estados onde a escravidão era legalizada: Missouri, Kentucky, Maryland e Delaware. Se os perdessem, reconheceu o presidente, "nós também consentiríamos na separação imediata, incluindo a rendição deste Capitólio". Ou, como deveria ter acrescentado: ele "*Desejava* Deus a seu lado, mas *precisava* ter o Kentucky".[68]

Então Lincoln ordenou a seus comandantes que *não* declarassem livres os escravos capturados pelas tropas: apenas o presidente tinha tal poder, e ele ainda não estava preparado para isso. Assinou um Ato de Confisco do Congresso autorizando a apreensão de propriedades rebeldes, incluindo escravos, mas se absteve de exigir seu cumprimento. Deixaria para usá-lo dependendo da atitude que decidisse tomar mais tarde. Quando, porém, os partidários pró-escravidão do norte tentaram impedir o recrutamento e o transporte de tropas para o *front*, Lincoln de imediato os subjugou: prendeu os encrenqueiros, negou-lhes *habeas corpus* e, quando a Suprema Corte criou objeções, contestou.[69]

O objetivo de Lincoln, em cada uma dessas instâncias, foi equilibrar a lei contra a necessidade militar, na expectativa de que, com a passagem do tempo e o êxito de seus exércitos, o equilíbrio fosse restabelecido. "Se a escravidão não é um erro, nada é um erro", escreveu em 1864. "Não tenho memórias de quando pensei e senti de outra forma. Entretanto, nunca compreendi que a Presidência me conferisse o direito irrestrito de agir oficialmente com base nessa opinião e nesse sentimento." O cargo lhe conferiu, no entanto, o dever – embora por meios desesperados – de preservar a União.

> Pela lei geral, vida *e* membro devem ser protegidos; no entanto, muitas vezes um membro deve ser amputado para salvar uma vida. Nunca é sensato, porém, dar uma vida para salvar um membro. Senti que medidas inconstitucionais em outros contextos poderiam se tornar legítimas e indispensáveis à preservação da nação. Certo ou errado, assumi esse fundamento – e agora o confesso.[70]

Lincoln aqui revela, de modo mais claro que o próprio Clausewitz, um princípio básico clausewitziano: não fazia sentido algum salvar uma parte e perder o todo. Em consequência, fazendo uso do senso comum concluiria que "o objeto político é o propósito; a guerra, o meio de alcançá-lo, e os meios nunca podem ser considerados isolados de seu propósito".[71]

VIII.

No trecho sobre a Proclamação de Emancipação, no livro *Lincoln*, Allen C. Guelzo sugere que "o dom do *coup d'oeil*" permitiu a Lincoln "ver, de imediato, a situação como um todo e, de modo quase instintivo, saber como proceder". Guelzo não cita o uso desse termo por Clausewitz, mas evoca, com precisão capaz de despertar inveja em Tolstói, a natureza da proficiência:

> É uma atitude mais irônica que trágica, na qual o cálculo de custos é mais crítico que crucial ou incidental. Dá preferência ao progresso gradual, não a soluções categóricas [...], contudo, à diferença da mera moderação, tem um senso de movimento proposital e recusa-se a ser paralisada pela preocupação com o processo, mesmo quando tem consciência de não haver objetivo mais fácil a ser alcançado [...] que considere completamente a dispensa do processo.

Lincoln avaliou com critério os custos, sem os deixar de lado – como Napoleão na Rússia – nem os temer a ponto de se paralisar – como os generais do exército da União antes de Grant. Ele preferia confiar na experiência, acumulada gradualmente, para mostrar o que funcionava, em vez de recorrer a categorias didáticas para dizer o que deveria ser feito. Ele respeitou os processos e o devido processo legal, mas sabia dos riscos do respeito quando há muito em jogo. Determinado, comprometeu-se com a união no transcorrer da guerra e com a emancipação ao fim, embora com *timing* sutil: ninguém, melhor que ele, aderiu a temas não negociáveis enquanto os expunha seletivamente. E Lincoln agarrou-se por completo e sempre ao grande paradoxo de Clausewitz: "Tudo é muito simples na guerra, mas a coisa mais simples é difícil".[72]

O general George B. McClellan, comandante de Lincoln que por mais tempo serviu durante a primeira metade da guerra, viu apenas a segunda parte do paradoxo e o transformou em princípio. O pretenso "Jovem Napoleão" – sempre galante nas fotografias – formou um grande exército, mas o subutilizou. Segundo o historiador James McPherson, ele esteve "eternamente *quase*, mas não *tão* pronto para se mover".[73] Isso frustrou a estratégia de múltiplos ataques simultâneos de Lincoln: "Se o general McClellan não quer usar o exército", encolerizou-se o presidente a certa altura, "gostaria de pedi-lo emprestado".[74] Lincoln sabia, contudo, não ser possível agir assim e governar o país. Então, enquanto testava uma série de generais igualmente estáticos, começou a buscar alternativas para vencer a guerra. Uma foi se tornar, por fim, abolicionista.[75]

Caso tomasse cedo demais essa decisão, poderia ter perdido a guerra, mas a experiência de a enfrentar, entendeu Lincoln, mudava seu propósito: isso significava que, integrada a um propósito, também a conduta poderia mudar. O presidente proibiu seus comandantes de libertar os escravos capturados, mas não criou objeções quando eles foram empregados para cuidar do abastecimento do exército. Então pareceu razoável armar alguns escravos e recrutá-los para o exército – como muitos, na verdade, ambicionavam. Isso aumentou a força de trabalho no norte do país e irritou a população do sul, sempre receosa de revoltas de escravos. E uma vez que havia escravos lutando pela União, nenhum nortista poderia apoiar a reescravização: se ainda não havia decreto presidencial para a libertação dos escravos, era a praticidade que assumia esse papel.[76]

Lincoln soube o que estava acontecendo, mas não tentou impedir, tornando-se um observador cauteloso e distante. Em público, garantiu ao hiperbólico abolicionista Horace Greeley, em agosto de 1862:

> Meu objetivo supremo nessa luta é salvar a União, não salvar ou destruir a escravidão. Se eu pudesse salvar a União sem libertar um só escravo, eu o faria, e se eu pudesse salvá-la libertando todos os escravos, eu o faria; e se pudesse salvar a União libertando alguns e deixando outros em paz, eu também o faria. [...] Devo fazer menos sempre que acreditar que aquilo que faço prejudica a causa e devo fazer mais sempre que acreditar que assim ajudarei a causa. Devo tentar corrigir erros quando se provarem erros e devo adotar novas opiniões com a mesma rapidez tão logo pareçam ser opiniões verdadeiras.

Deixar tais opções em aberto era seu dever "oficial", acrescentou Lincoln, mas "não pretendo modificar em nada meu desejo pessoal, expresso repetidas vezes, de que todos os homens em todos os lugares sejam livres". Então, o que de fato tinha dito? "Que se preparava para um passo dramático", concluiu seu biógrafo Richard Carwardine, e "que não tinha tal intenção".[77]

Contudo, Lincoln já encontrara um jeito de transformar seu desejo em dever: declararia a abolição uma exigência militar. Isso era, explicou calmamente a Seward e Welles em julho, "absolutamente essencial para salvar a nação". Propôs agir não sob a legislação do confisco do Congresso, mas por prerrogativa dos "poderes de guerra" implícitos em sua designação constitucional de "comandante em chefe". Ninguém havia ainda estabelecido quais seriam tais poderes, mas duas décadas antes Adams, na Câmara dos Representantes, havia reivindicado a inclusão dessa autoridade "para determinar a emancipação universal dos escravos". Sua opinião – seria o sussurro de um fantasma? – alcançou Lincoln logo após o início da Guerra Civil, mas este presidente, à diferença de Adams, tinha o dom do *coup d'oeil*. Ficou, então, à espera do momento certo.[78]

O momento chegou quando McClellan por fim obteve uma plausível vitória militar em Antietam, em 17 de setembro. A batalha, como a de Borodino, teve resultados sangrentos, mas o fato de McClellan atacar e Lee recuar – mesmo, para indignação de Lincoln, com o exército intato – foi um triunfo psicológico que permitiu ao presidente proclamar cinco dias depois, não por desespero, mas por resistência:

> Que no primeiro dia de janeiro do ano de 1863 de nosso Senhor todas as pessoas mantidas escravas, em qualquer estado ou em partes específicas de um estado ainda em rebelião contra os Estados Unidos, sejam doravante e para sempre livres.[79]

Lincoln nada disse a respeito dos escravos mantidos nos estados que lhe eram leais; dificilmente poderia ter reivindicado poderes de guerra em relação a eles.[80] Contudo, também sabia ser desnecessário: quanto mais sangue a União derramasse, mais justa – e, portanto, mais legítima – seria a emancipação. A proclamação, neste sentido, foi a Tarutino de Lincoln: sem muito esforço além das pinceladas de sua pena, o norte aproveitou a iniciativa, e o sul – embora ainda não em fuga como Napoleão da Rússia – passou, a partir desse momento, à defensiva.

IX.

No dia 1º de dezembro de 1862, o presidente Lincoln apresentou sua segunda mensagem anual na terceira sessão do 37º Congresso. Como a maioria desses comunicados, era um compilado de trivialidades. Propunha indenizar os noruegueses por um navio apreendido ilegalmente no porto bloqueado de Charleston, saudava um novo tratado comercial com o sultão turco e elogiava a recuperação financeira do correio. Também exigia, porém, uma emenda constitucional que tornasse permanente a abolição da escravatura vigente durante a guerra. O presidente concluiu com este retumbante *coup d'oeil*:

> Dizemos ser a favor da União. O mundo não se esquecerá de nossas palavras. Sabemos como salvar a União. O mundo sabe que sabemos como salvá-la. [...] Ao libertarmos os escravos, garantimos liberdade aos livres – e nos mostramos honrados tanto no que concedemos como no que preservamos. Devemos salvar com nobreza, ou miseravelmente perdermos, a última e maior esperança do mundo.[81]

Isso não era, para Lincoln, uma nova epifania. "A maior esperança do mundo depende da contínua união desses estados", declarara, em 1852, numa oração fúnebre em homenagem a Henry Clay.[82] Ele costumava invocar uma audiência mundial nos debates travados com Douglas em Illinois.[83] Em 1861, tendo obtido o cargo que Clay e Douglas almejavam, mas não haviam conseguido, Lincoln definiu sua responsabilidade para com a nação de manter no mundo essa forma e essência de governo, cujo objetivo principal é elevar a condição do homem – retirar fardos de todos os ombros; abrir caminho a atividades louváveis para todos; permitir a todos um início livre e uma oportunidade justa na corrida pela vida.[84]

Provando assim, acrescentou Lincoln em conversas particulares, "que o governo popular não é uma ideia absurda".[85]

O que parecia absurdo, argumentou em sua mensagem de 1862, era uma União dividida, pois "nossa sala espaçosa – nossa vasta propriedade nacional – é nosso amplo recurso". Os portos do país garantiriam acesso a todos os americanos, a todos os oceanos; seus números, em 1925, talvez excedessem os da Europa. A emancipação garantiria o crescimento ao encurtar a presente guerra, mesmo que ela se expandisse em proporção "à riqueza do país". O êxito da secessão, porém, geraria mais secessões, cujos resultados seriam "imensos e danosos".[86] Não ficou claro se Lincoln havia recordado, ou mesmo lido, a mensagem de Adams ao Congresso em 1825. Ambos os presidentes, contudo, tinham em comum o seguinte ponto: que "liberdade é poder" e que "a nação abençoada com a maior extensão de liberdade deve, em proporção a seus números, ser a mais poderosa nação da Terra".[87]

Com esse objetivo, Lincoln aproveitou a oportunidade aberta pela secessão ao retirar de Washington os oponentes sulistas contrários ao desenvolvimento econômico nacional. Antes de ser republicano, ele pertencera aos Whigs. Caso tivesse nascido antes, poderia ter sido um federalista hamiltoniano. E então Lincoln exigiu e conseguiu o que Adams e Clay teriam invejado: melhorias internas, inclusive uma estrada de ferro para o Pacífico, terras públicas a preço baixo no oeste para assentamentos, universidades estaduais subsidiadas, tarifa protecionista, sistema bancário centralizado e até mesmo (enquanto durasse a guerra) um imposto de renda federal. Só os bancos e os impostos tinham utilidade militar. As outras melhorias assentaram as fundações para o poder sem o qual, no século XX, o Novo Mundo não poderia ter resgatado, repetidas vezes, a liberdade no Velho Mundo.[88]

X.

Também não fica claro se Lincoln leu Marx, mas é possível que sim. Até 1861, o autor do *Manifesto do Partido Comunista* foi correspondente em Londres do *New-York Tribune*, jornal de circulação nacional fundado por Horace Greeley. O historiador Kevin Peraino imagina Lincoln estirado no empoeirado sofá de seu escritório em Springfield, apanhando o jornal e irritando seu sócio, Billy Herndon, com citações revolucionárias. Poderia, então, ter lido a previsão de Marx de que o norte iria, mesmo com certa dificuldade, vencer uma guerra civil, graças não só a seus recursos materiais, mas também à possibilidade de provocar no sul uma revolta de escravos.[89]

Interesses *materiais*, no entanto, podiam prejudicar tal resultado. Os Fundadores tinham tentado impedir qualquer retorno das grandes potências europeias à América do Norte, mas agora o capitalismo global do algodão aumentava os riscos: as revoluções industriais permitiriam que o principal produtor da *commodity* – a suposta Confederação – interrompesse seu fornecimento em virtude de um bloqueio da União? Seria possível que os meios usados para suprimir a secessão concedessem a ela, no fim, legitimidade internacional?[90] "Não entendo nada de diplomacia", admitiu Lincoln. "Poderia cometer erros crassos."[91]

Na verdade, ele cometeu pouquíssimos erros. Ainda desesperado para evitar a desunião, o secretário de Estado Seward chegou ao cúmulo de sugerir, pouco antes do ataque ao forte Sumter, que se provocassem crises contra Espanha, França, Grã-Bretanha e Rússia: se o presidente não se sentisse à altura dessa tarefa, então outro membro do gabinete, sem excluir o próprio secretário, deveria chamá-la a si.[92] Lincoln nunca disse o que pensava da improvável medida, mas avisou a Seward: se algo devia ser feito, "*eu* devo fazê-lo".[93] A resposta obrigou Seward a desistir das múltiplas asneiras cometidas, e a partir de então os dois passaram a trabalhar em harmonia.

E a harmonia entre os dois cresceu ainda mais quando, em novembro de 1861, o capitão Charles Wilkes do USS *San Jacinto* confiscou como "contrabando" do navio britânico RMS *Trent*, por conta própria e em águas internacionais, dois diplomatas confederados, James Mason e John Slidell, cuja missão era buscar reconhecimento diplomático em Londres e Paris. A princípio satisfeito, Lincoln recuou diante da perspectiva de uma guerra anglo-americana. Seward o ajudou enquadrando a iniciativa de Wilkes na definição legal de "apreensão", prática britânica contra a qual os americanos protestaram e pela qual já haviam entrado em guerra em 1812. Tendo em vista já terem *ambos* protestado, Lincoln demonstrou com habilidade e êxito a impossibilidade de haver fundamentos para outro conflito dessa natureza. Ou, como explicou aos membros de seu gabinete, "uma guerra de cada vez".[94]

Nesse meio-tempo, o imperador francês Napoleão III – arrogante sobrinho de um tio bem mais importante – decidira explorar a fraqueza estadunidense invadindo o México e instalando um imperador ainda mais hesitante, o arquiduque austríaco Maximiliano, num trono ainda inexistente. Lincoln e Seward limitaram-se a protestos diplomáticos, a despeito das pressões (inclusive dos próprios partidários) para pôr fim à Guerra Civil, invocar a Doutrina Monroe e despachar um exército formado por membros da União e da Confederação ao sul do rio Grande. As vitórias da União sobre a Confederação, assim entenderam, reduziriam mais depressa as pretensões francesas e austríacas, preservando, ao mesmo tempo, o propósito de uma guerra que valeria a pena lutar. Em julho de 1863, com Vicksburg e Gettysburg, as vitórias tinham começado.[95]

Lincoln proclamou a emancipação por razões basicamente militares, mas à medida que as implicações morais se tornaram evidentes, simplificaram a diplomacia. Deram à União o fundamento primordial da consciência:[96] assim como nenhum proprietário de terras do norte voltaria a escravizar quem houvesse lutado em seu exército, também nenhum país estrangeiro poderia, em meados de 1864, reconhecer uma Confederação escravocrata, muito menos intervir em seu nome.[97] Protegida por esse escudo, a maior população de produtores de algodão do mundo encenou o que o historiador Sven Beckert denominou de "insurreição agrária", inigualável em termos de velocidade e objetivo. Isso acelerou a vitória da União, ao mesmo tempo que assegurou a única economia integrada necessária para levar esperança ao mundo – e, na expectativa de uma futura revolução proletária, até Marx.[98]

XI.

Poderes de guerra, insistiu Lincoln, podiam tornar constitucional o inconstitucional. A emancipação foi o maior confisco sem pagamento de propriedades particulares da história norte-americana.[99] No entanto, Lincoln parece jamais ter considerado cancelar ou adiar a eleição pela qual poderia, como reconhecia, ser substituído pelo candidato do partido Democrata, o ex-general George B. McClellan – como ele, na eleição anterior, substituíra o ex-presidente democrata. Nesse caso, informou Lincoln aos membros de seu gabinete, em agosto de 1864, "será meu dever cooperar com o presidente eleito para salvar a União entre a eleição e a posse", pois, acrescentou, "ele terá conquistado a vitória num terreno que será impossível salvar depois".[100]

O perigo de derrota militar havia tempos desaparecera, mas não o de um empate. Os generais de Lincoln que estavam em campo – Grant na Virgínia, William Tecumseh Sherman no Tennessee e no norte da Geórgia e Philip Sheridan no Vale do Shenandoah – venciam os Confederados pelo cansaço: sem fim à vista, contudo, os custos humanos, materiais e políticos seriam insustentáveis. Tal perspectiva sustentou a campanha presidencial de McClellan, assim como a ansiedade de Lincoln de que uma paz negociada pudesse salvar a escravidão, mas sacrificar a União.[101]

Então, no dia 2 de setembro, Sherman tomou Atlanta. A cidade não era Tarutino ou Borodino, mas uma explosão em terra das embarcações elisabetanas, com incêndios espalhando-se por toda a Confederação até o mar. A autoconfiança de Lincoln cresceu com a fumaça, e dois meses depois ele foi reeleito com boa margem de votos, perdendo apenas em 3 dos 22 estados votantes. "O fato de a eleição ter transcorrido calmamente", escreveu Grant, "constitui para o país uma vitória mais significativa que uma batalha ganha. E assim será interpretada pelos rebeldes e pela Europa".¹⁰² "O grito triunfal de guerra da sua reeleição é 'Morte à escravatura'", escreveu Marx, de Londres, ao presidente. "Os operários da Europa [...] consideram uma garantia dos tempos vindouros ter cabido a Abraham Lincoln, determinado filho da classe operária, guiar seu país na inigualável luta pela salvação de uma raça agrilhoada e pela reconstrução de um mundo social."¹⁰³

John Quincy Adams tinha percebido, quando Lincoln ainda era criança, que uma guerra civil poderia eliminar a escravidão "desse continente inteiro", resultado "tão glorioso" que, mesmo a custos "calamitosos e desoladores", "eu não ouso dizer que não deva ser desejado".¹⁰⁴ Jamais saberemos quais custos seriam demasiados para Adams, mas fica bem evidente o que Lincoln enfrentou: mais de 3 milhões de homens, armas em punho, no norte e no sul, e pelo menos 750 mil mortos.¹⁰⁵ Sua estimativa de 1861 de que "dois ou três" regimentos poderiam acabar com a secessão – foram precisos 3 mil – é de uma ingenuidade surpreendente, mas ao lado dela Lincoln emendou: "Custe a força que custar".¹⁰⁶

Isso aumentou as opções de Lincoln. Não apenas assustaria um adversário, mas causaria tanta destruição quanto era possível infligir em sua época. Ele manteve todas as opções dentro das tolerâncias físicas, emocionais e morais do momento. Assim, permitiu a expansão dos objetivos da guerra de modo a incluir a abolição, mas apenas depois de ter se convencido de que isso ajudaria a condução da guerra. A sensibilidade de Lincoln em expandir contextos – sua habilidade em permitir mesmo o crescimento de coisas letais – manteve o conflito clausewitziano: salvar o Estado continuou sendo seu objetivo, a despeito da surpreendente expansão dos meios utilizados.¹⁰⁷ Ao longo do século seguinte, as Forças Armadas americanas encolheriam quando possível, mas cresceriam como bolas de neve quando necessário. Ninguém na época de Lincoln seria capaz de prever as circunstâncias em que fariam isso; o que ele mostrou, contudo, foi que *podia* ser feito.¹⁰⁸

Lincoln via a si mesmo não tanto como um filho da classe operária, mas dos Fundadores: "Há 87 anos, nossos pais...".

Estranhamente, nenhum dos Pais Fundadores teve filhos tão ilustres – à exceção de John Adams. Assim, parece fazer sentido que Lincoln estivesse com John Quincy em seu último dia público e que ele tivesse guiado Lincoln, postumamente, rumo ao fundamento constitucional para a emancipação. O que levou a República "ao nascimento de uma nova liberdade" para que "o governo do povo, pelo povo e para o povo jamais desapareça da face da Terra".[109]

XII.

"De algum modo, ele conseguiu", concluiu o mais detalhista biógrafo moderno de Lincoln, "ser dotado de grande força de vontade sem ser voluntarioso, ser justo sem ser hipócrita, valorizar a moral sem ser moralista" e, consequentemente, exibir "maturidade psicológica sem igual na história da vida pública americana".[110] Em resumo, Lincoln controlou as polaridades, não foi controlado por elas. No entanto, como, com educação tão "falha"? A resposta reside, acredito, no senso comum atingido graças a um raro domínio de escala, espaço e tempo.[111]

A escala determina as variações dentro das quais a experiência se acumula. Se, na evolução, limiares do caos recompensam a adaptação, se, na história, a adaptação fortalece a resiliência, e se nos indivíduos a resiliência concilia elementos desconhecidos com mais presteza que a rigidez, então parece razoável que a expansão *gradual* de limites prepare melhor os líderes para lidar com o inesperado que expansões abruptas (que permitem pouco tempo para a adaptação) ou herdadas (que levam consigo o privilégio e a arrogância, sua fiel companheira).

Para entender a diferença, compare-se a vida de Lincoln com a de John Quincy Adams. A de Adams foi permeada por grandes expectativas, que o inspiraram, perseguiram e assombraram, privando-o do senso comum em momentos críticos. Foi superestimado por outras pessoas e por si próprio, projetando objetivos além do alcance: só alcançou satisfação tardiamente, quando adotou a modéstia. Para Lincoln, não havia nenhuma expectativa além das que ele mesmo estabelecera: começou por baixo, foi crescendo aos poucos e chegou ao topo apenas quando já estava preparado. Suas ambições aumentaram na mesma medida de suas oportunidades, mas ele manteve ambas limitadas às circunstâncias. É como se *quisesse* ser subestimado.

Espaço é o ponto em que expectativas e circunstâncias se cruzam. Tanto Lincoln como Adams viram, na expansão para o oeste, a chance de garantir a liberdade, mas também temeram os perigos advindos de tal liberdade. Madison havia mostrado, no artigo federalista n. 10, que uma república capaz de equilibrar interesses podia se transformar em império, mas os interesses em mente eram múltiplos e regionais, até provincianos. Os filhos dos Fundadores tiveram de equilibrar um *único* interesse – expandir ou não a escravidão para novos territórios – do qual a união *nacional* passara a depender. A resiliência enrijecera: qualquer escolha acarretaria custos inaceitáveis para alguém.[112] A modéstia e a morte pouparam Adams da necessidade de escolher, mas Lincoln parece tê-la assumido.

Ele usou o espaço na guerra para restaurar a União. Ignorou ortodoxias, estudou mapas e calculou competências, demonstrando que as forças do norte eram linhas de operação *exteriores* ao longo das quais novas tecnologias – telégrafos, estradas de ferro, armamentos industriais – podiam se conciliar com o novo raciocínio para permitir mobilidade e força concentrada. Lincoln só precisava de generais dispostos a lutar e de tempo para enfraquecer a Confederação: a partir daí o país controlaria o continente, como queriam os Fundadores.

E, por último, o tempo. Lincoln o mantinha a seu favor: sabia quando esperar, quando agir e quando renovar a confiança. Aproximara-se do agnosticismo antes de assumir responsabilidades. Entretanto, à medida que essas cresciam, crescia também sua fé, mas não da forma religiosa.[113] Ao contrário, assemelhava-se a um diálogo entre um homem e – termo empregado por Lincoln – seu "Fazedor". Certa feita, o presidente perguntou a um grupo de sacerdotes por que Deus havia revelado Seus propósitos *a eles*, não diretamente "a mim".[114]

Lincoln passou a acreditar que Deus revelava Seus desígnios pelo curso dos acontecimentos, não por revelação divina. A vitória de

McClellan na batalha de Antietam, disse o presidente aos membros de seu gabinete, fora o sinal para dar prosseguimento à emancipação.[115] Contudo, ele ainda se preocupava com o prolongamento da guerra: cada um dos lados "alega agir segundo a vontade de Deus", escreveu numa nota pessoal, mas "ambos os lados *podem* estar errados, e um com certeza *deve* estar. Deus não pode estar, ao mesmo tempo, contra uma coisa e a favor dela". Prontamente, contudo, percebeu a incoerência, pois Deus, ainda mais que Seus anjos, estava acima da lógica terrena. "É bem possível que o propósito de Deus seja diferente do propósito de cada uma das partes." Talvez "Deus deseje essa contenda e deseje que ela ainda não termine".[116]

Todavia, Lincoln disse ao mundo em seu segundo discurso de posse, em 4 de março de 1865, que se Deus quisesse a continuação da guerra

> até que fossem consumidas todas as riquezas acumuladas graças aos escravos em 250 anos de fadiga sem recompensa, e até que cada gota de sangue derramada sob o chicote fosse compensada com outra derramada pela espada, de acordo com o que tinha sido dito 3 mil anos atrás, ainda assim deveríamos afirmar que "os julgamentos do Senhor são inteiramente verdadeiros e justos".[117]

Disse e sabia não ser esse o desejo de Deus. Graças a Ele, a Lincoln e a seus generais, a guerra terminaria em cinco semanas.[118] Quem, então, estava no comando? Lincoln teria dito, posso apostar, que isso não interessa.

Tolstói sugere, nas últimas páginas de *Guerra e paz*, que a interdependência simultânea de tempo, espaço e escala reflete escolha e necessidade: a ilusão da capacidade de agir nos leva a acreditar no livre-arbítrio, mesmo quando negado por leis inexoráveis. Lincoln nunca leu essa nem várias outras obras, incluindo *Da guerra*. Porém, assim como ele intuiu Clausewitz, pode ter antecipado Tolstói, pois Lincoln encontrou, ou pensou ter encontrado, a vontade de Deus no curso da história. Não existe grande diferença entre o estadista norte--americano e o escritor russo, para quem a história, em seu romance mais famoso, reflete leis acima de nossa capacidade de compreensão. E, na crise de fé em que mergulhou logo após terminá-lo, Tolstói superou em muito Lincoln na atribuição de fenômenos terrenos à omissão divina.[119]

Para Lincoln, bastou dizer, numa carta a um amigo em 1864: "Eu assumo não ter controlado os acontecimentos, mas confesso com franqueza que os acontecimentos me controlaram".[120] O Tolstói de *Guerra e paz* teria aprovado tal declaração; nós também deveríamos.

9

A ÚLTIMA MAIOR ESPERANÇA

Certa noite, durante a Guerra Civil, Georgina Cecil acordou e viu o marido de pé, agitado, mas adormecido, diante de uma janela aberta no segundo andar. Ele parecia à espera de invasores, "soldados federais, é provável, ou turbas de líderes revolucionários". Estranho, mas isso ocorreu na Inglaterra, e o sonâmbulo era lorde Robert Talbot Gascoyne-Cecil, descendente de lorde Burghley, conselheiro de extrema confiança da rainha Elizabeth. Como o terceiro marquês de Salisbury, este Cecil continuaria servindo sua rainha, Vitória, três vezes como primeiro-ministro. Nunca, contudo, recordou sua esposa, ele sofrera "tais crises de depressão e tamanho grau de nervosismo como daquela vez".

Pois os Estados Unidos aterrorizavam Salisbury, explicou Andrew Roberts, seu biógrafo. Embora nunca tivesse visitado o país e fosse contrário à escravatura, desprezava a democracia – tanto que simpatizava com a secessão, era a favor da Confederação e considerava o assassinato de Lincoln um ato legítimo de resistência. Acima de tudo, Salisbury temia que a busca de fins ideológicos por parte da União, graças aos vastos meios militares, renovaria as ambições napoleônicas na Europa. Salisbury faleceu em 1903, não antes de seus pesadelos prenunciarem as trincheiras, os tanques, os campos de extermínio e mesmo os bombardeios aéreos da Primeira Guerra Mundial. "Se tivéssemos interferido", escrevera a respeito da guerra civil em seu último ano de vida, quem sabe teria sido possível "reduzir o poder dos Estados Unidos a proporções controláveis? Chances como essas, porém, não surgem duas vezes a uma nação".[1]

Os americanos, entretanto, durante quase toda a vida de Salisbury, não tinham sido nada napoleônicos. Ansiosos por curar suas feridas de guerra – mesmo que isso significasse enfraquecer a emancipação pela qual a União lutara –, tinham devolvido aos estados a maior parte do poder centralizado por Lincoln, desmobilizado suas forças militares de renome mundial e se concentrado em povoar, desenvolver e explorar uma república continental expandida depois de Seward ter comprado dos russos, em 1867, o que viria a ser o Alasca.[2] A segurança nacional deixou de ser uma preocupação. Os Estados Unidos, escreve o historiador Robert Kagan, passaram a ser um país "grande demais, rico demais e com população densa demais para ser um alvo convidativo à invasão até mesmo para as maiores potências do mundo".[3]

Esse fato em si alarmou Salisbury, o sonâmbulo, pois o que seria do domínio britânico do Canadá, dono de extensa e indefensável fronteira ao sul? Ele definitivamente não confiava no autocontrole norte-americano. No entanto, Salisbury, o estrategista, sabia distinguir a predação – o que países fortes fazem com os fracos – da provocação – o que os adolescentes fazem com os pais. Aceitar a segunda alternativa podia evitar a primeira. "Nossa maior chance de uma civilidade comum", concluiu o primeiro-ministro em 1888, "é ter uma rigorosa administração antibritânica em Washington".[4]

Contudo, mesmo Salisbury, como primeiro-ministro, julgou excessiva a atitude de Richard Olney, secretário de Estado de Grover Cleveland, de converter uma velha disputa pela fronteira venezuelana com a Guiana Inglesa em arrogante reafirmação da Doutrina Monroe, em 1895. "A Europa como um todo é monárquica", anunciou Olney. "A América, por outro lado, é devotada ao princípio diametralmente oposto – à ideia de que todos têm o direito alienável ao autogoverno [...]. Hoje, os Estados Unidos da América são praticamente soberanos neste continente."⁵ Apesar de não ter um alvo exato – seriam os direitos dos Confederados? A geografia da Venezuela? –, a "arma de 20 polegadas"* de Olney (a "menina dos olhos" de Cleveland) atingiu Salisbury em péssima hora.

Cinco anos antes, o inexperiente kaiser da Alemanha Wilhelm II havia demitido seu lendário chanceler Otto von Bismarck, que havia unificado o país por meio de uma guerra, mas depois estabelecera a paz por meio do equilíbrio de ressentimentos.⁶ A Wilhelm faltava tal destreza: "Corremos o risco", alertou Salisbury com o agravamento da crise na Venezuela, "de ele perder de vez a cabeça".⁷ A essa altura, enquanto Salisbury tentava acalmar os americanos, o kaiser parabenizava os bôeres sul-africanos por terem impedido um ataque-surpresa autorizado (ou não) pelos britânicos. De repente, pareceu que uma arma mais próxima e com pretensões napoleônicas – e potencial militar-industrial jamais visto desde a Guerra Civil americana – atirava a esmo.⁸

Encurralado ente os dois *fronts* de batalha, Salisbury acabou capitulando em um deles. "Não existe política estável", observou, "pois a política, assim como todas as entidades orgânicas, está sempre em formação".⁹ Assim, ele e seus sucessores começaram, metódica e unilateralmente, a eliminar todas as fontes de atrito com os Estados Unidos. Para tanto, abriram concessões não apenas na Venezuela (país pelo qual os estadunidenses logo perderam interesse e aceitaram arbitragem), mas também na Guerra Hispano-Americana (a Grã-Bretanha manteve a neutralidade); nas Filipinas (Salisbury apoiou a anexação americana, não a alemã); num futuro canal do Panamá (a Grã-Bretanha renunciou aos direitos consolidados na região); e na fronteira do Alasca (o Canadá sacrificou-se por um bem maior).¹⁰ Pode não ter sido conciliação,¹¹ mas foi lubrificação: tal Mikhail Gorbachev quase um século depois, Salisbury quis privar um inimigo de seus inimigos.¹²

---

* O documento enviado a Londres, em defesa da Doutrina Monroe e cuja argumentação propunha os Estados Unidos como árbitro da crise, ficou assim conhecido ("*twenty-inch gun*") por ter 12 mil palavras. (N. T.)

Aplicado aluno de história,[13] Salisbury conhecia a reivindicação de George Canning, em 1826, de ter dado "vida ao Novo Mundo para reparar o equilíbrio do Velho".[14] O autoelogio não fazia o gênero de Salisbury, mas ele tinha mais créditos que Canning para reivindicar o feito – o que aconteceu em 1897, quando parabenizou sua rainha (Burghley teria aprovado o gesto) pela ocasião de seu sexagésimo ano no trono:

> O impulso da democracia, iniciado em outro país e em outras terras, fez-se sentir em nosso tempo; grandes mudanças no centro do poder e a incidência da responsabilidade ocorreram de modo quase imperceptível, sem qualquer tumulto ou obstáculo para o próspero desenvolvimento da nação.[15]

O sonâmbulo ainda se ressentia da derrota dos Confederados e da consequente perda do equilíbrio de poder na América do Norte. O estrategista, entretanto, nunca se esqueceu de que "somos peixes" e "sozinhos nada podemos fazer para remediar a tirania interna de um país".[16] E assim a Grã-Bretanha aprendeu a conviver com a ideia de um continente democrático – por esse fato, apesar das ambivalências, Salisbury devia agradecimentos a Lincoln.

I.

Em 25 de janeiro de 1904, cinco meses após a morte de Salisbury, Halford Mackinder, recém-nomeado diretor da Escola de Economia e Ciência Política de Londres, leu um documento intitulado "The Geographical Pivot of History" [O pivô geográfico da história] na Real Sociedade Geográfica. Futuros historiadores, sugeriu, considerariam os últimos quatro séculos "a época de Colombo" e decretariam seu encerramento "logo depois de 1900". A era da exploração marítima chegara ao fim – pouco restava a ser descoberto –, enquanto a do desenvolvimento continental apenas começava. E a tecnologia a conduzir tal desenvolvimento não seriam mais os navios, mas trens com velocidade e eficiência infinitamente superiores. A ferrovia Transcontinental de Lincoln fora concluída em 1869, sua equivalente canadense em 1885, e a linha Transiberiana de Moscou a Vladivostok, numa extensão de quase 10 mil quilômetros, foi inaugurada no ano em que Mackinder participou da conferência em Londres. A Eurásia em breve estaria "coberta de estradas de ferro", preconizou, transformando seus vastos espaços de potencial "incalculável", como nos dias das hordas asiáticas, "na região pivô da política mundial".[17]

A superioridade marítima da Inglaterra se valera, desde os Tudor, de rivalidades dentro de continentes a fim de evitar projetos de poder além de seu litoral. No entanto, agora, argumentava Mackinder, surgiam consolidações de continentes que, se utilizadas para construir frotas, poderiam criar e fortalecer um "império mundial". Governado, provavelmente, pela Rússia. Ou, quem sabe, pela Alemanha aliada à Rússia. Ou talvez a China, organizada pelo Japão, destronasse a Rússia trazendo "o perigo amarelo à liberdade do mundo" graças ao acréscimo de "uma frente oceânica aos recursos do grande continente, vantagem até então negada ao locatário russo da região pivô".[18]

Com esse súbito aceno ao racismo e ao mercado imobiliário, Mackinder concluiu sua apresentação, tão vaga que apenas serviu para intensificar a ansiedade que já causava. Pouco importava que as hordas no passado não tivessem feito muito para pivotar além das selas de seus cavalos; ou o fato de Alfred Thayer Mahan ter demonstrado, num passado recente e de modo sistemático, a importância das potências marítimas na história; ou que Mackinder ignorasse o potencial do poder aéreo, evidenciado (embora de forma rústica) apenas um mês antes, quando, na Carolina do Norte, os irmãos Wright voaram pela primeira vez; ou que imaginasse uma orientação prussiana em uma Rússia prestes a sucumbir a derrotas militares e navais nas mãos do Japão, tendo como resultado uma revolução perigosa e inconclusiva: o "Domingo Sangrento" de São Petersburgo aconteceria em menos de um ano.

O trabalho apresentado por Mackinder foi o equivalente acadêmico da "arma de 20 polegadas" de Olney. Tinha péssima pontaria e argumentos ilógicos, mas era surpreendente o bastante para expor o que poucos ainda tinham visto: as ferrovias, nos últimos cinquenta anos, haviam transformado a Europa e a Ásia num único continente; a Grã-Bretanha, ao longo dos cinquenta anos seguintes, poderia perder o controle dos mares, e, desses exemplos de ascensão e queda, um novo conflito mundial poderia emergir entre formas de governo totalmente distintas e estilos de vida potencialmente incompatíveis.[19]

II.

Como e por quê? Coube a Eyre Crowe, um burocrata do Ministério de Relações Exteriores, dissipar a neblina do documento de Mackinder em um relatório endereçado ao rei Eduardo VII, em 1907, que logo circulou e foi discutido nas hierarquias superiores. Como o "longo telegrama" de George F. Kennan enviado de Moscou no início da Guerra Fria, o "Memorando Crowe" ficou famoso antes de se tornar público. Ambos causaram alvoroço nos círculos de oficiais.[20]

Crowe começou no ponto em que Mackinder havia parado. A Grã-Bretanha era uma ilha próxima à costa de um continente, mas com "inúmeras colônias e territórios além-mar".[21] Sua sobrevivência exigia "preponderante poder marítimo" mantido havia tempos. Isso a transformara "em vizinha de qualquer [outro] país acessível pelo mar", situação capaz de despertar "inveja e medo" – Crowe conhecia Tucídides – caso a Grã-Bretanha não "harmoniza[sse]" seus interesses com "desejos e ideias comuns a toda a espécie humana".

> Hoje em dia, o principal interesse de todos os países é a preservação da independência nacional. Conclui-se que a Inglaterra, mais que qualquer outra potência não insular, detém o poder evidente e explícito da manutenção da independência das nações e, portanto, deve ser o inimigo natural de qualquer país que represente ameaça à independência de outros e o protetor natural dos povos mais fracos.

A supremacia marítima, então, exigia não apenas o *equilíbrio* de poder nos continentes enfatizado por Mackinder, mas também o *compromisso* de que os estados com fronteiras marítimas fossem tão respeitados pela única potência dominante no mar quanto ela própria.

A Grã-Bretanha tivera êxito, argumentou Crowe, ao promover "o direito de livre intercâmbio e comércio nos mercados do mundo". O que atendia a seus interesses, considerando-se a rejeição ao mercantilismo que acompanhava a industrialização. Ao mesmo tempo, reforçara a influência dos britânicos "na vantajosa amizade com outras nações", deixando-as "menos apreensivas" quanto à supremacia naval, pois, se tais estados não podiam dominar o mar, prefeririam que a tarefa coubesse "à Inglaterra do livre-comércio", não "a um poder protecionista predominante". Crowe, como Péricles, não viu qualquer contradição em manter ou conquistar amizades além-mar.[22]

Por que, afinal, um Estado continental com poder marítimo não estimularia tais relacionamentos? Porque, sustentou Crowe, poderia ter conseguido isso apenas ao consolidar um continente, motivo dos pesadelos de Salisbury e da artilharia de Mackinder. E não poderia agir assim sem absorver, ou ao menos aterrorizar, seus vizinhos.[23] Pouquíssimos Estados, incapazes de controlar um continente, desejariam outro que cumprisse a tarefa através de sangue, ferro e intimidação.

Foi isso que Bismarck prometera quando mais jovem.[24] Crowe tinha nascido na Prússia, dominava o alemão e viu na urgência de um moderno império teutônico na Europa um padrão de "ampliação territorial sistêmica obtida basicamente na ponta da espada". Tomando emprestada uma frase do futuro, era difícil afirmar que a Alemanha vivenciara uma "ascensão pacífica". Ciente disso, Bismarck buscou assegurar aos vizinhos sobreviventes que, uma vez alcançada a hegemonia, seu novo e ampliado poder harmonizaria seus interesses com os deles. No entanto, não era tão fácil acalmar apetites que já tinham sido aguçados.[25]

A solução de Bismarck tinha sido sair à caça de colônias descartadas por outras grandes potências: era possível que um império, como um abutre, se contentasse com restos? No entanto, Bismarck se fora e seus sucessores continuavam famintos. Crowe deu voz a suas opiniões:

> *Precisamos* de colônias de verdade, onde os emigrantes alemães possam se estabelecer e disseminar os ideais nacionais da pátria, e *precisamos* de uma frota e de portos de abastecimento de carvão para manter unidas as colônias que estamos determinados a obter [...]. Um Estado saudável e poderoso como a Alemanha, com seus 60 milhões de habitantes, precisa expandir-se, não pode se imobilizar, e precisa ter territórios para onde a população excedente possa emigrar sem abrir mão da sua nacionalidade.

Sem saber – talvez até sem querer saber – onde parar, a Alemanha sob Wilhelm II parecia decidida a aceitar "um mundo desafiador", pois "*a união da maior força militar com a maior força naval em um Estado compeliria o mundo a se unir para livrar-se de tal íncubo*".[26]

III.

Ou assim sugeria a teoria contida no pensamento de Crowe. O que de fato aconteceria, entretanto, escapou às previsões dele e de qualquer outra autoridade. As garantias de Bismarck – uma rede de alianças políticas mutáveis na qual ele ocuparia o centro – foram reforçadas após sua morte por duas alianças militares oponentes, vinculadas tão fortemente a mobilização e a horários de transporte que, uma vez ativadas, desconectaram as causas da guerra de sua condução.[27] Foi assim que o assassinato de dois membros da família real em Sarajevo, no dia 28 de junho de 1914, resultou no massacre de 8 milhões a 10 milhões de combatentes e 7 milhões a 8 milhões de civis, até novembro de 1918.[28] O mundo de Crowe unido contra um "íncubo" transformou-se numa Europa dividida e mergulhada em lutas internas.

A Primeira Guerra Mundial viu circunstâncias, em todos os níveis de intenções, projetadas além das capacidades, causa frequente de calamidades militares anteriores. Porém, as capacidades, dessa vez, também superavam as intenções. As pessoas no comando, explicou Henry Kissinger, subestimaram as atrocidades que comandaram.

> Pareceram esquecer as enormes baixas da relativamente recente Guerra Civil americana e esperaram um conflito breve e decisivo. Nunca lhes ocorreu que a não correspondência de suas alianças com objetivos políticos racionais pudesse levar à destruição da civilização até então conhecida [...]. Em contrapartida, as grandes potências conseguiram construir uma infernal máquina diplomática, embora não tivessem consciência do que haviam feito.[29]

Na Guerra Civil, os norte-americanos pelo menos sabiam os motivos pelos quais lutavam. Os participantes dessa nova guerra, contudo, tinham de descobrir o propósito que os levava a morrer *enquanto* o conflito acontecia.

A progressão britânica, partindo do "somos peixes", de Salisbury, passando pelas "hordas eurasianas" de Mackinder e chegando ao "mundo desafiador" de Crowe, sugere um motivo, pois, se a guerra deve ser reflexo da orientação política, conforme insistira Clausewitz, com qual orientação a Grã-Bretanha havia entrado nela? Manter a supremacia nos mares? Equilibrar o poder em terra? Eliminar os íncubos por toda parte? A "tríplice entente" de 1907 com a França e a Rússia não implicou nenhuma obrigação, quando a luta começou, em julho de 1914, de entrar em guerra contra a Alemanha.[30] No entanto, a invasão da Bélgica em 4 de agosto pelos alemães – tendo seu plano de guerra contra a França ignorado as garantias internacionais consagradas de neutralidade belga – forçou a Inglaterra não apenas a declarar guerra, como a abandonar sua aversão de longa data aos combates no continente. E assim a Grã-Bretanha perderia, ao longo dos quatro anos seguintes, mais homens que a União e a Confederação juntas entre 1861 e 1865.[31]

Esse "compromisso continental" parece ter sido assumido, como uma vez foi dito do Império Britânico, quase "num acesso de loucura".[32] Se unirmos, no entanto, as preocupações de Crowe, Mackinder e Salisbury, uma lógica maior surge. A reivindicação de Crowe de uma conexão entre o poder marítimo e a autodeterminação, de um lado, e a força terrestre e o autoritarismo, de outro, significaria a consolidação continental que Mackinder anunciara ser capaz de ameaçar mais que o controle dos mares: o futuro da liberdade em si podia estar em jogo.[33] O que nos leva à provável intenção de Salisbury ao afirmar que a Inglaterra não poderia *sozinha* "remediar a tirania interna de um país".

Talvez fosse chegada a hora de acabar com a velha desconfiança inglesa quanto a alianças: a última façanha diplomática de Salisbury implicara o primeiro desvio dessa tradição, o Tratado Anglo-Japonês de 1902.[34] Ou fosse a hora de rever a necessidade de algum alinhamento europeu similar, como o que viria a ser a "tríplice entente". Talvez a Grã-Bretanha não mais pudesse se dar ao luxo de manter seu "esplêndido isolamento," um epíteto da crise venezuelana de 1895--1896.[35] Certamente esse despotismo nos continentes, num mundo interconectado, exigia contenção. E isso, para os que se lembravam dele, remetia a Canning.

Se Salisbury podia equilibrar uma dominação democrática da América do Norte contra uma autocracia capaz de controlar a Europa, então confiava, de fato, num "Novo Mundo" capaz de restabelecer o equilíbrio de poder no "Velho". Se Mackinder podia impressionar públicos com imagens de hordas trocando cavalos por trens transeurasianos sem prever o mesmo perigo em seus equivalentes americanos, então ele fazia a mesma coisa, mas de um jeito diferente. E se Crowe podia antever uma coalizão de Estados satisfeitos contra um único Estado voraz – perspectiva que em breve um presidente estadunidense tornaria mais explícita –, então tal aliança repousaria nas bases preparadas por Mackinder, Salisbury e Canning. Todos especulavam acerca do futuro até então indefinido.

IV.

Futuro que a certa altura, todos admitiram, os Estados Unidos passariam a moldar. Em 1914, a produtividade de suas fábricas excedeu a da Inglaterra e a da Alemanha juntas. Sua produção de aço era quase o dobro da produção da Alemanha, que, por sua vez, era duas vezes maior que a da Inglaterra, da França e da Rússia. Suas inovações tecnológicas não tinham concorrentes; os excedentes de alimentos abasteciam grande parte da Europa; suas balanças comerciais positivas haviam acumulado um terço das reservas mundiais de ouro. E apesar de sua Marinha de guerra ainda ser menor que a da Inglaterra e da Alemanha, os americanos tinham, no mês em que a Europa entrou em guerra, aberto o canal do Panamá, o que permitia a eles acesso rápido entre o Atlântico e o Pacífico. Os Estados Unidos tinham se tornado uma grande potência, observou o historiador Paul Kennedy – mas ainda não faziam parte do sistema de grandes potências.[36]

Graças à hegemonia continental conquistada pelos americanos nos anos 1840 e preservada nos anos 1860, no início do século XX não tinham aparente necessidade de assumir maiores responsabilidades. Ameaças externas ainda não eram claras nem reais. O trabalho exigido pelo colonialismo não valia a pena, como haviam descoberto nas Filipinas. A diplomacia permitia definir posturas sem assumir compromissos, como na Política de Portas Abertas ocorrida em 1899-1900, na China. Os Estados Unidos podiam até decretar a paz – como no Tratado de Portsmouth (New Hampshire) de Theodore Roosevelt, por ocasião da Guerra Russo-Japonesa em 1905 –, apesar de seu Exército não ser maior que o da Bulgária ou o da Sérvia.[37] Tudo isso absolveu os americanos de qualquer responsabilidade pela deflagração da Primeira Guerra Mundial, em 1914.

No entanto, os Estados Unidos tinham mais a ver com o assunto do que imaginavam. As nove décadas após a proclamação de Monroe e a alegada reivindicação de paternidade de Canning entravam na conta do século de liberdade na Europa, sem grandes conflitos no período de 1815 a 1914. Porém, em três instâncias anteriores – a Guerra dos Sete Anos, as guerras da Revolução Francesa e as de Napoleão – os norte-americanos acabaram envolvidos: na Guerra Franco--Indígena, de 1754-1763; na Quase-Guerra com a França, em 1798-1800; e na Guerra Anglo-Americana de 1812, que durou até 1815. O mesmo aconteceria em 1917-1918 e em 1941-1945. A Guerra Fria, que nunca chegou a ser uma guerra quente, representou o mais longo de todos os envolvimentos além-mar dos norte-americanos.

Como peixes que não percebem a alta e a baixa das marés, os americanos não estavam excluídos de um sistema de grandes potências entre 1823 e 1914, mas alheios a esse fato – e mesmo essa generalização requer a licença de Lincoln e Seward.[38] O sistema era o seguinte: desde a era de Elizabeth, a Inglaterra tinha plantado sua cultura mais em pontos distantes do globo que na própria Europa.[39] Isso fez necessário equilibrar europeus potencialmente hostis – e, em consequência, temer o que Crowe chamou de "ampliação territorial sistêmica obtida basicamente na ponta da espada". Quando isso ocorreu, também alarmou os descendentes britânicos no além-mar, pois o que seria deles sem a proteção oferecida pela maior marinha do mundo? Por mais que os norte-americanos debochassem de seu parente envelhecido, não podiam mais rejeitar as heranças das instituições, língua, religião, espírito empreendedor e segurança, assim como não podiam esticar a espiral e voltar a torcer o próprio DNA. Então, quando a Grã-Bretanha assumiu seu "compromisso continental", comprometeu também os americanos – para o bem e para o mal.

V.

A primeira reação de Woodrow Wilson foi uma redundante conclamação à neutralidade "tanto de fato como no nome", à imparcialidade "tanto no pensamento como na ação" e a "um freio em nossos sentimentos".[40] A vitória da Alemanha, avisou a seu conselheiro pessoal, o "coronel" Edward M. House, "mudaria o curso de nossa civilização e transformaria os Estados Unidos em nação militar". Foram os alemães, afinal de contas – e não os britânicos ou os franceses – que tinham violado a neutralidade belga, saqueando cidades, universidades e até bibliotecas antigas insubstituíveis. Esse tipo de brutalidade, temia o ex-presidente de Princeton, poderia "fazer o mundo retroceder três ou quatro séculos".[41]

Como presidente dos Estados Unidos, no entanto, Wilson não viu necessidade imediata de tomar partido. Não havia consenso nacional para isso. As exportações de alimentos e material bélico para a Inglaterra e a França estavam a todo vapor – tanto que, quando os importadores não puderam mais honrar seus compromissos, Wilson revogou a suspensão de crédito inicialmente imposta. Com a Marinha britânica negando à Alemanha iguais oportunidades, ele podia professar a neutralidade em público enquanto agia de forma contrária na vida privada.[42] Retardar a entrada na guerra também permitiria a Wilson escolher o momento adequado. Agindo com cuidado, garantiu-lhe House, poderia determinar o resultado da guerra não apenas graças à organização e preparação das tropas para o combate, mas pela criação de um novo sistema internacional em substituição ao que havia fracassado ao tolerar a guerra.[43]

Orientado por House, Wilson definiu uma lista de suposições que permeariam o combate. A primeira foi que, se os Estados Unidos entrassem em guerra, seria de forma decisiva: a escala da Guerra Civil evidenciava as capacidades militares que poderia mobilizar no momento. A segunda dizia que a probabilidade de adesão do país aumentaria quanto mais longa fosse a guerra, pois empates forçados em batalha resultariam em bloqueios marítimos mais agressivos. Uma terceira foi que os submarinos vinham mudando os métodos de guerra tanto quanto as ferrovias antes das consolidações continentais.[44]

A Alemanha viu nos submarinos uma resposta legítima à superioridade das forças terrestres da Inglaterra: o problema era não terem habilidade para revistar navios, recolher recompensas ou determinar a nacionalidade dos passageiros, todas práticas-padrão em prévios bloqueios. Portanto, ameaçavam o direito de negociação dos países neutros com os combatentes, privilégio defendido com firmeza (embora tardiamente, por Lincoln) nas guerras americanas anteriores. Os submarinos ameaçavam os lucros tanto das exportações para a Grã-Bretanha e a França em tempos de guerra como de pagamentos antecipados de empréstimos prorrogados. E o pior, mataram não combatentes: Wilson por pouco não declarou guerra quando o *Lusitânia*, navio de cruzeiro britânico, foi atingido por torpedos, em maio de 1915, causando a morte de 128 norte-americanos.[45]

O rompimento das relações diplomáticas, em 2 de abril de 1917, foi em grande parte a resposta de Wilson à retomada da guerra submarina irrestrita por parte dos alemães, após a crise do *Lusitânia*. Desta forma, forçariam a Inglaterra e a França a assinar o armistício antes de os Estados Unidos conseguirem levar um exército à Europa. Wilson duvidou, no entanto, de que a opinião pública apoiaria a entrada do país na guerra, "não importava quantos americanos tivessem sido perdidos no mar".[46] Seria necessário um pretexto ainda mais forte; nas semanas anteriores à declaração de guerra, os alemães providenciaram um.

Eles haviam acompanhado a retomada das operações militares submarinas com uma proposta secreta ao México: caso, como era de esperar, os estadunidenses entrassem na guerra europeia, seria uma boa oportunidade para reaver os territórios perdidos no Texas, Novo México e Arizona – com a ajuda alemã e, talvez, a japonesa. Os criptoanalistas britânicos interceptaram o telegrama, vazaram-no para Washington, e Wilson o tornou público. Em resumo, a Alemanha desrespeitava não apenas o direito de neutralidade, mas a integridade territorial dos Estados Unidos, tema ainda mais incendiário.[47]

Então, em março, uma inesperada revolução na Rússia, o terceiro membro da coalizão anglo-francesa, derrubou a dinastia Romanov, parecendo encerrar a autocracia numa nação prestes a se tornar aliada norte-americana. Isso liberou Wilson, em sua mensagem de guerra, para abraçar a ainda arrogante missão de tornar o mundo "um lugar seguro para a democracia". Wilson não estava sugerindo que os Estados Unidos sozinhos poderiam desempenhar a tarefa,[48] mas reivindicava para uma nação que não tinha visto a necessidade de se comportar como uma grande potência, quando a guerra mundial estourou, uma influência *determinante* sobre a condução, o resultado e as consequências do conflito. Como Wilson anunciara em seu segundo discurso de posse: "Deixamos de ser provincianos".[49]

VI.

Até então, ele havia conseguido. Ao demonstrar estar preparado, mesmo evitando entrar no confronto, Wilson havia começado a formar um exército sem provocar a oposição dos pacifistas, o que poderia ter prejudicado sua reeleição em 1916. Ele aguardou as prioridades militares alemãs subverterem, como no caso da neutralidade belga, seus interesses políticos: dar início aos ataques com submarinos e cortejar o México foram a gota d'água. Wilson transformou a revolução na Rússia em meta de guerra para os Estados Unidos, não deixando aos aliados chances de oposição. Levou seu exército para a França a tempo de derrotar a ofensiva alemã na primavera de 1918 e, assim, obter a vitória naquele outono. Depois de garantir um armistício em novembro, o presidente em pessoa atravessou o Atlântico – o primeiro a visitar a Europa ainda no cargo – e aceitou honras dignas dos antigos romanos em Paris, Londres e (como não poderia deixar de ser) na própria Roma.[50]

House havia alertado Wilson, contudo, de que sua influência atingiria o auge quando a guerra chegasse ao fim. A negociação de paz, da qual planejava participar, exigiria mais diplomacia que administração, o que não era o forte de Wilson. A longa ausência dos Estados Unidos no sistema internacional deixara o país com poucos bons profissionais na área de política externa. O presidente não tinha nenhum Bismarck, Salisbury ou mesmo um Eyre Crowe em cuja habilidade pudesse confiar. Em vez disso, Wilson tinha House, que havia aprimorado suas habilidades apenas na política do Texas, mas agora se encontrava, junto com o presidente, "refazendo o mapa-múndi para deixá-lo como acreditamos que deveria ser".[51]

Eles contaram com a ajuda dos *The Inquiry*, consultores acadêmicos recrutados com a finalidade de sugerir princípios para o acordo pós-guerra. Wilson mencionou esses "Catorze Pontos" em seu discurso ao Congresso, em 8 de janeiro de 1918. Porém, ninguém ali saberia explicar como aqueles "pontos", embora bem-intencionados, poderiam se alinhar de forma prática com histórias, culturas e fatos passados. "Inexperiente na política europeia", lembrou um diplomata francês, Wilson devotou-se "à busca de teorias que apresentavam pouca ligação com as emergências da hora".[52]

O que significava, por exemplo, conduzir a diplomacia "sempre de forma franca e à vista do público"? Ou assegurar "absoluta liberdade de navegação", salvo quando os mares "estivessem fechados, no todo ou em parte, pela ação internacional"? Ou reduzir o armamento "ao mínimo necessário à segurança interna"? Ou dar "peso igual", em disputas coloniais, "aos interesses das populações envolvidas" e "às reivindicações equitativas do governo cujo título deve ser determinado"? Os fins de Wilson flutuavam perdidos acima dos meios, sobretudo ao afirmar que a resolução das tensões nos Bálcãs – como a que, supostamente, havia deflagrado a Primeira Guerra Mundial – exigia apenas "um aconselhamento amigável, levando em conta a lealdade e a nacionalidade determinadas historicamente". Em tais "retificações do errado e asserções do certo", concluiu em tom grandiloquente, "nos sentimos parceiros próximos de todos os governos e povos unidos contra os imperialistas [...]. Permaneceremos juntos até o fim".[53]

Havia mais que um sopro de conveniência ali, pois o discurso de Wilson – como um do primeiro-ministro britânico David Lloyd George, anterior – foi pronunciado dois meses depois de outra surpresa revolucionária russa: o golpe bolchevique de novembro de 1917 ameaçava o afastamento da guerra "imperialista" anglo-americana-francesa, ao mesmo tempo que exortava os "proletários" de todo o mundo a depor seus senhores capitalistas.[54] Wilson respondeu com um discurso nebuloso, pelo qual convocou

> a evacuação de todo o território russo e tal solução para todas as questões referentes à Rússia assegurando a melhor e mais livre cooperação das outras nações do mundo para que o país tenha a oportunidade, simples e livre de obstáculos, de determinar de modo independente seu próprio desenvolvimento político e programa de ação nacional e lhe garantir a sincera acolhida à sociedade de nações livres regidas por instituições de sua própria escolha; e, mais que a acolhida, qualquer espécie de ajuda de que possa vir a precisar e desejar.

Quem, afinal, ele acreditava serem "os imperialistas"? Lênin e Trótski, pelo menos, diziam o que de fato pensavam.

Wilson complicou ainda mais a situação ao enviar tropas americanas à Sibéria e ao norte da Rússia como parte de um esforço multinacional visando, aparentemente, a manter a Rússia na guerra, mas na verdade a depor os bolcheviques.[55] Depois, salvou os bolcheviques derrotando os alemães na França e, com isso, anulou sua vitória no *front* leste e a paz cartaginesa imposta no Tratado de Brest-Litovsk.[56] A habilidade com que Wilson levou os Estados Unidos à guerra o iludiu por completo quando a Rússia saiu do conflito. Isso prenunciava um problema maior: os princípios para a paz de Wilson, que ele imaginava serem eternos, demonstraram ser não apenas datados, como inadequados a tempos que mudavam rápido demais, pois, enquanto Wilson tentava tornar o mundo seguro para a democracia, a democracia tornava a guerra arriscada para o mundo.[57]

VII.

Quando Clausewitz insistiu que a guerra reflete a política, estabeleceu um padrão no qual exceções como a Guerra dos Trinta Anos ou as guerras de Napoleão – conflitos desvinculados de propósitos definidos – não voltariam a acontecer. Nenhuma se repetiu por oito décadas após o lançamento do livro *Da guerra*; ocorreram confrontos entre países, mas com objetivos específicos e dentro de escalas limitadas. Os sangrentos conflitos pós-napoleônicos aconteceram dentro dos Estados Unidos e na Rebelião Taiping, na China.[58] A Primeira Guerra Mundial, no entanto, foi uma regressão pré-clausewitziana: por acaso algum de seus participantes originais teria entrado na guerra, caso tivesse imaginado seu custo?[59]

No entanto, multidões pela Europa saudaram a guerra em agosto de 1914 com toda a espontaneidade democrática da assembleia ateniense. Quando Péricles tentou reavivar esse espírito em sua oração fúnebre, não o fez com a intenção de restabelecer a paz. Não podemos saber quais perdas ele se dispunha a aceitar – a peste o levou antes que aprendesse o que Lincoln sabia em 1865. Temos o conhecimento, porém, de que Atenas, o modelo de todas as democracias posteriores, acabou desmoronando por ter causado mais mortes que perguntas acerca do propósito de suas guerras.⁶⁰

O discurso "Paz sem vencedores" de Wilson ao Congresso, pronunciado três meses antes de ter aderido à guerra,⁶¹ levantou várias dessas questões. As guerras não deveriam *assegurar* Estados, em vez de exauri-los ou extingui-los? Seria melhor que os acordos recobrassem esse papel? A matança surtia algum resultado? Tanto os esforços de mediação de Wilson como outros fracassaram, pois nenhum líder ousou admitir a sua "democracia"⁶² que a guerra havia conquistado tão pouco. Cada um torcia para que uma nova arma, uma nova ofensiva, um novo arremesso "por cima" de mais uma trincheira pudesse oferecer o propósito que, evidentemente, inexistia.

Depois de os Estados Unidos aderirem à guerra, Wilson desistiu da mediação: a nação não lutaria, estava seguro, por menos que a vitória total. Tampouco apoiaria uma paz injusta. Então tentou incluir a vitória e a justiça nos "Catorze Pontos", sob o risco de torná-los ainda mais contraditórios. Seu último ponto, entretanto, propôs um instrumento de adjudicação: uma "associação geral de nações" formada "sob convenções específicas com o objetivo de resguardar garantias mútuas de autonomia política e integridade territorial tanto às grandes como às pequenas nações".⁶³

A ideia tinha múltiplas origens,⁶⁴ entre elas a visão de 1907 de Eyre Crowe de um "mundo" unido contra um "íncubo". *Sir* Edward Grey, então secretário de Estado das Relações Exteriores, endossara o memorando de Crowe quando de sua primeira aparição. Ainda no mesmo cargo em 1915, oferecera a Wilson, por intermédio de House, uma liga das nações pós-guerra em vez da mediação: o simples fato de entrar na guerra atual, afirmou, poderia evitar confrontos no futuro.⁶⁵ "Grey sabia com quem estava lidando", observara Kissinger. "Desde a juventude, Wilson acreditara que as instituições federais americanas deveriam servir de modelo para um eventual 'parlamento da humanidade'."⁶⁶

Se era verdade, entretanto, Wilson negligenciou uma ambivalência na democracia norte-americana que remontava às origens inglesas dos Whigs: o objetivo de tais instituições era exercer poder ou se acautelar contra seus abusos?[67] Os americanos se convenceram de bom grado, em abril de 1917, de que apenas a guerra poderia restaurar sua segurança – até mesmo sua honra e sua dignidade. Isso não significava, contudo, que após vencerem a guerra se comprometeriam a garantir a segurança dos demais. A democracia nos Estados Unidos buscou o poder, mas também desconfiou profundamente dele.

A democracia anglo-francesa tinha suas próprias contradições. Assombrada pelos sacrifícios impostos pela guerra, insistiu que os alemães admitissem a "culpa" e pagassem reparações – mesmo que isso eliminasse a paz obtida graças à reconciliação do Congresso de Viena, em circunstâncias antidemocráticas, em 1815. A autodeterminação também não era reconciliável em todos os aspectos com as "retificações" de fronteiras estabelecidas por Wilson nos "Catorze Pontos" – ou com a perpetuação dos impérios coloniais britânicos e franceses.[68] Ninguém, nem mesmo Wilson, estava preparado para admitir a Alemanha ou a Rússia soviética como membros fundadores da nova Liga das Nações, apesar de dependerem da aceitação desses países para corrigir as injustiças do Tratado de Versalhes.[69]

Wilson novamente tinha despertado expectativas, dessa vez sem condições de satisfazê-las. Talvez, como os atenienses depois de Péricles, ele tivesse confundido forças com esperanças.[70] Ou sentia-se inclinado a adiar o que não tinha condições de resolver. Ou não entendeu a ironia de tentar voltar democracias contra seus representantes eleitos. Ou sua incontrolável enfermidade amorteceu sua sensibilidade política: caiu doente enquanto fazia campanhas pelos Estados Unidos em apoio à Liga no outono de 1919 e nunca se recuperou. Ou, para começar, não havia entendido o que era democracia, apesar dos anos passados em Princeton estudando o assunto e dando aulas sobre ele. Ou talvez simplesmente tivesse perdido, ao ascender à grandeza, o adestramento gravitacional do senso comum.

Seja qual for a explicação, a recusa do Senado em aprovar o Tratado de Versalhes – e autorizar, desse modo, a participação dos Estados

Unidos como membro da Liga das Nações – não apenas acabou com Wilson, mas também com a esperança que passava de Canning a Lincoln, Salisbury, Mackinder, Crowe, Grey, House e ao próprio Wilson, de que um dia o Novo Mundo pudesse corrigir desequilíbrios no Velho Mundo. Ao contrário do que os atenienses tinham dito aos melianos,[71] dessa vez "os fortes" não fizeram o que deviam, liberando "os fracos" para fazer o que queriam – mesmo, na Rússia e na Alemanha, para remodelar a realidade a fim de acomodar a teoria e, a partir daí, construir tiranias.

VIII.

Vladímir Ilitch Lênin vivia exilado em Zurique quando, em março de 1917, sem a participação dele, teve início a Revolução Russa. Isso foi um erro da revolução, não seu; pois a especialidade de Lênin era transformar o inesperado no predeterminado.[72] Sua segurança vinha de Marx, que alegara que o capitalismo levava dentro de si as sementes da própria destruição. O fato de a Primeira Guerra Mundial ter sido iniciada, combatida e vencida pelos capitalistas confirmou a conclusão. A surpresa apareceu na Rússia, onde Marx e a maioria dos marxistas esperavam que a revolução *não* ocorresse. Apenas Lênin percebeu a oportunidade na anomalia. "Até que não tenhamos conquistado o mundo inteiro", explicou mais tarde,

> até que, do ponto de vista econômico e militar, continuemos mais fracos que o resto do mundo capitalista, devemos saber como explorar as contradições e os antagonismos dos imperialistas. Se não tivéssemos respeitado essa regra, já deveríamos, há tempos, ter sido dependurados em postes de luz.[73]

Em vez de ser enforcado em um poste de luz, Lênin pegou o trem no qual os alemães o mandaram de volta para São Petersburgo, recém-renomeada Petrogrado. Dali, como pretendiam, ele derrubou o Governo Provisório e tirou a Rússia da guerra. Porém, a caminho,

Lênin também havia profetizado que "o líder bolchevique da revolução será muito mais perigoso para o poder imperialista alemão e o capitalismo que a liderança de Kerensky e Miliukov".[74]

Lênin compreendeu – com ainda mais clareza que Marx – que o vício dos capitalistas em ganhos imediatos os desviava de voos mais longos. Ou, como Lincoln poderia ter dito – ao menos no filme de Spielberg[75] –, de tamanha e compulsiva concentração na bússola, afundariam nos pântanos e cairiam dos penhascos. E assim a pressão de estadunidenses, britânicos e franceses para que a Rússia não abandonasse a guerra desacreditou seus novos líderes, abrindo para Lênin o caminho revolucionário. Os capitalistas também não aprenderam com os próprios erros: caso contrário, por que os americanos teriam salvado os bolcheviques ao desfazer as eviscerações alemãs do novo Estado soviético em Brest-Litovsk?

O mesmo voltou a acontecer quando a onda de fome ameaçou a Rússia em 1921-1922. O arquicapitalista americano Herbert Hoover admitiu que o esforço internacional que liderara acabara por fortalecer o regime bolchevique. E quando a nova política econômica de Lênin, destinada a fincar a revolução com mais vigor na Rússia, seduziu os empresários norte-americanos com iscas, eles se deixaram fisgar. "Nenhum país do mundo está mais bem equipado para ajudar a Rússia", concluiu Stálin, após a morte de Lênin, em 1924. "A tecnologia sem igual dos Estados Unidos, e as necessidades e a extraordinária população da Rússia renderiam grandes lucros para os americanos, caso eles cooperassem."[76]

Alguns continuaram a cooperar, em grande escala. O primeiro plano quinquenal de Stálin importou fábricas inteiras dos Estados Unidos, junto com técnicas de produção em massa – Henry Ford em pessoa abriu o caminho. As exportações americanas para a União Soviética excederam as de qualquer outro país no fim dos anos 1920, e os russos se tornavam o mais relevante importador estrangeiro de equipamentos agrícolas e industriais dos Estados Unidos.[77] Contudo, as administrações de Harding e Coolidge surpreenderam Stálin ao reiterar a política de não reconhecimento diplomático de Wilson, alertando – sem ironia evidente – quanto aos objetivos subversivos do comunismo internacional. Interesses materiais *nem sempre* determinam o comportamento capitalista.

Os Estados Unidos viviam, em certo sentido, sua fase mais poderosa: sua produção industrial excedia as da Grã-Bretanha, da Alemanha, da França, da Rússia, da Itália e do Japão *somadas*. Todavia, a desconfiança no poder firmada em sua Constituição privava seus líderes de autoridade – pelo menos em tempos de paz – para aplicar esse poder. Lênin veria isso como mais uma falha da democracia: sem ditadura não haveria vanguarda, nem de proletários nem de ninguém. Como se confirmassem tal afirmação, muitos americanos da época não viam a necessidade de políticas externas de qualquer espécie.[78]

O mundo, contudo, não lhes permitiria tal luxo por muito tempo. O *potencial* poder dos Estados Unidos já moldava as circunstâncias de maneiras inesperadas.[79] Uma foi a fertilização cruzada de antigas ambições alemãs com novos ressentimentos alemães. Ao contrário de Lênin, Adolf Hitler participara das trincheiras da Primeira Guerra Mundial. A combinação do poderio marítimo da Grã-Bretanha com a força terrestre americana, tinha certeza – sob a batuta de uma conspiração judaica internacional, da qual tinha ainda mais certeza –, implicara a derrota da Alemanha. Convencido de que os Estados Unidos buscariam uma vez mais, a partir da América do Norte, sobrepujar os rivais, Hitler viu sua retirada pós-wilsoniana da Europa como última chance de a Alemanha garantir espaço e recursos para competir, sobreviver e prevalecer. "A guerra era inevitável", acreditava Hitler, segundo o historiador Adam Tooze. "A questão não era *se*, mas *quando*."[80]

Nada disso teria importância caso Hitler se ativesse às tentativas amadoras de golpes, como o Putsch de Munique, em 1923 (tentativa de tomada de poder, pelo Partido Nazista e Adolf Hitler, do governo da Baviera. Surpreendido pela polícia bávara, acabou na prisão de vários nazistas, inclusive Hitler). No entanto, depois de um período na prisão com tratamento preferencial, teve início sua contínua ascensão na democracia cada vez mais tensa da República de Weimar. A situação só piorou com a quebra da Bolsa de Nova York, em outubro de 1929, que arrastou a economia estadunidense e a de outros países capitalistas industriais para uma catastrófica depressão. O governo Hoover, no poder havia menos de um ano e ainda com três – no mínimo – pela frente, assim como as lideranças da maioria das democracias, se encontrava sem ideia do que fazer.[81]

"O sistema econômico capitalista está falido e instável", garantiu Stálin ao Partido Comunista da União Soviética em 7 de janeiro de 1933, reafirmando o sucesso – de pouco mais de quatro anos – de seu primeiro plano quinquenal. O capitalismo "sobreviveu além do esperado e deve dar lugar a outro sistema econômico, socialista, soviético, superior", que "não teme crises e é capaz de superar as dificuldades que o capitalismo é incapaz de resolver".[82] Três semanas depois e por meios constitucionais, Hitler se tornou chanceler da Alemanha – e, de imediato, se dedicou a demolir a Constituição. Cinco semanas depois, Franklin D. Roosevelt [FDR] prestou juramento como presidente dos Estados Unidos, tendo derrotado Hoover na eleição de 1932. A comprida sombra de Lincoln pairava acima de todos eles, pois então sua maior aposta – a possibilidade de coexistência entre liberdade e poder – seria testada como nunca antes.

IX.

"Quando se era jovem nos anos 1930 e se vivia numa democracia", Isaiah Berlin recordou mais tarde, "então, fosse qual fosse sua posição política, caso tivesse quaisquer sentimentos humanos, a mais leve centelha de idealismo social, ou algum amor pela vida, era preciso sentir [...] que tudo estava escuro e quieto, uma grande reação encontrava-se em movimento lá fora: pouco se agitava e nada oferecia resistência". As opções pareciam se resumir a "extremos desoladores, comunismo e fascismo – o vermelho ou o negro" e a única luz restante brilhava no New Deal de Roosevelt. Pouco importava que ele conduzisse o país "com indiferença isolacionista quanto ao mundo lá fora", pois essa era a tradição dos Estados Unidos e, provavelmente, sua força. O que contou foi que ele "possuía o temperamento, a energia e a habilidade dos ditadores e estava do nosso lado".[83]

FDR não era de fato isolacionista. Sendo ao mesmo tempo primo em quinto grau de Theodore Roosevelt e casado com a sobrinha dele, secretário-assistente da Marinha de Wilson e candidato à Vice-Presidência pelo partido Democrata numa plataforma pró-Liga das Nações, em 1920, o isolacionismo teria sido improvável. Após ter sido eleito presidente em 1933, entretanto, esse mesmo Roosevelt insistiu em priorizar a América. Levando em conta o colapso bancário, o desemprego de um quarto da mão de obra e o grande abalo da autoconfiança do povo, revigorar o país assumiu papel prioritário. A despeito do autoritarismo de Hitler na Alemanha – além da conquista da Manchúria pelo Japão, dois anos antes, e da invasão da Etiópia pela Itália, dois anos depois –, os Estados Unidos permaneceram, durante todo o primeiro mandato de Franklin Delano Roosevelt, ainda mais relutantes em assumir responsabilidades internacionais que no governo Hoover.[84]

Exceto que, em novembro de 1933, Roosevelt estendeu o reconhecimento diplomático ao que tinha sido, por mais de uma década, a União das Repúblicas Socialistas Soviéticas. O não reconhecimento, assinalou, fracassara em derrubar ou isolar os bolcheviques. Os investimentos e as exportações americanas haviam florescido graças a eles, e Stálin havia prometido frear as atividades – em grande parte ineficazes, de qualquer maneira – do minúsculo Partido Comunista dos Estados Unidos. Foi tudo o que o novo presidente disse em público, embora ocultasse outro objetivo: quem sabe um dia a normalização das relações com a União Soviética permitiria o alinhamento das duas potências contra os ataques da Alemanha nazista e do Japão imperialista?[85]

A pureza ideológica contava menos para Roosevelt que a geografia, o equilíbrio de forças e a exigência de poderio naval. Embora houvesse trabalhado para Wilson, seu modelo sempre fora Theodore. Ambos os Roosevelt haviam lido Mahan, e o mais novo deleitava-se em inspecionar – sempre que possível – o canal do Panamá.[86] Por intermédio de contatos britânicos na época da guerra, ele havia absorvido, senão da fonte, a essência das advertências de Mackinder e de Crowe a respeito das consolidações continentais da Eurásia. Uma das primeiras medidas como presidente foi aperfeiçoar a Marinha dos Estados Unidos – mas achou prudente invocar como projeto de criação de empregos públicos.[87] Até porque Roosevelt também desconfiava de que seu país não se dispunha a assumir compromissos ultramarinos. Esse, sabia, tinha sido o legado involuntário de Wilson: a projeção da *incapacidade* americana. Em consequência, as debilitadas democracias europeias ficariam, num futuro próximo, por conta própria.

Caso, como tudo indicava, a Alemanha e o Japão se rearmassem – ambos os países deixaram a Liga das Nações em 1933[88] –, em breve estariam em condições de dominar quase toda a Europa, grande parte da China, e até mesmo desafiar a supremacia naval americana no hemisfério ocidental.[89] Tendo em vista que o acesso da União Soviética aos oceanos era difícil (assim como o era para o antigo Império Russo), a possibilidade de os soviéticos controlarem a Eurásia pareceu menos alarmante a Roosevelt. Ele até aprovara a proposta de Stálin, em 1936 – por fim torpedeada pela Marinha dos Estados Unidos –, de construir um couraçado soviético em estaleiro norte-americano.[90] Talvez não fosse má ideia ter um aliado autoritário pressionado entre alemães e japoneses famintos por recursos. Caso se movessem para fora de suas fronteiras, o Exército Vermelho podia exauri-los pela retaguarda; caso fossem para o interior, tal Kutuzov, iria vencê-lo pelo cansaço. De um jeito ou de outro, as democracias de ambos os lados do Atlântico seriam beneficiadas.

Roosevelt nunca se deu o trabalho de explicar isso; ele disfarçava suas intenções até melhor que Lincoln. Se esse presidente, cuja experiência militar tinha se limitado à Guerra de Black Hawk, em 1832, podia sobrepujar seus generais de West Point na elaboração de estratégias para a Guerra Civil,[91] então não seria descabido creditar a Franklin Roosevelt, no comando da Marinha americana durante a Primeira Guerra Mundial,[92] habilidades similares. Lênin, tenho certeza, teria agido assim, pois reconheceria de imediato a exploração de "contradições e antagonismos" entre autoritários. Ditadores, é certo, ainda seriam a "vanguarda"; mas Roosevelt compreendeu quão intermitentes e impermanentes seriam seus acordos.

X.

FDR não governava uma ditadura, então não podia moldar o país à própria ideologia, como Stálin fizera e Hitler faria. Dado o pouco conhecimento dos economistas de Franklin Roosevelt a respeito das causas da Grande Depressão, não teriam concordado com um plano quinquenal, caso ele lhes solicitasse a aprovação.[93] Em vez disso, ele improvisou, avançando quando possível, retrocedendo quando necessário, sempre aparentando agir, nunca se entregando ao desespero e em todas as ações recordando o que Wilson esquecera: nada daria certo sem o apoio público contínuo e difundido. "É uma coisa terrível", admitiu certa feita Franklin Roosevelt, "olhar por cima do ombro quando se tenta guiar – e não ver ninguém atrás".[94]

Sua cautela estendeu-se à política externa. A despeito das preocupações com a Alemanha e o Japão, não tentou cercear os esforços do Congresso de legislar a neutralidade presente apenas no discurso de Wilson, pois sabia que perderia a batalha. Quando preciso, exporia com firmeza a necessidade de deixar os agressores "em quarentena", mas na ocasião oportuna afirmaria o contrário. Sua flexibilidade esgotou sua credibilidade em Londres e em Paris, limitando o espaço de oposição à conciliação anglo-francesa com Hitler. Em 1937, enviou a Moscou como seu segundo embaixador Joseph E. Davies, patrocinador de campanha e marido da herdeira da alimentação matinal.* Por pouco Roosevelt não provocou uma revolta entre os funcionários do serviço de Relações Exteriores, que, sob as ordens do primeiro embaixador, William C. Bullitt, haviam começado a documentar minuciosamente os crescentes e arbitrários expurgos de Stálin a seus supostos inimigos na União Soviética.[95]

Então, seria Roosevelt um apaziguador? Na certa, julgava-se fraco: difícil ser mais forte que o país, e seu poder parecia não se estender além de sua ingenuidade. As capacidades poderiam, em determinado ponto, convergir para os interesses: isso não podia acontecer,

---

* Sua esposa, Marjorie Merriweather Post, era herdeira da General Foods, Inc., indústria alimentícia famosa por produzir cereais matinais. (N. T.)

contudo, até que os americanos voltassem a tomar consciência dos perigos, a reaquecer a economia e a adquirir autoconfiança. Enquanto isso, ele defenderia a geopolítica da melhor maneira possível – motivo pelo qual nomeou Davies.

F. Roosevelt não apenas desconfiava de especialistas, mas também desprezava suas visões limitadas. Irritava-o o fato de seus próprios agentes – os diplomatas e adidos militares na embaixada de Moscou, os funcionários públicos de Washington encarregados da leitura dos relatórios e mesmo sua amada Marinha – estarem a um passo de considerar Stálin pior que Hitler: foram incapazes de ver as possibilidades que uma visão mais ampla proporcionava. Se a autocracia soviética ajudasse a democracia americana a reduzir perigos para ambos, então Roosevelt precisaria de negociadores como Davies, donos de mais abrangência que profundidade, não de especialistas sabidos demais para fazer acordos.[96]

Nem mesmo Davies, contudo, podia desviar Stálin de *sua* trajetória geopolítica. Não vendo respaldo nas democracias, o ditador anulou seu próprio acordo com Hitler em 23 de agosto de 1939, deflagrando o que, de imediato, veio a se tornar a Segunda Guerra Mundial. O pacto de não agressão nazissoviético não surpreendeu Roosevelt: antes de deixar Moscou, Davies já o antecipara, e após sua partida a embaixada acompanhara a aproximação da guerra graças a um espião.[97] Era difícil agora não considerar a União Soviética, admitiu o presidente no início de 1940, "uma ditadura tão absoluta quanto qualquer outra ditadura do mundo".[98]

Quando, na primavera daquele ano, a *blitzkrieg* de Hitler conseguiu em três meses o que os exércitos do kaiser não lograram em quatro anos – conquistar a Dinamarca, a Noruega, os Países Baixos, a Bélgica e a França –, a impressão, entretanto, foi de que o supremo pesadelo de Mackinder e Crowe tinha vindo à tona. Um único "íncubo" controlava um supercontinente. Hitler e Stálin governavam "da Manchúria ao Reno", comunicou um perturbado auxiliar a Franklin Roosevelt, "assim como Genghis Khan no passado, e não há nada que impeça a força conjunta russa-alemã em nenhum ponto, com a possível exceção das montanhas do Himalaia".[99]

Roosevelt, contudo, manteve a calma: sabia que Stálin via Hitler como um capitalista-imperialista e que Hitler via Stálin como um agente da conspiração judaica global. Os êxitos militares da Alemanha no Ocidente, suspeitou FDR, haviam surpreendido o ditador soviético, que logo pôde imaginar qual seria o alvo seguinte. O respeito autoritário um pelo outro não podia ser profundo e não seria duradouro: mais cedo ou mais tarde um devoraria o outro. E então Roosevelt deixou a porta aberta para Stálin entrar quando estivesse pronto[100] – mais ou menos como Salisbury agira, quarenta anos antes, com os americanos.

XI.

A expectativa de Roosevelt de ter um aliado autocrático, acho eu, ajuda a explicar o motivo de sua autoconfiança aumentar à medida que, uma atrás da outra, as democracias europeias caíam na primavera de 1940. Ele havia prometido, quando a guerra eclodiu, *tentar* manter os Estados Unidos fora dela, mas não tinha pedido, como Wilson, a neutralidade de fato, a imparcialidade no pensamento e o freio nos sentimentos. Já havia mantido contatos secretos militares com os britânicos e com os franceses, até o colapso destes. Dera início a um programa de rearmamento que parecia, afinal, criar empregos. Deixou os democratas o "escolherem" naquele verão – a farsa foi descoberta, mas pouco importou – para obter um inédito terceiro mandato. Saudou a nomeação republicana do azarão internacionalista Wendell Willkie, seu oponente na campanha eleitoral do outono. E no dia anterior à terceira posse, em janeiro de 1941, Roosevelt recebeu na Casa Branca seu rival derrotado, a quem nomeou para uma missão especial em Londres.

Na Casa Branca ele escreveu à mão (e, ao que parece, de memória) a seguinte passagem do poema "The Building of the Ship" [A construção do navio], datado de 1849 e de autoria de Henry Wadsworth Longfellow:

> *Sail on, O Ship of State!*
> *Sail on, O Union, strong and great!*
> *Humanity with all its fears,*
> *With all the hope of future years*
> *Is hanging breathless on thy fate!**

Era uma "dádiva maravilhosa", comentou Lincoln ao ler esses versos no começo da Guerra Civil, "ser capaz de emocionar assim os homens".[101] Foi o presente de FDR a Winston Churchill, enviado por Willkie.[102]

Churchill havia se tornado primeiro-ministro oito meses antes, com a França prestes a desmoronar, a Inglaterra prestes a ser bombardeada e a língua inglesa prestes a ser enriquecida, em escala shakespeariana, graças à tecnologia recém-aperfeiçoada do rádio de ondas curtas. "Qual resposta devo dar em seu nome", perguntou Churchill ao povo depois de ler o poema em voz alta, também ouvido pelos estadunidenses, "a esse grande homem, três vezes escolhido para ser o chefe de uma nação de 130 milhões de habitantes?". E então, num crescendo lento, num rosnado de arrepiar a espinha: "Dê-nos as ferramentas e terminaremos o trabalho!".[103]

A ferramenta mais importante, ele e Roosevelt concordaram, seria o Lend-Lease [Ato de empréstimo e arrendamento] aprovado pelo Congresso em março de 1941. A legislação autorizava ajuda militar, com armas e suprimentos, a *qualquer* país cuja defesa o presidente considerasse vital para a dos Estados Unidos. A Grã-Bretanha seria a principal favorecida, mas FDR insistiu em não especificar beneficiários – o que poderia, reclamaram os críticos, possibilitar ajuda até à União Soviética, mas a queixa pareceu tão absurda que a objeção mal foi registrada. Ao mesmo tempo, Roosevelt já vinha recebendo relatórios – dessa feita, por intermédio da embaixada americana em Berlim – sobre a invasão de Hitler à União Soviética

---

* Navegai, ó navio da nação!
  Navegai, grande e forte, ó União!
  A humanidade – com todos os seus medos
  E toda a esperança nos anos vindouros –
  Ofegante, depende do vosso destino! (N. T.)

na primavera. Após consultar Churchill, ele mandou alertar o embaixador de Stálin em Washington; se ele ou seu líder ficaram gratos pela informação, não o demonstraram. Em vez disso, o próprio Stálin, talvez esperançoso, assinou outro pacto de não agressão, agora com o Japão.

E assim, por um preço alto e desnecessário, foi surpreendido pelo ataque da Alemanha à União Soviética em 22 de junho de 1941. Roosevelt e Churchill, nem um pouco surpresos, começaram a considerar a suprema impureza ideológica: um pacto com o diabo – talvez tenham se lembrado do provável arrependimento de Wilson e de Lloyd George ao abandonarem um demônio menor, Nicolau II, após março de 1917. A princípio imobilizado pelo choque, Stálin se recuperou a tempo de expressar o dever imposto por sua ideologia: pedir ajuda a *seus* demônios, as democracias capitalistas, como se o pacto nazissoviético jamais tivesse existido.

Ainda pondo de lado apreensões diplomáticas e militares, Roosevelt despachou dois negociadores a Moscou: Harry Hopkins, que se transformara em seu coronel House, e W. Averell Harriman, magnata das ferrovias e dono de concessões de manganês no Cáucaso nos anos 1920. Nesse meio-tempo, atendendo a um pedido do presidente, Davies mandou às pressas para a gráfica o livro *Missão em Moscou* – uma descrição morna, mas bastante lida, de seu período no cargo de embaixador na Rússia, de 1937 a 1938. Após ter se convencido de que Stálin não estava disposto a se entregar, em 7 de novembro de 1941 – 24 anos *depois* do golpe bolchevique e um mês *antes* do ataque do Japão a Pearl Harbor – Roosevelt proclamou a segurança da União das Repúblicas Socialistas Soviéticas vital à dos Estados Unidos. Muito acontecera até então, sem que quase ninguém houvesse notado.[104]

XII.

"Vencemos, afinal!", exclamou Churchill, exultante, ao receber a notícia do Havaí. "Os Estados Unidos estavam enfiados na guerra até o pescoço e até a morte." Aquela "gente tola" pensou que os americanos fossem bobos demais, falastrões demais, tão paralisados por suas políticas que não passassem de "uma vaga mancha no horizonte, para o bem ou para o mal".

Mas eu tinha estudado a Guerra Civil americana, lutada até o último e desesperado centímetro. O sangue americano corre em minhas veias. Lembrei-me de um comentário feito por Edward Grey há mais de trinta anos: os Estados Unidos são como "uma caldeira gigantesca. Uma vez aceso o fogo, não há limite para a energia passível de ser gerada".

E então, "saciado de emoção e excitação, fui para a cama e dormi o sono dos protegidos e dos agradecidos".[105]

Churchill demonstrou bastante tato ao mencionar o fogo aceso na época de Grey, que, logo após a vitória na guerra, de súbito se apagou. Reacendê-lo exigiu um quarto de século, uma crise mais temerária que a de 1917 e uma coordenação ainda mais cautelosa entre meios e fins que a alcançada por Wilson. Roosevelt, então, agiu com calma. A Churchill só restava esperar – embora com magnificência – por 27 dos 68 meses durante os quais a Grã-Bretanha participou da guerra.

Roosevelt esperava três coisas: a primeira era o rearmamento americano que restauraria a prosperidade, permitiria o apoio seletivo a aliados escolhidos e ainda manteria a esperança – nunca a promessa – de não entrar na guerra. A segunda, a garantia de que a União Soviética sobreviveria e, por conseguinte, serviria como aliada continental em meio às ameaças maiores impostas por periferias menores (Alemanha e Japão). Deixada sem opções pelas más escolhas de Stálin, sua autocracia desempenharia papel crucial na luta para salvar as democracias americana e inglesa. Por fim, FDR desejou seu próprio forte Sumter: se houvesse o pretexto moral de ter sido atacado, silenciaria todas as reivindicações internas de manter os Estados Unidos em paz. No fim, obteve dois: o ataque japonês a Pearl Harbor e a declaração de guerra por parte de Hitler, quatro dias mais tarde.

Ao longo dos quatro anos seguintes, Roosevelt, mais que ninguém, resgatou a democracia e o capitalismo – não em todos os lugares nem em todos os aspectos, mas o suficiente para estabilizar ambos de modo que as derrotas sofridas na primeira metade do século XX pudessem ser revertidas na segunda. Ele conseguiu vitórias quase simultâneas em duas grandes guerras, combatidas em dois extremos do mundo, a um custo de menos de 2% de baixas em relação ao total de participantes nessas guerras.[106] Seu país emergiu de tais combates com metade da capacidade mundial no setor industrial, dois terços das reservas de ouro, três quartos do capital investido, Marinha e Força Aérea ampliadas, e as primeiras bombas atômicas.[107] Com certeza, só podia haver um pacto com o diabo: estratégias, assim como políticas, nunca são puras. Como os historiadores Hal Brands e Patrick Porter assinalaram, contudo, "se essa não foi uma grande e bem-sucedida estratégia", então "nenhuma seria".[108]

XIII.

Franklin D. Roosevelt, escreveu Isaiah Berlin dez anos após a morte do presidente, era "um homem bonito, charmoso, alegre, muito inteligente, muito encantador e muito audacioso", embora acusado, por seus críticos, de tantas fraquezas. Alegavam ser "ignorante, inescrupuloso, irresponsável" e ter "traído a sua classe". Cercado de "aventureiros, oportunistas astutos e intrigantes", foi "implacável ao jogar com [...] vidas e carreiras". Fez "promessas conflitantes, cínicas e ousadas". Ele usou seu "enorme e irresistível charme" para encobrir sua irresponsabilidade. "Tudo isso foi comentado, e parte da história podia mesmo ser verídica", mas Roosevelt possuía "qualidades raras e inspiradoras que compensavam seus defeitos".

> Ele tinha um coração enorme e era dono de amplos horizontes políticos e vasta imaginação, entendia seu tempo e o rumo das novas e grandes forças em operação no século XX – tecnológicas,

raciais, imperialistas e anti-imperialistas; era a favor da vida e do movimento, da promoção da mais generosa realização possível do maior número possível de desejos humanos, e era contrário à cautela, ao retrocesso e à imobilização. Acima de tudo, ele não sentia o menor medo.

Em consequência – atitude rara para líderes de seu país ou de qualquer outro –, parecia "não temer o futuro".

Wilson, em suas viagens pós-guerra para comemorar o triunfo em Paris, Londres e Roma, havia deixado impressão semelhante, mas muito brevemente: "Logo desapareceu e deixou uma terrível sensação de desencanto", escreveu Berlin. Ele tinha sido o tipo de líder que, possuído por um "sonho brilhante, coerente [...], não compreende nem povos nem acontecimentos" e, por conseguinte, é capaz "de ignorar muito do que acontece fora de si mesmo". Os fracos e indecisos podem encontrar "alívio, paz e força" ao seguir tal indivíduo, "para quem todas as questões são claras, cujo universo inteiro consiste em cores primárias, basicamente no preto e no branco, e que caminha rumo a seu objetivo sem olhar à direita nem à esquerda". Porém, nessa mesma categoria, afirmou Berlin, há também "apavorantes malfeitores como Hitler".

Roosevelt, num contraste impressionante, foi um desses políticos equipados com "antenas de extrema delicadeza, que lhes transmitem [...] os eternos e inconstantes contornos dos acontecimentos, sentimentos e atividades humanas". Agraciados com a capacidade "de captar impressões perfeitas", absorvem e retiram propósitos – assim como os artistas – de vastas profusões de "pequenos, evanescentes e imperceptíveis detalhes".

> Estadistas desse porte sabem quando e como agir para atingir seus objetivos, que não costumam nascer dentro de um mundo particular de pensamentos reflexivos ou sentimentos introvertidos, porém são a cristalização, o despertar de grande intensidade e clareza do que grande número de seus concidadãos pensa e sente de modo vago, inarticulado, mas ainda assim persistente.

Isso permite a tais líderes transmitir a esses cidadãos "a sensação de compreender suas necessidades íntimas, de reagir a seus mais profundos impulsos e, acima de tudo, de sozinhos serem capazes de organizar o mundo por meio de metas [que eles] por instinto ainda estão tateando". Dessa maneira, conclui Berlin, Roosevelt deixou os americanos "mais orgulhosos que nunca de serem americanos. Ele elevou o *status* deles aos próprios olhos – [e], de forma extraordinária, aos olhos do resto do mundo".

Porque ele mostrou "que poder e ordem não são [...] uma camisa de força de doutrina, que é possível conciliar liberdade individual – uma textura frouxa da sociedade – com o mínimo indispensável de organização e autoridade". E que a coexistência de opostos reside "no que certa vez o mais importante antecessor de Roosevelt descreveu como 'a última maior esperança da Terra'".[109]

XIV.

A data é 26 de maio de 1940, e o lugar, um pouco antes da divisa de Trinidad, no Colorado, na estrada para a antiga trilha até Santa Fé. A hora é o crepúsculo, e o sol se põe atrás das montanhas. Um carro com dois homens encosta na beira da estrada. Tentam sintonizar uma estação de rádio. Um tem 39 anos e o outro 22, e estão cruzando a América.[110] Alguns habitantes se aproximam e perguntam se também podem ouvir. Para os homens no carro, eles são "mexicanos" – apesar de seus ancestrais talvez terem sido os proprietários de tudo o que a vista alcança. Todos acendem cigarros quando a voz familiar é ouvida em meio à estática: "Meus amigos...".

Os homens são Bernard DeVoto, professor de inglês em Harvard que já tinha prosperado como contrabandista, fracassado como romancista e logo alcançaria sucesso como historiador. O outro é seu assistente e motorista, Arthur Schlesinger Jr. Tendo crescido em Utah, DeVoto está voltando a se familiarizar com o Oeste americano antes de concluir seu épico *The Year of Decision: 1846* [O ano da decisão: 1846], a ser publicado em 1943. Nessa tarde, entretanto, tanto eles como os "mexicanos" têm outra coisa na cabeça.

A França está prestes a ser derrotada, a Inglaterra pode ser a próxima e, como Schlesinger escreveria para seus pais poucos dias depois, "o tipo de mundo no qual eu vinha me preparando para viver acabou". DeVoto, que servira na França durante a Primeira Guerra Mundial, já vivera tudo aquilo: "Nós éramos a geração da guerra e depois fomos chamados por alguns de geração perdida, mas então passamos a ser a geração da depressão e agora voltamos ao estágio inicial". Ambos tinham lido e discutido um artigo publicado na edição de junho da *Harper's Magazine* – para a qual DeVoto escrevia uma coluna – intitulado "Começa o poder atômico".[111] O artigo não mencionava aplicações militares, mas os dois homens dentro do carro não podiam deixar de se perguntar "se uma xícara cheia [...] poderia ser usada para abastecer um tanque".

O país, entretanto, voltaria a viver em segurança durante a viagem. Passaram por mais de 3 mil quilômetros de casas sólidas, gramados bem-cuidados e flores esplendorosas – "um quebra-vento [...] contra a erosão do tempo; cada uma das casas um lugar onde as raízes podem ser fincadas firmes no chão". As escolas nunca pareceram melhores. O povo, "habituado à paz", é invariavelmente gentil. E nunca mais, jura DeVoto, "falarei em tom condescendente do rádio", pois de repente, "em meio a anúncios de cereais e loções de barbear, você recebe um instrumento da democracia". Dessa vez, ninguém seria capaz de dizer "que os americanos não sabiam no que ou por que se metiam".

O discurso de Roosevelt não é dos melhores. Há estatísticas demais acerca do rearmamento obtido até então, mas que logo será exponencialmente eclipsado pelo que o país conseguirá quando, por fim, aderir à guerra. No entanto, o que o presidente quer mesmo informar aos americanos é que a partir daquele momento a segurança não pode vir apenas de distâncias oceânicas. As tecnologias de "embarcações" – que se movem tanto abaixo quanto acima da água e em sua superfície – impossibilitaram o isolamento. Em suas fronteiras internas, contudo, o país fará todo o possível para mantê-lo a salvo. "Por mais de três séculos, nós, americanos, construímos neste continente uma sociedade livre, uma sociedade na qual a promessa do espírito humano pode ser satisfeita [...]. Nós cuidamos bem da construção."[112] Quando ele termina, o carro está impregnado da fumaça dos cigarros. Depois de um breve silêncio, um dos "mexicanos" diz: "Acho que talvez os Estados Unidos declarem guerra em breve". "É, talvez", concorda DeVoto. Então "nós nos despedimos e rumamos para Trinidad".

10

ISAIAH

"Odeio descontinuidades de qualquer tipo", escreveu Isaiah Berlin ao amigo, romancista e poeta Stephen Spender, em 1936. "Que é apenas outra maneira de dizer que demoro a começar e odeio ser desenraizado [...], por conseguinte defendo com paixão todas as sociedades pequenas, as disciplinas rígidas etc., o que meramente racionaliza meu amor pelo útero a que aspiro (um útero com vista, um útero todo meu etc.)."[1] Quando a guerra eclodiu três anos depois, contudo, a Oxford de Berlin se tornou claustrofóbica mesmo para ele. Incapacitado para o serviço militar em virtude de um braço lesionado no parto, excluído do serviço de inteligência por ser de origem letã e russa, admitiu após a queda da França que "seu mundo particular tinha se rachado em inúmeros lugares. Eu adoraria ajudar, de alguma maneira, o grande processo histórico".[2]

Essa carta foi enviada a Marion Frankfurter, esposa de Felix, ex--professor de direito de Harvard e constante conselheiro próximo de Franklin D. Roosevelt, que o havia recém-nomeado para a Suprema Corte. Berlin conhecia os frankfurtianos, pois haviam passado um ano em Oxford.[3] Porém, seu contumaz enraizamento – quiçá também suas finanças – até então o tinha impedido de conhecer os

Estados Unidos. Quando finalmente lá desembarcou, aos 32 anos, no verão de 1940, foi tal e qual Cristóvão Colombo: em consequência de uma viagem arriscada e mal calculada.

Um conhecido dele, Guy Burgess, do Ministério das Relações Exteriores, disse ter encontrado um emprego para Berlin na embaixada britânica de Moscou. Fluente em russo, desesperado para trabalhar, ele aproveitou a oportunidade, e, em meados de julho, os dois embarcaram num navio e ziguezaguearam pelo Atlântico – a fim de evitar submarinos – rumo a Quebec. Depois de uma breve escala em Nova York, planejavam seguir viagem pelo Japão e pela Sibéria. Porém, o nada confiável Burgess, na época conhecido pelas bebedeiras e, mais tarde, denunciado como espião soviético,[4] não obtivera autorização de *sir* Stafford Cripps, o embaixador britânico na União Soviética, para o cargo de Berlin. Quando avisaram estar a caminho, Cripps recusou-se a recebê-los. Os superiores de Burgess ordenaram que voltasse a Londres, deixando Berlin, "que não está a serviço do governo de Sua Majestade", desamparado na América, livre para fazer "o que julgasse melhor".[5]

"Devo, é óbvio, criar meu próprio emprego", escreveu Berlin a um amigo. "Não faço ideia de como, pois devo ser ruim nisso."[6] Então começou a fazer contatos, no que era ótimo. Começou com os frankfurtianos e logo persuadiu o teólogo Reinhold Niebuhr a mandar uma carta a Cripps solicitando que mudasse de ideia e o contratasse. Berlin garantiu sua hospedagem em Washington graças a amigos de Oxford e logo conseguiu um convite para almoçar com o embaixador soviético. Por que, perguntou ao anfitrião, Stálin havia anexado recentemente a Letônia? Por causa do "novo acordo" para os países bálticos, murmurou o dignitário, enquanto autorizava o visto ambicionado por Berlin.[7] Visto que se revelou inútil, não só porque Cripps não mudara de ideia, mas porque um emprego que Berlin não procurava acabou por encontrá-lo.

"Nunca tinha me encontrado com Isaiah nem [...] mesmo ouvido falar dele", admitiu tempos depois John Wheeler-Bennett, da equipe da embaixada britânica. Contudo, "quando nos sentamos no jardim com nossos drinques, seu brilhante intelecto logo me enfeitiçou". Apesar de ter chegado aos Estados Unidos havia poucos dias, Berlin dava a impressão de "ter conhecido a vida inteira o país".

> Ele parecia nunca parar de falar; no entanto, nunca nos entediou, embora às vezes encontrássemos dificuldade em compreendê-lo. [...] Ele brilhava e cintilava, entretanto nenhum de nós, ouvintes, se sentia subestimado ou deixado de lado. Um dos mais valiosos atributos de Isaiah é ser capaz de despertar a genialidade nos outros [...], dando-lhes a impressão de serem mais brilhantes e espirituosos do que imaginavam ser.

Ciente de que após Dunquerque seu novo primeiro-ministro tinha revivido uma antiga profecia – que "com a graça de Deus, o Novo Mundo, com todo seu poder" buscaria "a salvação e a libertação do Velho"[8] –, Wheeler-Bennett e seus colegas conspiraram para manter Berlin no mesmo lado do oceano: para eles, Berlin era uma "resposta às preces".[9]

Sua função, decidiram, seria explicar o mundo novo ao velho. Por ocasião do ataque a Pearl Harbor, Berlin preparava "os resumos políticos semanais", cada um com centenas de palavras, abordando o que acontecia em Washington (mas não limitado àquela região). Enviados por malote a Londres ou telegrafados quando necessário, esses relatórios confidenciais preenchiam a lacuna entre as comunicações ultrassecretas e as notícias cotidianas.[10] Além de providenciar um conteúdo importante para a época, o novo emprego de Berlin explorava suas habilidades sociais, pois agora ele podia, com a consciência limpa e como contribuição à vitória, ir a tantas festas quanto bem entendesse.

I.

"Devemos [...] sempre nos basear na suposição de que os americanos são estranhos para nós e nós para eles", escreveu Berlin num de seus primeiros relatórios, no início de 1942. Enquanto a Grã-Bretanha deixara a política em suspenso – não ocorrera nenhuma eleição geral entre 1935 e 1945 –, os Estados Unidos "mantiveram o mesmo índice de antes". Roosevelt ainda nomeou diversas pessoas para empregos similares. Como sempre, o Congresso se manteve ocupado com a troca de favores. Questões locais e lealdades à máquina política tiveram no mínimo tanta influência nas eleições quanto as relações exteriores. Mesmo depois de Pearl Harbor, não era desonra ter sido isolacionista, pois "metade [dos votantes] tinha feito o mesmo ou pior, e a outra metade nunca tinha ouvido falar de tal coisa".[11]

Nesse meio-tempo, "o absoluto esforço produtivo desse continente ainda continua a dispor de força e agilidade, e seus efeitos podem ser sentidos no âmbito do próprio poder por parte do povo americano", que agora reconhecia: "Entrar numa guerra pode parecer azar, mas para entrar em duas deve haver algo errado com o sistema". Como solucionar o problema, contudo, ainda não era claro. Os americanos seguiriam os "liberais reformistas rurais", como o vice-presidente Henry A. Wallace, rumo a um novo acordo global sem fronteiras de nacionalidade, raça e classe social? Ou abraçariam o "imperialismo econômico" do editor Henry Luce, que já havia proclamado o século "americano"? De um jeito ou de outro, Roosevelt lideraria "com habilidade política infinitamente superior, apesar da força moral menos irrefutável que a do ex-presidente Wilson".[12]

Afinal, o novo presidente, ao contrário de Wilson, precisaria negociar com a União Soviética. "Stálin pode muito bem ser o demônio da paz vindoura", informou Berlin, mas "os Estados Unidos pensavam ter uma colher longa o suficiente para jantar com ele".*
Assim, é claro, tentariam evitar os extremos, ou seja, que os russos "varressem a Europa inteira antes deles e instaurassem o comunismo por toda parte" ou que "se detivessem nas próprias fronteiras e assinassem um acordo de paz com os alemães". Nem essas opções nem

---

* No original é feito um trocadilho com o provérbio em inglês "*He who sups with the devil should have a long spoon*" [Quem vai jantar com o demônio precisa de uma colher longa], com o sentido de que, ao se associar a pessoas perigosas ou inescrupulosas, é preciso ter cautela para não ser trapaceado ou prejudicado por elas. (N. E.)

acordos entre eles, no entanto, deixariam muito espaço "para nações pequenas sobre as quais as exigências da Rússia podem pesar".[13]

O preço da vitória, portanto, seria a negação da justiça, pois o preço da justiça poderia ser a negação da vitória. Berlin confirmou tal teoria com este boato arrepiante:

> Fontes confiáveis informaram que o embaixador grego disse ter ouvido do presidente, na última reunião, que o governo dos Estados Unidos não protestaria contra a incorporação dos países bálticos pela União Soviética [...]. O embaixador grego perguntou, então, sua posição a respeito da Polônia. Segundo nosso informante, o presidente fez gestos de fingido desespero e confessou estar farto do problema polonês e que havia deixado isso bem claro ao embaixador do país, admoestando-o pessoalmente quanto aos efeitos da continuada agitação polonesa.
>
> A sensação geral, perceptível na imprensa e em conversas entre os jovens "racionais" de Washington e outros executivos [...] é que a Rússia está tomando a única decisão sensata para uma grande potência continental em ascensão, permitida graças aos recursos da América [e] que em base sólida e racional os dois países terão condições de entrar em acordo após algumas jogadas difíceis de pôquer sem a intermediação da Grã-Bretanha ou de qualquer outra potência "velha", cujos dias estão contados. Não negam que [...] os ideais wilsonianos vêm sendo ignorados, mas como esse é o desejo dos russos, talvez seja esse o destino inevitável do mundo. Seria um luxo tolo continuar a esfregar advertências na cara da Rússia em nome de ideais que os Estados Unidos não se propõem a implantar pela força.
>
> Segundo informações, o governador [Alf] Landon [candidato republicano derrotado na campanha presidencial em 1936] telefonou recentemente para [o secretário de Estado Cordell] Hull e indagou o motivo de não terem recebido quaisquer garantias para a Polônia na Conferência de Moscou [em outubro de 1943].

Dizem que Hull sugeriu [a Landon] ir ele próprio a Moscou pleitear a causa dos poloneses com o marechal Stálin, em nome do grande Meio-Oeste; Landon perguntou se Hull de fato acreditava que tal atitude poderia salvar os poloneses. Hull implorou que em hipótese alguma se esquecesse de assumir compromisso específico com o partido republicano para declararem de imediato guerra pela integridade da Polônia, caso os russos não mudassem de opinião, e obtivesse a clara promessa do Exército e da Marinha dos Estados Unidos de lhes prestar apoio, caso isso viesse a ocorrer. Dizem que, a princípio, Landon levou a sério as palavras de Hull e, bastante indignado com a ironia, voltou amuado para o Kansas.[14]

Ainda que seus relatórios parecessem um tanto depressivos, Berlin fazia o possível para animar o tom:

Ouviram certo democrata, na saída de um jantar em homenagem a Washington, observar [que] no aniversário de Lincoln, ele [Roosevelt] acreditava ser Lincoln. Naquele dia, pensava ser Washington. Quem ele vai ser no Natal?

O coronel [Robert] McCormick [editor isolacionista do *Chicago Tribune*] [...] pretende [pleitear] a incorporação de Austrália, Nova Zelândia, Canadá, Escócia, País de Gales etc. aos Estados Unidos. Resta saber se a campanha é ou não um blefe, pois temos certeza de que o coronel está levando a questão muitíssimo a sério.

O ardente desejo [de Wallace] de garantir a renomeação para a Vice-Presidência [em 1944] é única na história dos Estados Unidos: o estranho espetáculo pode ser observado com dor ou alegria, de acordo com o humor do observador.

O senador [Hiram] Johnson [da Califórnia] foi apoiado indiretamente e em termos moderados pelo senador [Walter] George [da Geórgia], num discurso em georgiano, sua língua nativa.

Sua leveza [de Roosevelt], em geral uma forma de escapar de situações constrangedoras, parece às vezes provocar demasiada tensão em seus próprios seguidores.[15]

Para os leitores londrinos de Berlin, sua leveza proporcionava alívio, ainda que apenas momentâneo, da sombria realidade de resgate e liberação.

A gratidão de um dos leitores ocasionou o mais famoso caso de troca de identidades da guerra. Em 9 de fevereiro de 1944, Winston Churchill convidou o autor dos relatórios semanais, "I. Berlin", para um almoço na Downing Street, número 10. Desconcertado, o primeiro-ministro se encontrou com um igualmente perplexo convidado de honra: o compositor de "White Christmas".* A história se espalhou, transformando Isaiah Berlin, nas palavras de seu biógrafo Michael Ignatieff, "numa celebridade menor por engano".[16]

II.

Os resumos de Berlin o catapultaram das conversas restritas aos círculos de Oxford a outras bem mais abrangentes, de uma vasta república em guerra, e seu olhar de águia e língua afiada facilitaram o salto. "Quem imaginaria", escreveu Berlin aos pais, que "um dia eu alimentaria ávido interesse pela política americana"? Talvez os Estados Unidos *fossem* Oxford, mas em escala gigantesca: em ambos, as instituições significavam menos que os relacionamentos individuais, "cujo padrão [...], é claro, sempre me fascinou". Independentemente da explicação, Berlin se lembraria de seus anos em Washington como o "derradeiro oásis [...] depois do qual a juventude termina e começa a vida banal".[17]

Berlin chegou a Moscou em setembro de 1945, tendo obtido dessa vez aprovação do Ministério das Relações Exteriores para a viagem. Dele esperavam, contou aos amigos, uma mensagem "lapidar", que "guiaria a política britânica para todo o sempre".[18] Porém,

---

* O compositor russo naturalizado norte-americano Irving Berlin. (N. E.)

logo descobriu não poder atuar na Rússia como nos Estados Unidos. A polícia secreta o seguia por toda parte, inibindo movimentos, monitorando conversas, às vezes até parecendo detectar seus pensamentos. Seu conhecimento do idioma russo apenas redobrou as suspeitas por parte do regime.[19]

Pela primeira vez, Berlin teve de engolir a língua. Podia entender o que diziam as pessoas, mas não ousava conversar, temeroso de comprometê-las. Parentes tinham de sussurrar tudo o que haviam sofrido durante mais de uma década de expurgos e guerra. Poetas, dramaturgos, artistas, cineastas e romancistas, que deveriam ter encarnado a cultura contemporânea russa, pareciam ter emergido como Jonas da barriga da baleia: pálidos, exaustos; vivos, mas com a vida consumida.[20] De inocentes os boatos passaram a armas letais. A sobrevivência em si exigia pedidos de desculpas.

O silêncio na Rússia de Stálin afetou Berlin tanto quanto a cacofonia na América – previsível para alguém raríssimas vezes silencioso. Ele mal tinha ouvido falar de Anna Akhmátova quando, perambulando por uma livraria de Leningrado certa tarde de novembro, apanhou um volume de seus poemas e perguntou se por acaso ela ainda estava viva. Sim, responderam, e morava ali perto. Gostaria de conhecê-la? Claro! Então deram um telefonema, ela o convidou para uma visita, e conversaram durante a noite inteira e a manhã seguinte.[21] Berlin se lembraria da experiência como a mais importante de sua vida.[22]

Conhecida no Ocidente como poeta pré-revolucionária, não lhe tinha sido autorizada qualquer publicação significativa desde 1925. Seu primeiro marido havia sido executado sob o regime de Lênin; o segundo marido e o filho do casal tinham passado anos no *gulag*, e ela sobrevivera ao cerco de Leningrado tão somente porque Stálin não a deixaria morrer de inanição. De volta da evacuação por ele ordenada, Akhmátova morava sozinha num único aposento vazio em um prédio sem elevador, com poucos motivos para esperar que um dia seu anonimato chegasse ao fim.

Berlin achou-a desafiadora, comentou que tinha a aparência de "uma rainha trágica" e se movia como tal. Ela admitiu ter conhecido, desde a Primeira Guerra Mundial, apenas um outro estrangeiro.

Berlin, vinte anos mais moço, satisfez a curiosidade dela sem revelar nunca ter lido seus poemas. Um viu o outro como alguém de um mundo inacessível: ele, oriundo da Europa da qual ela tinha sido banida; ela, vinda da Rússia que ele deixara ainda criança. O que ele ouviu, lembrou-se anos depois, "superou tudo o que alguém já tivesse descrito em palavras faladas".[23] Ela, num poema, imortalizou-o:

> He will not be a beloved husband to me
> But what we accomplish, he and I,
> Will disturb the Twentieth Century.*

Maquiavel poderia ter dito, a respeito daquela noite, que ambos traçavam esboços, buscando dar contorno a coisas que não teriam tempo de saber. Clausewitz teria visto *coups d'oeil* – "olhos internos" captando verdades, frutos de profunda reflexão. Contudo, só Tolstói poderia ter retratado tal "pivotear" de vidas num único local: uma lebre de verdade, não imaginária, em Tarutino.

Para Akhmátova, aquela noite assegurou mais uma década de isolamento, e a invisível presença no aposento era a do próprio Stálin, cujos agentes o mantinham bem informado. Para Berlin, aquele encontro subverteu a equivalência moral com que havia antes encarado a chegada da Guerra Fria: duas grandes potências fazendo o que grandes potências sempre haviam feito. Os Estados Unidos e a Rússia difeririam, agora podia ver, não apenas em termos de geografia, história, cultura e capacidades, mas também, de forma crítica, nas ecologias necessárias. Numa vicejava a cacofonia; na outra exigia-se silêncio.

III.

"O que está acontecendo [na União Soviética] é [...] indescritivelmente sórdido e detestável", escreveu Berlin a um amigo em

---

* Ele não será um marido para mim,
  Mas o que eu e ele realizaremos
  Perturbará o século XX. (N. T.)

novembro de 1946: "A lenta humilhação de poetas e músicos é, de certo modo, mais terrível que tiros certeiros".²⁵ Não haviam os artistas russos, porém, sofrido sempre sob regimes autoritários? Sim, admitiria mais tarde, mas ao tentar banir a criatividade, os tsares a haviam exacerbado: sob o regime tsarista, a Rússia transformou-se num celeiro de ideias "mais levadas a sério e representando papel mais importante e peculiar [lá] que em qualquer outro lugar".²⁶ Assombrado com o contraste entre a história que conhecera e o presente que havia constatado, Berlin empenhou-se em relacionar a Rússia do século XIX "ao mundo moderno [e] à condição humana em geral".²⁷

A conexão seria o marxismo do século XX, tanto o fruto dos revolucionários russos como o do próprio Marx. Abordagens convencionais do julgamento crítico, esclarecidas ou não, tinham ao menos avaliado situações com base em seus méritos, não em preconcepções "para as quais nenhuma descoberta factual pode [...] fazer qualquer diferença". Contudo, os marxistas alegavam "saber de antemão se as opiniões de um homem são corretas [...], bastando descobrir seus antecedentes ou sua situação social e econômica". Eles presumiam "a irrefutabilidade da própria teoria".²⁸ Berlin logo ampliou seu argumento para ali incluir o fascismo, "o cúmulo e a falência" do "patriotismo místico" que inflamou os nacionalistas da Europa no século XIX, resultando nas *duas* grandes rupturas de sua era – a Segunda Guerra Mundial e a Guerra Fria –, consequências das determinações "totalitárias" em eliminar contradições "por outros meios além de pensamento e argumento".²⁹

Havia tempo os racionalistas tinham visto que as contradições carregavam em si as sementes da própria resolução. Os conservadores as encontraram no fluir do tempo, que diminuía antigas controvérsias incorporando-as a novas circunstâncias: Bismarck e Salisbury encarnaram tal tradição. Os liberais as buscaram em estruturas aceitáveis por lados opostos: o documento "Catorze Pontos" de Wilson foi uma das tentativas. Todos compartilhavam a crença – "óbvia demais para ser realizada sem obstáculos" – de que problemas podiam ser solucionados por meio "da aplicação consciente de verdades com as quais todos os homens dotados de capacidades mentais adequadas poderiam concordar".[30]

E se o tempo, no entanto, fluísse devagar demais? E se não existissem "verdades"? E se existissem, mas fossem impossíveis de ser detectadas? Eram essas as subversões com as quais os radicais russos do século XIX infestaram o século XX: "Se a revolução assim exigisse", então "tudo – a democracia, a liberdade, os direitos individuais – deveria ser sacrificado em seu nome". Marx, queria acreditar Berlin, era "europeu demais" para chegar a tal ponto. Lênin, por outro lado, não tinha tais escrúpulos.

> As massas são ignorantes e cegas demais para que lhes seja permitido definir a própria escolha. [...] Elas só podem ser salvas recebendo ordens implacáveis de líderes que tenham adquirido a capacidade de saber como organizar escravos libertos num sistema racional planejado.

Daí as "monstruosidades" que, como Berlin expõe em sua conferência a respeito de Maquiavel, em 1953, "congelam o sangue dos homens comuns". E de onde viera essa "capacidade"? Da contribuição plenamente fornecida por Marx: uma teoria da história que concedia, a quem dela estava a par, a autoconfiança de nunca temer o futuro.[31]

IV.

Isso, contudo, é o que Berlin também diria, em 1955, de Franklin D. Roosevelt – sem a mínima ideia de que o ex-presidente tivesse, um dia, passado os olhos pelo capítulo "Materialismo dialético e histórico" em *História do Partido Comunista (bolchevique) da União Soviética*,* de Stálin, publicado em 1938. FDR não era um conservador

---

* Disponível em português em <www.marxists.org/portugues/tematica/livros/historia/index.htm>. (N. E.)

bismarquiano, um liberal wilsoniano, um marxista-leninista nem um nazista, mas era extremamente seguro de si.

> Num mundo desesperado que parece dividido entre fanáticos cruéis e mortalmente eficientes marchando para a destruição e populações desnorteadas em fuga, mártires apáticos de uma causa impossível de ser definida, ele acreditou na própria habilidade de deter essa terrível maré, desde que sob seu controle.

Isso tornou Roosevelt, para Berlin, "o maior líder da democracia, o campeão imbatível do progresso social do século XX".[32] Então, de onde viera *sua* autoconfiança?

Não de nenhuma busca, ao estilo Polônio, da segurança no formato de nuvens passageiras – disso tenho certeza. Tampouco em reconciliar ou erradicar contradições. FDR era, a um só tempo, cínico e humano demais para correr atrás de uma ou outra possibilidade. Talvez, entretanto, fosse um desses líderes que tinha "aprendido a viver", como define Berlin, e ao estilo de Maquiavel, com "alternativas incompatíveis na vida pública e privada".[33] "Sou um ilusionista", reconheceu o próprio Roosevelt em 1942, e "nunca permito que minha mão direita saiba o que faz minha mão esquerda".[34]

Os conselheiros presidenciais consideravam essa característica frustrante, até frívola, e alguns historiadores concordaram com eles.[35] Porém, acompanhe com mais atenção a metáfora: como você impede uma das mãos de saber o que a outra está fazendo sem que a cabeça instrua ambas? "Posso ser inteiramente inconsistente", continuou FDR a explicar, "caso *isso ajude a vencer a guerra*".[36] A consistência na grande estratégia, então, não era tanto uma questão de lógica, mas de escala: o que não fazia o menor sentido para seus subordinados podia fazer todo o sentido para ele, pois ele viu, melhor que qualquer outro, a relação de tudo com todo o resto – embora não compartilhasse o que via com ninguém. Em vez disso, irradiava aparente serenidade e descontração, apesar de ter governado pelo mais longo período em toda a história norte-americana e de ter passado o último terço da vida sem a capacidade de dar instruções nem mesmo às próprias pernas e aos próprios pés.[37]

Estamos no fim da tarde de 8 de março de 1933. Uma limusine estaciona diante de uma casa em Georgetown. O recém-eleito presidente dos Estados Unidos recebe ajuda para sair do carro e, empurrado na cadeira de rodas, toma o elevador para a biblioteca. Cansado depois da festa em comemoração a seus 92 anos, Oliver Wendell Holmes Jr., recém-aposentado da Suprema Corte de Justiça, cochila em seu quarto. No entanto, Felix Frankfurter – que ainda não tinha conhecido Isaiah Berlin – preparara uma surpresa. "Deixe de ser idiota, garoto!", retruca irritado ao funcionário que o acordara: "Ele não viria aqui me ver". Contudo, o presidente espera, paciente, na biblioteca. Veterano ferido três vezes na guerra de Lincoln, Holmes prepara-se para cumprimentar o último sucessor do Emancipador. A conversa que se segue é agradável e banal, ao contrário do que Holmes diz após a saída de Roosevelt: "Um intelecto de segunda categoria, *mas um temperamento de primeira!*".[38]

V.

"Toda atividade complexa", escreve Clausewitz, "se conduzida com qualquer grau de virtuosidade, exige dons compatíveis de intelecto e temperamento. Se forem excepcionais e se revelarem em feitos excepcionais, seu dono é chamado de 'gênio'".[39] Faço uso dessa passagem para sugerir contínuos ajustes do "intelecto" (que define trajetórias) ao "temperamento" (que determina como serão perseguidas), pois, assim como nenhuma política pode ser pura, nenhuma "grande estratégia" permanecerá imune aos imprevistos.

Por que você nunca vê ninguém na corda bamba sem varas compridas? Porque elas são estabilizadoras, tão essenciais para se alcançar o destino quanto os passos dados em sua direção. No entanto, o equilíbrio obtido pela vara vem do toque, não do pensamento: concentrando-se na vara corre-se o risco de cair. Em estratégia, o temperamento funciona de forma semelhante, acredito: não é uma bússola – a bússola é o intelecto –, mas um giroscópio: um ouvido interno complementar ao "olho interno" de Clausewitz. Como a vara na corda bamba, o temperamento interfere nos tombos e na chegada a salvo.

Xerxes não podia refrear suas ambições, ao passo que Artabano não era capaz de vencer seus temores. Ambos se rendiam, embora de modos diferentes, à intemperança. Num único discurso, Péricles passava da tolerância à censura, e Atenas logo seguiu seus passos. Otávio ascendeu sendo autodidata em autocontrole; Marco Antônio afundou por esquecê-lo. Agostinho e Maquiavel deixaram como herança a mão de ferro e a mão suave com que Felipe e Elizabeth moldaram novos e diferentes mundos. Napoleão perdeu seu império por confundir aspirações com capacidades; Lincoln salvou seu país por não as confundir. Wilson, o construtor, desapontou sua geração; Roosevelt, o ilusionista, superou as expectativas da sua. Parafraseando uma história de Ronald Reagan a respeito de um pônei,[40] deve haver um padrão nessas histórias, em algum lugar.

Talvez repouse na sugestão de Philip Tetlock de que sobrevivemos como espécie combinando os hábitos dos animais de Berlin: raposas adaptam-se com mais facilidade a mudanças rápidas, e porcos-espinhos prosperam em tempos estáveis.[41] Isso permite ampliar o conceito de "inteligência de primeira grandeza" de Fitzgerald para que opostos coexistam não só na mente, mas também *no comportamento*. O que nos leva de volta à concepção de Tetlock de "bom julgamento" como um "ato de equilíbrio" que exige "repensar suposições básicas" enquanto "preservamos nossa visão de mundo existente".[42] Ou, em termos mais simples, aplicar o senso comum a *todas* as atitudes.

VI.

Isso, contudo, supõe uma corda bamba *com equivalência moral*, e os efeitos da queda seriam deploráveis tanto de um lado quanto do outro. No início dos anos 1950, no entanto, Berlin passara a considerar a política uma polaridade, com conceitos *sem equivalência* de liberdade de ambos os lados.[43]

Um dos conceitos apresentou a liberdade isenta da necessidade de fazer escolhas, que seriam submetidas a alguma autoridade superior: coletivos, partidos, Estados, ideologias ou até mesmo teorias. O outro conceito preservava a liberdade de tais escolhas. Berlin chamou a primeira de "liberdade positiva", mas não como elogio: se levada a extremos, tal liberdade conduziria à tirania, anulando as contradições por intermédio do silêncio. Na segunda, "liberdade negativa", contradições e até mesmo cacofonias eram cultivadas; sem uma bússola, contudo, poderiam conduzir a desvios, provincianismo e, em última análise, anarquia.

Neste livro, a liberdade positiva é representada por porcos-espinhos tentando arrebanhar raposas: o Péricles idoso, Júlio César, Santo Agostinho, Felipe II, George III, Napoleão, Wilson e os totalitaristas do século XX. Todos conheciam o funcionamento do mundo tão bem que preferiram aplainar topografias a conviver com elas. Às pessoas "aplainadas" restariam as opções de "liberdade" variantes entre desilusão e desapropriação (na melhor das hipóteses) até escravidão e extermínio (no pior cenário).

A liberdade negativa foi aqui representada pelas raposas com bússolas: o jovem Péricles, Otávio César, Maquiavel, Elizabeth I, os Pais Fundadores dos Estados Unidos, Lincoln, Salisbury e Roosevelt, em especial, tiveram a humildade de duvidar do que havia à frente, a flexibilidade para se adaptar e a ingenuidade de aceitar inconsistências e, até mesmo, explorá-las. Eles respeitaram as topografias e criaram alternativas que, uma vez escolhidas, foram avaliadas com extrema atenção.

As duas liberdades exigem travessias; e seja em cordas bambas, seja em pontes formadas por barcos, não há travessia sem riscos – a liberdade positiva, no entanto, alegou ser capaz de diminuí-los ou, ao menos, adiá-los. De qualquer maneira, novos mundos de um lado ou de outro seriam terras prometidas. A liberdade negativa não tomou para si tais créditos, mas reconheceu limites, reduziu expectativas e, ao buscar fins alcançáveis, preferiu usar métodos comprovados.

A liberdade positiva não exigiu outras provas além das fornecidas pela teoria, pois, se os fins eram compatíveis, os meios automaticamente convergiriam para tais fins; já a liberdade negativa não admitiu nem compatibilidade nem convergências, mas valorizou a experiência, submetendo a teoria a suas correções.

Tal dicotomia exigiu o que Berlin denominou "pluralismo":[44] um reconhecimento, com certeza, de demônios persistentes – "o estado do homem após a queda", poderia ter dito Santo Agostinho –, mas também do bem que pode advir de equilibrá-los – "o estado do homem", Maquiavel poderia ter respondido. Desde que não suemos demais para viver com as contradições que, como disse Berlin, "não haviam concedido paz aos homens desde então".[45]

VII.

A data é 16 de fevereiro de 1962, e o lugar é a Universidade da Indonésia, em Yogyakarta. Robert F. Kennedy, procurador-geral dos Estados Unidos, responde à pergunta de um estudante acerca da guerra mexicana: "Alguns texanos podem discordar, mas o que fizemos foi injustificável. Em minha opinião, não podemos nos orgulhar daquele episódio". Muitos texanos discordaram, a tal ponto que Kennedy precisou prometer ao irmão mais velho que iria discutir todas as futuras observações sobre o estado com o então vice-presidente dos Estados Unidos.[46] Alguns meses depois, como aluno do primeiro ano de graduação na Universidade do Texas, em Austin, assisti ao vídeo de uma conferência do professor de Yale Samuel Flagg Bemis, especialista em história diplomática americana e um homem de visões claras a respeito das conexões do passado com o presente. Comentando as declarações de Kennedy, Bemis começou em tom neutro, mas concluiu de modo memorável: "Vocês não iam querer devolver tudo, iam?".

Ora, claro que não. Se formos de fato sinceros, a maioria de nós não o faria, mesmo em tempos bem mais politicamente corretos, pois satisfazer as exigências da justiça naquela instância não apenas prejudicaria o presente e o futuro, mas também o passado. Nesse caso, os mexicanos tampouco teriam de devolver tudo aos espanhóis, e os espanhóis às populações indígenas dizimadas, e estes povos à flora e à fauna destruídas depois de eles terem cruzado a ponte terrestre da Sibéria milhares de anos antes? O argumento é absurdo, mas apenas por rejeitar a coexistência de contradições no tempo ou no espaço. Com isso, ele confirma a alegação de Berlin de que nem todas as coisas louváveis são também possíveis. E de que aprender a viver nessa condição – vamos chamá-la de *história* – exige adaptação ao incompatível.

Nesse ponto, a grande estratégia é de grande ajuda. Pois "em todas as negociações justas", lembrou Burke aos colegas de Parlamento em 1775, "o objeto comprado deve ser proporcional ao valor pago".[47] A proporcionalidade resume a grande estratégia: o alinhamento de aspirações potencialmente infinitas com capacidades necessariamente limitadas. E onde entra a justiça? Eu diria em curvar o alinhamento na direção da liberdade. Ou, como Berlin teria colocado, na direção da liberdade "negativa".

Foi o que Clausewitz quis dizer ao subordinar a "guerra" à "política", pois qual liberdade poderia advir da violência total? Foi o que Santo Agostinho buscou ao tentar tornar as guerras "justas". E foi o que Sun Tzu, com delicadeza incomum, reconheceu: "Enquanto um homem enfurecido pode voltar a ser feliz e um ressentido pode voltar a ficar satisfeito, um Estado que pereceu não poderá ser restaurado nem pode um morto ser ressuscitado".[48]

A contradição entre o vivo e o morto é a maior existente, tanto na mente quanto no espírito, não importa o "presente" em que operemos. Tudo em cada uma das extremidades dessa corda bamba – bem, quase tudo – merece respeito.

NOTAS

Prefácio
1   Para o currículo do curso de estratégia e programa militar de ação do Colégio de Guerra Naval dos Estados Unidos, acessar: <www.usnwc.edu/Faculty-and-Departments/Academic-Departments/Strategy-and-Policy-Department>. Para o curso na Universidade Yale, acessar: <www.grandstrategy.yale.edu/background>; ver também Linda Kulman, *Teaching Common Sense: The Grand Strategy Program at Yale University* [Ensinando senso comum. O programa de grande estratégia da Universidade Yale] (Westport, Connecticut: Prospecta, 2016).
2   Alguns leitores podem ficar preocupados achando que esqueci a Guerra Fria. De jeito nenhum – apenas já falei o suficiente sobre esse assunto. Ver, mais recente, a edição revisada de meu *Strategies of Containment* [Estratégias de contenção] (Nova York: Oxford University Press, 2005), e meu artigo "Grand Strategies in the Cold War" [Grandes estratégias na Guerra Fria], em Melvyn P. Leffler e Odd Arne Westad, *The Cambridge History of the Cold War* [A história da Guerra Fria de Cambridge] (Nova York: Cambridge University Press, 2010, v. 2, pp. 1-21).

3   Meu agradecimento especial a Anthony Kronman, ex-reitor da Faculdade de Direito de Yale, por sugerir a relevância desses temas para a grande estratégia.

1. Atravessando o estreito de helesponto
1   Heródoto, *Histórias*. v. VII: pp. 1-56. Usei a tradução para o inglês de David Grene (Chicago: University of Chicago Press, 1987, pp. 466-90 [ed. bras.: São Paulo: Edipro, 2015]). Para uma apreciação recente de Heródoto, ver o artigo de Robert D. Kaplan, "A Historian for Our Time" [Um historiador do nosso tempo], na revista *The Atlantic*, jan./fev. 2007.
2   Michael Ignatieff, *Isaiah Berlin: A Life* (Nova York: Metropolitan, 1998, p. 173). *Isaiah Berlin. Uma vida* (Rio de Janeiro: Record, 2000). Ver também Ramin Jahanbegloo, *Conversations with Isaiah Berlin* (2. ed. Londres: Halban, 1992, pp. 188-9), *Isaiah Berlin: com toda liberdade* (ed. bras.: São Paulo: Perspectiva, 1996) e Isaiah Berlin, *Enlightening: Letters, 1946-1960* [Cartas reveladoras: 1946-1960], editado por Henry Hardy e Jennifer Holmes (Londres: Chatto and Windus, 2009, p. 31). A inspiração também pode ter vindo de C. M. Bowra, "The Fox and the Hedgehog" [A raposa e o porco-espinho], artigo publicado na revista *The Classical Quarterly* 34, jan./abr. 1940, pp. 26-9.
3   O último livro de Stephen Jay Gould, *The Hedgehog, the Fox, and the Magister's Pox: Mending the Gap Between Science and the Humanities* [O porco-espinho, a raposa e a varicela do mestre: reparando a lacuna entre a ciência e as humanidades] (Cambridge, Massachusetts: Harvard University Press, 2011, pp. 1-8), apresenta uma breve história do aforismo.
4   Isaiah Berlin, "O porco-espinho e a raposa", editado por Henry Hardy (Princeton: Princeton University Press, 2013, p. 91). Também evoquei um ensaio de um ex-aluno, Joseph Carlsmith, "The Bed, the Map, and the Butterfly: Isaiah Berlin's Grand Strategy of Grand Strategy" [A cama, o mapa e a borboleta. A grande estratégia de Isaiah Berlin quanto à grande estratégia], preparado para o seminário de 2011 em Yale, "Studies in Grand Strategy" [Estudos sobre grande estratégia].

5   Isaiah Berlin, "O porco-espinho e a raposa", em *The Proper Study of Mankind: An Anthology of Essays*, editado por Henry Hardy e Roger Hausheer (Nova York: Farrar, Straus and Giroux, 1998, pp. 436-7, 498 [ed. bras.: *Estudos sobre a humanidade: uma antologia de ensaios*. São Paulo: Companhia das Letras, 2002]).
6   A. N. Wilson, *Tolstoy: A Biography* [Tolstói. Uma biografia] (Nova York: Norton, 1988, pp. 506-17).
7   Isaiah Berlin, *O porco-espinho e a raposa*, pp. XV-XVI.
8   Heródoto, *Histórias*. v. I:12, p. 38 (Chicago: University of Chicago Press, 1987 [ed. bras.: São Paulo: Edipro, 2015]).
9   *Ibidem*, v. VII:8, 10, pp. 469, 472. Ver também Tom Holland, *Persian Fire: The First World Empire and the Battle for the West* (Nova York: Doubleday, 2005, p. 238); *Fogo persa: o primeiro império mundial e a batalha pelo Ocidente* (ed. bras.: Rio de Janeiro: Record, 2008).
10   Heródoto, *Histórias*. v. VII:8, 22-4, pp. 469, 478-9; Holland, *Persian Fire*, pp. 212-4. *Fogo persa: o primeiro império mundial e a batalha pelo Ocidente* (ed. bras.: Rio de Janeiro: Record, 2008).
11   Para mais informações quanto à distinção Aquiles-Ulisses em termos de estratégia, ver Lawrence Freedman, *Strategy: A History* [Estratégia: uma história] (Nova York: Oxford University Press, 2013, p. 22).
12   Não literalmente, é claro. Se fosse nascido na época, Heródoto seria apenas um garoto.
13   Philip E. Tetlock, *Expert Political Judgment: How Good Is It? How Can We Know?* [Especialista em juízo político: é bom mesmo? Como podemos saber?] (Princeton: Princeton University Press, 2005). Ver, em especial, pp. XI, 73-5, 118, 128-9. Para a popularização das descobertas de Tetlock, ver Dan Gardner, *Future Babble: Why Expert Predictions Are Next to Worthless, and You Can Do Better* [Blá-blá-blá sobre o futuro. Por que as previsões dos especialistas não valem quase nada e as suas podem ser melhores] (Nova York: Dutton, 2011). Tetlock e Gardner colaboraram num trabalho atualizado, *Superforecasting: The Art and Science of Prediction* (Nova York: Crown, 2015 [ed. bras.: *Superprevisões. A arte e a ciência de antecipar o futuro*. São Paulo: Objetiva, 2016]).

14   Heródoto, *Histórias*. v. VII:101, 108-26, pp. 502, 505-10.
15   John R. Hale, *Lords of the Sea: The Epic Story of the Athenian Navy and the Birth of Democracy* [Senhores do mar. A épica história da marinha ateniense e o nascimento da democracia] (Nova York: Penguin, 2009, pp. 36-9, 55-74); Barry Strauss, *The Battle of Salamis: The Naval Encounter That Saved Greece – and Western Civilization* [A batalha de Salamina. O duelo naval que salvou a Grécia e a civilização ocidental] (Nova York: Simon and Schuster, 2005).
16   Ésquilo, *Os persas*, linhas 819-20, tradução para o inglês de Seth G. Benardete (Chicago: University of Chicago Press, 1956, p. 77 [ed. bras.: São Paulo: Perspectiva, 2013]). Quanto ao boato a respeito de Temístocles, ver Plutarco, *Lives of the Noble Grecians and Romans* [Vidas paralelas], traduzido por John Dryden (Nova York: Modern, s.d., p. 144).
17   Victor Parker, "Heródoto. Uso de *Os persas*, de Ésquilo, como fonte para a Batalha de Salamina", em *Symbolae Osloenses: Norwegian Journal of Greek and Latin Studies* [Symbolae Osloenses. Jornal norueguês de estudos gregos e latinos] 82:1, 2-29.
18   Heródoto, *Histórias*. v. VII:8, p. 469.
19   Ponto ligado a exemplos mais recentes em Victor Davis Hanson, *The Savior Generals: How Five Great Commanders Saved Wars That Were Lost – from Ancient Greece to Iraq* [Os generais salvadores. Como cinco grandes comandantes salvaram guerras perdidas – da Grécia Antiga ao Iraque] (Nova York: Bloomsbury, 2013, p. 11).
20   Heródoto, *Histórias*. v. VII:38-9, pp. 483-4.
21   F. Scott Fitzgerald, "The CrackUp", *Esquire*, 19 fev. 1936.
22   Jeffrey Meyers, *Scott Fitzgerald: A Biography* [Scott Fitzgerald: uma biografia] (Nova York: HarperCollins, 1994, pp. 261-5, 332-6).
23   Charles Hill, meu colega na Yale, em geral ele próprio um oráculo de Delfos, gosta de citar o aforismo em seminários sem o explicar aos intrigados estudantes.
24   Esse é um resumo simplificado dos três grandes ensaios de Berlin, "Two Concepts of Liberty" [Dois conceitos de liberdade] (1958), "The Originality of Maquiavel" [A originalidade de Maquiavel] (1972) e "The Pursuit of the Ideal" [A busca do ideal] (1988). Todos

se encontram em *Estudos sobre a humanidade: uma antologia de ensaios*, no qual busquei material, em especial nas pp. 10-1, 239, 294 e 302. O aforismo da criança na festa de Dia das Bruxas, no entanto, é meu.

25 Jahanbegloo, *Conversations with Isaiah Berlin* [Isaiah Berlin: com toda liberdade], pp. 188-9. Ver também Berlin, *The Hedgehog and the Fox* [O porco-espinho e a raposa], p. 101, citado em uma entrevista com Michael Ignatieff.

26 Ou, como Berlin certa vez se referiu, em camas procustianas. Carlsmith desenvolve esse ponto em "The Bed, the Map, and the Butterfly" [A cama, o mapa e a borboleta].

27 Ver o artigo de Anthony Lane "House Divided" [A casa dividida], *New Yorker*, 19 nov. 2012.

28 IMDb, *Lincoln* (2012), disponível em: <www.imdb.com/title/tt0443272/quotes>.

29 O tributo a Tolstói encerra o último volume de Michael Burlingame, *Abraham Lincoln: A Life* [Lincoln. Uma vida] (Baltimore: Johns Hopkins University Press, 2008, p. 834).

30 Tomei emprestado esses elementos e os do parágrafo anterior de meu artigo "War, Peace, and Everything: Thoughts on Tolstoy" [Guerra, paz e tudo o mais: pensamentos sobre Tolstói], em *Cliodynamics: The Journal of Theoretical and Mathematical History* 2 [Cliodynamics: o jornal de história teórica e matemática 2], 2011, pp. 40-51.

31 Berlin, "The Hedgehog and the Fox" [O porco-espinho e a raposa], em *The Proper Study of Mankind Estudos sobre a humanidade: uma antologia de ensaios*, p. 444.

32 Tetlock, *Expert Political Judgment* [Especialista em juízo político], pp. 214-5; Daniel Kahneman, *Thinking, Fast and Slow* (Nova York: Farrar, Straus and Giroux, 2011, em especial pp. 20-1 [ed. bras.: *Rápido e devagar: duas formas de pensar*. São Paulo: Objetiva, 2012]). Para Kahneman, Tetlock, ver pp. 218-20.

33 Embora tenha ganhado fama no filme *Homem-Aranha* de 2002, a citação apareceu de várias formas em outros filmes e desenhos animados da franquia. Estranho, mas uma aproximação análoga poderia ser feita no discurso de Franklin D. Roosevelt, no jantar em

homenagem a Jefferson, em 13 de abril de 1945, se ele tivesse vivido para proferi-lo (<www.presidency.ucsb.edu/ws/?pid=16602>).

34 Homero, *Ilíada*. Tradução para o inglês de Robert Fagles (Nova York: Penguin, 1990, p. 371 [ed. bras.: *Ilíada*. Rio de Janeiro: Nova Fronteira, 2013]). Homero, é claro, gravou na memória, pois os gregos de sua época tinham esquecido como escrever.

35 Devo essa sugestão a meu ex-aluno Christopher R. Howell, que a propõe em "The Story of Grand Strategy: The History of an Idea and the Source of Its Confusion" [A história da grande estratégia. A história de uma ideia e a origem de sua confusão], trabalho apresentado no curso de graduação na área de humanas, em 2013, na Universidade Yale, p. 2. Consultar também Freedman, *Strategy* [Estratégia. Uma história], pp. 3-7.

36 Para saber o que ele leu, consultar Richard Carwardine, *Lincoln: A Life of Purpose and Power* [Lincoln. Uma vida com objetivo e poder] (Nova York: Random House, 2006, pp. 4-10); Fred Kaplan, *Lincoln: The Biography of a Writer* [Lincoln. A biografia de um escritor] (Nova York: HarperCollins, 2008). Ao que tudo indica, os únicos outros presidentes autodidatas foram Zachary Taylor e Andrew Johnson.

37 Henry Kissinger, White House Years [Anos na Casa Branca] (Boston: Little, Brown, 1979, p. 54).

38 Consultar: Michael Billig, *Learn to Write Badly: How to Succeed in the Social Sciences* [Aprenda a escrever mal. Como obter êxito nas ciências sociais] (Nova York: Cambridge University Press, 2013). Dei mais atenção à relação entre história e teoria em *The Landscape of History: How Historians Map the Past* (Nova York: Oxford University Press, 2002 [ed. bras.: *Paisagens da história. Como os historiadores mapeiam o passado*. São Paulo: Campus-Elsevier, 2003]). James C. Scott discute a distinção entre conhecimento universal e regional em seu *Seeing Like a State: How Certain Schemes to Improve the Human Condition Have Failed* [Analisando tal um Estado. Como certos planos para melhorar a condição humana fracassaram] (New Haven, Connecticut: Yale University Press, 1998).

39   Nicolau Maquiavel, *The Prince*. Tradução para o inglês de Harvey C. Mansfield (2. ed. Chicago: University of Chicago Press, 1998 [ed. bras.: *O príncipe*. São Paulo: Penguin, 2010]).
40   A edição padrão é de Carl von Clausewitz, *On War*. Organizado e traduzido para o inglês por Michael Howard e Peter Paret (Princeton: Princeton University Press, 1976 [ed. bras.: *Da guerra*. São Paulo: WMF Martins Fontes, 2010]).
41   Donald Rumsfeld, *Known and Unknown: A Memoir* [Conhecido e desconhecido. Memórias] (Nova York: Penguin, 2011, em especial pp. XIII-XIV).
42   Para a história dessa famosa citação equivocada, consultar Elizabeth Longford, *Wellington* (Londres: Abacus, 2001, pp. 16-7 [ed. bras.: *O homem que venceu Napoleão. A história do duque de Wellington*. São Paulo: Madras, 2014]).

2. As grandes muralhas
1   Victor Davis Hanson, *A War Like No Other: How the Athenians and Spartans Fought the Peloponnesian War* (Nova York: Random House, 2005, p. 66 [ed. bras.: *Uma guerra sem igual: Como atenienses e espartanos lutaram na Guerra do Peloponeso*. Rio de Janeiro, Record, 2012]).
2   Minha descrição das muralhas atenienses foi obtida graças sobretudo a Tucídides, e para tanto usei a edição de Robert B. Strassler, *The Landmark Tuchydides: A Comprehensive Guide to the Peloponnesian War* [Tucídides, o marco. Guia abrangente da guerra do Peloponeso], versão revisada da tradução de Richard Crawley (Nova York: Simon and Schuster, 1996, 1:89-93) (depois intitulado *Tucídides*, usando o livro e os números de parágrafos em todas edições). Ver também Brent L. Sterling, *Do Good Fences Make Good Neighbors? What History Teaches Us About Strategic Barriers and International Security* [Boas cercas criam bons vizinhos? O que a história nos ensina sobre barreiras estratégicas e segurança internacional] (Washington, D.C.: Georgetown University Press, 2009, pp. 15-6); e David L. Berkey, "Why Fortifications Endure: A Case Study of the Walls of Athens During the Classical Period" [Por que fortificações resistem: um estudo de caso das muralhas de Atenas durante o período

clássico], em Victor Davis Hanson (org.), *Makers of Ancient Strategy: From the Persian Wars to the Fall of Rome* [Os criadores da estratégia antiga. Dos muros persas à queda de Roma] (Princeton: Princeton University Press, 2010, pp. 60-3). Os comentários de Plutarco constam de seu *Lives of the Noble Grecians and Romans* [Vidas paralelas]. Tradução para o inglês de John Dryden (Nova York: Modern Library, s.d., pp. 191-3).

3   Victor Davis Hanson, *The Savior Generals: How Five Great Commanders Saved Wars That Were Lost – from Ancient Greece to Iraq* [Os generais salvadores. Como cinco grandes comandantes salvaram guerras perdidas – da Grécia Antiga ao Iraque] (Nova York: Bloomsbury, 2013, pp. 33-4).

4   Donald Kagan, *Pericles of Athens and the Birth of Democracy* [Péricles de Atenas e o nascimento da democracia] (Nova York: Free Press, 1991, pp. 4-5).

5   Tucídides, 1:18, p. 14. Consultar também *ibidem*, 1:10, p. 8; e Heródoto, 6:107-8, pp. 450-1.

6   Hanson, *The Savior Generals*, pp. 18-22, 29.

7   Uma imagem comumente usada para descrever as posições da França e da Grã-Bretanha depois das batalhas de Austerlitz e Trafalgar, ambas em 1805. Para a caracterização de Péricles das duas estratégias, ver Tucídides, 1:143, p. 83.

8   Hanson, *The Savior Generals*, pp. 10-2, oferece uma série impressionante de meios de destruição.

9   Tucídides, 1:21-22.

10   Kagan, *Pericles of Athens*, p. 10. O professor Kagan se refere aos "atenienses", mas acho que ele não se importará com o fato de eu ter expandido seu escopo.

11   Tucídides, 1:89-92, pp. 49-51. Ver também Plutarco, p. 145.

12   Hanson, *The Savior Generals*, pp. 34-6.

13   A vida clássica de Péricles aparece no livro de Plutarco, pp. 182--212, enquanto a melhor biografia moderna é a de Kagan.

14   Hanson, *The Savior Generals*, p. 18

15   Hanson, *A War Like No Other*, pp. 38-45 [Uma guerra sem igual]. Quanto à oferta de Péricles, consultar Tucídides, 2:13, p. 98.

16   Hanson, *A War Like No Other*, pp. 236-9, 246-7; Kagan, *Pericles of Athens*, p. 66. Para um contexto mais amplo, consultar também John R. Hale, *Lords of the Sea: The Epic Story of the Athenian Navy and the Birth of Democracy* [Os senhores do mar. A épica história da frota ateniense e o nascimento da democracia] (Nova York: Penguin, 2009).
17   Plutarco, p. 186.
18   Todas as citações de Péricles neste capítulo são de Tucídides, 2:34-46, pp. 110-8. Quanto ao tema da singularidade e universalidade, consultar Donald Kagan, "Pericles, Thucydides, and the Defense of Empire" [Péricles, Tucídides e a defesa do império] em Hanson, *Makers of Ancient Strategy* [Os criadores da estratégia antiga], p. 31.
19   Kagan, *Pericles of Athens*, pp. 49-54, descreve como funcionou a assembleia. Ver também Cynthia Farrar, "Power to the People" [Poder ao povo] no livro de Kurt A. Raaflaub, Josiah Ober e Robert W. Wallace, com Paul Cartledge e Cynthia Farrar, *Origins of Democracy in Ancient Greece* [Origem da democracia na Grécia Antiga] (Berkeley: University of California Press, 2007, pp. 184-9).
20   Hanson, *A War Like No Other*, p. 27.
21   Para a importância da restauração da confiança enquanto se ruma ao retrocesso, consultar Michael Howard, *The Causes of Wars* [Causas das guerras] (2. ed. Cambridge, Massachusetts: Harvard University Press, 1984, pp. 246-64).
22   Kagan, *Pericles of Athens*, pp. 102-5.
23   *Ibidem*, p. 86.
24   Tucídides, 1:24-66, 86-88, pp. 16-37, 48-9. Ver também J. E. Lendon, *Song of Wrath: The Peloponnesian War Begins* [Canção da fúria. Início da guerra do Peloponeso] (Nova York: Basic, 2010).
25   A citação é atribuída a Bismarck.
26   Tomei como base para essa generalização: Kagan, *Pericles of Athens*, p. 192, e Hanson, *A War Like No Other*, pp. 10-2.
27   Tucídides, 1:67-71, pp. 38-41.
28   *Ibidem*, 1:72-79, pp. 4-45.
29   *Ibidem*, 1:79-85, pp. 45-7.
30   *Ibidem*, 1:86-87, p. 48.

31 Kagan, *Pericles of Athens*, pp. 206, 214.
32 Discuti o assunto de modo mais aprofundado em *The Landscape of History: How Historians Map the Past* (Nova York: Oxford University Press, 2002, pp. 116-8 [ed. bras.: *Paisagens da história. Como os historiadores mapeiam o passado*. São Paulo: Campus-Elsevier, 2003]).
33 Tucídides, 1:144, pp. 83-4; Plutarco, p. 199. Ver também Kagan, *Pericles of Athens*, pp. 84, 92, 115-6.
34 Tucídides, 1:77, p. 44.
35 *Ibidem*, 1:140-144, pp. 80-5. Baseei-me na análise de Kagan acerca do decreto de Mégara em seu *Pericles of Athens*, pp. 206-27.
36 Tucídides, 2:12, p. 97.
37 Plutarco, pp. 194-5; Tucídides, 1:127, p. 70.
38 Kagan, *Pericles of Athens* p. 207.
39 Ver Shakespeare, *Troilus and Cressida* [Tróilo e Créssida], ato 1, cena 3, linhas 112-27.
40 Tucídides, 2:59, p. 123.
41 *Ibidem*, 2:60-64, pp. 123-7.
42 *Ibidem*, 3:82, p. 199.
43 *Ibidem*, 3:2-6, 16-18, 25-26, 35-50, pp. 159-61, 166-7, 171, 175-84. Os mitilenenses não escaparam ao castigo. Os atenienses executaram os líderes da revolta, derrubaram os muros da cidade, capturaram suas embarcações e confiscaram suas propriedades. Isso, contudo, foi bem menos que o exigido por Cleon.
44 *Ibidem*, 5:84-116, pp. 350-7.
45 *Ibidem*, 3:82, p. 199.
46 Para mais detalhes a respeito, ver John Lewis Gaddis, "Drawing Lines: The Defensive Perimeter Strategy in East Asia, 1947-1951" [Desenhando fronteiras. A estratégia do perímetro defensivo no Leste Asiático. 1947-1951] no livro *The Long Peace: Inquiries into the History of the Cold War* [A longa paz: investigações sobre a história da Guerra Fria] (Nova York: Oxford University Press, 1987, pp. 71--103). Taiwan não foi incluída porque os nacionalistas chineses procuraram refúgio na ilha. Defendê-los, temeu a administração, seria considerar intervir na guerra civil chinesa, o que procuravam evitar.

47 Os números de mortos constam na Britannica On-line, "Korean War": <www.britannica.com>.
48 Carl von Clausewitz, *On War*. Organizado e traduzido para o inglês por Michael Howard e Peter Paret (Princeton: Princeton University Press, 1976, p. 471 [ed. bras.: *Da guerra*. São Paulo: WMF Martins Fontes, 2010]). Grifos no original.
49 Plutarco, pp. 204-07; Kagan, *Pericles of Athens*, pp. 221-7.
50 Tucídides, 6:6, p. 365.
51 *Ibidem*, 6:9-26, pp. 366-76. Havia também um terceiro comandante, Lamacus, de quem Tucídides pouco fala.
52 *Ibidem*, 7:44, 70-87, pp. 453, 468-78.
53 Hanson, *A War Like No Other*, pp. 205, 217.
54 Henry Kissinger, *White House Years* [Anos na Casa Branca] (Boston: Little, Brown, 1979, p. 1.049).
55 Disponível em: <www.archives.gov/research/military/vietnam--war/casualty- statistics.html>.
56 Para detalhes, ver Ilya V. Gaiduk, *The Soviet Union and the Vietnam War, 1950-1975* [A União Soviética e a Guerra do Vietnã, 1950-1975] (Chicago: Ivan R. Dee, 1996); Qiang Zhai, *China and the Vietnam Wars, 1950-1975* [As guerras da China e do Vietnã, 1950--1975] (Chapel Hill: University of North Carolina Press, 2000); e Lien-Hang Nguyen, *Hanoi's Wars: An International History of the War for Peace in Vietnam* [As guerras em Hanoi. História internacional da guerra pela paz no Vietnã] (Chapel Hill: University of North Carolina Press, 2012).
57 John Lewis Gaddis, *The Cold War: A New History* (Nova York: Penguin, 2005, pp. 149-55 [ed. bras.: *História da Guerra Fria*. Rio de Janeiro: Nova Fronteira, 2006]).
58 Tucídides, 1:140, p. 81; comentários de Kennedy na Câmara de Comércio de Fort Worth, em 22 de novembro de 1963, *Public Papers of the Presidents: John F. Kennedy, 1963* [Documentos públicos dos presidentes: John F. Kennedy, 1963] (Washington, D.C.: Government Printing Office, 1964, p. 889).
59 A quem sou grato por ter inspirado meu livro *Strategies of Containment: A Critical Appraisal of American National Security Policy*

During the Cold War [Estratégias de contenção. Avaliação crítica da política de segurança nacional americana durante a Guerra Fria], edição revista e ampliada (Nova York: Oxford University Press, 2005). Agradeço a ele também a inspiração para o seminário "Estudos de grande estratégia", que ministro todos os anos na Yale.

3. Professores e adestradores

1   Sun Tzu, *The Art of War*. Tradução para o inglês de Samuel B. Griffith (Nova York: Oxford University Press, 1963, pp. 66, 89, 95, 109 [ed. bras.: *A arte da guerra*. Barueri: Novo Século, 2015]). Estou em débito com Schuyler Schouten pela analogia com o marketing.
2   William Shakespeare, *Hamlet*, ato III, cena II [ed. bras.: São Paulo: Penguin, 2015]. Polônio fala sobre emprestar e pedir emprestado no ato I, cena III.
3   Sun Tzu, *The Art of War*, pp. 63-4, 66, 89, 95, 129. Grifos meus.
4   *Ibidem*, pp. 91-2.
5   Para este e o seguinte relato acerca da criação e educação de Otávio baseei-me em: Anthony Everitt, *Augustus: The Life of Roma's First Emperor* [Augusto: A vida do primeiro imperador de Roma] (Nova York: Random House, 2006, pp. 3-50); e em Adrian Goldsworthy, *Augustus: First Emperor of Roma* [Augusto. Primeiro imperador de Roma] (New Haven, Connecticut: Yale University Press, 2014, pp. 19-80). Goldsworthy usa os nomes de Augusto como títulos das cinco partes de seu livro. Os presságios aparecem em Suetônio, *The Twelve Caesars*. Tradução para o inglês de Robert Graves (Nova York: Penguin, 2007, 1. ed. 1957, II:94, pp. 94-5 [ed. bras.: *A vida dos doze Césares*. Rio de Janeiro: Ediouro, 2002]).
6   Mary Beard explora o paradoxo de um império republicano na primeira metade de seu *SPQR: A History of Ancient Roma* (Nova York: Norton, 2015 [ed. bras.: *SPQR. Uma história da Roma Antiga*. São Paulo, Planeta, 2017]).
7   A descrição mais recente é de Barry Strauss em *The Death of Caesar: The Story of History's Most Famous Assassination* (Nova York: Simon and Schuster, 2015 [ed. bras.: *A morte de César. Roma Antiga e o assassinato mais famoso da história*. São Paulo: Seoman,

2017]). A observação de Plutarco consta de seu *Lives of the Noble Grecians and Romans* [Vidas paralelas]. Tradução para o inglês de John Dryden (Nova York: Modern Library, s.d., p. 857).

8   John Williams, *Augusto* (Nova York: New York Review of Books, 2014, 1 ed. 1971, pp. 21-2). Para as supostas intenções de César em relação a Otávio, ver Adrian Goldsworthy, *Caesar: Life of a Colossus* (New Haven, Connecticut: Yale University Press, 2006, pp. 497-8 [ed. bras.: *César: a vida de um soberano*. Rio de Janeiro, Record, 2011]); e Strauss, *The Death of Caesar*, pp. 45-6.

9   Nessa ocasião, ele deixou de usar o nome Otávio e começou a se autointitular César. Para evitar confusão, segui a prática de Everitt e da maior parte dos outros historiadores — mas não de Goldsworthy — e continuei a me referir a ele como Otávio até ele passar a ser chamado de Augusto.

10   Comentário de Tu Mu em *A arte da guerra*, p. 65.

11   A melhor evidência é a surpresa de Otávio, ao que tudo indica sincera, ao tomar conhecimento do conteúdo do testamento do soberano. Mesmo se César tivesse revelado suas intenções, nem ele nem Otávio poderiam ter previsto quão pouco tempo restava a César.

12   Ver carta de Isaiah Berlin a George F. Kennan, de 13 de fevereiro de 1951, em Berlin, *Liberty* [Liberdade]. Organizado por Henry Hardy (Nova York: Oxford University Press, 2007, pp. 341-2).

13   Goldsworthy, *Augusto*, pp. 87-101. Para as mudanças de Cícero, ver Anthony Everitt, *Cicero: The Life and Times of Roma's Greatest Politician* [Cícero: a vida e a época do maior político de Roma] (Nova York: Random House, 2003, pp. 273-96).

14   John Buchan, *Augusto* (Cornualha: Stratus, 2003; 1. ed. 1937, p. 32).

15   Goldsworthy, *Augusto*, pp. 105-7.

16   Bem descrito em Plutarco, pp. 1.106-7.

17   Everitt, *Augusto*, p. 76. Quanto à determinação de Otávio, consultar: Ronald Syme, *The Roman Revolution* [A revolução romana] (Nova York: Oxford University Press, 1939, p. 3).

18   Everitt, *Augusto*, pp. 32, 45, 88-91, 110, 139, 213.

19   Goldsworthy, *Augusto*, pp. 115-25. Marco Antônio mais tarde alegaria que Otávio fugiu da primeira batalha de Mutina. Suetônio, II:10, p. 47.
20   Ronald Syme, *The Roman Revolution*, p. 124.
21   Mais tarde imortalizado como uma cifra por Shakespeare em *Júlio César*.
22   O episódio antecipa o Tratado de Tilsit, assinado pelo imperador Napoleão da França e o tsar Alexandre I da Rússia, no meio do rio Niemen, em julho de 1807, discutido no capítulo 7. Os dois, no entanto, se encontravam numa barcaça, não numa ilha.
23   Everitt, *Cicero*, pp. 313-9. Para um panorama dos desterros, consultar: Syme, *The Roman Revolution*, pp. 187-201.
24   Goldsworthy, *Augusto*, p. 122.
25   Havia uma conexão. O forte de Filipos leva o nome de Felipe da Macedônia, pai de Alexandre, o Grande, que o construiu em 356 a.C. As primeiras *Filípicas*, conjunto de quatro discursos proferidos pouco depois pelo orador grego Demóstenes, foram dirigidas contra Felipe. Elas serviram de modelo para as catorze *Filípicas* de Cícero.
26   Goldsworthy, *Augusto*, p. 142; Everitt, *Augusto*, pp. 88-94.
27   Appian, *The Civil Wars* [As guerras civis]. Tradução para o inglês de John Carter (Nova York: Penguin, 1996, v. V, p. 287). Consultar também Everitt, *Augusto*, pp. 98-9.
28   *Ibidem*, pp. 100-3; consultar também Syme, *The Roman Revolution*, p. 215.
29   Goldsworthy, *Augusto*, pp. 144-7.
30   Suetônio, II:15, p. 49; Everitt, *Augusto*, pp. 104-5.
31   *Ibidem*, pp. 108-13. Marco Antônio também reportou a Otávio a deslealdade de seu velho amigo Salvidienus Rufus, que por motivos dúbios havia se aproximado dos agentes de Marco Antônio na Gália. Otávio, de imediato, ordenou sua execução. Appian, *The Civil Wars*, v. V:65, pp. 312-3.
32   Comentário feito por Symes em *The Roman Revolution*, p. 114.
33   A esse respeito, consultar o capítulo 2.
34   Plutarco, p. 1.106.

35   Goldsworthy, *Augusto*, pp. 156-9.
36   O mais completo relato aparece em Appian, *The Civil Wars*, v. V:85-92, pp. 322-6.
37   Everitt, *Augusto*, pp. 129-30.
38   Appian, *The Civil Wars*, v. V:98-126, pp. 328-42.
39   O ressentimento dos romanos remontava à derrota de Marco Licínio Crasso contra os partas e seu exército na Batalha de Carras, em 53 a.C., que resultou na perda de vários estandartes das legiões romanas. Júlio César tinha planejado se vingar da humilhação quando foi assassinado em 44 a.C. Essa era a missão para a qual o jovem Otávio vinha sendo treinado, herdada por Marco Antônio após vencer a Batalha de Filipos, dois anos depois.
40   Ele também foi, ao estilo egípcio, o comonarca da mãe, Ptolomeu XV. Há uma avaliação plausível quanto à questão da paternidade em Goldsworthy, *Caesar*, pp. 496-7.
41   Everitt, *Augusto*, pp. 145-53.
42   Goldsworthy, *Augusto*, pp. 186-8.
43   Plutarco, p. 1142.
44   Para uma sugestão quanto à origem da história, consultar Adrian Tronson em "Vergil, the Augustans, and the Invention of Cleópatra's Suicide – One Asp or Two?" [Virgílio, os Augustos e a invenção do suicídio de Cleópatra – uma víbora ou duas?], no jornal *Vergilius*, n. 44, 1998, pp. 31-50. Devo a referência a Toni Dorfman.
45   Comentário feito em Stacy Schiff, *Cleópatra: A Life* (Nova York: Little, Brown, 2010, pp. 101, 108, 133 [ed. bras.: *Cleópatra: uma biografia*. Rio de Janeiro, Zahar, 2011]).
46   Dião Cássio, *The Roman History: The Reign of Augustus* [História romana. O reino dos augustos]. Tradução para o inglês de Ian Scott-Kilvert (Nova York: Penguin, 1987, LI:16, p. 77).
47   Para um ponto de vista diferente, consultar: Goldsworthy, *Augusto*, p. 207.
48   Robin Lane Fox, *Alexander the Great* [Alexandre, o Grande] (Nova York: Penguin, 2004; 1. ed. 1973, pp. 369-70, 461-72).
49   Sun Tzu, *A arte da guerra*, p. 106. Na era moderna, a frase costuma ser com mais frequência associada ao estrategista britânico

B. H. Liddell-Hart, mas ele reconheceu a antecipação a Sun Tzu. [Prefácio, *ibidem.*]
50 Sun Tzu, *A arte da guerra*, pp. 66-8, 70.
51 Para uma ficcionalização do princípio como utilizado nos poemas escritos, ver Williams, *Augusto*, pp. 38-9.
52 *The Georgics of Virgil* [As Geórgicas de Virgílio]. Tradução para o inglês de David Ferry (Nova York: Farrar, Straus and Giroux, 2005, p. 89).
53 *Idem.* A Wikipédia alega ter contado os versos hexâmetros.
54 Buchan, *Augusto*, p. 114. Há mais discussões gerais a respeito de Virgílio em Everitt, *Augusto*, pp. 114-6, e em Goldsworthy, *Augusto*, pp. 307-17.
55 Everitt, *Augusto*, pp. 199-211; Goldsworthy, *Augusto*, pp. 217-38.
56 Mary Beard, *SPQR: A History of Ancient Roma*, pp. 354-6, 368-9, 374; Goldsworthy, *Augusto*, pp. 476-81.
57 Virgílio, *Eneida*. Tradução para o inglês de Robert Fagles (Nova York: Viking, 2006, VIII:21-22, p. 242 [ed. bras.: São Paulo: Editora 34, 2014]).
58 *Eneida*, VI:915, p. 208.
59 Hermann Broch, *The Death of Virgil*. Tradução para o inglês de Jean Starr Untermeyer (Nova York: Vintage, 1995 1. ed. 1945, pp. 319, 321 [ed. bras.: *A morte de Virgílio*. São Paulo: Benvirá, 2012]). Charles Hill, colega na Yale, foi quem primeiro me alertou a respeito da importância tanto das *Geórgicas* quanto de Broch. Seu comentário a respeito deste último encontra-se em seu livro *Grand Strategies: Literature, Statecraft, and World Order* [Grandes estratégias: literatura, política e ordem mundial] (New Haven, Connecticut: Yale University Press, 2010, pp. 282-5).
60 Mary Beard, *SPQR: A History of Ancient Roma*, pp. 415-6. Para dois recentes relatos de como as regras de herança podem arruinar vidas e ameaçar Estados, ver Geoffrey Parker, *Imprudent King: A New Life of Philip II* [O rei imprudente: a nova vida de Felipe II] (New Haven, Connecticut: Yale University Press, 2014); e Janice Hadlow, *A Royal Experiment: The Private Life of King George III*

[Um experimento real: a vida privada do rei George III] (Nova York: Henry Holt, 2014).
61 John Williams retrata Júlia com maior riqueza de detalhes em sua novela *Augustus*.
62 Não com Marco Antônio.
63 A tradução de Fagles de *Eneida*, livro VI:993-1.021, p. 211. Dizem que Otávia desmaiou ao ouvir Virgílio ler esses versos.
64 Para uma ilustração gráfica das complexidades genealógicas criadas por Augusto, ver Mary Beard, *SPQR: A History of Ancient Roma*, pp. 382-3.
65 Everitt, *Augusto*, p. 302.
66 Goldsworthy, *Augusto*, p. 453.
67 Cassius Dio, *Augusto*, LVI:30, p. 245; Suetônio, II:99, p. 100.
68 Williams, *Augusto*, p. 228.
69 O termo é de Greg Woolf, cujo livro *Roma: An Empire's Story* (Nova York: Oxford University Press, 2012 [ed. bras.: *Roma: A história de um império*. São Paulo: Cultrix, 2017]) fornece em seus capítulos introdutórios um panorama sucinto do legado romano.
70 Uma guinada capturada com primor na última linha de *Augusto*, de Williams (p. 305).
71 Em relação a esse ponto, ver Woolf, *Roma: An Empire's Story*, pp. 216-7; e Mary Beard, *SPQR: A History of Ancient Roma*, pp. 412-3.

4. Almas e Estados

1 George Kennan, *Tent-Life in Siberia and Adventures Among the Koraks and Other Tribes in Kamtchatka and Northern Asia* [A vida em barracas na Sibéria e aventuras entre os coriacos e outras tribos em Kamtchatka e no norte da Ásia] (Nova York: G. P. Putnam and Sons, 1870, pp. 208-12). Para mais esclarecimentos a respeito de Kennan, ver Frederick F. Travis, *George Kennan and the American-Russian Relationship, 1865--1924* [George Kennan e o relacionamento entre americanos e russos, 1865-1924] (Athens, Ohio: Ohio University Press, 1990).
2 Ver Greg Woolf, *Roma: An Empire's Story* (Nova York: Oxford University Press, 2012, pp. 113-26 [ed. bras.: *Roma: a história de um*

império. São Paulo: Cultrix, 2017]); e Mary Beard, *SPQR: A History of Ancient Roma* (Nova York: Norton, 2015, pp. 428-34 [ed. bras.: *SPQR. Uma história da Roma Antiga*. São Paulo: Planeta, 2017]).

3   Os judeus não estavam, em hipótese alguma, sozinhos em seu monoteísmo, mas as consequências para eles, cristãos e muçulmanos moldaram a história subsequente com maior impacto que qualquer outra fé. Para uma introdução interessante ao assunto, ver Jonathan Kirsch, *God Against the Gods: The History of the War Between Monotheism and Polytheism* [Deus contra os deuses. A história da guerra entre o monoteísmo e o politeísmo] (Nova York: Penguin, 2005).

4   Documentado com brilhantismo por Jack Miles em *God: A Biography* (Nova York: Knopf, 1995 [ed. bras.: *Deus: uma biografia*. São Paulo: Companhia das Letras, 2009]).

5   Edward Gibbon, *The Decline and Fall of the Roman Empire I* (Nova York: Modern Library, 1977, v. I, pp. 382-3, 386 [ed. bras.: *Declínio e queda do Império Romano*. São Paulo: Companhia das Letras, 2005]).

6   *Ibidem*, p. 383.

7   Mateus 22:21.

8   Santo Agostinho, *Confissões de Santo Agostinho*, traduzido para o inglês por R. S. Pine-Coffin (Nova York: Penguin, 1961, pp. 28, 32-3, 39-41 [ed. bras.: *Confissões de Santo Agostinho*. São Paulo: Penguin, 2017]). A melhor biografia continua sendo o clássico de Peter Brown, *Agostinho of Hippo: A Biography*, ed. rev. (Berkeley: University of California Press, 2000, 1. ed. 1967 [ed. bras.: *Santo Agostinho: uma biografia*. Rio de Janeiro: Record, 2005]).

9   Santo Agostinho, *Confissões de Santo Agostinho*, pp. 45-53.

10 Para uma resposta recente (e controversa), ver Robin Lane Fox, *Augustine: Conversions to Confessions* [Agostinho: de conversões a confissões] (Nova York: Basic, 2015, em especial pp. 522-39).

11 Santo Agostinho, *Confissões de Santo Agostinho*, p. 36.

12 Brown, *Augustine of Hippo*, pp. 431-7.

13 *Ibidem*, pp. 131-3.

14   Devo esse esclarecimento a David Brooks, *The Road to Character* [A estrada para a personalidade] (Nova York: Random House, 2015, p. 212).
15   Usei como guia a introdução de G. R. Evans para o livro de Santo Agostinho *Concerning the City of God Against the Pagans*, traduzido para o inglês por Henry Bettenson (Nova York: Penguin, 2003), pp. IX-LVII, mas também as anotações preparadas por Michael Gaddis e compartilhadas comigo num valente esforço de explicar *A cidade. A cidade de Deus parte II: contra os pagãos* (ed. bras.: Petrópolis: Vozes, 2013).
16   Consultar John Mark Mattox, *Saint Augustine and the Theory of Just War* [Santo Agostinho e a teoria da guerra justa] (Nova York: Continuum, 2006, pp. 4-6); ver também David D. Corey e J. Daryl Charles, *The Just War Tradition: An Introduction* [A tradição da guerra justa: uma introdução] (Wilmington, Delaware: ISI, 2012, p. 53).
17   *Ibidem*, pp. 56-7.
18   Tal é o argumento de Douglas Boin em *Coming Out Christian in the Roman World: How the Followers of Jesus Made a Place in Caesar's Empire* [Assumir-se cristão no mundo romano: como os seguidores de Jesus ocuparam espaço no império de César] (Nova York: Bloomsbury, 2015). Gibbon, porém, de modo indireto, antecipou a situação sugerindo complacência, por parte dos desatentos imperadores de Roma, quanto à expansão do cristianismo.
19   Alguma espécie de ordem existe até mesmo entre delinquentes, como Agostinho aprendeu por experiência própria ainda adolescente e como os espectadores de *Família Soprano*, *The Wire* e *Breaking Bad* certamente entenderão.
20   Com exceção da tentativa fracassada do imperador Juliano de ressuscitar os antigos deuses durante seu breve reinado, em 361-363 d.C.
21   Corey e Charles, *The Just War Tradition* [A tradição da guerra justa], p. 57.
22   Brown, *Augustine of Hippo*, pp. 218-21. Apesar de Brown ter classificado esse julgamento à luz de nova evidência, junto com

a admissão de que nos anos 1960, quando ele escrevia sua primeira edição, figuras autoritárias costumavam perseguir acadêmicos mais j ovens. [*Ibidem*, p. 446.]

23   Para exemplos, ver Mattox, *Augustine and the Theory of Just War* [Santo Agostinho e a teoria da guerra justa], pp. 48-9.

24   *Ibidem*, p. 171.

25   Como Homero e Virgílio – os melhores guias antigos para o submundo – deixam claro de maneira pungente.

26   Corey e Charles analisam o processo em *The Just War Tradition*, capítulos 4 a 9.

27   Para melhor compreensão, ver Brown, *Augustine of Hippo*, pp. 491-3.

28   Lane Fox, *Augustine: Conversions to Confessions* [Agostinho: de conversões a confissões], pp. 2-3.

29   Ver James Turner Johnson, *Just War Tradition and the Restraint of War: A Moral and Historical Inquiry* [A tradição da guerra justa e a restrição à guerra. Uma investigação moral e histórica] (Princeton: Princeton University Press, 2014; 1. ed. 1981, em especial pp. 121-73).

30   Estendo aqui, para além de sua aprovação, receio, um ponto comentado por G. R. Evans na introdução de *City of God*, p. XLVII.

31   Michael Gaddis, *There Is No Crime for Those Who Have Christ: Religious Violence in the Christian Roman Empire* [Não há crime para aqueles que têm Cristo: violência religiosa no Império Romano Cristão] (Berkeley: University of California Press, 2005, em especial pp. 131-50).

32   O inesquecível anti-herói do Cândido de Voltaire, que via tudo, até mesmo o grande terremoto de 1759 em Lisboa, como algo positivo. Para as ponderações de Santo Agostinho, conduzidas com mais precisão do que sou capaz de fazer, ver Mattox, *Saint Augustine and the Theory of Just War*, pp. 32-6, 56-9, 94-5, 110-4, 126-31.

33   Sebastian de Grazia, *Machiavelli in Hell* (Nova York: Random House, 1989, pp. 318-40 [ed. bras.: *Maquiavel no inferno*. São Paulo: Companhia das Letras, 1993]).

34   Nicolau Maquiavel, *The Discourses on the First Ten Books of Titus Livius*, tradução para o inglês de Leslie J. Walker, S. J., revisado por Brian Richardson (Nova York: Penguin, 1970, p. 97 [ed. bras.: *Discursos sobre a primeira década de Tito Lívio*. São Paulo: Martins Fontes, 2007]). Ver também Sebastian de Grazia, *Machiavelli in Hell*, p. 21. A mais recente e melhor biografia é a de Miles J. Unger, *Machiavelli: A Biography* [Maquiavel: uma biografia] (Nova York: Simon and Schuster, 2011).

35   Nicolau Maquiavel, *The Prince*, traduzido por Harvey C. Mansfield (2. ed. Chicago: Chicago University Press, 1998, p. 103 [ed. bras.: *O príncipe*. São Paulo: Penguin, 2010]). Ver também Sebastian de Grazia, *Machiavelli in Hell*, pp. 58-70.

36   Brown explica em detalhes como em *Augustine of Hippo*, pp. 400-10.

37   Milan Kundera, *The Unbearable Lightness of Being*, tradução para o inglês de Michael Henry Heim (Nova York: Harper and Row, 1984 [ed. bras.: *A insustentável leveza do ser*. São Paulo: Companhia das Letras, 2017]).

38   Maquiavel, *O príncipe*, p. 98. Ver também Unger, *Maquiavel*, pp. 218-9.

39   Em 1504, Maquiavel chegou ao cúmulo de apoiar um plano, concebido por Leonardo da Vinci, cujo objetivo era desviar o curso do rio Arno e, assim, isolar Pisa, cidade rival de Florença. A fortuna derrotou o esforço por meio de uma combinação de cálculos errados da topografia, um inesperado aguaceiro e a sabotagem dos espertos pisanos. Esse foi um dos vários passos equivocados que levaram ao fim da carreira pública de Maquiavel. Os detalhes estão no livro de Unger, *Maquiavel*, pp. 143-6.

40   O atento tradutor de Maquiavel explica as não equivalências linguísticas em *O príncipe*, p. XXV. Para uma discussão mais completa quanto ao termo, ver Philip Bobbitt, *The Garments of Court and Palace: Macchiavelli and the World That He Made* [Os trajes do Estado e do palácio: Maquiavel e o mundo que ele criou] (Nova York: Grove, 2013, pp. 76-7).

41   Maquiavel, *O príncipe*, p. 22. Ver também Unger, *Maquiavel*, pp. 33-4.
42   *Ibidem*, p. 273.
43   De Grazia, em *Machiavelli in Hell*, p. 64, sugere que Maquiavel leu Agostinho, mas uma pesquisa eletrônica não traz nenhuma menção à informação em *O príncipe*, *Os discursos* ou no menos famoso livro de Maquiavel *A arte da guerra*. Há uma única referência – não a Agostinho, mas a um monge de sua ordem – na obra *História de Florença*. No entanto, há paralelos, talvez expostos de forma mais clara em Paul R. Wright, "Maquiavel's *City of God:* Civil Humanism and Augustinian Terror" [*A cidade de Deus* de Maquiavel. Humanismo civil e terror agostiniano], em John Doody, Kevin L. Hughes e Kim Paffenroth (orgs.), *Augustine and Politics* [Agostinho e a política] (Lanham, Maryland: Lexington, 2005, pp. 297-336).
44   Maquiavel, *O príncipe*, pp. 3-4; Unger, *Maquiavel*, pp. 204-7.
45   Bobbitt, *The Garments of Court and Palace*, p. 5.
46   Para a recepção e renome do livro, ver *ibidem*, pp. 8-16, e Unger, *Maquiavel*, pp. 342-7. Jonathan Haslam traça a influência de Maquiavel nas ciências políticas em *No Virtue Like Necessity: Realist Thought in International Relations Since Machiavelli* [Não há virtude como a necessidade: pensamento realista nas relações internacionais desde Maquiavel] (New Haven, Connecticut: Yale University Press, 2002). O único livro que rivaliza com *O príncipe* em desestabilizar meus alunos é o segundo volume da biografia de Lyndon B. Johnson, de Robert Caro, que argumenta que Johnson jamais teria proferido o discurso de 1965 "Devemos superar" se ele não tivesse roubado nas primárias para o Senado do Partido Democrata, no Texas, em 1948.
47   Maquiavel, *O príncipe*, pp. 29-33. Ver também Unger, *Maquiavel*, pp. 129-30, que observa que o florentino talvez tenha testemunhado o espetáculo. Curiosamente, o destino de Remirro tem paralelo com a do desafortunado filho de Pítio nas mãos de Xerxes, como descrito por Heródoto e citado no capítulo 1.
48   Citado em Gaddis, *There Is No Crime for Those Who Have Christ* [Não há crime para aqueles que têm Cristo], p. 138.

49   A frase [em inglês, "*If you have to use force, don't destroy what you're trying to preserve*"] se tornou célebre durante a Guerra do Vietnã, após a publicação de uma notícia no jornal *The New York Times*, 8 fev. 1968. Para ter uma ideia de como foi aplicada às armas nucleares na Guerra Fria, ver Campbell Craig, *Destroying the Village: Eisenhower and Thermonuclear War* [Destruindo a aldeia: Eisenhower e a guerra nuclear] (Nova York: Columbia University Press, 1998).
50   Maquiavel, *O príncipe*, pp. 22, 35.
51   As citações foram retiradas de Mattox, *Augustine and the Theory of Just War* [Santo Agostinho e a teoria da guerra justa], p. 60, e de Maquiavel, *O príncipe*, p. 61. Merecem ser comparadas com *The Art of War*, traduzido para o inglês por Samuel B. Griffith (Nova York: Oxford University Press, 1963, p. 77 [ed. bras.: *A arte da guerra*. Barueri: Novo Século, 2015]): "Vencer cem vitórias" não vale tanto quanto "subjugar o inimigo sem luta".
52   Maquiavel, *O príncipe*, p. 61.
53   Harvey C. Mansfield, em sua introdução, *ibidem*, p. XI. Grifos acrescentados.
54   Charles Dickens, *A Tale of Two Cities* (Nova York: New American Library, 1960, p. 367 [ed. bras.: *Um conto de duas cidades*. São Paulo: Estação Liberdade, 2010]).
55   Maquiavel, *O príncipe*, p. 45.
56   *Ibidem*, p. 4.
57   *Ibidem*, p. 20.
58   *Ibidem*, p. 39.
59   *Ibidem*, pp. 38, 40-1, 61, 66-7.
60   Unger, *Maquiavel*, p. 54; Bobbitt, *The Garments of Court and Palace* [Os trajes do Estado e do palácio], p. 80.
61   Unger, *Maquiavel*, pp. 132, 238, 255-6.
62   *Ibidem*, pp. 261-2.
63   Para variar, a melhor explicação recente é de Henry Kissinger, *World Order* (Nova York: Penguin, 2014, pp. 11-95, 283-6 [ed. bras.: *Ordem mundial*. São Paulo: Objetiva, 2015]).
64   Maquiavel, *The Discourses on the First Ten Books of Titus Livius*, p. 275.

65   Com relação a esses pontos, ver Unger, *Maquiavel*, pp. 266-8; Kissinger, *World Order*, pp. 256-69, e Bobbitt, *The Garments of State and Palace*, pp. 155-64, que nos lembra da afirmação de Maquiavel de que jamais haveria uma ordem internacional permanente, e nós tampouco deveríamos imaginá-la possível.
66   Isaiah Berlin, "The Originality of Maquiavel" [A originalidade de Maquiavel] em *The Proper Study of Mankind: An Anthology of Essays*, editado por Henry Hardy e Roger Hausheer (Nova York: Farrar, Straus and Giroux, 1998, pp. 269-325 [ed. bras.: *Estudos sobre a humanidade: Uma antologia de ensaios*. São Paulo: Companhia das Letras, 2002]).
67   *Ibidem*, p. 279.
68   Maquiavel, *O príncipe*, pp. 4, 10.
69   Thomas Hobbes, *Leviathan*, editado por C. B. Macpherson (Nova York: Penguin, 1985; 1. ed. 1651, p. 186 [ed. bras.: *Leviatã. Ou matéria, forma e poder de um estado eclesiástico e civil*. São Paulo: Edipro, 2015]).
70   Santo Agostinho, *Confissões de Santo Agostinho*, p. 28.
71   Berlin, "The Originality of Maquiavel", pp. 286-91.
72   *Ibidem*, pp. 296-7, 299.
73   *Ibidem*, pp. 312-3.
74   *Ibidem*, p. 310.
75   *Ibidem*, pp. 310-1. Ver também De Grazia, *Machiavelli in Hell*, p. 311; e Gaddis, *There Is No Crime for Those Who Have Christ*, p. 149.
76   Berlin, "The Originality of Maquiavel", p. 311. Grifos acrescentados. Berlin atribui o *insight* a Sheldon S. Wolin.
77   "The Pursuit of the Ideal" [A busca do ideal] em Berlin, *The Proper Study of Mankind: An Anthology of Essay*, pp. 9-11.
78   Berlin, "The Originality of Maquiavel", pp. 324-5.

5. Príncipes como pivôs
1   Na edição original, foi usado o Dictionary.com.
2   Como explicado e celebrizado por Thomas Hobbes em *Leviatã*, publicado pela primeira vez em 1651.

3   Virginia Woolf, *Orlando: A Biography* (Nova York: Harcourt Brace, 1956; 1. ed. 1928, p. 22 [ed. bras.: *Orlando*. São Paulo: Penguin, 2014]).
4   Citado por Geoffrey Parker em *Imprudent King: A New Life of Philip II* [O rei imprudente: a nova vida de Felipe II] (New Haven, Connecticut: Yale University Press, 2014, p. 363).
5   Ver Anne Somerset, *Elizabeth I* (Nova York: Random House, 2003; 1. ed. 1991, p. 572).
6   Parker, *Imprudent King* [O rei imprudente], p. 366.
7   Para um relato clássico, ver Garrett Mattingly, *The Armada* [A Armada] (Nova York: Houghton Mifflin, 1959, pp. 11-2). Maquiavel também foi poeta e ocasional autor de peças. Consultar Sebastian de Grazia, *Machiavelli in Hell*, pp. 360-6.
8   *Elizabeth I: Collected Works* [Elizabeth I: obras completas], organizado por Leah S. Marcus, Janet Mueller e Mary Beth Rose (Chicago: University of Chicago Press, 2000, p. 54).
9   Parker, *Imprudent King*, p. 29; Miles J. Unger, *Machiavelli: A Biography* (Nova York: Simon and Schuster, 2011, pp. 343-4); e, para a proficiência linguística de Elizabeth, consultar Somerset, *Elizabeth I*, pp. 11-2.
10   Robert Hutchinson, *The Spanish Armada* [A Armada Espanhola] (Nova York: St. Martin's, 2013, p. XIX). Henrique VIII faleceu em 1547 e foi sucedido por seu filho de 9 anos, Eduardo VI, que morreu em 1553.
11   Alison Weir, *The Life of Elizabeth I* [A vida de Elizabeth I] (Nova York: Random House, 2008; 1. ed. 1998, p. 11); A. N. Wilson, *The Elizabethans* [Os elisabetanos] (Nova York: Farrar, Straus and Giroux, 2011, pp. 7-14, 32-3).
12   O título imperial e suas possessões na Europa central ficaram para o irmão de Carlos, Ferdinando, dividindo dessa forma o império Habsburgo nos ramos austríaco e espanhol, um reconhecimento inicial do que Paul Kennedy chamou de "estiramento imperial". Ver seu *The Rise and Fall of the Great Powers: Economic Change and Military Conflict from 1500 to 2000* (Nova York: Random House, 1987,

pp. 48-9 [ed. bras.: *Ascensão e queda das grandes potências*. São Paulo: Campus-Elsevier, 1994]).
13   Parker, *Imprudent King*, pp. 4-5, 23.
14   *Ibidem*, p. 276. Ver também o segundo lote de placas de Parker.
15   Geoffrey Parker, em *The Grand Strategy of Philip II* [A grande estratégia de Felipe II] (New Haven, Connecticut: Yale University Press, 1998, p. 72), mostra como Elizabeth e Felipe eram diferentes ao delegar tarefas.
16   Mattingly, *The Armada*, p. 24.
17   Parker, *Imprudent King*, pp. XV, 61-4, 85, 103-6; Parker, *The Grand Strategy of Philip II*, pp. 47-75; e Robert Goodwin, *Spain: The Center of the World, 1519-1682* [Espanha: O centro do mundo. 1519-1682] (Nova York: Bloomsbury, 2015, pp. 129-41).
18   Parker, *Imprudent King*, pp. 43-9, 51-8. Para uma estimativa dos pontos fortes e fracos da Inglaterra na época da ascensão de Elizabeth, ver Kennedy, *The Rise and Fall of the Great Powers*, pp. 60-1.
19   Somerset, *Elizabeth I*, pp. 42-3.
20   *Ibidem*, pp. 311-2.
21   *Ibidem*, pp. 48-51.
22   *Ibidem*, p. 56.
23   Tanto os papas como os imperadores do Sacro Império Romano eram eleitos, mas mesmo assim os vínculos de sangue exerciam influência.
24   Weir, *The Life of Elizabeth I*, p. 25; Somerset, *Elizabeth I*, pp. 91-2.
25   *Ibidem*, pp. 50-1.
26   Parker, *Imprudent King*, pp. 121-5.
27   Para uma lista, ver Arthur Salusbury MacNalty, *Elizabeth Tudor: The Lonely Queen* [Elizabeth Tudor. A rainha solitária] (Londres: Johnson Publications, 1954, p. 260).
28   Weir, *The Life of Elizabeth I*, pp. 47-8.
29   Mattingly, *The Armada*, p. 24.
30   Parker, *The Grand Strategy of Philip II*, p. 151; Parker, *Imprudent King*, p. 58.

31   *Ibidem*, p. 364. Também os Habsburgo, pelos casamentos entre familiares, debilitaram o conjunto genético. Ver *ibidem*, pp. 180-1.
32   *Ibidem*, p. 2.
33   Para uma avaliação favorável, ver Hugh Thomas, *World Without End: Spain, Philip II, and the First Global Empire* [Mundo sem fim: Espanha, Felipe II e o primeiro império global] (Nova York: Random House, 2014, pp. 285-99).
34   Mauricio Drelichman e Hans-Joachim Voth, *Lending to the Borrower from Hell: Debt, Taxes, and Default in the Age of Philip II* [Concedendo empréstimo ao diabo. Débito, taxas e calotes na era de Felipe II] (Princeton: Princeton University Press, 2014). Para um argumento mais convencional quanto às finanças de Felipe, ver Kennedy, *The Rise and Fall of the Great Powers*, pp. 46-7.
35   Parker, *Imprudent King*, pp. 126, 129, 256-7.
36   Thomas, *World Without End*, p. 17.
37   Weir, *The Life of Elizabeth I*, pp. 11, 26. Ver também Somerset, *Elizabeth I*, pp. 58-9.
38   Tomei como base para esse parágrafo Weir, *The Life of Elizabeth I*, pp. 17-8, e Mattingly, *The Armada*, p. 23. A citação referente ao "coração e estômago" aparece em *Collected Works* [Obras reunidas] de Elizabeth I, p. 326.
39   James Anthony Froude, *History of England from the Fall of Wolsey to the Defeat of the Spanish Armada* [História da Inglaterra, da queda de Wolsey à derrota da Armada Espanhola] (Londres: Longmans, Green, 1870, XII, p. 558). Ver também J. B. Black, *The Reign of Elizabeth, 1558-1603* [O reino de Elizabeth, 1558-1603] (Oxford: Oxford University Press, 1959, p. 23).
40   Weir, *The Life of Elizabeth I*, p. 30. Somerset, em *Elizabeth I* (pp. 72-88), fornece uma profunda análise das políticas religiosas de Elizabeth.
41   Somerset, *Elizabeth I*, pp. 280-2; Kennedy, *The Rise and Fall of the Great Powers*, pp. 60-1. Para uma detalhada discussão das finanças elizabetanas, ver William Robert Smith, *The Constitution and Finance of the English, Scottish and Irish Joint-Stock Companies to 1720* [A constituição e as finanças das sociedades anônimas inglesas,

escocesas e irlandesas até 1720] (Cambridge: Cambridge University Press, 1911, pp. 493-9).

42   Somerset, *Elizabeth I*, pp. 70-1.

43   Para um relato surpreendente, ver o capítulo a respeito de *sir* Francis Drake em A. N. Wilson, *The Elizabethans* [Os elisabetanos], pp. 173-84.

44   Conde de Oxford, que certos tolos até hoje acreditam ter escrito as peças de William Shakespeare.

45   Weir, *The Life of Elizabeth I*, p. 257. A história apareceu pela primeira vez em John Aubrey, *Brief Lives* [Vidas breves], biografias compiladas entre 1669 e 1696 (Oxford: Clarendon, 1898, p. 305).

46   Nicolau Maquiavel, *The Prince*, traduzido para o inglês por Harvey C. Mansfield, 2. ed. Chicago: University of Chicago Press, 1998, p. 69 [ed. bras.: *O príncipe*. São Paulo: Penguin, 2010]. Para as visões de Maquiavel no que diz respeito às mulheres, ver *ibidem*, p. 101, mas também De Grazia, *Machiavelli in Hell*, pp. 229-32.

47   Parker, *Imprudent King*, p. 295.

48   Shakespeare, *Antônio e Cleópatra*, ato II, cena II.

49   De Grazia, *Machiavelli in Hell*, pp. 102-3.

50   N. A. M. Rodger, *The Safeguard of the Sea: A Naval History of Britain, 660-1649* [A salvaguarda do mar. A história naval da Grã-Bretanha de 660 a 1649] (Nova York: HarperCollins, 1998, pp. 238-48).

51   Nesses parágrafos, segui Parker, *The Grand Strategy of Philip II*, pp. 153-7.

52   *Ibidem*, pp. 158-9. Ver também Christopher Tyerman, *God's War: A New History of the Crusades* (Cambridge, Massachusetts: Harvard University Press, 2006, pp. 902-3 [ed. bras.: *A guerra de Deus: uma nova história das cruzadas*. Rio de Janeiro: Imago, 2010]). Quanto à evolução da doutrina agostiniana, ver James Turner Johnson, *Just War Tradition and the Restraint of War: A Moral and Historical Inquiry* [A tradição da guerra justa e o moderamento da guerra: uma investigação moral e histórica] (Princeton: Princeton University Press, 1981, pp. 167-9).

53   Parker, *The Grand Strategy of Philip II*, pp. 157-62.

54   Somerset, *Elizabeth I*, p. 246.
55   *Ibidem*, pp. 237-8.
56   *Ibidem*, pp. 249-62; Parker, *The Grand Strategy of Philip II*, pp. 160-3.
57   Entre os exemplos também estão Júlio César, César Augusto, Napoleão, o duque de Wellington, Lincoln e, por acaso, Felipe II. Ver Parker, *Imprudent King*, pp. 293-4.
58   Somerset, *Elizabeth I*, pp. 405-8; Parker, *Imprudent*, pp. 206-7. A citação é de Stephen Alford, *The Watchers: A Secret History of the Reign of Elizabeth I* [Os observadores. A história secreta do reinado de Elizabeth I] (Nova York: Bloomsbury, 2012, p. XVII). Ver também John Cooper, *The Queen's Agent: sir Francis Walsingham and the Rise of Espionage in Elizabethan England* [O agente da rainha. Sir Francis Walsingham e o surgimento da espionagem na Inglaterra elisabetana] (Nova York: Pegasus, 2012).
59   John Guy, em *Elizabeth: The Forgotten Years*. [Elizabeth: os anos esquecidos] (Nova York: Viking, 2016), enfatiza esse ponto em particular.
60   Lisa Hilton, *Elizabeth: Renaissance Prince. A biography* (Nova York: Houghton Mifflin Harcourt, 2015, p. 224 [ed. bras.: *Elizabeth: uma biografia*. Rio de Janeiro: Zahar, 2016]).
61   Mattingly, *The Armada*, pp. 75-6. Ver também Felipe Fernández-Armesto, *Pathfinders: A Global History of Exploration* [Os descobridores: história global da exploração] (Nova York: Norton, 2006, pp. 129-38).
62   Rodger, *The Safeguard of the Sea*, pp. 243-6.
63   *Ibidem*, pp. 248-50.
64   Somerset, *Elizabeth I*, pp. 405-11.
65   *Ibidem*, pp. 47-8, 389-93, 396-405.
66   *Ibidem*, pp. 424-42.
67   Parker, *The Grand Strategy of Philip II*, pp. 163-9, 179. A citação aparece na p. 166.
68   *Ibidem*, pp. 179-80; Parker, *Imprudent King*, pp. 281, 305-7. Sobre a indiferença de Felipe quando do falecimento de Maria, ver Mattingly, *The Armada*, pp. 69-81.

69 Parker, *Imprudent King*, pp. 307-19.
70 Hutchinson, *The Spanish Armada*, p. 52.
71 Essa e as datas seguintes correspondem ao calendário *New Style*, empregado na Europa nesse período. O calendário inglês, na época da rainha Elizabeth I, marcava as datas com um atraso de dez dias.
72 Hutchinson, *The Spanish Armada*, p. 202; Parker, *The Grand Strategy of Philip II*, pp. 269-70.
73 Felipe despachou duas armadas menores contra a Inglaterra em 1596 e 1597, mas tempestades forçaram ambas a retornar antes de ter sequer entrado no canal.
74 Parker, *The Grand Strategy of Philip II*, pp. 270-1. Ver também Parker, *Imprudent King*, pp. 324, 367-8.
75 *Ibidem*, p. 369.
76 Parker, *The Grand Strategy of Philip II*, p. 283. Ver também Barbara Farnham (org.), *Avoiding Losses/Taking Risks: Prospect Theory and International Conflict* [Evitando riscos/aceitando riscos: perspectiva teórica e conflito internacional] (Ann Arbor: University of Michigan Press, 1995).
77 Parker, *The Grand Strategy of Philip II*, pp. 275-6.
78 *Ibidem*, p. 276, e *Imprudent King*, p. 369.
79 Discurso de 30 de novembro de 1601, em *Collected Works* [Obra completa] de Elizabeth I, p. 339.
80 Wilson, *The Elizabethans*, p. 371.
81 *Ibidem*, pp. 366-8.
82 Robert B. Strassler (org.), *The Landmark Tucídides: A Comprehensive Guide to the Peloponnesian War* [Tucídides, o marco: guia abrangente da Guerra do Peloponeso], versão revisada da tradução de Richard Crawley (Nova York: Simon and Schuster, 1996, 3:82).
83 Keith Roberts, *Pavane* (Baltimore: Old Earth, 2011; 1. ed. 1968, pp. 11-2). Geoffrey Parker me antecedeu ao usar essa passagem para concluir seu relato contrafactual referente ao "sucesso" da armada em "The Repulse of the English Fireships" [A expulsão dos navios em chamas ingleses], em Robert Cowley (org.), *What If? The World's Foremost Military Historians Imagine What Might Have Been*

[E se? Os mais importantes historiadores militares imaginam o que poderia ter acontecido] (Nova York: Berkeley, 1999, pp. 149-50).
84   Roberts, *Pavane*, p. 147.
85   *Ibidem*, pp. 151, 238-239.
86   Devo ao meu colega Paul Kennedy essa menção.

6. Novos mundos
1   Keith Roberts, *Pavane* (Baltimore: Old Earth, 2011; 1. ed. 1968, p. 11).
2   Reproduzo aqui o título do romance de Michel Faber sobre fé e exploração extraterrestre: *The Book of Strange New Things* (Nova York: Hogarth, 2014 [ed. bras.: *O livro das coisas estranhas*. São Paulo: Rocco, 2016]). *Pathfinders: A Global History of Exploration* [Os descobridores: história global da exploração] (Nova York: Norton, 2006), de Felipe Fernández-Armesto, explica o processo territorial num amplo contexto comparativo.
3   Jay Sexton, *The Monroe Doctrine: Empire and Nation in Nineteenth-Century America* [A Doutrina Monroe. Império e nação na América do século XIX] (Nova York: Hill and Wang, 2011, pp. 3-8).
4   Geoffrey Parker, "The Repulse of the English Fireships" [A expulsão dos navios em chamas ingleses], em Robert Cowley (org.), *What If? The World's Foremost Military Historians Imagine What Might Have Been* [E se? Os mais importantes historiadores militares imaginam o que poderia ter acontecido] (Nova York: Berkeley, 1999, pp. 141-2).
5   J. Hamel, *Early English Voyages to Northern Russia* [Primeiras viagens inglesas ao norte da Rússia] (Londres: Richard Bentley, 1857, p. 5).
6   Fernández-Armesto, *Pathfinders*, pp. 218-22. Quanto à curiosidade de Elizabeth, ver também A. N. Wilson, *The Elizabethans* [Os elisabetanos] (Nova York: Farrar, Straus and Giroux, 2011, pp. 183-4); e, para esfriar, Geoffrey Parker, *Global Crisis: War, Climate Change, and Catastrophe in the Seventeenth Century* [Crise global: guerra, mudança climática e catástrofe no século XVII] (New Haven, Connecticut: Yale University Press, 2013).

7   J. H. Elliott, *Empires of the Atlantic World: Britain and Spain in America, 1492-1830* [Impérios do mundo atlântico: a Grã-Bretanha e a Espanha na América, *1492-1830*] (New Haven, Connecticut: Yale University Press, 2006, pp. 23-8).

8   *Ibidem*, p. 177.

9   Assemelhando-se, deste modo, à monocultura em áreas florestais. Ver James C. Scott, *Seeing Like a State: How Certain Schemes to Improve the Human Condition Have Failed* [Visão de Estado: como certos planos para aprimorar a condição humana fracassaram] (New Haven, Connecticut: Yale University Press, 1998, pp. 11-22).

10   Elliott, *Empires of the Atlantic World* [Impérios do mundo atlântico], p. 134. Ver também Nick Bunker, *An Empire on the Edge: How Britain Came to Fight America* [Um império no fio da navalha: como a Grã-Bretanha lutou contra a América] (Nova York: Knopf, 2014, pp. 13-4).

11   Adaptei esse parágrafo de meu livro *The Landscape of History: How Historians Map the Past* (Nova York: Oxford University Press, 2002, p. 87 [ed. bras.: *Paisagens da história. Como os historiadores mapeiam o passado*. São Paulo: Campus-Elsevier, 2003]), que por sua vez se baseia em M. Mitchell Waldrop, *Complexity: The Emerging Science at the Edge of Order and Chaos* [Complexidade: a ciência emergente no limiar da ordem e do caos] (Nova York: Viking, 1992, pp. 292-4).

12   Anne Somerset, *Elizabeth I* (Nova York: Random House, 1991, pp. 188-91).

13   Ver Robert Tombs, *The English and Their History* [Os ingleses e sua história] (Nova York: Knopf, 2015, pp. 224-45).

14   Elliott, *Empires of the Atlantic World*, p. 177. Ver também Tim Harris, *Restoration: Charles II and His Kingdoms, 1660-1685* [Restauração: Carlos II e seus reinos, 1660-1685] (Nova York: Allen Lane, 2005, em especial pp. 46-7).

15   A frase é de Daniel Defoe, citada em Tombs, *The English and Their History*, p. 252.

16   Elliott, *Empires of the Atlantic World*, pp. 150-2; ver também Steve Pincus, *1688: The First Modern Revolution* [1688. A primeira

revolução moderna] (New Haven, Connecticut: Yale University Press, 2009, pp. 316-22, 475).
17   John Locke, *Second Treatise of Government*, 1690, seção 149 [ed. bras.: *Segundo tratado sobre o governo civil*. São Paulo: Edipro, 2014].
18   Tombs, *The English and Their History*, p. 263.
19   "Speech on Conciliation with America" [Discurso sobre a conciliação com a América], em *The Writings and Speeches of Edmund Burke*, v. III [Textos e discursos de Edmund Burke], organizado por W. M. Elofson (Oxford: Clarendon, 1996, pp. 118, 124). David Bromwich fornece contexto e análises em *The Intellectual Life of Edmund Burke: From the Sublime and Beautiful to American Independence* [A vida intelectual de Edmund Burke: do sublime e belo à independência da América] (Cambridge, Massachusetts: Harvard University Press, 2014, pp. 228-61).
20   Gabriel Johnson a Lord Wilmington, 10 fev. 1737, citado em James A. Henretta, *"Salutary Neglect": Colonial Administration Under the Duke of Newcastle* ["Negligência salutar": Administração colonial sob as ordens do duque de Newcastle] (Princeton: Princeton University Press, 1972, p. 324).
21   "Observations Concerning the Increase of Mankind, 1751" [Observações sobre ao aumento da espécie humana, 1751], publicado em 1755 em *The Papers of Benjamin Franklin* [Documentos de Benjamin Franklin], edição digital, IV, pp. 225-34. Ver também Dennis Hodgson, "Benjamin Franklin on Population: From Policy to Theory" [Benjamin Franklin sobre população: da política à teoria], na revista *Population and Development Review*, n. 17, dez. 1991, pp. 639-61.
22   Os detalhes estão em Ron Chernow, *Washington: A Life* [Washington. Uma vida] (Nova York: Penguin, 2010, pp. 78-116).
23   Bunker, *An Empire on the Edge*, pp. 17-8; Tombs, *The English and Their History*, p. 348. Ver também Colin G. Calloway, *The Scratch of a Pen: 1763 and the Transformation of North America* [O arranhar de uma pena: 1763 e a transformação da América do Norte] (Nova York: Oxford University Press, 2006, pp. 11-2).

24   Observação feita por Bromwich, *The Intellectual Life of Edmund Burke*, pp. 190-1.
25   Discurso no Parlamento, 13 de maio de 1767, em *Burke Writings and Speeches*, II [Textos e discursos de Burke], organizado por Paul Langford (Oxford: Clarendon, 1981, p. 59).
26   Discurso no Parlamento, 19 de abril de 1769, *ibidem*, p. 231.
27   Discurso no Parlamento, 22 de março de 1775, *ibidem*, III, pp. 157, 165.
28   Bromwich, *The Intellectual Life of Edmund Burke*, p. 193.
29   Ver capítulo 2.
30   Thomas Paine, *Common Sense*. Wisehouse Classics, 2015, p. 21 [ed. bras.: *O senso comum e a crise*. São Paulo: Martin Claret, 2005]. Ver também Trevor Colbourn, *The Lamp of Experience: Whig History and the Intellectual Origins of the American Revolution* [A lâmpada da experiência: a história dos Whig e as origens intelectuais da revolução americana] (Indianapolis: Liberty Fund, 1998, 1. ed. 1965, pp. 26, 237-43); e Bernard Bailyn, "1776: A Year of Challenge – a World Transformed" [1776. Um ano de desafio – um mundo transformado], em *The Journal of Law and Economics*, n. 19, out. 1976, em especial pp. 437-41.
31   Paine, *Common Sense*, pp. 13-4, 23.
32   *Ibidem*, pp. 19, 23-4.
33   *Ibidem*, pp. 25-6.
34   Quanto ao impacto de Paine, ver Joseph J. Ellis, *American Creation: Triumphs and Tragedies at the Founding of the Republic* [Criação americana: triunfos e tragédias na fundação da república] (Nova York: Random House, 2007, pp. 41-4); John Ferling, *Whirlwind: The American Revolution and the War That Won It* [Redemoinho: a revolução americana e a guerra que a conquistou] (Nova York: Bloomsbury, 2015, pp. 141-3); e o capítulo a respeito de Paine em Sophia Rosenfeld, *Common Sense: A Political History* [Senso comum: uma história política] (Cambridge, Massachusetts: Harvard University Press, 2011).
35   Transcrição da Declaração da Independência, National Archives and Records Administration [Administração de Documentos e

Arquivo Nacional], disponível em: <www.archives.gov/exhibits/charters>.

36   Joseph J. Ellis, *American Sphinx: The Character of Thomas Jefferson* [Esfinge americana. A personalidade de Thomas Jefferson] (Nova York: Random House, 1996, pp. 11, 27-8).

37   A frase "mais clara que a verdade" é de Dean Acheson, em seu livro *Present at the Creation: My Years in the State Department* [Presente na criação: meus anos no Departamento de Estado] (Nova York: Norton, 1969, p. 375).

38   Ferling, *Whirlwind*, p. 164.

39   Paine, *Common Sense*, p. 39. [

40   John Adams a Abigail Adams, 3 de julho de 1776, "Adams Family Papers: An Electronic Archive" [Documentos da família Adams: um arquivo eletrônico], Massachusetts Historical Society: <www.masshist.org/digitaladams/>. Adams se enganou ao acreditar que os festejos comemorariam a assinatura, ocorrida no dia 2 de julho, não a aprovação pelo Congresso Continental, em 4 de julho.

41   Paine, *Common Sense*, p. 21; Benjamin Franklin a Joseph Priestley, 3 de outubro de 1775, *The Papers of Benjamin Franklin* [Os documentos de Benjamin Franklin], edição digital, XXII, pp. 217-8; "Benjamin Franklin on Population: From Policy to Theory" [Benjamin Franklin sobre população: da política à teoria], pp. 653-4.

42   George Washington a John Adams, 25 de setembro de 1798, citado em Chernow, *Washington: A Life*, p. 208. Ver também Ellis, *American Creation*, pp. 4-5.

43   Eliga H. Gould, *Among the Powers of the Earth: The American Revolution and the Making of a New World Empire* [Entre as grandes potências do mundo: a revolução americana e a construção de um novo império mundial] (Cambridge, Massachusetts: Harvard University Press, 2012, pp. 10, 142).

44   Citado em *ibidem*, p. 127. Ver também Ferling, *Whirlwind*, pp. 235-8, 320-1.

45   George C. Herring, *From Colony to Superpower: U.S. Foreign Relations Since 1776* [De colônia a superpotência: as relações externas

dos Estados Unidos desde 1776] (Nova York: Oxford University Press, 2008, pp. 26-34).

46   Ver Gordon S. Wood, *The Creation of the American Republic, 1776-1787* [A criação da república americana, 1776-1787] (Chapel Hill: University of North Carolina Press, 1998; 1. ed. 1969, p. IX).

47   Com todo o respeito, discordo de Ellis, *American Creation*, p. 18, que discorda de si mesmo, acho eu, na p. 9.

48   Wood ressalta o paralelo em *Empire of Liberty: A History of the Early Republic, 1787-1815* [Império da liberdade: história do início da república, 1787-1815] (Nova York: Oxford University Press, 2006, p. 54).

49   Wood, *The Creation of the American Republic*, p. 16.

50   Citado em *ibidem*, p. 395. Segui, nesses parágrafos, a análise de Wood em seu capítulo 10, mas ver também seu resumo em *Empire of Liberty*, pp. 14-20.

51   Citado em Gould, *Among the Powers of the Earth*, p. 128.

52   O tempo de viagem do Mississippi à Costa Leste podia, na era pré-ferroviária, demorar quase tanto quanto cruzar o Atlântico na era anterior aos barcos a vapor.

53   *Thoughts upon the Political Situation of the United States of America in Which That of Massachusetts Is More Particularly Considered* [Pensamentos acerca da situação política dos Estados Unidos da América, considerando em especial a de Massachussets], atribuído a Jonathan Jackson (Worcester, Massachusetts, 1788, pp. 45-6), citado em Gould, *Among the Powers of the Earth*, p. 133.

54   Para a pirâmide, ver David O. Stewart, *Madison's Gift: Five Partnerships That Built America* [O presente de Madison: cinco parcerias que formaram a América do Norte] (Nova York: Simon and Schuster, 2015, pp. 18-25).

55   Chernow, *Washington*, pp. 313, 356, 518, 607-10. A repressão britânica após a "Festa do Chá de Boston", protesto contra o pagamento de impostos em Massachusetts, havia forçado Washington à rebelião (*ibidem*, pp. 198-201), mas a Rebelião de Shays inverteu a situação.

56   Nesse sentido, mas em poucos outros, Washington antecipou Woody Allen.
57   Disponível em: <www.comparativeconstitutionsproject.org/chronology/>, baseado, por sua vez, em Zachary Elkins, Tom Ginsburg e James Melton, *The Endurance of National Constitutions* [A resistência das constituições nacionais] (Nova York: Cambridge University Press, 2009).
58   Sem emendas, a Constituição tem cerca de 4.500 palavras. *O federalista* tem aproximadamente 170 mil.
59   Chernow, *Hamilton*, pp. 261-9.
60   James Boswell, *Life of Johnson* [A vida de Johnson], organizado por R. W. Chapman (Nova York: Oxford University Press, 1998; 1. ed. 1791, p. 849).
61   "Devemos, de fato, ser enforcados juntos; ou, como é mais provável, seremos todos enforcados separadamente." Citado sem a fonte, em Jared Sparks, *The Works of Benjamin Franklin* [Textos de Benjamin Franklin] (Boston: Hilliard Gray, 1840, I, p. 408).
62   *O federalista*, Modern Library College Edition (Nova York: Random House, s.d., discurso n. 1, pp. 3-4).
63   Lynne Cheney, *James Madison: A Life Reconsidered* [James Madison: uma vida reconsiderada] (Nova York: Penguin, 2014, pp. 2-8).
64   *O federalista*, discurso n. 10, pp. 53-8. Grifos no original.
65   Há apenas três referências diretas a Maquiavel na edição on-line dos documentos de Madison, nenhuma confirmada. O link é: <www.founders.archives.gov/about/Madison>.
66   Nicolau Maquiavel, *The Discourses on the First Ten Books of Titus Livius*, traduzido para o inglês por Leslie J. Walker, S. J., revisado por Brian Richardson (Nova York: Penguin, 1970, p. 275 [ed. bras.: *Discursos sobre a primeira década de Tito Lívio*. São Paulo: Martins Fontes, 2007]). Ver também o capítulo 4. Para uma discussão mais recente e aprofundada, ver Alissa M. Ardito, *Machiavelli and the Modern State: The Prince, the Discourses on Livy, and the Extended Territorial Republic* [Maquiavel e o Estado moderno: O príncipe, os discursos de Tito Lívio e a expansão territorial da República] (Nova York: Cambridge University Press, 2015).

67   *O federalista*, discurso n. 10, de James Madison, pp. 60-1. Quanto às "inconveniências" de Burke, ver seu discurso no Parlamento em 22 de março de 1775, já mencionado.

68   Para um argumento similar a respeito da Constituição, ver Daniel M. Braun, "Constitutional Fracticality: Structure and Coherence in the Nation's Supreme Law" [Fracção constitucional: estrutura e coerência na Suprema Lei da nação], em *Saint Louis University Law Journal* n. 32, 2013, pp. 389-410 — embora a analogia com Roma seja minha.

69   Akhil Reed Amar explica o motivo, de modo sucinto, em *America's Constitution: A Biography* [Constituição americana: uma biografia] (Nova York: Random House, 2005, pp. 19-21).

70   Na mais recente edição oficial da Constituição, o Government Printing Office, em geral neutro, chama a exclusão de "tentativa tensa", que "escondeu pobremente as divisões regionais que permaneceriam sem solução sob os termos de união acordados em 1787". "Historical Note", *The Constitution of the United States of America, as Amended* [Nota histórica, A Constituição dos Estados Unidos da América, com emendas] (Washington, D.C.: Government Printing Office, 2007, p. VI). Madison pode ter influenciado os editores, embora não tenha sido mencionado.

71   *O federalista*, discursos n. 42 e 54, pp. 272-3, 358.

72   A escolha é mencionada, em termos sucintos, em Ellis, *American Creation* pp. 18-9.

73   O argumento de Hamilton consta de *O federalista*, discurso n. 11, p. 65, que vem logo depois do mais conhecido discurso de Madison, o n. 10. Para a posição de Hamilton quanto à escravidão, ver Chernow, *Hamilton*, pp. 210-6.

74   Ellis, *American Sphinx*, pp. 154-5.

75   Thomas Jefferson para John B. Colvin, em 20 de setembro de 1810, na edição *Founders Online* dos documentos de Jefferson: <founders.archives.gov>. O território adquirido ia do Mississippi ao sul do Texas e até a interseção das montanhas Rochosas e o paralelo 49°, ao norte.

76   John Quincy Adams para Abigail Adams, 30 de junho de 1811, citado por Samuel Flagg Bemis, *John Quincy Adams and the Foundations of American Foreign Policy* [John Quincy Adams e os fundamentos da política externa americana] (Nova York: Knopf, 1949, p. 182).
77   Elliott registra o processo em seu *Empires of the Atlantic World*, pp. 369-402.
78   John Quincy Adams para George W. Erving, ministro dos Estados Unidos em Madri, 28 de novembro de 1818, citado por Bemis em *John Quincy Adams*, p. 327. Ver também Charles N. Edel, *Nation Builder: John Quincy Adams and the Grand Strategy of the Republic* [Construtor da nação: John Quincy Adams e a grande estratégia da república] (Cambridge, Massachusetts: Harvard University Press, 2014, pp. 138-54).
79   Assunto amplamente discutido por William Earl Weeks, em *John Quincy Adams and American Global Empire* [John Quincy Adams e o império global americano] (Lexington: University Press of Kentucky, 1992), com ênfase no modo como a negociação do Tratado Transcontinental se cruzou com a controvérsia anterior da Flórida.
80   A mensagem de Monroe foi o equivalente ao que mais tarde seria o discurso presidencial à nação, mas no século XIX os discursos não eram pronunciados em público.
81   Sexton, *The Monroe Doctrine*, pp. 49-50.
82   *O federalista*, discurso n. 11, p. 65.
83   As citações constam do diário de Adams, em 3 de março e 29 de novembro de 1820, citado em Charles N. Edel, *Nation Builder*, pp. 157-9. Edel analisa o dilema de Adams fazendo uso das incompatibilidades irreconciliáveis de Isaiah Berlin, discutidas no capítulo 4.
84   Charles H. Sherrill, "The Monroe Doctrine and the Canning Myth" [A Doutrina Monroe e o mito de Canning], *The Annals of the American Academy of Political and Social Science* 94, jul. 1914, pp. 96-7. Ver também Wendy Hinde, *George Canning* (Oxford: Basil Blackwell, 1989, pp. 345-74, 422).

85   A citação consta das anotações datilografadas para o discurso. Ver arquivo de Churchill, CHAR9/140A/928, disponível em: <www.churchillarchive.com>. Para informações complementares, ver John Lukacs, *Five Days in London: May 1940* (New Haven, Connecticut: Yale University Press, 1999 [ed. bras.: *Cinco dias em Londres. Negociações que mudaram o rumo da Segunda Guerra*. Rio de Janeiro: Zahar, 2001]).

86   "Reply of a South American to a Gentleman of This Island (Jamaica)" [Resposta de um sul-americano a um cavalheiro desta ilha (Jamaica)], 6 de setembro de 1815, em *Selected Writings of Bolívar* [Textos selecionados de Bolívar], traduzido para o inglês por Lewis Bertrand (Nova York: Colonial, 1951, v. I, p. 118).

87   O argumento de Bolívar precede o de Jared Diamond, que defendeu ser bem mais fácil organizar regiões espalhadas por latitude que por longitude. Ver seu *Guns, Germs, and Steel: The Fates of Human Societies* (Nova York: Norton, 1999, pp. 176-91 [ed. bras.: *Armas, germes e aço: os destinos das sociedades humanas*. Rio de Janeiro: Record, 2017]).

88   Bolívar, "Reply", pp. 109, 118. Os gregos, é claro, também não construíram um único Estado, mas talvez Bolívar (assim como Keats colocou o "audaz Cortez" no cume de uma montanha em Darien) mereça certa licença poética. O Panamá parece enfatizar a necessidade de uma.

89   Bolívar, "Reply", p. 111.

90   *Ibidem*, p. 122.

91   Sexton, *The Monroe Doctrine*, fornece o contexto nas pp. 36-46.

92   Disponível em: <www.millercenter.org/president/jqadams/speeches/speech-3484>.

7. Os maiores estrategistas

1   Liev Tolstói, *Guerra e paz*, traduzido por Richard Pevear e Larissa Volokhonsky (Nova York: Knopf, 2007, p. 774 [ed. bras.: *Guerra e paz*. São Paulo: Companhia das Letras, 2017]). Para mais informações a respeito dessa passagem, ver W. B. Gallie, *Philosophers of Peace and War: Kant, Clausewitz, Marx, Engels and Tolstoy*

[Filósofos da guerra e da paz: Kant, Clausewitz, Marx, Engels e Tolstói] (Nova York: Cambridge University Press, 1978, pp. 117-9); e Lawrence Freedman, *Strategy: A History* [Estratégia: uma história] (Nova York: Oxford University Press, 2013, pp. 98-9). Neste capítulo adaptei trechos de meu artigo "War, Peace, and Everything: Thoughts on Tolstoy" [Guerra, paz e tudo mais: pensamentos sobre Tolstói], *Cliodynamics: The Journal of Theoretical and Mathematical History*, n. 2, 2011, pp. 40-51.

2   Donald Stoker, *Clausewitz: His Life and Work* [Clausewitz: vida e obra] (Nova York: Oxford University Press, 2014, pp. 94-128).

3   Alan Forrest e Andreas Herberg-Rothe avaliam a semelhança em suas respectivas contribuições em: Rick McPeak e Donna Tussing Orwin (orgs.), *Tolstoy on War: Narrative Art and Historical Truth in 'War and Peace'* [Tolstói sobre a guerra: arte narrativa e verdade histórica em Guerra e paz] (Ithaca, Nova York: Cornell University Press, 2012, pp. 115, 143-4).

4   Michael Howard, "The Influence of Clausewitz" [A influência de Clausewitz], em Carl von Clausewitz, *On War*, organizado e traduzido por Michael Howard e Peter Paret (Princeton: Princeton University Press, 1976, pp. 32-41 [ed. bras.: *Da guerra*. São Paulo: WMF Martins Fontes , 2010]). Ver também Christopher Bassford, *Clausewitz in English: The Reception of Clausewitz in Britain and America, 1815-1945* [Clausewitz em inglês. A recepção de Clausewitz na Grã-Bretanha e na América, 1815-1945] (Nova York: Oxford University Press, 1994).

5   Clausewitz, *Da guerra*, p. 113. Grifos acrescentados.

6   Tolstói, *Guerra e paz*, pp. 799-801.

7   Clausewitz, *Da guerra*, p. 467.

8   *Ibidem*, p. 370.

9   Mikhail Kizilov, "The Tsar in the Queen's Room: The Visit of Russian Emperor Alexander I to Oxford in 1814" [O tsar na sala da rainha. A visita do imperador russo Alexandre I a Oxford em 1814], s.d. Disponível em: <www.academia.com>.

10   Clausewitz, *Da guerra*, p. 605.

11   "Algumas palavras sobre *Guerra e paz*", em Tolstói, *Guerra e paz*, p. 1.217.

12   Isaiah Berlin, "O porco-espinho e a raposa", em *The Proper Study of Mankind: An Anthology of Essays*, organizado por Henry Hardy e Roger Hausheer (Nova York: Farrar, Straus and Giroux, 1998, p. 458 [ed. bras.: *Estudos sobre a humanidade: Uma antologia de ensaios*. São Paulo: Companhia das Letras, 2002]).
13   Clausewitz emprega uma analogia do combate logo no segundo parágrafo de *Da guerra*, p. 75.
14   Tolstói, *Guerra e paz*, p. 1.200.
15   Clausewitz, *Da guerra*, p. 151. Grifo acrescentado.
16   "Prefácio do autor para um manuscrito não publicado sobre a teoria da guerra", em *ibidem*, p. 61.
17   Peter Paret, *Clausewitz and the State: The Man, His Theories, and His Times* [Clausewitz e o Estado: o homem, suas teorias e sua época] (Princeton: Princeton University Press, 1985; publicado pela primeira vez pela Oxford University Press em 1976, pp. 169-79).
18   Michael Howard, *Clausewitz: A Very Short Introduction* [Clausewitz: uma breve introdução] (Nova York: Oxford University Press, 2002, p. 41). *Sir* Michael levanta dúvidas de se Clausewitz, caso tivesse sido abençoado com a longevidade, a teria utilizado para alcançar a brevidade (p. 21).
19   Tolstói, *Guerra e paz*, p. 1.181.
20   Na edição original, foi usado o Dictionary.com.
21   Andrew Roberts, *Napoleon: A Life* [Napoleão: uma vida] (Nova York: Viking, 2014, pp. 577-80, 634-5).
22   Clausewitz, *Da guerra*, pp. 75-6.
23   Sigo aqui, embora simplificando em excesso, Gallie, *Philosophers of Peace and War* [Filósofos da guerra e da paz], p. 52; e também Howard, *Clausewitz*, pp. 13-4, e Peter Paret, "The Genesis of *On War*" [A origem de *Da guerra*], em Clausewitz, *Da guerra*, pp. 2-3, 15-6.
24   Clausewitz, *Da guerra*, p. 523.
25   Howard, *Clausewitz*, pp. 4, 18-9. Para o papel dos americanos, ver o clássico de R. R. Palmer *The Age of Democratic Revolution: A Political History of Europe and America 1760-1800* [A era da revolução democrática: história política da Europa e da América, 1760-1800]

(Princeton: Princeton University Press, 2014; publicado pela primeira vez em dois volumes, em 1959 e em 1964).
26   Os equivalentes em inglês para o termo usado por Clausewitz, "*Politik*", foram obtidos em Bassford, *Clausewitz in English*, p. 22.
27   Com isso prevendo o medo de todos quanto a uma guerra atômica e nuclear durante a Guerra Fria, uma das várias razões para o novo interesse acerca da obra de Clausewitz no pós-Segunda Guerra Mundial. Um exemplo influente é Bernard Brodie, *War and Politics* [Guerra e política] (Nova York: Macmillan, 1973).
28   Clausewitz, *Da guerra*, p. 87.
29   Roberts oferece um registro meticuloso, em *Napoleon*, pp. 555-79.
30   A exceção foi a Guerra Peninsular na Espanha e em Portugal.
31   Citado em Roberts, *Napoleon*, p. 595.
32   Quanto ao abandono de Moscou por Kutuzov, ver Dominic Lieven, *Russia Against Napoleon: The True Story of the Campaigns of War and Peace* (Nova York: Viking, 2010, pp. 209-14 [ed. bras.: *Rússia contra Napoleão: a batalha pela Europa, de 1807 a 1814*. Barueri: Amarilys, 2014]).
33   Clausewitz, *Da guerra*, p. 97.
34   *Ibidem*, p. 161. Para o papel da emoção no pensamento de Clausewitz, ver Jon Tetsuro Sumida, "The Relationship of History and Theory in 'On War': The Clausewitzian Ideal and Its Implications" [A relação entre história e teoria em *Da guerra*: o ideal clausewitziano e suas implicações], *Journal of Military History*, n. 65, abr. 2001, pp. 337-8.
35   Tolstói, *Guerra e paz*, pp. 993, 1.000-1.
36   Roberts, *Napoleon*, pp. 612-34; e também Lieven, *Russia Against Napoleon*, pp. 252-7.
37   John Quincy Adams a John Adams, 16 de agosto de 1812, e a Abigail Adams, em 31 de dezembro de 1812, reproduzidas em *John Quincy Adams and the Foundations of American Foreign Policy* [John Quincy Adams e as bases da política externa americana], de Samuel Flagg Bemis (Nova York: Knopf, 1949, pp. 177-8).
38   Clausewitz, *Da guerra*, pp. 100, 112.

39 Sumida, "The Relationship of History and Theory in 'On War'", pp. 345-8.
40 Clausewitz, *Da guerra*, pp. 102, 109. Similar, acredito, ao descrito por Malcolm Gladwell em *Blink: The Power of Thinking Without Thinking* (Nova York: Little, Brown, 2005 [ed. bras.: *Blink: a decisão num piscar de olhos*. Rio de Janeiro: Sextante, 2016]).
41 Ver capítulo 4.
42 *Ibidem*, pp. 104, 119. Para as observações de Tolstói quanto a viajantes, estalagens e planos frustrados, ver *Guerra e paz*, pp. 347-9.
43 Paret fornece uma meticulosa discussão em *Clausewitz and the State*, pp. 197-9.
44 Roberts, *Napoleon*, p. 596.
45 "Preface to an Unpublished Manuscript" [Prefácio do autor para um manuscrito não publicado], em Clausewitz, *Da guerra*, p. 61.
46 Ver, para elaborações, Hew Strachan, *Carl von Clausewitz's On War: A Biography* [Da guerra, de Clausewitz: uma biografia] (Londres: Atlantic, 2007, p. 153); Howard, *Clausewitz*, p. 25; e Fred R. Shapiro, *The Yale Book of Quotations* [O livro de citações de Yale] (New Haven, Connecticut: Yale University Press, 2006), para considerações abrangentes sobre os dois últimos princípios.
47 Clausewitz, *Da guerra*, p. 120.
48 *Ibidem*, p. 112.
49 *Ibidem*, p. 103.
50 Tolstói, *Guerra e paz*, pp. 618-27.
51 *Ibidem*, pp. 738-45.
52 Ver capítulo 3.
53 "Preface to an Unpublished Manuscript" [Prefácio do autor para um manuscrito não publicado], em Clausewitz, *Da guerra*, p. 61.
54 *Ibidem*, pp. 122, 141, 374.
55 *Ibidem*, p.142.
56 *Ibidem*, pp. 168-9, grifos no original.
57 Reproduzido em *Clausewitz*, de Stoker, p. 109.
58 Tolstói, *Guerra e paz*, p. 640.

59   Pierre e Natasha fazem isso no final de *Guerra e paz*, pp. 1.174-7.
60   Clausewitz, *Da guerra*, pp. 85-6.
61   *Ibidem*, p. 89.
62   Ver Alan Beyerchen, "Clausewitz, Nonlinearity, and the Unpredictability of War" [Clausewitz, a não linearidade e a imprevisibilidade da guerra], em *International Security* 17 (inverno 1992-1993), em especial pp. 61-72.
63   Clausewitz, *Da guerra*, pp. 107, 135.
64   *Ibidem*, p. 595.
65   Ver capítulo 4.
66   Tolstói, *Guerra e paz*, p. 1.203.
67   Para mais informações a respeito, ver o capítulo 6.
68   Tolstói, *Guerra e paz*, pp. 1.212-3.
69   A. N. Wilson, *Tolstoy* [Tolstói] (Nova York: Norton, 1988, pp. 297-301).
70   Questão bem delineada em: Paret, *Clausewitz and the State*, p. 338.
71   Ver Paul Bracken, "Net Assessment: A Practical Guide" [Resenha crítica: guia prático], em *Parameters* (primavera 2006), pp. 90-100.
72   Clausewitz, *Da guerra*, p. 158.
73   A melhor explicação é a de John Keegan em *The Face of Battle: A Study of Agincourt, Waterloo, and the Somme* [A face da batalha: um estudo das batalhas de Angicourt, Waterloo e Somme] (Nova York: Penguin, 1983).
74   Lieven, *Russia Against Napoleon*, p. 259.
75   *O federalista*, Modern Library College Edition (Nova York: Random House, s.d., discurso n. 28, p. 171).
76   Clausewitz, *Da guerra*, p. 523.

8. O maior presidente

1   Adams esteve na Rússia como ministro dos Estados Unidos de 1809 a 1814, mas também, ainda adolescente, trabalhou de 1781 a 1782 como tradutor de francês para Francis Dana, que buscou sem

sucesso reconhecimento diplomático junto a Catarina II. O melhor relato atual está em James Traub, *John Quincy Adams: Militant Spirit* [John Quincy Adams: espírito militante] (Nova York: Basic, 2016, pp. 28-30, 160-82).

2   *Diário de John Quincy Adams*, 8 de maio de 1824, Massachusetts Historical Society, edição on-line disponível em: <www.masshist.org/jqadiaries>. Ver também Charles Edel, *Nation Builder: John Quincy Adams and the Grand Strategy of the Republic* [Construtor da nação: John Quincy Adams e a grande estratégia da república] (Cambridge, Massachusetts: Harvard University Press, 2014, pp. 194-6). Os diários de Adams, com cerca de 14 mil páginas em 51 volumes, cobrem, com intervalos, o período de 1779 a 1848. Para um novo resumo, ver *John Quincy Adams: Diaries* [John Quincy Adams. Diários], organizado por David Waldstreicher (2 v. Nova York: Library of America, 2017).

3   Ver Samuel Flagg Bemis, *John Quincy Adams and the Foundations of American Foreign Policy* [John Quincy Adams e as bases da política externa americana] (Nova York: Knopf, 1949, em especial pp. 566-72).

4   Washington, Jefferson, Madison e Monroe nasceram no estado da Virgínia.

5   *Diário de Adams*, 8 de maio de 1824.

6   Pela aniquilação dos ingleses na batalha de Nova Orleans, ocorrida em janeiro de 1815, depois de Adams e seus negociadores a favor da paz terem assinado o Tratado de Gent em 24 de dezembro de 1814. O problema é que a notícia do tratado ainda não havia cruzado o Atlântico.

7   Sean Wilentz, *The Rise of American Democracy: Jefferson to Lincoln* [A ascensão da democracia americana: de Jefferson a Lincoln] (Nova York: Norton, 2005, p. 255). Ver também Edel, *Nation Builder*, p. 192.

8   A mensagem de Adams datada de 6 de dezembro de 1825 está disponível no site do University of Virginia's Miller Center of Public Affairs: <http://www.millercenter.org/the-presidency/presidential-speeches/december-6-1825-message-regarding-congress-american-nations>.

Para a recepção da mensagem, ver Traub, *John Quincy Adams*, pp. 322-7; ver também Fred Kaplan, *John Quincy Adams: American Visionary* [John Quincy Adams: visionário americano] (Nova York: HarperCollins, 2014, pp. 404-5).

9   Essas explicações aparecem, respectivamente, em Edel, *Nation Builder*, p. 188; Traub, *John Quincy Adams*, p. 294; Walter Russell Mead, *Special Providence: American Foreign Policy and How It Changed the World* [Providência especial: a política de relações exteriores americana e como ela mudou o mundo] (Nova York: Knopf, 2001, pp. 218-63); e Robert Kagan, *Dangerous Nation: America's Place in the World from Its Earliest Days to the Dawn of the Twentieth Century* [Nação perigosa: o lugar da América no mundo da aurora ao crepúsculo do século XX] (Nova York: Knopf, 2006, pp. 265-300). Para a posição de Adams no Compromisso de Missouri, ver capítulo 6.

10   O *Congressional Globe* de 21 de fevereiro de 1840 registra duas votações no dia. Tanto Adams como Lincoln votaram contra, em cada uma das instâncias. Apenas após a segunda votação o *Globe* percebe um adiamento apressado depois que "observaram o venerável John Quincy Adams [...] afundar em seu assento parecendo em meio aos estertores da morte". Ver também Traub, *John Quincy Adams*, pp. 525-8.

11   Michael Burlingame, *Abraham Lincoln: A Life* [Abraham Lincoln: uma vida], v. 1 (Baltimore: Johns Hopkins University Press, 2008, pp. 4, 26-7, 43-4, 172). O romance de Mark Twain *Huckleberry Finn* só seria publicado nos Estados Unidos em 1885.

12   Burlingame, *Lincoln I*, pp. 1, 41-2. Ver também Richard Carwardine, *Lincoln: A Life of Purpose and Power* [Lincoln: uma vida de propósito e poder] (Nova York: Random House, 2006, pp. 50-1).

13   Burlingame, *Lincoln I*, pp. 53-6. Ver também Doris Kearns Goodwin, *Team of Rivals: The Political Genius of Abraham Lincoln* (Nova York: Simon and Schuster, 2005, p. 50 [ed. bras.: *Lincoln*. Rio de Janeiro: Record, 2013]).

14   Carwardine, *Lincoln*, pp. 39-40.

15   Fred Kaplan, *Lincoln: The Biography of a Writer* [Lincoln: a biografia de um escritor] (Nova York: HarperCollins, 2008, em especial pp. 30-59).
16   Burlingame, *Lincoln I*, pp. 51, 66-71, 75-81. Lincoln fez o serviço militar, segundo teria dito, de modo vergonhoso, como voluntário na Guerra de Black Hawk, em 1832. A loja em New Salem da qual foi sócio em pouco tempo faliu, e ele parece ter passado mais tempo no correio da cidade contando histórias que cuidando da correspondência. *Rail-splitter*, tive de explicar a meus alunos, se referia ao corte de madeira para a construção de cercas, não a estradas de ferro.
17   *Ibidem*, pp. 71-5, 81-5.
18   Processo descrito com cuidado em Wilentz, *The Rise of American Democracy*, pp. 482-518.
19   Embora seu candidato, William Henry Harrison, tivesse morrido logo após assumir a Presidência em 1841, deixando o vice-presidente John Tyler, no fundo um democrata sulista, como sucessor.
20   Burlingame, *Lincoln I*, pp. 264-70.
21   *Ibidem*, pp. 296-310.
22   Discurso de Lincoln em Peoria, Illinois, no dia 16 de outubro de 1854, em *Abraham Lincoln Speeches and Writings, 1832-1858* [Discursos e textos de Abraham Lincoln, 1832-1858] (Nova York: Library of America, 1989, pp. 337-8) – depois publicado com o título *Lincoln Speeches and Writings I* [Discursos e textos de Lincoln I]. Todas as maiúsculas e os grupos dessa fonte constam do original.
23   O Compromisso de 1820 admitiu o estado do Missouri na União como estado escravagista, mas deixou territórios ao Norte e ao Oeste, até as montanhas Rochosas, livres. No Compromisso de 1850 que se seguiu à Guerra Mexicano-Americana a Califórnia se tornou um estado livre, sendo permitida a escravidão no Novo México e nos territórios de Utah, caso seus cidadãos a aprovassem.
24   Lincoln a George Robertson, 15 de agosto de 1855, em *Lincoln Speeches and Writings I*, p. 359. Para o crescente lucro com a escravidão, ver Sven Beckert, *Empire of Cotton: A Global History* [Império do algodão: uma história global] (Nova York: Knopf, 2014, pp. 105-20).

25   Lewis E. Lehrman, *Lincoln at Peoria: The Turning Point* [Lincoln em Peoria: a reviravolta] (Mechanicsburg, Pensilvânia: Stackpole, 2008, pp. 71-99), nos oferece uma minuciosa avaliação de Douglas e seus motivos. Ver também Burlingame, *Lincoln I*, pp. 370-374.

26   Citado em *ibidem*, p. 374.

27   *Lincoln Speeches and Writings I*, p. 315. Lincoln falou em Springfield no dia 4 de outubro e em Peoria no dia 16 de outubro de 1854, e Douglas esteve presente em ambas as ocasiões. Entretanto, apenas a versão do discurso em Peoria foi publicada. Lehrman, *Lincoln at Peoria*, fornece a melhor perspectiva acerca da origem, conteúdo e implicações dos discursos.

28   Burlingame descreve o circuito em *Lincoln I*, pp. 322-32.

29   *Ibidem*, p. 418.

30   *Ibidem*, pp. 333-4. Sobre a leitura de Euclides por Adams, ver seu *Diário de John Quincy Adams*, 26 de março de 1786.

31   *Lincoln Speeches and Writings I*, p. 303.

32   *Ibidem*, pp. 322, 328-33.

33   Lehrman, *Lincoln at Peoria*, p. 107, chama isso de "sequestro", ainda que "sincero e arguto".

34   *Lincoln Speeches and Writings I*, pp. 308-9, 316-7, 320-1, 323, 337, 340.

35   Goodwin faz referência similar em *Team of Rivals*, p. 103.

36   *Lincoln Speeches and Writings I*, p. 426. Ver também Wilentz, *The Rise of American Democracy*, pp. 677-715.

37   Para o caso *Dred Scott v. Sandford*, ver Don E. Fehrenbacher, *The Dred Scott Case: Its Significance in American Law and Politics* [O caso Dred Scott. Sua importância na lei e na política americana] (Nova York: Oxford University Press, 1978).

38   *Lincoln Speeches and Writings I*, p. 426.

39   Douglas inclui a mais incendiária cláusula do Ato Kansas-Nebraska, a explícita revogação do Compromisso de Missouri, apenas no último minuto, pois só assim contaria com o apoio dos congressistas sulistas. Ver Wilentz, *The Rise of American Democracy*, p. 672.

40   A frase é de Jesus Cristo, no Evangelho de são Marcos, 3:25.

41 *Lincoln Speeches and Writings I*, p. 426.
42 As volumosas transcrições estão em *ibidem*, pp. 495-822.
43 *Ibidem*, pp. 769, 814.
44 Senadores só passaram a ser eleitos por voto popular após a ratificação da 17ª Emenda, em 1913.
45 Estou me apropriando da taxonomia de J. H. Hexter em seu *On Historians* [Dos historiadores] (Cambridge, Massachusetts: Harvard University Press, 1979, pp. 241-3). Burlingame, em *Lincoln I*, pp. 598-9, explica a origem do apelido de Lincoln.
46 Salvo algumas exceções resumidas em Carwardine, *Lincoln*, pp. 93-4.
47 Seus perfis, como aparecem na *Harper's*, estão em Goodwin, *Team of Rivals*, pp. 1-2.
48 Lincoln a Samuel Galloway, 24 de março de 1860, em *Abraham Lincoln Speeches and Writings, 1859-1865* [Abraham Lincoln: discursos e textos, 1832-1858] (Nova York: Library of America, 1989, p. 152) – depois publicado com o título *Lincoln Speeches and Writings II*.
49 Ver *ibidem*, pp. 29-101, 111-50.
50 Ele devia ter em mente as acusações de "barganha corrupta" que arruinaram a presidência de John Quincy Adams.
51 Kevin Peraino, *Lincoln in the World: The Making of a Statesman and the Dawn of American Power* [Lincoln no mundo: a formação de um estadista e o alvorecer da potência americana] (Nova York: Crown, 2013, pp. 7-8).
52 Burlingame, *Lincoln I*, pp. 627-83, fornece um relato completo.
53 Citado em Goodwin, *Team of Rivals*, p. 319. Ver também Burlingame, *Lincoln I*, p. 720.
54 Lincoln a William Seward, 1º de fevereiro de 1861, em *Lincoln Speeches and Writings II*, p. 197. Para as considerações de Lincoln quanto a compromissos, ver Burlingame, *Lincoln I*, pp. 745-53.
55 Parmenas Taylor Turnley, *Reminiscences, From the Cradle to Three-Score and Ten* [Reminiscências: do berço aos setenta] (Chicago: Donohue and Henneberry, 1892, p. 264). Devo essa citação a Burlingame, que a menciona erroneamente em *Lincoln I*, p. 903.

56   Reproduzindo a atitude dos atenienses em Esparta.
57   *Lincoln Speeches and Writings II*, pp. 215-24.
58   James M. McPherson, *Tried by War: Abraham Lincoln as Commander in Chief* [Testado na guerra: Abraham Lincoln como comandante em chefe] (Nova York: Penguin, 2008, pp. 20-1).
59   Carwardine, *Lincoln*, pp. 24-6.
60   Russell F. Weigley, *The American Way of War: A History of United States Military Strategy and Policy* [O estilo de guerra americano: uma história da estratégia e política militar dos Estados Unidos] (Nova York: Macmillan, 1973, pp. 97-127).
61   Henry Halleck a Lincoln, 6 de janeiro de 1862, citado em McPherson, *Tried by War*, p. 70. Ver também Weigley, *The American Way of War*, p. 83; e Mark Greenbaum, "Lincoln's DoNothing Generals" [Os generais inúteis de Lincoln], *The New York Times*, 27 nov. 2011.
62   Lincoln a Halleck e Don C. Buell, 13 de janeiro de 1862, em *Lincoln Speeches and Writings II*, p. 302.
63   Ver Weigley, *The American Way of War*, p. 95; e McPherson, *Tried by War*, pp. 70-1.
64   Weigley, *The American Way of War*, pp. 77-91; Peter Paret, *Clausewitz and the State: The Man, His Theories, and His Times* [Clausewitz e o Estado: o homem, suas teorias e sua época] (Princeton: Princeton University Press, 1985; 1. ed. pela Oxford University Press, 1976, pp. 152-3); Christopher Bassford, *Clausewitz in English: The Reception of Clausewitz in Britain and America, 1815-1945* [Clausewitz em inglês: a recepção de Clausewitz na Grã-Bretanha e nos Estados Unidos, 1815-1945] (Nova York: Oxford University Press, 1994, pp. 56-9). Francis Lieber, imigrante prussiano cujos textos acerca das leis da guerra influenciaram Lincoln, foi um dedicado aluno de Clausewitz cujo texto leu no original, em alemão. Ver John Fabian Witt, *Lincoln's Code: The Laws of War in American History* [Código de Lincoln. Leis da guerra na história americana] (Nova York: Free Press, 2012, pp. 185-6).
65   McPherson lista os generais fracassados em *Tried by War*, p. 8.

66 *Ibidem*, p. 142; ver também James M. McPherson, *Abraham Lincoln and the Second American Revolution* [Abraham Lincoln e a segunda revolução americana] (Nova York: Oxford University Press, 1991, pp. 68-72).

67 Carl von Clausewitz, *On War*, organizado e traduzido para o inglês por Michael Howard e Peter Paret (Princeton: Princeton University Press, 1976, p. 75 [ed. bras.: *Da guerra*. São Paulo: WMF Martins Fontes, 2010]).

68 Citado em Burlingame, *Lincoln II*, p. 154; ver também carta de Lincoln a Orville H. Browning, 22 de setembro de 1861, em *Lincoln Speeches and Writings II*, p. 269.

69 Allen C. Guelzo, *Lincoln's Emancipation Proclamation: The End of Slavery in America* [A Proclamação de Emancipação de Lincoln: o fim da escravidão nos Estados Unidos] (Nova York: Simon and Schuster, 2004, pp. 31-3, 46-59).

70 Lincoln a Albert G. Hodges em 4 de abril de 1864, em *Lincoln Speeches and Writings II*, p. 585.

71 Clausewitz, *On War*, p. 87. Ver também McPherson, *Tried by War*, pp. 5-6.

72 Guelzo, *Lincoln's Emancipation Proclamation*, pp. 3-4; McPherson, *Lincoln and the Second American Revolution*, p. 91. Clausewitz expressa seu paradoxo em *On War*, p. 119.

73 McPherson, *Tried by War*, p. 52.

74 Citado em *ibidem*, p. 66.

75 McPherson, *Lincoln and the Second American Revolution*, pp. 85-6.

76 Guelzo, *Lincoln's Emancipation Proclamation*, pp. 83-90; McPherson, *Tried by War*, pp. 158-9.

77 Lincoln a Greeley, em 22 de agosto de 1862, em *Lincoln Speeches and Writings II*, p. 358; Carwardine, *Lincoln*, p. 209.

78 Charles Francis Adams, "John Quincy Adams and Emancipation Under Martial Law (1819-1842)" [John Quincy Adams e a Emancipação sob a lei marcial (1819-1842)], em Adams e Worthington Chauncey Ford, *John Quincy Adams* (Cambridge, Massachusetts: John Wilson and Son, 1902, pp. 7-79). Ver também Guelzo, *Lincoln's*

Emancipation Proclamation, pp. 123-127; e Witt, *Lincoln's Code*, pp. 204-5.

79   "Proclamação preliminar da Emancipação, 22 de setembro de 1862", em *Lincoln Speeches and Writings II*, p. 368.

80   Guelzo, *Lincoln's Emancipation Proclamation*, p. 173.

81   Mensagem anual ao Congresso, 1º de dezembro de 1862, em *Lincoln Speeches and Writings II*, pp. 393-415.

82   "Discurso fúnebre para Henry Clay, 6 de julho de 1852", em *Lincoln Speeches and Writings I*, p. 264.

83   Ver, como exemplo, *ibidem*, pp. 315, 340.

84   "Mensagem especial ao Congresso, 4 de julho de 1861", *Lincoln Speeches and Writings II*, p. 259.

85   Citado em Burlingame, *Lincoln II*, p. 167.

86   *Lincoln Speeches and Writings II*, pp. 409-11.

87   Ver nota 8.

88   Edel, *Nation Builder*, p. 298; Kagan, *Dangerous Nation*, pp. 258-64, 269; McPherson, *Lincoln and the Second American Revolution*, pp. 39-40.

89   Peraino, *Lincoln in the World*, pp. 183, 187.

90   Beckert, *Empire of Cotton*, pp. 242-65; Witt, *Lincoln's Code*, pp. 142-57.

91   Citado em Burlingame, *Lincoln II*, pp. 119, 167.

92   Peraino, *Lincoln in the World*, pp. 66-9; ver também Walter Stahr, *Seward: Lincoln's Indispensable Man* [Seward: o homem indispensável de Lincoln] (Nova York: Simon and Schuster, 2012, pp. 269-73).

93   Lincoln a Seward, 1º de abril de 1861 (aparentemente não enviada), em *Lincoln Speeches and Writings II*, p. 228.

94   Witt, *Lincoln's Code*, pp. 164-9. Ver também Burlingame, *Lincoln II*, pp. 221-9; e Peraino, *Lincoln in the World*, pp. 123-62.

95   Para um bom relato desse episódio negligenciado, ver *ibidem*, pp. 224-95. De qualquer maneira, Maximiliano foi ao México apesar das vitórias da União e da retirada de apoio de Napoleão. Ele acabou diante de um pelotão de fuzilamento no México, em 1867.

96   Richard Overy, em *Why the Allies Won* [Por que os Aliados venceram] (Londres: Pimlico, 1995), ressalta a importância do moral alto numa mais recente e importante guerra, pp. 282-313.
97   Peraino, *Lincoln in the World*, pp. 207-15; Guelzo, *Lincoln's Emancipation Proclamation*, pp. 253-4. Para uma avaliação mais antiga, mas extensa, ver D. P. Crook, *The North, the South, and the Powers, 1861-1865* [O norte, o sul e as forças, 1861-1865] (Nova York: Wiley, 1974, pp. 236-55).
98   Beckert, *Empire of Cotton*, pp. 265-7. Ver também McPherson, *Lincoln and the Second American Revolution*, pp. VII- VIII, 6-7.
99   Ibidem, pp. 17-8.
100   Memorando a respeito do provável fracasso na reeleição, 23 de agosto de 1864, em *Lincoln Speeches and Writings II*, p. 624. Para mais detalhes sobre o "memorando às cegas" que Lincoln obrigou os membros de seu gabinete a assinar, para só depois lhes autorizar a leitura, ver Burlingame, *Lincoln II*, pp. 674-6.
101   McPherson, *Tried by War*, pp. 231-44.
102   Citado em Burlingame, *Lincoln II*, p. 729.
103   Discurso da Associação Internacional dos Trabalhadores, ou Primeira Internacional, para Abraham Lincoln, presidente dos Estados Unidos, redigido por Marx no fim de novembro de 1864 e apresentado ao embaixador Charles Francis Adams, em 22 de janeiro de 1865, disponível em: <www.marxists.org/archive/marx/iwma/documents/1864/lincoln-letter.htm>.
104   Citado em Edel, *Nation Builder*, pp. 157-9. Para o contexto, ver capítulo 6.
105   J. David Hacker, "Recounting the Dead" [Contando os mortos], *The New York Times*, 20 de setembro de 2011. Os dados referentes aos regimentos aparecem no site <www.civilwararchive.com/regim.htm>, e as estimativas, em <www.civilwar.org/education/history/faq>. O mais completo registro é de Drew Gilpin Faust, *This Republic of Suffering: Death and the American Civil War* [República de sofrimento: morte e a Guerra Civil americana] (Nova York: Knopf, 2008).
106   Ver nota 55.

107   McPherson, *Lincoln and the Second American Revolution*, pp. 23-5, 41-2.
108   Weigley, *The American Way of War*, pp. XXI-XXIII; ver também Paul Kennedy, *The Rise and Fall of the Great Powers: Economic Change and Military Conflict from 1500 to 2000*. (Nova York: Random House, 1987, pp. 178-82) [ed. bras.: *Ascensão e queda das grandes potências*. São Paulo: Campus-Elsevier, 1994]).
109   "Discurso de Gettysburg", *Lincoln Speeches and Writings II*, 19 de novembro de 1863; *ibidem*, p. 536; Edel, em *Nation Builder*, enfatiza essa linha de heranças nas pp. 297-9.
110   Burlingame, *Lincoln I*, p. XII. A "conclusão" de Burlingame aparece no início de sua biografia em dois volumes datada de 1976.
111   Desenvolvo aqui um argumento apresentado por McPherson em *Lincoln and the Second American Revolution*, pp. 93-5.
112   Nesse aspecto, é revelador comparar *O federalista* n. 10 com as doutrinas constitucionais do já maduro John C. Calhoun, que entendeu os custos em todos os compromissos. Ver Merrill D. Peterson, *The Great Triumvirate: Webster, Clay, and Calhoun* [O grande triunvirato: Webster, Clay e Calhoun] (Nova York: Oxford University Press, 1987, pp. 409-13).
113   Ver Carwardine, *Lincoln*, pp. 221-35.
114   *Ibidem*, p. 228.
115   Guelzo, *Lincoln's Emancipation Proclamation*, pp. 171-2.
116   "Meditação sobre o desejo divino", setembro de 1862, em *Lincoln Speeches and Writings II*, p. 359.
117   *Ibidem*, p. 687.
118   Lee capitulou em Appomattox, em 9 de abril de 1865.
119   Rosamund Bartlett, *Tolstoy: A Russian Life* [Tolstói: uma vida russa] (Boston: Houghton Mifflin Harcourt, 2011, pp. 251-93.
120   "Lincoln a Albert G. Hodges, 4 de abril de 1864", em *Lincoln Speeches and Writings II*, p. 586.

9. A última maior esperança

1   Andrew Roberts, *Salisbury: Victorian Titan* [Salisbury: Titã vitoriano] (Londres: Phoenix, 2000, pp. 46-50, 170). Prefiro o termo

"Grande Guerra", antes de todos começarem a chamá-la de "Primeira Guerra Mundial".

2   Walter Stahr, *Seward: Lincoln's Indispensable Man* [Seward: o homem indispensável de Lincoln] (Nova York: Simon and Schuster, 2012, pp. 482-504). Para um padrão mais amplo de descentralização, ver John A. Thompson, *A Sense of Power: The Roots of America's Global Role* [Uma sensação de poder: raízes do papel global da América] (Ithaca, Nova York: Cornell University Press, 2015, pp. 38-9).

3   Robert Kagan, *Dangerous Nation: America's Place in the World from Its Earliest Days to the Dawn of the Twentieth Century* [Nação perigosa: o lugar da América no mundo da aurora ao crepúsculo do século XX] (Nova York: Knopf, 2006, p. 302); ver também C. Vann Woodward, "The Age of Reinterpretation" [A era da reinterpretação], *American Historical Review* 66, out. 1960, pp. 2-8.

4   Roberts, *Salisbury*, pp. 105-6, 436-7, 490.

5   A nota de 20 de julho de Olney encontra-se em: Departamento de Estado dos Estados Unidos, *Papers Relating to the Foreign Affairs of the United States, 1895* [Documentos relacionados às relações exteriores dos Estados Unidos, 1895], v. I, pp. 542-63. Jay Sexton, *The Monroe Doctrine: Empire and Nation in Nineteenth-Century America* [A Doutrina Monroe: império e nação na América do século XIX] (Nova York: Hill and Wang, 2011, pp. 201-8), fornece o contexto.

6   A descrição clássica é de Henry Kissinger, "The White Revolutionary: Reflections on Bismarck" [O revolucionário branco: reflexões sobre Bismarck], *Daedalus* 97 (verão de 1968), pp. 888--924. Ver também Jonathan Steinberg, *Bismarck: A Life* (Nova York: Oxford University Press, 2011, pp. 441-50 [ed. bras.: *Bismarck: uma vida*. Barueri: Amarilys, 2015.]).

7   Citado em Paul Kennedy, *The Rise of the Anglo-German Antagonism, 1860-1914* [Ascensão do antagonismo anglo-germânico, 1860-1914] (Londres: Allen and Unwin, 1980, p. 220).

8   Roberts, *Salisbury*, pp. 619-26; Kennedy, *The Rise of the Anglo-German Antagonism* [Ascensão do antagonismo anglo-germânico], pp. 464-5. Ver *The Rise and Fall of the Great Powers: Economic Change and Military Conflict from 1500 to 2000* (Nova York: Random House,

1987, p. 201 [ed. bras.: *Ascensão e queda das grandes potências*. São Paulo: Campus-Elsevier, 1994]).

9   Citado no livro de Roberts, *Salisbury*, p. 610.

10   Para descrições abrangentes, ver Bradford Perkins, *The Great Rapprochement: England and the United States, 1895-1914* [A grande reaproximação: Inglaterra e os Estados Unidos, 1895-1914] (Nova York: Atheneum, 1968); Stephen R. Rock, *Why Peace Breaks Out: Great Power Rapprochement in Historical Perspective* [Por que a paz se rompe: reaproximação das potências em perspectiva histórica] (Chapel Hill: University of North Carolina Press, 1989, pp. 24-63); e Charles A. Kupchan, *How Enemies Become Friends: The Sources of Stable Peace* [Como inimigos viram amigos: as fontes da paz estável] (Princeton: Princeton University Press, 2010, pp. 73-111).

11   Ver Roberts, *Salisbury*, p. 633. Para uma visão alternativa, Michael Howard, *The Continental Commitment: The Dilemma of British Defence Policy in the Era of the Two World Wars* [O compromisso continental: dilema da política de defesa britânica na era das duas guerras mundiais] (Londres: Ashfield, 1989; 1. ed. 1972, pp. 29-30).

12   A frase é de Georgi Arbatov, conforme citado por Jean Davidson, "UCI Scientists Told Moscow's Aim Is to Deprive U.S. of Foe" [Cientistas da UCI (University of California, Irvine) dizem que o objetivo de Moscou é privar os Estados Unidos de inimigos], *Los Angeles Times*, 12 dez. 1988.

13   Roberts, *Salisbury*, pp. 51-2.

14   Ver capítulo 6.

15   Citado no livro de Roberts, *Salisbury*, p. 662.

16   *Ibidem*, p. 512.

17   H. J. Mackinder, "The Geographical Pivot of History" [O pivô geográfico da história], em *The Geographical Journal* 23, abr. 1904, pp. 421-44. Ver também Brian W. Blouet, *Halford Mackinder: A Biography* [Halford Mackinder: uma biografia] (College Station: Texas A&M University Press, 1987); e, para a revolução ferroviária, Christian Wolmar, *Blood, Iron, and Gold: How the Railroads Transformed the World* [Sangue, ferro e ouro: como as estradas de ferro transformaram o mundo] (Nova York: Public Affairs, 2010).

18   Mackinder, "The Geographical Pivot of History", p. 437.
19   Blouet, *Mackinder*, pp. 118-20.
20   Para informações a respeito do memorando de Crowe, inédito até 1928, ver K. M. Wilson, "*sir* Eyre Crowe on the Origin of the Crowe Memorandum of 1 January 1907" [*Sir* Eyre Crowe na origem do Memorando Crowe de 1º de janeiro de 1907], em *Historical Research* 56, nov. 1983, pp. 238-41; Zara S. Steiner, *The Foreign Office and Foreign Policy, 1898-1914* [O Ministério de Relações Exteriores e a política externa, 1898-1914] (Cambridge: Cambridge University Press, 1969), pp. 108-18; e com referência à contínua influência de Crowe, Jeffrey Stephen Dunn, *The Crowe Memorandum: sir Eyre Crowe and Foreign Office Perceptions of Germany, 1918-1925* [O memorando Crowe: sir Eyre Crowe e as percepções do Ministério de Relações Exteriores a respeito da Alemanha, 1918-1925] (Newcastle upon Tyne: Cambridge Scholars Publishing, 2013). Discuti o "longo telegrama" no livro *George F. Kennan: An American Life* (Nova York: Penguin, 2011, pp. 215-22 [ed. bras.: *A vida de George F. Kennan*. Rio de Janeiro: Globo, 2014]).
21   "Memorandum on the Present State of British Relations with France and Germany" [Memorando sobre a situação atual das relações britânicas com a França e a Alemanha], 1º jan. 1907, em *British Documents on the Origins of the War, 1898-1914* [Documentos britânicos a respeito das origens da guerra, 1898-1914], III, pp. 397-420, disponível em: <www.dbpo.chadwyck.com/marketing/index.jsp>. Todas as citações são desta versão.
22   Ver capítulo 2.
23   Para uma versão de 1951 desse argumento, ver meu livro *George F. Kennan*, p. 415.
24   Steinberg, *Bismarck*, pp. 180-1.
25   Para a política colonial de Bismarck, ver Paul Kennedy, *The Rise of the Anglo-German Antagonism*, pp. 167-183.
26   Grifos acrescentados.
27   O relato clássico permanece sendo o livro de Barbara Tuchman, *The Guns of August* [Canhões de agosto] (Nova York: Macmillan, 1962). Ver também Christopher Clark, *The Sleepwalkers:*

How Europe Went to War in 1914 (Nova York: HarperCollins, 2013 [ed. bras.: *Os sonâmbulos: como eclodiu a Primeira Guerra Mundial.* São Paulo: Companhia das Letras, 2014]); Margaret MacMillan, *The War That Ended Peace: The Road to 1914* (Nova York: Random House, 2013 [ed. bras.: *A Primeira Guerra Mundial.* Rio de Janeiro: Globo, 2014]); e Sean McMeekin, *July 1914: Countdown to War* [Julho de 1914: contagem regressiva para a guerra] (Nova York: Basic, 2013).

28   A Wikipédia apresenta uma abrangente e complicada estatística.

29   Henry Kissinger, *Diplomacy* (Nova York: Simon and Schuster, 1994, p. 200 [ed. bras.: *Diplomacia.* São Paulo: Saraiva, 2012]).

30   Howard, *The Continental Commitment*, pp. 30-1.

31   O total de mortes do exército inglês, incluindo as de seus domínios e colônias, excedeu 900 mil combatentes (<www.1914-1918.net/faq.htm>). A estimativa máxima de mortes na Guerra Civil é de 750 mil, como discutido no capítulo 8.

32   *Sir* John Robert Seeley, *The Expansion of England: Two Courses of Lectures* [A expansão da Inglaterra. Dois métodos de leitura] (Nova York: Cosimo Classics, 2005; 1. ed. 1891, p. 8).

33   O próprio Mackinder desenvolveu essa ideia no livro *Democratic Ideals and Reality: A Study in the Politics of Reconstruction* [Ideais democráticos e realidade: estudo das políticas de reconstrução] (Nova York: Henry Holt, 1919), que nunca alcançou a mesma influência de seu artigo. Ver também Blouet, *Mackinder*, pp. 164-5.

34   Roberts, *Salisbury*, pp. 812-4.

35   Ver Christopher Howard, "Splendid Isolation" [Isolamento esplêndido], *History* 47, 159, 1962, pp. 32-41.

36   Kennedy, *The Rise and Fall of the Great Powers*, p. 248. As comparações nesse parágrafo aparecem nas páginas 200-2; mas também ver Robert J. Gordon, *The Rise and Fall of American Growth: The U.S. Standard of Living Since the Civil War* [Ascensão e queda do crescimento americano: estilo de vida nos Estados Unidos a partir da Guerra Civil] (Princeton: Princeton University Press, 2016, pp. 27-318).

37   Kennedy, *The Rise and Fall of the Great Powers*, p. 248.

38   Walter Lippmann, *U.S. Foreign Policy: Shield of the Republic* [Política externa dos Estados Unidos: o escudo da república] (Boston: Little, Brown, 1943, em especial pp. 11-26).
39   Devo esse ponto a Michael Howard, em *The Continental Commitment*, p. 9. Ver também Thompson, A Sense of Power, pp. 41-3.
40   Citado no livro de Milton Cooper *Woodrow Wilson: A Biography* [Woodrow Wilson: uma biografia] (Nova York: Random House, 2009, p. 263).
41   Charles E. Neu, *Colonel House: A Biography of Woodrow Wilson's Silent Partner* [Coronel House: a biografia do parceiro silencioso de Woodrow Wilson] (Nova York: Oxford University Press, 2015, pp. 23, 142). Embora House não fosse coronel, recebeu essa patente do governador do Texas, James Stephen Hogg, em 1893, possivelmente por serviços políticos prestados.
42   David Milne, *Worldmaking: The Art and Science of American Diplomacy* [A criação do mundo: arte e ciência da diplomacia americana] (Nova York: Farrar, Straus and Giroux, 2015, pp. 95-6).
43   Neu, *Colonel House*, p. 142; Cooper, *Woodrow Wilson*, pp. 263-6.
44   Ver Katherine C. Epstein, *Torpedo: Inventing the Military-Industrial Complex in the United States and Great Britain* [Torpedo: invenção do complexo militar-industrial nos Estados Unidos e na Grã-Bretanha] (Cambridge, Massachusetts: Harvard University Press, 2014).
45   Cooper, *Woodrow Wilson*, pp. 285-9; ver também Erik Larson, *Dead Wake: The Last Crossing of the* Lusitania [À beira da morte: a última travessia do Lusitânia] (Nova York: Broadway, 2015).
46   Neu, *Colonel House*, p. 270.
47   Thomas Boghardt, *The Zimmermann Telegram: Intelligence, Diplomacy, and America's Entry into World War I* [O telegrama Zimmermann: serviço de inteligência, diplomacia e a entrada da América na Primeira Guerra Mundial]. Annapolis: Naval Institute Press, 2012.
48   Cooper, *Woodrow Wilson*, p. 387; ver também David Runciman, *The Confidence Trap: A History of Democracy in Crisis from World War I to the Present* [A armadilha da confiança: a história

da democracia em crise, da Primeira Guerra Mundial até os nossos dias] (Princeton: Princeton University Press, 2013), pp. 39-40.
49   Cooper, *Woodrow Wilson*, p. 380.
50   *Ibidem*, pp. 341-2, 462-6; ver também A. Scott Berg, *Wilson* (Nova York: G. P. Putnam's Sons, 2013, pp. 515-23).
51   Neu, *Colonel House*, p. 384; Cooper, *Woodrow Wilson*, p. 421.
52   Paul Cambon, citado em Berg, *Wilson*, p. 534. Ver também Cooper, *Woodrow Wilson*, p. 419, e, para uma abordagem geral, Gaddis Smith, *Woodrow Wilson's Fourteen Points After 75 Years* [Os catorze pontos de Woodrow Wilson 75 anos depois] (Nova York: Carnegie Council for Ethics in International Affairs, 1993).
53   Aqui e no parágrafo seguinte, usei o texto do discurso "Catorze Pontos" [Fourteen Points], disponível em: <www.avalon.law.yale.edu/20th_century/wilson14.asp>. Acesso em 22 fev 2019.
54   Para um relato abrangente mais recente, ver Sean McMeekin em *The Russian Revolution: A New History* [A Revolução Russa: uma nova história] (Nova York: Basic, 2017). Ver também este livro publicado anteriormente, também de grande influência: Arno J. Mayerl, *Wilson vs. Lenin: The Political Origins of the New Diplomacy, 1917--1918* [Wilson vs. Lênin: as origens políticas da nova diplomacia, 1917-1918] (Cleveland: World, 1964; primeira publicação com o subtítulo pela Yale University Press em 1959).
55   As melhores abordagens são as que constam nos dois volumes da Princeton University Press, de George F. Kennan: *Soviet-American Relations, 1917-1920: Russia Leaves the War* (1956) e *The Decision to Intervene* (1958).
56   Discuti esse paradoxo em *Russia, the Soviet Union, and the United States: An Interpretive History* [Rússia, União Soviética e Estados Unidos: uma história interpretativa] (2. ed. Nova York: McGraw Hill, 1990, pp. 71-2). Para uma reavaliação da vitória alemã no Ocidente e suas consequências, ver Adam Tooze, *The Deluge: The Great War, America and the Remaking of the Global Order* [O dilúvio: Primeira Guerra, América e a reconstrução da ordem global] (Nova York: Penguin, 2014, pp. 108-70).

57   Runciman, em *The Confidence Trap* [A armadilha da confiança], pp. 74-5, apresenta argumentação similar.
58   Ver Jonathan D. Spence, *God's Chinese Son: The Taiping Heavenly Kingdom of Hong Xiuquan* [O filho chinês de Deus: o sagrado reino Taiping de Hong Xiuquan] (Nova York: Norton, 1996).
59   Argumento discutido por Kennan em *The Decline of Bismarck's European Order*, pp. 3-7.
60   Ver capítulo 2.
61   Discutido com sagacidade em Thompson, *A Sense of Power*, pp. 76-9.
62   No sentido do apoio à guerra no qual cada combatente confiava, não nas definições mais rigorosas desenvolvidas pelos teóricos de "paz democrática", em seus esforços para se convencer de que democracias não lutam entre si. Bruce Russett resume isso em *Grasping the Democratic Peace: Principles for a Post-Cold War World* [Compreendendo a paz democrática: princípios para um mundo pós-Guerra Fria] (Princeton: Princeton University Press, 1993, pp. 73-83).
63   Ver nota 53.
64   Paul Kennedy, *The Parliament of Man: The Past, Present, and Future of the United Nations* [O parlamento do homem: história das Nações Unidas] (Nova York: Random House, 2006, pp. 3-8).
65   Keith Robbins, *sir Edward Grey: A Biography of Lord Grey of Fallodon* [Sir Edward Grey: biografia de Lorde Grey de Fallodon] (Londres: Cassell, 1971, pp. 156-7, 319-20); Howard, *The Continental Commitment*, pp. 51-2; e Neu, *Colonel House*, pp. 214-5.
66   Kissinger, *Diplomacy*, p. 223.
67   Ver capítulo 6.
68   Kissinger, *Diplomacy*, pp. 78-102; ver também Erez Manela, *The Wilsonian Moment: Self-Determination and the International Origins of Anticolonial Nationalism* [O momento wilsoniano. Autodeterminação e as origens do nacionalismo anticolonialista] (Nova York: Oxford University Press, 2007).
69   Ver Berg, *Wilson*, p. 585.
70   Robert B. Strassler (org.), *The Landmark Thucydides: A Comprehensive Guide to the Peloponnesian War* [Tucídides, o marco:

guia abrangente da Guerra do Peloponeso], edição revista e tradução para o inglês de Richard Crawley (Nova York: Simon and Schuster, 1996, 4:65).
71   Ibidem, 5:89.
72   Ver Robert V. Daniels, *The Rise and Fall of Communism in Russia* [Ascensão e queda do comunismo na Rússia] (New Haven, Connecticut: Yale University Press, 2007, pp. 32, 48).
73   "Discurso de Lênin em 27 de novembro de 1920", em Jane Degras (org.), *Soviet Documents on Foreign Policy* [Documentos soviéticos e a política externa] (Nova York: Oxford University Press, 1951, I, p. 221).
74   Citado em Catherine Merridale, *Lenin on the Train* [Lênin no trem] (Nova York: Metropolitan, 2017, p. 195).
75   Ver capítulo 1.
76   Citado em Stephen Kotkin, *Stalin: The Paradoxes of Power, 1878-1928* (Nova York: Penguin, 2014, p. 612 [ed. bras.: *Stálin, v. 1: paradoxos do poder, 1878-1928*. Rio de Janeiro: Objetiva, 2017]). Ver também, em relação ao assunto e ao parágrafo seguinte, Gaddis, *Russia, the Soviet Union, and the United States*, pp. 98-116.
77   Robert Gellately, *Lenin, Stalin, and Hitler: The Age of Social Catastrophe* (Nova York: Knopf, 2007, pp. 163-5 [ed. bras.: *Lênin, Stálin e Hitler: a era da catástrofe social*. Rio de Janeiro: Record, 2010]).
78   Thompson, *A Sense of Power*, pp. 110-1, 127-31. O conceito de ditadura de Lênin como vanguarda data de seu panfleto de 1902 "Que fazer?" (disponível em português em <www.marxists.org/portugues/lenin/1902/quefazer/index.htm>). Acesso em 22 fev 2019.
79   Tooze, *The Deluge*, pp. 515-6.
80   Adam Tooze, *The Wages of Destruction: The Making and Breaking of the Nazi Economy* (Nova York: Penguin, 2007, em especial pp. XXIV-XXVI e 7-12 [ed. bras.: *O preço da destruição: construção e ruína da economia alemã*. Rio de Janeiro: Record, 2013]); ver também Timothy D. Snyder, *Black Earth: The Holocaust as History and Warning* (Nova York: Tim Duggan, 2015, pp. 11-28 [ed. bras.: *Terra*

negra: o holocausto como história e advertência. São Paulo: Companhia das Letras, 2016]).
81 Tooze, *Wages of Destruction*, pp. 12-33.
82   O relatório de Stálin encontra-se disponível em <www.marxists.org/reference/archive/stalin/works/1933/01/07.htm>. Acesso em 22 fev 2019.
83 Isaiah Berlin, *Personal Impressions* [Impressões pessoais], editado por Henry Hardy (3. ed. Princeton: Princeton University Press, 2014, pp. 37-9, 41). O ensaio de Berlin referente a Roosevelt apareceu pela primeira vez como "Roosevelt Through European Eyes" [Roosevelt visto por olhos europeus], *The Atlantic* 196, jul. 1955, pp. 67-71.
84   Conrad Black, *Franklin Delano Roosevelt: Champion of Freedom* [Franklin Delano Roosevelt: campeão da liberdade]. Nova York: Public Affairs, 2003, pp. 126-7, 254-5; Alonzo L. Hamby, *For the Survival of Democracy: Franklin Roosevelt and the World Crisis of the 1930s* [Pela sobrevivência da democracia: Franklin Roosevelt e a crise mundial dos anos 1930] (Nova York: Free Press, 2004, pp. 129-35).
85   Gaddis, *Russia, the Soviet Union, and the United States*, pp. 118-21; ver também Thomas R. Maddux, *Years of Estrangement: American Relations with the Soviet Union, 1933-1941* [Anos de estranhamento: relações americanas com a União Soviética, 1933-1941] (Tallahassee: University Presses of Florida, 1980, pp. 11-26); Mary E. Glantz, *FDR and the Soviet Union: The President's Battles over Foreign Policy* [FDR e a União Soviética: as batalhas do presidente sobre política externa] (Lawrence: University Press of Kansas, 2005, pp. 15-23).
86   Black, *Roosevelt*, pp. 21, 60, 65-6. Ver também Alonzo L. Hamby, *Man of Destiny: FDR and the Making of the American Century* [Homem do destino: FDR e a construção do século americano] (Nova York: Basic, 2015), pp. 54-5; e <www.fdrlibrary.tumblr.com/post/94080352024/day77fdr-visits-the-panama-canal>. Acesso em 22 fev 2019.
87   Robert Dallek, *Franklin D. Roosevelt and American Foreign Policy, 1932-1945* [Franklin D. Roosevelt e a política externa americana, 1932-1945] (Nova York: Oxford University Press, 1979, pp. 75-6). Ver também David Kaiser, *No End Save Victory: How FDR Led the*

Nation into War [Nenhum final salvou a vitória. Como FDR conduziu a nação à guerra] (Nova York: Basic, 2014, pp. 22-3).

88   A Alemanha foi finalmente admitida na Liga em 1926. O Japão foi um dos membros fundadores.

89   Dallek, *Franklin D. Roosevelt and American Foreign Policy*, pp. 75, 175-6.

90   Maddux, *Years of Estrangement*, pp. 85-8.

91   Ver capítulo 8.

92   O secretário da Marinha, Josephus Daniels, abriu mão dessa responsabilidade de bom grado. Ver Hamby, *Man of Destiny*, pp. 73-81.

93   David M. Kennedy, *Freedom from Fear: The American People in Depression and War, 1929-1945* [Liberdade do medo: o povo americano na Depressão e na guerra, 1929-1945]. (Nova York: Oxford University Press, 1999, pp. 56-7, 106-7, 120-4).

94   Samuel I. Rosenman, *Working with Roosevelt* [Trabalhando com Roosevelt] (Nova York: Harper, 1952, p. 167).

95   Dallek, *Franklin D. Roosevelt and American Foreign Policy*, pp. 101-68; Thompson, *A Sense of Power*, pp. 145-50; e, quanto ao último ponto, Gaddis, *George F. Kennan*, pp. 101-8.

96   Maddux, *Years of Estrangement*, pp. 90-1; Glantz, *FDR and the Soviet Union*, pp. 33-5, 43-52. Ver também Elizabeth Kimball MacLean, *Joseph E. Davies: Envoy to the Soviets* [Joseph E. Davies: enviado aos soviéticos] (Westport, Connecticut: Praeger, 1992, pp. 24-6, 45); e David Mayers, *The Ambassadors and America's Soviet Policy* [Os embaixadores e a política soviética americana] (Nova York: Oxford University Press, 1995, pp. 118-9).

97   MacLean, *Joseph E. Davies*, p. 67; Charles E. Bohlen, *Witness to History, 1929-1969* [Testemunha da história, 1929-1969] (Nova York: Norton, 1973, pp. 67-87).

98   Discurso ao American Youth Congress, 10 de fevereiro de 1940, disponível em: <www.fdrlibrary.marist.edu/_resources/images/msf/msf01314>. Acesso em 22 fev 2019.

99   Adolf Berle, citado em Dallek, *Franklin D. Roosevelt and American Foreign Policy, 1932-1945* [Franklin D. Roosevelt e a política externa americana, 1932-1945], p. 215.
100   Glantz, *FDR and the Soviet Union*, pp. 54-7.
101   Robert E. Sherwood, *Roosevelt and Hopkins: An Intimate History* [Roosevelt e Hopkins: uma história íntima], ed. rev. (Nova York: Grosset and Dunlap, 1950, pp. 233-4). A citação de Lincoln vem de um artigo de 1879 escrito por Noah Brooks, "Lincoln's Imagination" [A imaginação de Lincoln], que voltou a ser publicado no livro de Harold K. Bush, *Lincoln in His Own Time: A Biographical Chronicle of His Life* [Lincoln em sua época: uma crônica biográfica de sua vida] (Iowa: University of Iowa Press, 2011, p. 176). Ver também Henry Wadsworth Longfellow, "Sail On, O Ship of State!", em *Colby Library Quarterly* 2, fev. 1950, pp. 1-6.
102   Susan Dunn, *1940: FDR, Willkie, Lindbergh, Hitler – the Election amid the Storm* [1940. FDR, Willkie, Lindbergh, Hitler – a eleição em meio à tempestade] (New Haven, Connecticut: Yale University Press, 2013, pp. 278-9). O livro de Dunn cobre, com habilidade, os acontecimentos que reduzi no parágrafo anterior.
103   O discurso radiofônico de Churchill, no dia 9 de fevereiro de 1941, encontra-se disponível em: <www.youtube.com/watch?v=r-JuRv2ixGaM>. Acesso em 22 fev 2019. Vídeo indisponível.
104   Nesses três parágrafos segui basicamente Maddux, *Years of Estrangement*, pp. 128-55, mas ver também Glantz, *FDR and the Soviet Union*, pp. 71, 77-87; MacLean, *Joseph E. Davies*, pp. 76-7; e meu livro *Russia, the Soviet Union, and the United States*, pp. 145-7.
105   Winston S. Churchill, *The Second World War: The Grand Alliance* (Nova York: Bantam, 1962; 1. ed. 1950, pp. 511-2).
106   Estimei em 400 mil o número de norte-americanos mortos em combate, e o equivalente de baixas para todos os participantes da Segunda Guerra Mundial em 23 milhões. Esses números excluem vítimas civis. Para detalhes, acessar <www.en.wikipedia.org/wiki/World_ War_ II_casualties>. Acesso em 22 fev 2019.
107   Thompson, *A Sense of Power*, p. 230.

108   Hal Brands e Patrick Porter, "Why Grand Strategy Still Matters in a World of Chaos" [Por que grandes estratégias ainda são importantes num mundo caótico], *The National Interest*, 10 dez. 2015, disponível em: <www.nationalinterest.org/feature/why-grand-strategy-still-matters-world-chaos-14568>. Acesso em 22 fev 2019.
109   Berlin, *Personal Impressions*, pp. 39-44, 48-9.
110   Devo essa história a Robert Kaplan, cuja viagem de carro em 2015 inspirou o livro *Earning the Rockies: How Geography Shapes America's Role in the World* [Ganhando as montanhas Rochosas: como a geografia molda o papel dos Estados Unidos no mundo] (Nova York: Random House, 2017). O relato de DeVoto está em seu artigo "Letter from Santa Fe" [Carta de Santa Fé], publicado na *Harper's Magazine* 181, jul. 1940, pp. 333-6. Ver também Arthur M. Schlesinger, Jr., *A Life in the 20th Century: Innocent Beginnings, 1917-1950* [Vida no século XX: um início inocente, 1917-1950] (Boston: Houghton Mifflin, 2000, pp. 168-71, 232-5).
111   John J. O'Neill, "Enter Atomic Power" [Começa o poder atômico], *Harper's Magazine* 181, jun. 1940, pp. 1-10.
112   Discurso radiofônico "On National Defense", 26 de maio de 1940, disponível em: <www.docs.fdrlibrary.marist.edu/ 052640>. Acesso em 22 fev 2019.

10. Isaiah

1   Carta de Berlin a Stephen Spender, em 26 de fevereiro de 1935, no livro editado por Henry Hardy *Isaiah Berlin: Letters, 1928--1946* [Isaiah Berlin: cartas, 1928-1946] (Nova York: Cambridge University Press, 2004, p. 152 [depois chamado *Cartas de Berlin, 1928-1946*]). Berlin admirava E. M. Forster e Virginia Woolf, mas confessou que os achava intimidadores (pp. 70-1, 166).
2   Carta de Berlin a Marion Frankfurter, em 23 de junho de 1940, em *ibidem*, p. 306. Ver também Michael Ignatieff, *Isaiah Berlin: A Life* (Nova York: Henry Holt, 1998, p. 10 [ed. bras.: *Isaiah Berlin: uma vida*. Rio de Janeiro, Record, 2000]).
3   *Ibidem*, p. 82.

4   As mais recentes biografias são de Andrew Lownie, *Stalin's Englishman: Guy Burgess, the Cold War, and the Cambridge Spy Ring* [O inglês de Stálin: Guy Burguess, a Guerra Fria e o espião do círculo de Cambridge] (Nova York: St. Martin's, 2015); e Stewart Purvis e Jeff Hulbert, *Guy Burgess: The Spy Who Knew Everyone* [Guy Burgess: o espião que conhecia todo mundo] (Londres: Biteback, 2016).
5   Nota editorial em *Berlin Letters, 1928-1946*, p. 319; ver também Ignatieff, *Isaiah Berlin*, pp. 97-99.
6   De Berlin para Mary Fisher, em 30 de julho de 1940, em *Berlin Letters, 1928-1946*, p. 322. Ver também p. 319.
7   Ignatieff, *Isaiah Berlin*, p. 98.
8   *Dunquerque*, filme de Christopher Nolan realizado em 2017, evoca de modo comovente o discurso de Churchill.
9   John Wheeler-Bennett, *Special Relationships: America in Peace and War* [Relações especiais: os Estados Unidos na paz e na guerra] (Londres: Macmillan, 1975, pp. 87-8).
10 Berlin explica o formato em sua introdução para H. G. Nicholas (org.), *Washington Despatches, 1941- 1945: Weekly Political Reports from the British Embassy* [Despachos de Washington, 1941-1945. Relatórios políticos semanais da embaixada britânica] (Chicago: University of Chicago Press, 1981, pp. VII-XIV).
11 Relatórios de 12 de janeiro, 4 de fevereiro, 20 de março e 16 de agosto de 1942, *ibidem*, pp. 12, 18, 26, 71; ver também o prólogo de Berlin, pp. X-XI.
12 Relatórios de 14 de maio e 21 de novembro de 1942 e de 14 de março de 1943, *ibidem*, pp. 38-9, 116, 160.
13 Relatórios de 28 de fevereiro, 3 de abril e 22 de outubro de 1943, *ibidem*, pp. 157, 172, 263.
14 Relatórios de 29 de dezembro de 1943 e de 17 e 18 de janeiro de 1944, *ibidem*, pp. 288, 307, 309.
15 Relatórios de 28 de fevereiro e 25 de abril de 1943, e de 18 de janeiro, 20 de fevereiro e 24 de dezembro de 1944, *ibidem*, pp. 155--6, 184, 309, 319, 485-6.
16 Ignatieff, *Isaiah Berlin*, p. 126. O próprio relato de Berlin aparece em *Isaiah Berlin: Letters, 1928-1946*, pp. 478-80.

17   Carta de Isaiah Berlin a Marie e Mendel Berlin, em 16 de agosto de 1943, em *ibidem*, p. 456; Berlin a Katharine Graham, janeiro de 1949, em Isaiah Berlin, *Enlightening: Letters, 1946-1960* [Cartas reveladoras, 1946-1960], editado por Henry Hardy e Jennifer Holmes (Londres: Chatto and Windus, 2009, p. 73).
18   De Berlin a Stuart Hampshire, 6 de junho de 1945, em *Isaiah Berlin: Letters, 1928-1946*, p. 569.
19   Ignatieff, *Isaiah Berlin*, pp. 138-139.
20   *Ibidem*, p. 137.
21   Salvo ter sido intimado com aspereza por um alcoolizado Randolph Churchill, filho do (então) ex-primeiro-ministro, a traduzir instruções aos funcionários do hotel para gelar o caviar. Melhor esquecer alguns momentos inesquecíveis não presenciados por outros.
22   Ignatieff, *Isaiah Berlin*, p. 168. Segui o relato de Ignatieff que aparece em seu livro *The Proper Study of Mankind: An Anthology of Essays*, organizado por Henry Hardy e Roger Hausheer (Nova York: Farrar, Straus and Giroux, 1998, pp. 525-52 [ed. bras.: *Estudos sobre a humanidade: Uma antologia de ensaios*. São Paulo: Companhia das Letras, 2002]).
23   *Ibidem*, pp. 541, 543, 547.
24   *The Complete Poems of Anna Akhmatova*, trad. para o inglês de Judith Hemschemeyer (Boston: Zephyr, 1997, p. 547 [ed. bras.: *Anna Akhmátova: antologia poética*. Porto Alegre: L&PM, 2018]).
25   Carta de Berlin a Philip Graham, datada de 14 de novembro de 1946, em Berlin, *Enlightening*, p. 21.
26   Isaiah Berlin, "Russian Intellectual History" [História intelectual russa], escrito em 1966 e reeditado por Henry Hardy em *The Power of Ideas* (Princeton: Princeton University Press, 2000, p. 84 [ed. bras.: *A força das ideias*. São Paulo: Companhia das Letras, 2005]).
27   *Berlin Letters, 1928-1946*, pp. 488-9. Ver também Ignatieff, *Isaiah Berlin*, p. 131.
28   De Berlin a Alan Dudley, 17 de março de 1948, em Berlin, *Enlightening*, pp. 46-7.

29   Isaiah Berlin, "Political Ideas in the Twentieth Century" [Ideias políticas no século XX], *Foreign Affairs* 28, abr. 1950, pp. 356-57.
30   *Ibidem*, pp. 362-3.
31   *Ibidem*, pp. 364-6; ver também Berlin, "The Originality of Maquiavel" [A originalidade de Maquiavel] no livro *The Proper Study of Mankind*, p. 310.
32   Isaiah Berlin, *Personal Impressions* [Impressões pessoais], editado por Henry Hardy (Princeton: Princeton University Press, 2014, pp. 41-2, 46). Ver também a introdução de Noel Annan no livro de Berlin *The Proper Study of Mankind*, p. XXXV; e Stephen Kotkin, *Stalin: Waiting for Hitler, 1929-1941* [Stalin: à espera de Hitler, 1929-1941] (Nova York: Penguin, 2017), pp. 569-79.
33   Berlin, "The Originality of Maquiavel", pp. 324-5. "Não por acidente", como os marxistas gostavam de dizer, um dos melhores e primeiros estudos a respeito de Roosevelt é de James MacGregor Burns, *Roosevelt: The Lion and the Fox* [Roosevelt: o leão e a raposa] (Nova York: Harcourt, Brace, and World, 1956), título inspirado em Maquiavel.
34   Citado por Warren F. Kimball em *The Juggler: Franklin Roosevelt as Wartime Statesman* [O ilusionista: Franklin Roosevelt enquanto estadista em tempos de guerra] (Princeton: Princeton University Press, 1991, p. 7).
35   *Ibidem*, pp. 8-19. Ver também Wilson D. Miscamble, C. S. C., *From Roosevelt to Truman: Potsdam, Hiroshima, and the Cold War* [De Roosevelt a Truman: Potsdam, Hiroshima e a Guerra Fria] (Nova York: Cambridge University Press, 2007, em especial pp. 79-86).
36   Kimball, *The Juggler*, p. 7. Grifos meus.
37   Geoffrey C. Ward, *A First-Class Temperament: The Emergence of Franklin D. Roosevelt, 1905- 1928* [Um temperamento de primeira classe: o surgimento de Franklin D. Roosevelt, 1905-1928] (Nova York: Vintage, 1989), capítulos 13-16.
38   *Ibidem*, pp. XIII- XV.
39   Carl von Clausewitz, *On War*, organizado e traduzido para o inglês por Michael Howard e Peter Paret (Princeton: Princeton

University Press, 1976, p. 100 [ed. bras.: *Da Guerra*. São Paulo: WMF Martins Fontes, 2010]).

40   Numa das várias versões da história, um menininho encontra uma pilha enorme de estrume na frente da árvore de Natal. Sem se deixar desanimar, ele berra animado que "deve haver um pônei em algum lugar" e começa a cavar. Para sua origem, acessar: <www.quoteinvestigator.com/2013/12/13/pony-somewhere/>. Acesso em 22 fev 2019.

41   Philip E. Tetlock, *Expert Political Judgment: How Good Is It? How Can We Know?* [Especialista em juízo político: é bom mesmo? Como podemos saber?] (Princeton: Princeton University Press, 2005, pp. 214-5), discutido em mais detalhes no capítulo 1.

42   Tetlock, *Expert Political Judgment*, p. 215. A citação de Fitzgerald está na p. 67.

43   Isaiah Berlin, "Two Concepts of Liberty" [Dois conceitos de liberdade], ensaio publicado em *The Proper Study of Mankind*, pp. 191-242.

44   Sigo a explicação de Noel Annan acerca do "pluralismo" de Berlin em seu prefácio, *ibidem*, pp. XII-III, embora a metáfora da corda bamba seja minha.

45   Berlin, "The Originality of Machiavelli", p. 324.

46   "Robert F. Kennedy Shocks Texans by Questioning Mexican War" [Robert F. Kennedy choca texanos ao questionar sobre Guerra Mexicano-Americana], *The New York Times*, 17 fev. 1962; "Robert Kennedy Bows in 'War' with Texas" [Robert Kennedy se curva em "guerra" com o Texas], *The New York Times*, 5 mar. 1962. Ver também Arthur M. Schlesinger, Jr., *Robert F. Kennedy and His Times* [Robert F. Kennedy e sua época] (Boston: Houghton Mifflin, 1978, p. 568).

47   Ver capítulo 6.

48   Sun Tzu, *The Art of War*, traduzido por Samuel B. Griffith (Nova York: Oxford University Press, 1963, pp. 142-3 [ed. bras.: *A arte da guerra*. Barueri: Novo Século, 2015]).

ÍNDICE REMISSIVO

Abidos, 15, 21
abolicionista, 219-30
acarnânios, Os (Aristófanes), 54
Acheson, Dean, 62
Ácio, batalha de, 87
Adams, Abigail, 208-9
Adams, John, 152, 161-2, 174-5, 177-8, 209
Adams, John Quincy, 150, 173, 192, 208, 218, 237-8
Amistad, caso, 211
carreira diplomática de, 209, 212-3
como abolicionista, 211, 215
comparado a Lincoln, 238-9
doutrina Monroe formulada por, 150
expansão para o Oeste e, 173-4
morte de, 212
na eleição de 1824, 208-9
na invasão russa por Napoleão, 199-200
presidência de, 192-3
África do Sul, 244
Agostinho, santo 108, 116-7, 148, 171, 225, 291
como bispo de Hipona, 100, 103, 105-6
como maniqueísta, 100-1
como pivô na história de ideias, 121
como porco-espinho, 109, 111
contraste com Maquiavel, 110-2, 115
da Guerra Justa, 102, 104-6, 113, 294
da justiça e da ordem, 102, 107, 115-6
da necessidade de Estados, 103-4
infância e adolescência de, 99-100
onipotência de Deus como dogma de, 100, 108
razão venerada por, 102-3, 106
reconciliando as exigências da fé e do Estado, 101-4
Agripa, Marco Vipsânio, 81, 84-5, 87, 92
Agripa Póstumo, 92
Akhmátova, Anna, 285-6
Alasca, 243-4
Alba, duque de, 135, 137
Alcibíades, 64, 72
Alemanha, Weimar, 263
Alemanha nazista, 265-6
invasão da União Soviética, 271
pacto de não agressão nazissoviético, 268-9
Alemanha Ocidental, 66

Alemanha Oriental, 66
Alexandre, o Grande, 87-8, 125
Alexandre I, tsar da Rússia, 183, 191, 201, 208
algodão, comércio internacional de, 234
América do Norte:
    colônias britânicas na,
        ver colônias americanas (Grã-Bretanha)
    colônias francesas na, 153, 155, 156, 163
América do Sul, independência da, 177-8
Américas:
    domínio espanhol nas, 125, 129-30, 150, 152-4, 174, 176-7
    ver também América do Norte
Amistad, caso, 211
Aníbal, 192
Antietam, batalha de (1862), 231, 240
Antônio, Lúcio, 81, 83
Antônio, Marco, 291
    Augusto e, 75, 82
    casamento com Otávia, 77, 80
    Cleópatra e, 83, 86-7
    no triunvirato, 79-80
    suicídio de, 87
    vitória em Filipos, 80-1
Aristófanes, 54
Armada Espanhola, 131, 142-3, 149-50, 176, 195
    estratégia de Elizabeth para derrotar a, 141-2
Arno, rio, 109
Arquídamo, rei de Esparta, 51, 104
Arquíloco de Paros, 18-9, 21
Artabano, 15-6, 31, 36, 72, 104, 291
    como raposa, 19-20, 26-7, 32
arte da guerra, A (Sun Tzu), 70-3
artigos da Confederação, 162, 166
Asquith, Julian Edward George, segundo duque de Oxford e, 17
Atenas, atenienses:
    aliados, 39-51, 53
    campos evacuados na Guerra do Peloponeso por, 57
    como potência marítima, 41, 44, 46-8
    cultura agrária de, 46
    democracia em, 47-8
    evacuação de, nas Guerras Persas, 24
    invasão da Sicília por, 64-5
    medo dos espartanos em relação ao poder de, 50, 52, 56
    ostracismo de Temístocles por, 45
    praga em, 58-9
    remodelação da cultura por Péricles em, 45, 47-9, 53
Ática, invasão espartana da, 57
atletismo, grandes estratégias no, 37
Ato Kansas-Nebraska (1854), 216-7, 220
Atos, península de, 20, 25
Augusto, imperador de Roma, 163, 199, 255
    Alexandre em contraste com, 87-8
    alocação de terra para veteranos, 80-2
    autocontrole de, 83-4
    César como mentor de, 73-5
    como arguto julgador de caráter, 76
    como cultivador, 89-91, 94-5
    como herdeiro de César, 74
    como mestre em equilibrar meios e fins, 83, 87
    como navegador, 89, 91
    da confiança em generais mais experientes, 81-2, 84-5
    doença de, 77, 79, 82, 87
    em busca de um sucessor, 87-8
    em Filipos, 79-80
    em triunvirato com Marco Antônio e Lépido, 79-80
    Eneida, comissionada por, 89-90
    execução de prisioneiros rebeldes por, 81-2
    histórico de, 73-4
    invasão da Sicília por, 64-5
    lealdade do exército conquistada por, 76, 78
    Marco Antônio e, 75, 82
    morte de, 92-3
    mudança da estratégia reativa à proativa, 89-90
    riscos corridos por, 81, 83-4, 87
Austen, Jane, 28

Balashov, Alexander, 197-8
Bates, Edward, 223
Beard, Mary, 90
Beckert, Sven, 235
Bélgica, 253-4
Bemis, Samuel Flagg, 293
Berlin, Irving, 284
Berlin, Isaiah, 17, 21, 109, 184, 264
  conceito de porco-espinho
    e raposa de, 17-9
  da dramatização, 30-1
  da economia da violência, 119
  da escolha, 27-8
  da liberdade negativa *versus*
    a liberdade positiva, 293-4
  da reconciliação entre os
    pensamentos porco-espinho
    e raposa, 27-9, 32
  da repressão soviética a artistas
    e escritores, 287-8
  da viagem a Moscou em 1945,
    284-5
  de Franklin D. Roosevelt, 273-5,
    288-9
  de Maquiavel, 118-20
  do encontro com Akhmátova,
    285-6
  do marxismo e do fascismo,
    287-8
  pluralismo como entendido
    por, 293
  relatórios políticos para os EUA
    durante a Segunda Guerra
    Mundial, 280-4
Bezukhov, Pierre (personagem),
  179-80
Bismarck, Otto von, 116, 244, 248-9,
  287
bolcheviques, 17, 257-8, 262
Bolingbroke (personagem), 208, 213
Bolívar, Simón, 177-8
Bolkonsky, príncipe Andrei
  (personagem), 179-80, 198-9, 201
Bórgia, César, 112-3, 119
Borodino, batalha de (1812), 30, 35,
  179-81, 191-2, 196, 206,
  231, 236
Brands, Hal, 273
Brest-Litovsk, Tratado de (1918), 258,
  262
Bromwich, David, 158
Brundísio, 74, 76, 82

Bruto, Marco, 78-80
Buchan, John, 89
Buchanan, James, 223
Bullit, William C., 267
Bunker Hill, batalha de (1775), 208
Burgess, Guy, 279
Burghley, lorde, 139
Burke, Edmund, 155, 157-8, 163, 294
bússola, 29, 36, 83, 202, 215, 220,
  262, 291-2

Câmara dos Comuns, Grã-Bretanha,
  176-7
Câmara dos Representantes, EUA,
  178, 209, 211-2, 214
Cameron, Simon, 223
Canadá, 243-4, 246
Canal do Panamá, 244, 252, 265-6
Canning, George, 174, 176-7, 245,
  251-2
capacidades, *ver* meios, alinhamentos
  de fins e
capital intelectual, 34
Carlos I, rei da Inglaterra, 154
Carlos II, rei da Inglaterra, 154
Carlos V, imperador do Sacro Império
  Romano, 124, 126, 128-9
Carlos Magno, 94
Carwardine, Richard, 230-1
Cássio, 78-80
católicos, catolicismo inglês, 119, 122,
  126, 136-41
  ver também Igreja Católica
    Romana
Cecil, Georgina, 242
César, Júlio, 73-7, 95
Cesário, 86-7, 93
Cesena, 112-3
Chase, Salmon P., 223
China Antiga, 70, 95
China moderna, 63, 66, 258
Churchill, Winston, 176-7, 270-1,
  280
Cícero, 75, 77-9
cidade de Deus, A (Santo Agostinho),
  101, 185
Cidade de Deus, Cidade dos Homens
  versus, 101-2, 104, 105-7,
  113, 119, 123, 147-8
Clausewitz, Carl von, 35, 62, 179-80,
  188, 208, 226, 286, 290-1, 294

da conexão entre estratégia e imaginação, 193, 195
da derrota de Napoleão na Rússia, 183
da fricção *versus* estratégia, 36, 194-6, 207
da guerra como instrumento de política, 189-90, 206, 250, 258
da interconexão de causas, 205-6
da lacuna entre a teoria e a prática da guerra, 35, 179-80, 183, 188-9, 194-5, 200-1
da reconciliação de ideias opostas, 189
da sorte, 201-2
de teorias *versus* leis, 184, 202-3
do gênio, 193-4, 197, 290
guerra como definida por, 188, 226
intuição de Lincoln a respeito de, 226-7, 229, 237, 240
treinamento como definido por, 35, 37, 200
Clay, Henry, 177, 209, 214, 232-3
Cleon, 59
Cleópatra, rainha do Egito, 81, 85-7
Cleveland, Grover, 243
Colégio de Guerra Naval dos Estados Unidos (seminários), 68-9, 72
colônias americanas (Grã-Bretanha):
  controle suave de Elizabeth nas, 151-3
  crescimento da população nas, 156
  diversidade social e política das, 151-6
  impacto do fracasso da armada nas, 150
  política mão de ferro de George III nas, 157-8
comandantes, *ver* líderes, liderança
comandos, *checklists versus*, 104-5, 111
complexidade, simplicidade em coexistência com, 72-3
Compromisso de 1820 (Compromisso de Missouri), 175, 210-1, 215-6, 219
Compromisso de 1850, 215-6
Compromisso de Missouri (1820), 175, 210-1, 215-6, 219
comunistas, 119, 264-5

Confederação, artigos da, 162, 165
Conferência de Moscou (1943), 282
Confissões (Santo Agostinho), 99-100, 101, 104
Congresso da Confederação, 163
conhecimento, universal *versus* local, 35
Constantino, imperador de Roma, 94, 100, 107
Constituição dos EUA, 166, 169-70, 209, 211, 219, 224, 263
  escravidão e a, 171-2, 175, 215, 232-3
conto de duas cidades, Um (Charles Dickens), 113
Contrarreforma, 111, 139
Convenção Constitucional (1787), 166-7
Coolidge, Calvin, 262
Córcira, 50, 64
Coreia do Norte, 66
Coreia do Sul, 62
Corinto, coríntios, 50-1, 64-5
coup d'oeil, 193, 202, 205, 232, 286
  de Franklin D. Roosevelt, 272-3, 289
  de Lincoln, 228-9, 232, 237
Cranmer, Thomas, 124, 126, 145
credibilidade, perda de, 55, 61-7
Cripps, Stafford, 279
cristianismo, cristãos, 97-100
Crittenden, John, 223
Cromwell, Oliver, 154-5
Crowe, Eyre, 247-8, 250-1, 253, 259, 265
cultivo, liderança como, 56-7, 89, 91, 94-5

Da guerra (Clausewitz), 35-6, 62, 180-1, 183, 197, 201, 206-7, 227, 240, 258
Davies, Joseph E., 267-8, 271
Declaração de Independência, 159-60, 211, 220
  igualdade e, 29, 161, 171, 211, 218
Declínio e queda do Império Romano (Gibbon), 98, 159
democracia, 47-8, 276
democratas, Partido Democrata, 214, 216, 219, 221, 236

determinismo *versus* livre-arbítrio, 184, 203-4, 240-1
DeVoto, Bernard, 275-6
Dickens, Charles, 113
Diódoto, 59-60
Discursos sobre a primeira década de Tito Lívio (Maquiavel), 108, 116
distensão, 206
dogmatismo, 120
Douglas, Stephen A., 216-7, 223, 232
   doutrina da soberania popular de, 216, 221
   em debates com Lincoln, 219-22
Doutrina Monroe 150, 174-5, 210, 235, 243, 252
Drake, Francis, 138, 140-2, 151
dramatizações (narrativas), história e, 28, 30-1, 69
Dred Scott contra Sandford, caso, 220
Dunquerque, evacuação de, 176-7

Eduardo VI, rei da Inglaterra, 131
Eduardo VII, rei da Inglaterra, 247
eleições nos EUA:
   de 1824, 208-9
   de 1860, 222-3
   de 1864, 228-9
   de 1932, 264
elementos conhecidos, estratégia e, 205-6
elementos desconhecidos, estratégia e, 203-4
Elizabeth I, rainha da Inglaterra, 122, 150-1, 163, 206, 291
   casamento com Felipe II rejeitado por, 127
   como cultivadora, 155
   complôs católicos contra, 136-7, 138
   controle suave das colônias exercido por, 151, 153
   delegação de autoridade por, 125, 137
   e a execução de Maria Stuart, 139-40
   estratégia de pivô de, 128, 132-4, 144, 153
   excomunhão de, 135-6
   fins alinhados com meios por, 131
   Hamlet comparado a, 145
   hendíades e, 145-6
   leveza de ser e, 133, 145
   maestria no equilíbrio de, 132, 145, 155
   nacionalização da Igreja inglesa por rei Henrique restabelecida por, 123-4, 131
   Parlamento e, 154
   personalidade complexa de, 131-2
   política de, 123-4, 132, 134
   pretendentes de, 125-6
   rebeldes holandeses ajudados por, 138
   serviço aos súditos como objetivo primordial de, 122-3, 131, 144-5
   vista como maquiavélica, 123-6, 131, 134, 148
Elliott, John, 152-3
Ellis, Joseph, 161
Emancipação, Proclamação da, 228, 231-2, 235, 252
Emancipação e União, 173
emoções, estratégia e, 62-4
Eneida (Virgílio), 89-91, 99
Epidamnos, 49-50, 63
equilíbrio:
   da lei e da necessidade militar, 228
   de elementos conhecidos, probabilidades e elementos desconhecidos, 205-6
   de facções, 169-70
   de fins e meios, 78, 87, 229; *ver também* meios, alinhamento de fins e
   de ideias opostas, 49, 59, 114, 156, 169, 173-4, 206, 238, 251, 293
   entre caos e ordem, 153
   entre Estado e fé, 97-101, 293
   entre Estados, *ver* poder, equilíbrio de
   entre razão e emoção, 63, 201, 204-5
   justeza e, 158-9; *ver também* proporcionalidade
   maestria de Elizabeth I no, 132, 145, 155
Erasmo, 18
esboço, 205-6

Maquiavel a respeito do, 114, 193, 286
ver também coup d'oeil
escala, 33, 238
　expansão da guerra através da, 180, 190-1
　interdependência de tempo, espaço e, 240-1
　reconciliação de ideias opostas por meio da, 29-30, 73
Escócia, 132-4
escolha, 37-8
　imprevisibilidade da, 29
　liberdade e, 28, 292-3
　segundo Berlin, 28-9
　segundo Santo Agostinho, 102
　ver também livre-arbítrio
escravos, escravidão, 161, 211, 215
　Constituição e, 171-2, 175, 215
　expansão, 215-6, 221-2, 239
　fugitivos, 215
　Lincoln e, 217-9, 227-8
espaço, 33, 238-9
　expansão da guerra no, 179-80, 189-90
　interdependência de escala, tempo e, 240-1
　reconciliação de ideias opostas no, 27-9, 47, 73, 169-70
Esparta, espartanos:
　Ática invadida por, 57
　crescimento do poder ateniense temido por, 50, 52, 56
　cultura militar de, 41, 48
　debate entre coríntios e atenienses em, 50-1
　em Termópilas, 23-4, 51-2
　frota ateniense derrotada por, 65-6
　rejeição de Péricles dos acordos oferecidos por, 54-5, 61
Ésquilo, 24-5, 45
Estados:
　e a necessidade de guerras, 102
　equilíbrio de poder entre, *ver* poder, equilíbrio de
　necessidade de, 102-3
　religião e, 97-8, 101-5
estados bálticos, União Soviética e, 279, 282
Estados Confederados da América, 225-6, 234, 236, 242

Estados Unidos da América:
　estrada de ferro transcontinental nos, 216, 246
　exportações para os soviéticos pelos, 262
　hegemonia entre a América do Norte e a do Sul proclamada pelos, 150, 174-6
　isolacionismo dos, 263-6
　Lend-Lease [Ato de empréstimo e arrendamento] e os, 270
　poder econômico dos, 251-2, 262-3, 272
　Primeira Guerra Mundial e os, 252-3, 266-7
　protestos contra a guerra nos, 67
　reconhecimento diplomático da União Soviética pelos, 265
　relatórios políticos de Isaiah Berlin durante a Segunda Guerra Mundial, 280-4
　revoltas raciais nos, 66-7
　Segunda Guerra Mundial e os, 253-4, 271-2, 275-7
　sistema de grandes potências e os, 252-3
Estatuto de 1787, 219
estratégia:
　coup d'oeil em, *ver coup d'oeil*; esboços
　emoções *versus* pensamento racional na, 62-5
　fricção *versus*, 194-207
　imaginação e, 193, 195
　"insular", 41, 45-7, 58, 63
　perda de credibilidade e, 55, 61-7
　restrições na, 55-7, 83, 87
　temperamento e, 291
　ver também grande estratégia
Euclides, 218
Europa, Tolstói sobre a história da, 185-6
expansão rumo ao oeste, 173-4, 238-9
Expert Political Judgement [Capacidade de juízo de especialistas políticos] (Tetlock), 21-2

facções, equilíbrio de, 169-70
fascismo, 264, 287

federalista, O, 116, 166-72, 175, 177, 206, 239
Felipe II, rei da Espanha, 123, 137, 149-50, 291
    casamento com Maria I, 126
    como agostiniano, 123, 125, 131, 135, 143, 148
    extensão do império por, 124
    grande estratégia de, 131
    incapacidade de alinhar meios e fins, 130-1, 141, 143-4
    invasão da Inglaterra planejada por, 135-6, 140-1
    Países Baixos e, 128-30, 132, 134, 141
    política de, 123-4, 134
    recusa de pedido de casamento por Elizabeth, 128
    recusa em delegar autoridade, 125, 129, 141
    restauração do catolicismo inglês como objetivo de, 135-8
    restrições quanto a, 130-1
    serviço a Deus como principal objetivo de, 123-4, 128, 130-1, 135, 143-4
Feria, conde de, 131-2
Filípicas (Cícero), 76, 79
Filipinas, 62, 244, 252
Filipos, batalha de, 79-80
fins, alinhamento de meios com, *ver* meios, alinhamento de fins e
Fitzgerald, F. Scott, 291
    "ideias opostas", aforismo de, 26-9, 88, 109, 204
Florença, 107, 109
Flórida, cessão da Espanha da, 174, 212
Ford, Henry, 262
forte Sumter, incêndio em, 225, 234
França:
    colônias norte-americanas da, 153-4, 156, 163
    invasão do México, 235-6
    ocupação alemã, 268, 276
    retirada da Otan, 66
    Revolução Americana e a, 190-1
Frankfurter, Felix, 278-9, 290
Frankfurter, Marion, 278-9
Franklin, Benjamin, 156, 162, 164, 167-8
freios e contrapesos, 116

fricção, teoria de Clausewitz quanto à, 36, 194-6, 200, 207

gênio, para Clausewitz, 193-4, 197, 290
Gent, Tratado de (1814), 209
George III, rei da Inglaterra, 157-8, 161
Geórgicas (Virgílio), 89
Gettysburg, batalha de (1863), 235
Gibbon, Edward, 98, 159, 165
Goodwin, Doris Kearns, 223
Gorbachev, Mikhail, 244
governo, desconfiança dos americanos quanto ao, 164, 259-60, 263
Grã-Bretanha:
    Ato de empréstimo e arrendamento e a, 270
    colônias americanas da, *ver* colônias americanas (Grã-Bretanha)
    na Guerra de 1812, 252-3
    na Primeira Guerra Mundial, 249-50, 253
    na Segunda Guerra Mundial, 270-2, 281
    política externa da, 243, 245, 247-8, 251
    Revolução Americana e a, 157-8, 160-4
    ver também Inglaterra
Grande Depressão, 263-4, 267
grande estratégia:
    como alinhamento de fins e meios, 33-4, 195, 203
    escala, espaço e tempo na, 33
    eventos imprevisíveis e, 290-1
    senso comum como suporte na, 34
    ver também estratégia
Grant, Ulysses S., 226, 229, 236
Grécia Antiga:
    invasão de Xerxes, 15-7, 20-1, 23-6, 36, 40
    rivalidades entre cidades na, 40
    ver também Guerra do Peloponeso; *cidades específicas*
Grécia moderna, rebelião contra o Império Otomano, 178
Greeley, Horace, 230, 234
Gregório XIII, papa, 136
Grenville, George, 158

Grey, Edward, 259, 272
Guadalupe Hidalgo, Tratado de
   (1848), 212
Guelzo, Allen C., 228
guerra, 206
   alinhamento de fins e meios na,
      196, 206; *ver também* grande
      estratégia; estratégia
   como instrumento de política,
      190-1, 206, 250, 258, 294
   definição de Clausewitz da, 188,
      226-7
   democratização ateniense da, 48
   escala na expansão da, 180, 191
   espaço na expansão da, 179-80,
      191
   lacuna entre teoria e prática,
      179-83, 188-9, 193-4, 200
   mudança do equilíbrio
      psicológico na, 190, 195-6
   paz *versus*, 102
   sorte na, 201-2
   tempo na expansão da, 180, 191
Guerra Árabe-Isralense (1967), 66
Guerra Civil Americana, 96, 250, 258-9
   advento da, 224-5
   causas da, 171-5
   custos da, 237
   estados limítrofes na, 227
   estratégia de Lincoln na, 225-6,
      229, 237, 239
Guerra Civil inglesa, 154
Guerra da Coreia, 62-4
Guerra de 1812, 174, 209, 252
Guerra do Peloponeso (431-404 a.C.),
      42, 44
   causa da, 50, 52, 56-7
   Guerra do Vietnã comparada
      à, 59-60
   invasão ateniense da Sicília, 64-5
   invasão espartana da Ática, 57-8
   massacre dos melianos, 60-1
   Mégara na, 54-5, 61, 63-4, 67
   papel de Péricles na, 45, 47, 54-8,
      61-3
   praga ateniense na, 58-9
   revolta dos melianos na, 59-61
   Tucídides a respeito das causas
      da, 49-50, 53
Guerra do Vietnã:
   Guerra do Peloponeso comparada
      à, 66-7

   mortes de americanos na, 66-7
   perda da credibilidade dos EUA
      como uma questão na, 66-7
Guerra dos Sete Anos, 156, 252
Guerra dos Trinta Anos, 154, 258
Guerra e paz (Tolstói), 18, 30-2, 68-9,
   179-80, 184-6, 191, 195-200,
   240-1
Guerra Fria, 68, 96, 247, 253, 286,
   287
Guerra Hispano-Americana, 244
Guerra Justa, 102
   para Agostinho, 101, 104-5, 107,
      112-3, 294
   para Maquiavel, 112-3
Guerra Mexicano-Americana
   (1846-1848), 212, 215, 293
Guerra Russo-Japonesa (1904-1905),
   252
Guerras Justas, *ver* Guerra Justa
Guerras Napoleônicas, 190, 252, 258
Guerras Persas, 42, 45, 53
   ver também Xerxes, rei da Pérsia
Guilherme, o Conquistador, rei da
   Inglaterra, 162
Guilherme de Orange, rei da
   Inglaterra, 154

Habsburgo, dinastia, 129
Halleck, Henry, 225
Hamilton, Alexander, 166, 173
   O federalista, ensaios de, 167-8,
      175, 206
Hamlet (personagem), 145, 208, 213
Hamlet (Shakespeare), 16, 71
Harding, Warren G., 262
Harriman, W. Averell, 271
Helesponto, 15-7, 21, 25, 36, 40, 195
hendíades, 145-8
Henrique II, rei da França, 126, 128
Henrique V, rei da Inglaterra
   (personagem), 213
Henrique VIII, rei da Inglaterra,
   126-7, 143
   nacionalização do catolicismo
      inglês por, 123-4, 132-3, 135
Herndon, William, 215, 234
Heródoto, 15, 19-21, 23, 25, 42
Hilton, Lisa, 138
Hipona Regius, 100, 107
Hírcio (cônsul romano), 77

história:
  contrafactual, 147-9
  de sua utilidade, segundo
    Maquiavel, 109
  de sua utilidade, segundo
    Tucídides, 42-3, 69
  dramatizações (narrativas) e,
    28-31, 69
  História (Heródoto), 25
  historiadores, lacunas entre teóricos
    e, 34
  Hitler, Adolf, 264-5, 269
    conciliação anglo-francesa, 267
    declaração de guerra aos EUA,
      272
    pacto de não agressão com Stálin,
      268, 271
Hobbes, Thomas, 118
Holmes, Oliver Wendell, Jr., 290
Homem-Aranha, 33
Homero, 33, 90
Hoover, Herbert, 262-5
Hopkins, Harry, 271
House, Edward M., 253-4, 256-7
Howard, Charles, 142
Howard, Michael, 185, 189
Hull, Cordell, 282

ideias opostas:
  coexistência de, 38, 43, 294
  equilíbrio de, 49, 59, 114, 155,
    170, 173-4, 206, 240, 251, 294
ideias opostas, conciliação de:
  ao longo do tempo, 26-7, 47, 73,
    169-70, 291
  através da escala, 30-2, 47, 73,
    169-70
  Clausewitz a respeito da, 189
  Franklin D. Roosevelt como
    mestre da, 275, 289
  Maquiavel a respeito da, 114
  na mente única, 27-9, 47, 73,
    95, 109, 167, 204, 276, 289
  no espaço, 27-9, 47, 73,
    169-70
  Sun Tzu a respeito da, 88
Ignatieff, Michael, 284
Igreja Católica Romana, 94, 107, 115-6
igualdade:
  de oportunidades *versus* de
    condição, 164
  Declaração da Independência e,
    29, 159, 172, 211, 217
  repúblicas e, 159, 169
  visões conflitantes de Péricles
    quanto à, 52-3, 60-1
  ver também escravos, escravidão
Ilíada (Homero), 90
imaginação, estratégia e, 193, 195
império, conflito entre igualdade e, 53
Império Alemão:
  México, e o, 255-6
  neutralidade belga violada pelo,
    253-4, 256
Império Espanhol, 125, 128-9, 149,
  151-2, 154, 174-5
Império Otomano, rebelião grega no,
  178
Império Persa, 40, 54
Império Romano:
  legado do, 94-5
  queda do (476 d.C.), 94
improvisação:
  planejamento *versus*, 35-7
  por Franklin D. Roosevelt, 267
Inglaterra:
  banimento da conversão ao
    catolicismo na, 139
  colônias americanas da,
    ver colônias americanas
    (Grã-Bretanha)
  como nação insular, 128
  desejo de Felipe II de restaurar
    o catolicismo na, 135-8
  execução de padres católicos na,
    139
  invasão planejada de Felipe II à,
    140-1, 143-4
  "revolução" de 1688 na, 155
  ver também Grã-Bretanha
intelecto, temperamento e, 290
intemperança, 291
intenções, *ver* meios, alinhamento
  de fins e
Irlanda, 132-3
ironia, 187
Isabel da França, rainha da Espanha, 128
"insular", estratégia, 41, 44-6,
  58, 62-3

Jackson, Andrew, 174, 209-18
Jaime II, rei da Inglaterra, 154

Jaime VI, rei da Escócia, 139
Japão, 62
    ataque a Pearl Harbor, 271-2, 280
    expansionismo do, 265, 267
Jefferson, Thomas, 160-1, 172-3
Johnson, Hiram, 283
Johnson, Samuel, 167
Jomini, Antoine-Henri, 226
judaísmo, 97-8
Júlia (filha de Augusto), 91-3
justiça:
    Agostinho a respeito da ordem como necessária para a, 103, 107, 115-6
    Maquiavel a respeito da, 113
    ordem *versus*, 102

Kagan, Robert, 243
Kahneman, Daniel, 32
Kant, Immanuel, 116-7, 189
Kennan, George (topógrafo), 96-7, 117
Kennan, George F., 96, 116, 247
Kennedy, John F., 67
Kennedy, Paul, 252
Kennedy, Robert F., 293
Kim Il-Sung, 62
Kissinger, Henry, 66, 116, 259
    na Primeira Grande Guerra, 250-1
Kundera, Milan, 109
Kushner, Tony, 29
Kutuzov, Mikhail, 183, 191, 206
    retrato feito por Tolstói, 198-9

Landon, Alf, 282
Lee, Robert E., 225, 231
Lei Declaratória (1766), 157
Lei do Selo (1765), 157
Leicester, conde de, 141
leis, teoria *versus*, 184-5, 202-3
Lend-Lease [Ato de empréstimo e arrendamento], 270
Lênin, Vladímir Ilich, 258, 261, 263, 288
Leônidas, 24
Lépido, 79-80, 82, 84
Lesbos, 59
"leveza do ser", 109, 111, 118, 132, 145

Lexington e Concord, batalhas de (1775), 160
liberdade:
    e a necessidade de escolha, 27, 292-3
    positiva *versus* negativa, 292-4
líderes, liderança:
    combinação de pensamento raposa e porco-espinho, 55-6
    como cultivadores, 56-7, 89, 91, 94-5
    como navegadores, 55-6, 89, 91
    e o alinhamento de fins e meios, 196, 206
    fricção e, 194-5, 200
    Maquiavel a respeito de, 114-5
    pensamento porco-espinho e, 38-9
    persuasão *versus* confrontação em, 57
    senso comum e, 31-3
    Sun Tzu; das qualidadades de/da, 75
    teoria e, 199-200
Liga das Nações, 259-60, 266
Lincoln (filme), 29-30
Lincoln, Abraham, 36, 171-2, 253, 291
    alinhamento de fins com meios por, 228
    aparência de, 213
    assassinato de, 242
    autodidatismo de, 34, 214, 222
    carreira política de, 213-4
    "Casa Dividida", discurso da, 220-1
    como advogado em cortes itinerantes, 217-8
    como combinação de raposa e porco-espinho, 28-9, 31-2
    como congressista, 212, 214-5
    coup d'oeil de, 228-9, 242, 237
    da escravidão, 216-9, 228
    da gradual adoção do abolicionismo, 230-2
    da lealdade de estados fronteiriços, 227
    discurso de posse de, 224
    do equilíbrio da lei e da necessidade militar, 228
    do livre-arbítrio *versus* determinismo, 240

estilo de debate de, 217-8
estrada de ferro transcontinental e, 216, 246
estratégia na Guerra Civil, 226-7, 231, 237, 239
exigência de emenda antiescravista, 232-3
fatalismo de, 212-3
gabinete de, 223
infância de, 213
John Quincy Adams comparado a, 238-9
maestria da escala, espaço e tempo por, 238-41
melhorias internas e, 232-3
na eleição de 1860, 222-3
na eleição de 1864, 236-7
poderes de guerra invocados por, 231, 236
preservação da União como objetivo primordial de, 224-5, 228-30
primeiros empregos de, 213
princípios de Clausewitz intuídos por, 226, 229, 237, 240
Proclamação da Emancipação, 231-2, 235, 240
segundo discurso inaugural de, 240
senso comum de, 31-2, 228, 238
uso do humor por, 213
Lincoln, Mary Todd, 213
Lincoln-Douglas, debates (1858), 221-2
Lívia (mulher de Augusto), 92
livre-arbítrio, 108-10
determinismo *versus*, 184, 203-4, 240-1
ver também escolha
Livro de oração comum (Cranmer), 124, 145
Lloyd George, David, 257, 271
Locke, John, 111, 155, 157
Luce, Henry, 281
Luís XIV, rei da França, 154, 186-7
Luís XVI, rei da França, 163, 187
Luís XVIII, rei da França, 187
Luisiana, compra da, 173
Lusitânia, RMS, 255
Lutero, Martinho, 134

MacArthur, Douglas, 62
Macbeth (personagem), 208, 213
Macedônia, 23
Mackinder, Halford, 245-8, 250-1, 265
Madison, James, 166, 209, 212
conciliação entre ideias opostas, 170-1
ensaios em *O federalista* de, 169-72, 175, 177, 239
Mahan, Alfred Thayer, 246, 265
Manchúria, conquista japonesa da, 265
Manifesto do Partido Comunista (Marx e Engels), 234
maniqueísmo, 100-1
"mão invisível", 116
Maquiavel, Nicolau, 35-6, 107, 117, 148, 163, 167, 170-1, 185, 193, 225, 291
Agostinho em contraste com, 110-2, 114
Berlin a respeito de, 118-9
como pivô na história das ideias, 121
como raposa, 109
da Guerra Justa, 112-3
da Igreja Católica Romana, 116-7
da justiça, 113
da liderança, 113-5
da reação a circunstâncias alteradas, 133-4
da utilidade da história, 110
da violência como meio para alcançar um fim, 112
de Deus, 106-7
do alinhamento de fins e meios, 114-5
do amor *versus* medo, 136-7
do equilíbrio de forças, 116
do esboço, 114, 194, 286
do livre-arbítrio, 108-9
dos governos republicanos, 116-7
dos príncipes como leões e como raposas, 133
moralidade utilitária de, 115
prisão de, 108, 110-1
Maratona, batalha de, 16, 41, 45
Maria II, rainha da Inglaterra, 155
Maria Stuart, rainha da Escócia, 126, 134-6
e os complôs para depor Elizabeth, 136-7, 139
execução de, 139-40

Maria Tudor (Maria I), rainha da
    Inglaterra, 124, 126-8, 131, 143
Marinha ateniense, 41, 46, 51
    derrota pelos espartanos da, 64-5
    Salamina, vitória de, 24, 39-40
Marinha britânica, 247, 260
Marinha dos EUA:
    aprimoramento por Franklin D.
        Roosevelt da, 266
Marx, Karl, 234, 237, 261, 288
marxistas, marxismo, 287, 289
Mason, James, 235
Mattingly, Garret, 128
Maximiliano, imperador do México,
    235
McClellan, George B., 229, 231, 236,
    240
    na eleição de 1864, 236-7
McCormick, Robert, 283
McPherson, James, 229
Médici, Lorenzo de, 35, 111
Medina Sidonia, duque de, 141-2
Mégara, 54-5, 61, 67-8
meios, alinhamento de fins e, 25-6, 38,
    103-4, 114-5, 131-2, 143-4,
    168, 178, 190-1, 195-6,
    206-7, 256-7, 271-3
    ao longo do tempo, 27-9
    distensão e, 206
    Elizabeth I e, 131-3
    equilíbrio no, 82-3, 87-8, 229
    fracasso de Felipe II no, 130-1,
        141, 143-4
    fracasso de Napoleão no, 196-7
    fracasso de Wilson no, 256
    fracasso de Xerxes no, 196, 206
    Franklin D. Roosevelt e, 267-8,
        271-2
    grande estratégia como, 33-4,
        195, 294
    Lincoln e, 229
    Maquiavel a respeito do, 112-3
Melos, melianos, 60-1, 106
Memorando Crowe, 247-8, 259
Metternich, Klemens von, 116
México, 149, 235, 255, 256
Missão em Moscou (Davies), 271
Mitilene em revolta contra Atenas,
    59-60
monoteísmo, 98
Monroe, James, 174, 209, 212
moralidade, política e, 118, 213, 222

Moscou, captura de Napoleão, 24, 30,
    182, 191
muralhas de Atenas-Pireu, 39-41,
    43-6, 50-1, 53, 61
Mutina, batalha de, 77

Napoleão I, imperador da França, 24,
    94, 174, 186-7, 208, 226, 229,
    291
    captura de Moscou por, 24,
        30, 182-3, 191
    como porco-espinho, 206
    falha em alinhar fins e meios,
        196, 206
    invasão da Rússia por, 179-80,
        182-3, 189-93, 195-6
    retrato feito por Tolstói, 181-2,
        197-8
Napoleão III, imperador da França, 235
narrativas (dramatização), história e,
    28, 30-1, 69
Naval War College [Colégio de Guerra
    Naval dos Estados Unidos],
    seminários de estratégia do autor
    no, 68-9, 72
navegação, liderança como, 55-7, 89, 91
neoplatonismo, 102
New Deal, 264-5
New Salem, 213
Nícias, 64-5, 104
Nicolau II, tsar da Rússia, 271
Nicolay, John, 223
Niebuhr, Reinhold, 279
Niemen, rio, 188, 190, 195, 197

obstáculos, 29, 32, 56-7, 72-3, 82-3,
    205, 220, 262
Odisseia, A (Homero), 90
Okinawa, 62
Olney, Richard, 243-4
ordem:
    Agostinho a respeito, como
        necessária para a justiça, 102,
        107-8, 115, 117
    justiça *versus*, 102
Organização do Tratado do Atlântico
    Norte (Otan), saída francesa da,
    66
"originalidade de Maquiavel, A"
    (Berlin), 118

Orlando (Woolf), 122
Otávia (irmã de Augusto), 83, 92
Otávio, *ver* Augusto, imperador de Roma
Oxford, Universidade de, 278-9

Paine, Thomas, 159-62
Pais Fundadores dos Estados Unidos, 111, 116, 167-9, 171, 173, 216, 219, 221, 234
Países Baixos, domínio espanhol nos, 124, 128-9, 133-5, 138
pântanos, *ver* obstáculos
Paris, Paz de (1763), 157
Paris, Tratado de (1783), 165
Parker, Geoffrey, 143-4, 150
Parlamento inglês, 139-40, 144, 154-5, 157
Parma, duque de, 138, 141-2
partas, 76, 80, 82, 85, 89
Patton, George S., 188-9
Pavane (Roberts), 147-8
paz perpétua, À (Kant), 116
Pearl Harbor, ataque japonês a, 271-2, 280
pensamento:
    rápido *versus* lento, 32
    ver também raposas; porcos-espinhos
Peraino, Kevin, 234
Péricles, 45-6, 248, 291
    aumento da rigidez de, 55-8, 61
    decreto megárico, 54, 61, 63-4, 67-8
    e o conflito entre igualdade e império, 52-3, 58
    Guerra do Peloponeso e, 45, 47, 55-8, 61-3
    morte de, 59
    ofertas de acordos dos espartanos rejeitada por, 54-5, 61
    oração fúnebre de, 47-8, 54, 58, 158, 232
    perda de credibilidade temida por, 54, 61-3, 66-7
    reconstrução da cultura ateniense como objetivo de, 45, 47-9, 53
persas, Os (Ésquilo), 24-5, 45
Peru, conquista espanhola do, 150
Perúsia, cerco de, 81-2
Pfuel, Karl Ludwig von, 200

Pireu, *ver* muralhas Atenas-Pireu
Pio V, papa, 135-7
Pítio, 26
pivô geográfico da história, O [*The Geographical Pivot of History*] (Mackinder), 245-6
pivôs:
    na história das ideias, 121, 192
    príncipes como, 121, 128, 131, 133-4, 146
planejamento:
    improvisação *versus*, 35-7
    surpresas e, 194
    ver também estratégia
Platão, 189
Plateias, batalha de, 24, 45
pluralismo, conceito de Berlin, 293
Plutarco, 42, 53, 55-6, 74, 83
praga em Atenas, 58-9
poder, equilíbrio de, 138, 144, 173, 176-7, 245, 247, 250-1, 261, 264
    Maquiavel sobre o, 116-7
    Tratado de Vestfália (1648) e o, 116
poderes de guerra, 231, 236
política:
    como equilíbrio de realismos competitivos, 117
    de Felipe II *versus* Elizabeth I, 123-4, 134
    guerra como instrumento da, 189-90, 206, 258, 293
    moralidade e, 118, 213, 222
    religião e, 134-5
Polk, James K., 212, 214
Polônia, União Soviética e, 282
Polônio (personagem), 20, 95
Pompeu Sexto, 78-80, 82-3
porco-espinho e a raposa, O (Berlin), 18-9
porcos-espinhos, 206, 273-4
    autoconfiança de, 22, 291-2
    conceito de Berlin de raposas *versus*, 17-9
    conciliação do pensamento da raposa com o pensamento de, 25-8, 29-31, 291
    líderes como, 37-8
    nas previsões políticas, 20-3
    no alinhamento de fins e meios, 25-6, 291-2
    ver também raposas

Porter, Patrick, 273
Portsmouth, Tratado de (1905), 252
Portugal, domínio espanhol em, 129, 138, 140
Potideia, 50
práticas:
    lacuna entre teorias e, 179-83, 188-9, 193-4, 199-200, 204, 207, 256
    princípios conectados a, 70-3, 105, 114
previsão de raposas *versus* porcos-espinhos na política, 21-2
Primavera de Praga (1968), 66
príncipe, O (Maquiavel), 35, 108, 111-2, 117-8, 124, 167
Primeira Guerra Mundial, 243, 261
    ataques de submarinos na, 254-6
    capacidades como intenções ultrapassadas na, 249-50, 258
    deflagração da, 249, 258
    Estados Unidos e a, 252-3, 266-7
    Revolução Russa e a, 257
princípios, práticas conectadas a, 70-3, 107, 114
probabilidades, estratégia e, 205-6
proporcionalidade, 104, 107, 113, 116, 119-20, 143-4, 157-8, 163, 173, 190, 206-7, 294
protestantes, protestantismo, 111, 119, 129, 131, 134, 143

Quebec, 157
quebra da Bolsa de Valores de 1929, 263
Quinto Fábio Máximo, 192
Quíron, 73

rádio como instrumento da democracia, 276
Raleigh, Walter, 143, 151
raposas:
    conceito de Berlin de porcos-espinhos *versus*, 18-20
    conciliação do pensamento dos porcos-espinhos com o pensamento das, 27-31, 291
    estilo autodepreciativo, 22
    flexibilidade, 292-3
    nas previsões políticas, 21-2
    no alinhamento de fins e meios, 292-3
    ver também porcos-espinhos
Reagan, Ronald, 291
Rebelião Taiping, 258
religião:
    Estados e, 97-8, 101-7
    irreconciliabilidade da, 120
    monoteísta, 98
    politeísta, 97
    política e, 134-5
Remirro de Orco, 112-3
republicanos, Partido Republicano, 220, 222
repúblicas:
    igualdade e, 159, 169
    Maquiavel a respeito do equilíbrio de poder nas, 116-7
resenha crítica, 205-6
    ver também coup d'oeil; esboço
restrições, 55-7, 83-4, 87
    ver também meios, alinhamento de fins e; obstáculos
retiradas, consequências das, 67
Revolução Americana, 157-8, 160-3, 190
Revolução Francesa, 174, 189-90, 252
Revolução Russa, 17, 257-8, 261
Ricardo II (Shakespeare), 208
Richelieu, cardeal, 116
Ridolfi, Roberto, 137
riqueza das nações, A (Adam Smith), 116, 159
Roberts, Andrew, 242
Roberts, Keith, 147-8
Roma:
    revoltas por comida, 84
    saque de (410), 100
Roosevelt, Franklin D., 278, 281, 291
    astúcia geopolítica de, 265-6, 267
    Ato de empréstimo e arrendamento e, 270
    Berlin a respeito de, 273-5, 291-2
    como grande estrategista bem-sucedido, 272
    como quem não teme o futuro, 274, 291-2
    coup d'oeil de, 273-4, 289
    discursos radiofônicos de, 275-7
    improvisação de, 267
    Marinha aprimorada por, 266

mestre na reconciliação de ideias opostas, 275-90
na eleição de 1932, 264
necessidade de alinhar meios e fins como compreendida por, 268, 272-3
necessidade do apoio público compreendido por, 267
New Deal de, 264
pacto de não agressão nazissoviético, 268
planejamento da entrada dos EUA na guerra por, 268
programa de rearmamento de, 269, 272
União Soviética e, 272, 281-2
Roosevelt, Theodore, 252, 265
Rumsfeld, Donald, 36
Rússia, 246
  invasão por Napoleão, 179, 181-2, 189-93, 195-6
  ver também União Soviética
Rutledge, Ann, 213

Sacro Império Romano, 94, 129
Salamina, batalha de, 11, 39-40, 65, 196, 206
Salisbury, Robert Talbot Gascoyne--Cecil, terceiro marquês de, 242, 248, 250-1, 287
Sangamon, rio, 213
Santa Cruz, marquês de, 140-1
Santa Helena (ilha), 187
Saratoga, batalha de (1777), 162
Sardenha, 79
Schlesinger Jr., Arthur, 275-6
Segesta, 64
Segunda Guerra Mundial, 176-7, 287
  blitzkrieg alemã na, 268
  deflagração da, 268-9
  Estados Unidos e a, 253-4, 271-3, 275-7, 281-5
Segunda Guerra Púnica, 192
Selinunte, 64
seminário de estratégia do autor na Universidade Yale, 68-9
Senado dos EUA, Tratado de Versalhes rejeitado pelo, 260
senso comum, 95, 103, 112, 196, 222, 228, 238, 260, 291
  como base da grande estratégia, 34
  como conciliação do pensamento dos porcos-espinhos com o pensamento das raposas, 31-2
  de Lincoln, 31-2, 228, 238
  ensinamento de, 37
  liderança e, 31-3
senso comum, O (Paine), 158-9
Seward, William H., 222-3, 231, 234, 243, 253
Shakespeare, William, 34, 71, 111, 145, 208
  língua inglesa expandida por, 145-6
Sheffield, lorde, 165
Sheridan, Philip, 236
Sherman, William Tecumseh, 236
Sibéria, 96-7
Sicília, 68, 79
  invasão ateniense, 64-5
  invasão de Augusto, 84
simplicidade, complexidade em coexistência com a 72-3
Siracusa, 64-6
sistema de grandes potências e os Estados Unidos, 252-3
Sisto V, papa, 140
Slidell, John, 235
Smith, Adam, 116, 158-9
soberania, 167
sociedades anônimas, 151, 153
Somerset, Anne, 136
sorte, de acordo com Clausewitz, 201-2
Spender, Stephen, 278
Spielberg, Steven, 29-30
Springfield, 214, 216-8, 234
Stálin, Joseph, 63-4, 262, 264-9, 286
Stenelaídas (éforo espartano), 52
Stevens, Thaddeus, 29
Stowe, Harriet Beecher, 216
submarinos, 254-6
Sun Tzu, 70, 91, 294
  arte da guerra, A, 70-3
  das abordagens diretas *versus* indiretas, 87-8
  das qualidades dos grandes comandantes, 73
  princípios conectados a práticas por, 70-3, 107

Suprema Corte dos EUA:
   caso *Amistad*, 211
   caso *Dred Scott contra Sandford*, 220
surpresas, planejamento e, 194

Tagaste, 99
Tarutino, batalha de (1812), 192, 196
Temístocles, 24, 55, 58, 206
   muralhas Atenas-Pireu construídas por, 41, 43-4
   relegado ao ostracismo pelos atenienses, 45
temperamento, 290-1
tempo, 33, 239-40
   alinhamento de meios e fins ao longo do, 27-9
   conciliação de opostos ao longo do, 27-8, 47, 72-3, 169-71
   expansão da guerra ao longo do, 180, 191
   interdependência de espaço, escala e, 240-1
Tent-Life in Siberia [A vida em barracas na Sibéria] (Kennan), 96
teoria:
   como treinamento, 200, 202, 207
   excesso de confiança na, 201
   lacuna entre prática e, 35-6, 106, 179-83, 188-9, 193-4, 199-200, 204-5, 207, 256
   lei *versus*, 185-6, 201-2
teóricos, lacunas entre historiadores e, 35
Termópilas, batalha de, 24, 26, 41, 51, 196
Tessália, 23
Tetlock, Philip E., 21-3, 25, 28, 32, 291
Teutoburgo, emboscada do exército romano em, 93
Tibério, imperador de Roma, 92-3
Tolstói, Liev, 18-9, 42, 68-9, 184, 286
   conciliação de ideias opostas por meio da escala segundo, 30-1
   da interdependência de tempo, espaço e escala, 240-1
   da lacuna entre teoria e práticas de guerra, 179-83, 201
   do livre-arbítrio *versus* determinismo, 201-4, 240-1

   história europeia vista por, 185-6
   ironia e, 187
   Napoleão em contraste com Kutuzov segundo, 197-9
Tombs, Robert, 155
Tooze, Adam, 163
Trácia, 23
treinamento:
   Clausewitz, a respeito do, 33-4
   nas competições esportivas, 37
   teoria como, 200-2, 207
Troia, 36
Trótski, Leon, 258
Truman, Harry, Guerra da Coreia e, 62-3
Tucídides, 47, 55, 58, 60-1, 65-6, 104, 146, 247
   da natureza humana, 59
   da utilidade da história, 42-3, 69
   das causas da Guerra do Peloponeso, 49-50, 56
   Guerra do Vietnã e, 67-8
   ideias opostas conciliadas por, 43
Turner, Stansfield, 68

União (EUA), 171, 221
   alinhamento de fins e meios na, 178
   compromisso e, 215
   Emancipação e, 173
   federalista, O e a, 169-71
   preservação da, como objetivo máximo de Lincoln, 225-6, 228-30
   secessão sulista da, 224-5
União Soviética, 62, 66
   aliada à Grã-Bretanha e aos Estados Unidos, 272
   ataque da Alemanha à, 271
   exportações dos Estados Unidos para a, 262
   Franklin D. Roosevelt e a, 272, 283-4
   no pacto de não agressão nazissoviético, 268-9
   os estados bálticos e a, 279, 282
   Polônia e, 282-3
   reconhecimento dos Estados Unidos, 267
   repressão a artistas e escritores na, 285-7

vândalos (povo germânico), 100
Varo, Públio Quintílio, 93
Varsóvia, ducado de, 188
Venezuela, crise da (1895), 244
Versalhes, Tratado de (1919), 260
Vespúcio, Américo, 108
Vestfália, Tratado de (1648), 116-77
Vicksburg, batalha de (1863), 235
Viena, Congresso de (1815), 260
Vietnã do Norte, 66
Vietnã do Sul, 66-7
violência:
    como meio para atingir um fim, 112
    economia da, 119-20
Virgílio, 89-92, 199
virtù, 110, 113, 119-20

Wallace, Henry A., 281, 283
Walsingham, Francis, 137, 139
Washington, George, 156, 162, 166, 209
Waterloo, batalha de (1815), 37
Welles, Giddeon, 223, 231
Wellington, duque de, 37
Wheeler-Bennett, John, 279
Whigs, 214-6, 222
Wilentz, Sean, 210
Wilhelm II, kaiser da Alemanha, 244, 249
Wilkes, Charles, 234
Williams, John, 74, 93
Willkie, Wendell, 269
Wilson, A. N., 145
Wilson, Woodrow, 117, 269, 281-2, 291
    "Catorze Pontos" de, 256, 259-60, 287
    como porco-espinho, 273-4
    fracasso em alinhar meios e fins, 257
    Liga das Nações e, 259-60
    "Paz sem vencedores", discurso de, 259
    política de neutralidade de, 253-6
    Revolução Russa e, 257
Wood, Gordon, 164
Woolf, Virginia, 122, 128

Xerxes, rei da Pérsia, 15-6, 45, 53, 65, 72, 291
    como porco-espinho, 20-1, 23, 25-6, 31-2, 206
    fracasso em alinhar meios e fins, 196, 206
    invasão grega por, 15-7, 19-21, 23-6, 36-7, 40

Year of Decision, The: 1846 [O ano da decisão: 1846] (DeVoto), 275
Yorktown, batalha de (1781), 162

**Acreditamos
nos livros**

Este livro foi composto em Adobe
Garamond Pro e Bliss Pro e
impresso pela RRD para a Editora
Planeta do Brasil em março de 2019.